Narrative

Karina Urbach

Il libro di ricette di Alice

Storia di un crimine nazista

Traduzione di Silvia Albesano

MONDADORI

Le lettere, i resoconti e i ricordi citati nel libro rispecchiano la visione dei testimoni e delle testimoni dell'epoca. Sviste e refusi sono stati corretti con cura.

mondadori.it

ISBN 978-88-04-74613-3

Published in 2020 by Propyläen Verlag

Titolo dell'opera originale
Das Buch Alice
I edizione gennaio 2022

Il libro di ricette di Alice

A Wera e Otto
con un abbraccio

Prefazione

Il libro di una sconosciuta

Non so cucinare. Quindi non mi ha mai incuriosito il fatto che a casa nostra, su uno scaffale, ci fossero due libri di cucina intitolati *So kocht man in Wien!* (A Vienna si cucina così!). Il testo e le foto a colori dei due volumi erano in gran parte identici, soltanto i nomi degli autori in copertina divergevano. Sull'edizione del 1938 era indicata come autrice Alice Urbach, su quella del 1939 un uomo di nome Rudolf Rösch.

Alice Urbach era mia nonna. La vedevo di rado perché lei viveva in America e io in Germania. Morì quand'ero ancora piccola, e i miei ricordi di lei sono vaghi. Sapevo da aneddoti famigliari che negli anni Trenta, a Vienna, era stata una celebre autrice di libri di cucina e che si era salvata grazie al suo talento culinario. Come e perché questo fosse accaduto, non veniva mai spiegato chiaramente.

Quando, molti anni dopo la sua morte, sono diventata una storica mi è venuta l'idea di scrivere qualcosa su di lei. Tra i miei colleghi le ricerche sulla propria famiglia si configurano come una grave specie di reato. Il motivo è comprensibile: la scarsa distanza emotiva dalle persone coinvolte. Così come un chirurgo non può operare i membri della sua famiglia, uno storico non dovrebbe arrovellarsi nello studio della parentela. Se le mani tremano, l'intervento può avere esiti fatali. Quale storico, infatti, è già nelle condizioni di rivelare impietosamente i lati più oscuri della sua famiglia?

Poi, un giorno, la mia saggia cugina americana Katrina (solo una "t" distingue i nostri nomi) mi ha consegnato una scatola piena di vecchie lettere e audiocassette. Katrina è un medico molto impegnato, ed è una persona pragmatica. Ai suoi occhi sembrava perfettamente logico che io facessi ricerche sulla storia di nostra nonna. Come spesso succede, però, in famiglia circolavano molti aneddoti e pochi fatti. Quando ho cominciato a leggere le lettere e ad ascoltare la voce di Alice registrata sui nastri, mi sono fatta una prima idea di quel che le era successo. Da quel momento in poi non ho desiderato altro che di raccontare la sua storia.

La ricerca mi ha portato da Vienna a New York, passando per Londra. Insieme all'area geografica si è ampliata anche la rosa dei protagonisti. Alice era parte di una storia famigliare molto ramificata, iniziata in un ghetto e proseguita nella cerchia dei milionari viennesi. Nella sua vita hanno avuto un ruolo personaggi noti quali la psicanalista Anna Freud o la fisica Lise Meitner, come pure una serie di perfetti sconosciuti. Tra questi ultimi si contavano un'agente dei servizi segreti americana, Cordelia Dodson, un editore di Monaco e ventiquattro bambini ebrei di cui Alice, durante la Seconda guerra mondiale, si occupò nel Lake District inglese. Strada facendo, acquisì importanza anche la storia dei figli di Alice, Otto e Karl. Mentre Otto affrontava una serie di avventure in Cina, Karl, a Vienna, si credette a lungo al sicuro dai nazisti.

Questo libro è anche la denuncia di un furto. Alice era un'autrice di saggi a cui, all'improvviso, toccò di vedersi scippare la sua opera da un "ariano". Ciò che le accadde faceva parte di una frode su larga scala che gli editori tedeschi portarono avanti dopo la guerra. Il suo caso fu il primo, nell'autunno del 2020, a rendere pubblico questo subdolo crimine, e portò ad altre scoperte sorprendenti di cui si dà conto per la prima volta in questa nuova edizione.

Alice lottò fino all'ultimo per il suo libro, ma di certo non le sarebbe piaciuto essere descritta come una sorta di Giobbe al femminile. Voleva essere ricordata "per le avventure e le imprese". Anche suo figlio Otto cercava di evitare le smancerie. Quando nel 1938 si adoperò per salvare Karl aiutandolo a lasciare Vienna, gli scrisse: "Ti prego di evitare... ogni sentimentalismo. Non c'è alcun bisogno di infarcire le tue lettere di melassa e gratitudine".[1]

Questo libro cercherà di fare a meno della melassa.

Karina Urbach
Cambridge, gennaio 2021

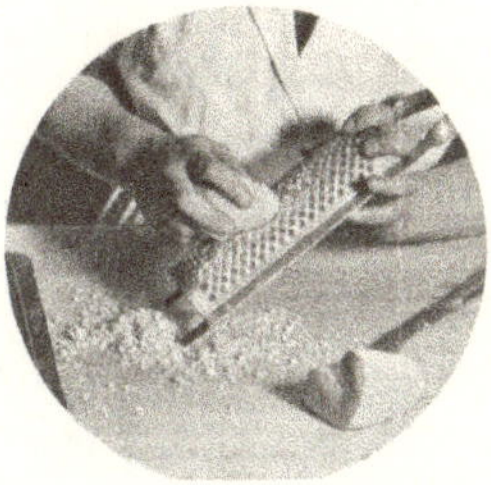

Opera di Vienna, 1938

Rosso-bianco-rosso fino alla morte!
CORDELIA DODSON, 2003[1]

Venerdì 11 marzo 1938, Cordelia, Elizabeth e Daniel Dodson comprarono dei biglietti per la Staatsoper di Vienna. Vivevano in città da parecchio tempo, ormai, e la conoscevano bene. Nessuno, però, avrebbe potuto prenderli per dei veri viennesi. Il loro aspetto, infatti, era in tutto e per tutto quello di tre giovani americani di buona famiglia: alti di statura, sportivi, con abiti comodi benché di ottima fattura. Cordelia era la maggiore e la capogruppo, non c'erano dubbi. Con i suoi venticinque anni, era lei a stabilire il programma per i fratelli, e per quella sera aveva previsto l'opera.

Se si presta fede alle successive dichiarazioni di Cordelia, furono gli eventi di quell'11 marzo a cambiarle la vita.[2] Fino ad allora, la sua era stata un'esistenza molto protetta. Come numerosi studenti universitari americani della sua generazione, Cordelia era sempre vissuta in un clima sicuro. Suo padre, William Dodson, era il presidente della Camera di commercio di Portland, Oregon.[3] Aveva garantito a tutti i suoi figli una costosa formazione universitaria, ma riponeva maggiori speranze in Cordelia. Non era certo un caso che le avesse assegnato il nome di un'eroina shakespeariana. E come la figlia di re Lear anche Cordelia Dodson, alla fine, non avrebbe deluso le aspettative paterne.

La ragione per cui si trovava a Vienna risaliva a un paio di anni prima. A scuola si era appassionata agli autori dello Sturm und Drang e aveva deciso di studiare letteratura tedesca all'università. Per caso si era iscritta alla facoltà di Lettere al Reed College di Portland, e, sempre per caso, lì aveva conosciuto il borsista austriaco Otto Urbach. Il seguito della storia, invece, non ebbe più niente di casuale. Su consiglio di Otto, Cordelia era partita per Vienna, dove aveva conosciuto la madre e il fratello di lui, Alice e Karl, e quell'amicizia avrebbe da ultimo salvato la vita di molte persone.

Quando l'11 marzo 1938 andò all'opera con i suoi fratelli, di quel salvataggio e del ruolo che lei vi avrebbe avuto Cordelia non poteva ancora avere il minimo sentore. In programma c'era l'*Evgenij Onegin* di Čajkovskij, lo spettacolo iniziò alle 19. L'*Evgenij Onegin* non è un'opera semplice. Parla di un nobile russo che respinge l'amore di una certa Tatjana e poco dopo, per ragioni molto banali, uccide un conoscente in duello. L'interesse del personaggio di Onegin sta nella sua incapacità di mostrare empatia. Un fenomeno analogo – un'assoluta mancanza di empatia – avrebbe presto sopraffatto Vienna, compreso il personale dell'Opera. Il direttore d'orchestra ebreo di quella serata, Karl Alwin, come pure l'interprete di Tatjana, Jarmila Novotná, di lì a poco non poterono più sperare nella compassione dei loro simili.

Il motivo per cui Cordelia e i suoi fratelli assistettero proprio alla rappresentazione dell'*Onegin* e non a quella del *Tristano* di Wagner, in programma il giorno dopo, non è dato saperlo. Forse non c'erano più biglietti per Wagner, o non era di suo gradimento. Forse non conosceva molto bene l'opera e fece quel che i turisti fanno ancora oggi – comprano i primi biglietti che capitano e prenotano un tavolo al ristorante dopo lo spettacolo. La serata alla Staatsoper di Cordelia non aveva dunque di per sé niente di speciale, ma l'atmosfera in cui si svolse fu tutt'altro che ordinaria. Da giorni regnava in città una certa tensione. Il 9 marzo il cancelliere federale Kurt Schuschnigg aveva annunciato una consultazione popolare, in cui tutti gli austriaci avrebbero avuto la possibilità di votare a favore di "un'Austria libera e tedesca, indipendente e sociale, cristiana e unita". Già il 10 marzo, tuttavia, Hitler aveva ottenuto che la consultazione venisse annullata. E ora tutti quanti aspettavano la mossa successiva.

Alle 19.47, mentre Cordelia e i fratelli stavano ancora assistendo al primo atto dell'*Onegin*, Schuschnigg tenne un discorso alla radio. Comunicò agli ascoltatori che aveva deciso di "arrendersi" di fronte alla "violenza" e di dimettersi con effetto immediato. I nazionalsocialisti austriaci avevano dunque la strada spianata. Qualche ora dopo, Arthur Seyß-Inquart, uomo di fiducia di Hitler, prese il potere.

Forse i Dodson seppero del discorso alla radio già nell'intervallo dopo il terzo quadro. Al più tardi entro le 22, comunque, quando lasciarono la Staatsoper, si accorsero che era accaduto qualcosa di pericoloso. Ad attenderli all'uscita trovarono il loro amico viennese Karl Urbach. L'espressione sul suo viso era inequivocabile. Avrebbero dovuto rinunciare alla prevista cena al ristorante.

Fino ad allora la predilezione di Cordelia per la letteratura dello Sturm und Drang era stata di natura squisitamente teorica. Era interessata alle emozioni, e all'università aveva seguito un seminario di psicologia. Quel che ebbe modo di sperimentare a Vienna nei giorni successivi, tuttavia, fu un'esplosione di emozioni capace di far saltare in aria qualsiasi corso di psicologia.

La mattina del 12 marzo 1938 le prime truppe tedesche oltrepassarono il confine con l'Austria, il 13 marzo raggiunsero Vienna. La città che nelle settimane precedenti Karl aveva mostrato agli ospiti americani pieno d'orgoglio si trasformò in un mare di bandiere nazionalsocialiste. Era un'orgia di giubilo e odio. Cordelia ebbe modo di osservare entrambe le cose – l'estatica consapevolezza della vittoria e la disperazione assoluta. Quel che la sorprese fu l'estrema rapidità della trasformazione: "Accadde tutto così in fretta, i diritti civili, la protezione da parte della polizia, tutto ciò che fino a quel momento si era dato per scontato, scomparve di colpo. ... Io cominciai a odiare i nazisti, tanto erano arroganti e spietati". Senza nominare Karl e Alice, commentò le scene cui aveva assistito per strada in questi termini: "La persecuzione degli ebrei era disumana".[4] Cordelia prese allora una decisione che avrebbe segnato la sua intera esistenza. Voleva fare qualcosa per i suoi nuovi amici ebrei. Non sapeva ancora che cosa di preciso, ma era pronta a imboccare vie pericolose.

L'ingenua studentessa universitaria divenne, durante la Seconda guerra mondiale, una grintosa collaboratrice dell'Office of Strategic Services (OSS), il più elitario dei servizi segreti americani. E se questo accadde fu anche per il suo incontro con una signora piccola e rotondetta di nome Alice Urbach.

Un padre cieco e un pessimo giocatore di carte

> Osservo gli ebrei,
> e non mi piacciono granché.
> Se penso agli altri,
> sono felice di essere un ebreo.
> ALBERT EINSTEIN[1]

Era una viuzza lunga e stretta. Le case stavano addossate le une alle altre, ogni centimetro di spazio abitabile doveva essere sfruttato. Al piano terra c'erano i negozi, zeppi di stoffe, al piano superiore gli alloggi, zeppi di persone. Ci vivevano all'incirca cinquemila persone, anche se ufficialmente erano molte di meno. Non tutti volevano farsi registrare, alcuni abitavano clandestinamente presso amici e parenti. La storia di Alice cominciò in quella viuzza ebraica del ghetto di Presburgo, sessanta chilometri a est di Vienna. Lì crebbe suo nonno, Salomon Mayer (1798-1883). Stando a un aneddoto famigliare, a sette anni Salomon era con i suoi genitori alla finestra del piccolo appartamento e fu testimone di una pagina della storia mondiale. Pare che la madre gli avesse detto di guardare fuori commentando: «Vedi quell'ometto laggiù, con il suo cavallo bianco? Tutto il mondo trema davanti a lui. Si chiama Napoleone».[2]

Come spesso accade con gli aneddoti famigliari, anche questo non è molto affidabile. La pace di Presburgo, l'odierna Bratislava, fu in effetti siglata nel 1805 nelle vicinanze della viuzza ebraica, ma i firmatari erano il ministro degli Esteri di Napoleone Talleyrand e Giovanni I Giuseppe, principe del Liechtenstein, che rappresentava gli Asburgo. Napoleone si recò in città solo quattro anni più tardi. Forse ci si era soltanto sbagliati nell'indicare l'anno, e Salomon aveva già undici anni quando vide l'imperatore francese. Anche il colore del cavallo, però, non corrisponde esattamente: il cavallo da guerra di Napoleone era un arabo grigio chiaro di nome Marengo. Certo, la madre di Salomon potrebbe semplicemente aver pensato che il cavallo fosse un po' sporco dopo l'ultima battaglia e che in origine dovesse essere bianco.[3] Lavorare di fantasia era importante, nel ghetto, per dimenticare il grigio della quotidianità. Un cavallo bianco suonava senza dubbio molto più romantico di uno grigio.

Se Salomon, nel 1809, avesse davvero visto Napoleone e il suo cavallo oppure no, poco importa – la vera ragione per cui la scena fu così importante per lui e gli altri ebrei di Presburgo non viene menzionata nell'aneddoto. Non c'era bisogno di spiegarlo, perché all'epoca lo sapevano tutti: Napoleone era l'incarnazione della Rivoluzione francese, e la Francia era diventata per molti ebrei una terra agognata. Dal 1791, lì, era stato loro concesso di diventare liberi cittadini francesi, che – almeno in teoria – si differenziavano dal resto della popolazione solo per la religione. Agli occhi degli ebrei di Presburgo Napoleone recava con sé quell'idea in tutt'Europa. Ecco perché, nel loro ricordo di famiglia, i Mayer si collocavano alla finestra, dalla quale vedevano ciò che desideravano. Annata e cavallo, in fondo, non avevano grande importanza, quel che contava era solo la speranza in un futuro privo di angosce. Per i Mayer si trattava di una specie di mito fondativo, e più avanti il fratello di Alice, Felix, accarezzò addirittura il pensiero di scrivere una storia famigliare intitolata *Da Napoleone a Hitler*. Allo scopo condusse una piccola ricerca statistica, dalla quale emerse che nella parentela si erano verificati sorprendentemente pochi casi di divorzio e cancro, ma due suicidi. Nessun Mayer – stando alla ricerca di Felix – era mai diventato un criminale,[4] mentre numerosi membri della famiglia erano stati vittima di un crimine inaudito. Alla fine Felix non poté risolversi a descrivere quel crimine. Il suo progetto editoriale naufragò.

La storia famigliare cominciava dunque con Salomon Mayer alla finestra. Per i suoi discendenti Salomon era estremamente importante, anche perché nella vita prese sempre le decisioni giuste. Tra queste rientrava il matrimonio con una donna intelligente, con cui poter fare grandi cose. Antonia (Tony) Frankl (1806-1895) era quel tipo di donna, ed entrò nella leggenda famigliare.[5] Nel ghetto di Presburgo c'erano all'epoca trenta grandi commercianti di tessuti, e grazie al buon gusto di Tony i Mayer erano tra i più prosperi.[6] Tony non solo era una grande lavoratrice, ma diede anche alla luce sedici figli di cui soltanto nove sopravvissero. Per quei tempi era la normalità. I bambini nascevano di continuo e morivano con immancabile regolarità. Esisteva un'infinità di malattie di cui un bambino piccolo poteva morire: pertosse, tifo, diarrea, scarlattina, febbre della dentizione, morbillo, febbre petecchiale. Nel ghetto, peraltro, il tasso di mortalità infantile doveva essere più alto della media. Il padre di Alice, Sigmund, attribuì la morte prematura dei fratelli alle pessime condizioni igieniche. Nelle sue memorie descrisse in questi termini le misere abitazioni del ghetto:

> Traballanti scale di legno, completamente buie, conducevano agli appartamenti, le cui parti posteriori, addossate alla montagna, non potevano che essere umide e prive di luce. Le tubature erano penose, l'aerazione nei minuscoli cortili costantemente insufficiente, l'aria greve e stantia. Nessun edificio disponeva di una cisterna. L'intera cittadinanza doveva attingere acqua cattiva, quasi imbevibile, dalla cisterna comunale.[7]

C'erano tuttavia anche altri motivi per cui Sigmund odiava il ghetto. Era assolutamente certo che lui e i suoi fratelli non avessero mai riso. Né riusciva a ricordare di aver visto un solo bambino giocare nella via degli ebrei. Lì esisteva un unico sentimento: la paura. Chi doveva vivere nel ghetto era un recluso, nel vero senso della parola. Ogni sera la "via veniva chiusa dalla polizia cittadina con pesanti inferriate".[8] Ufficialmente le inferriate proteggevano i cristiani dai "pericolosi" ebrei. In verità, servivano a impedire gli atti di violenza contro gli ebrei. E quel genere di violenza andava sempre messo in conto. Durante il giorno, in verità, gli abitanti di Presburgo andavano nei negozi ebrei per risparmiare, ma gli umori potevano cambiare rapidamente. Chi la mattina aveva comprato seta, articoli da merceria, lino, pennacchi, bottoni e pettini, la sera era magari già infuriato per il prezzo. Sigmund ricordava un commerciante cattolico di nome Philipp Scherz, con cui la famiglia era costretta a interagire, che diceva sempre: «L'ebreo, come il porco, si apprezza solo da morto».[9]

Non si viveva soltanto in preda alla paura di clienti e colleghi ostili, ma anche del padrone di casa, che in qualsiasi momento poteva buttarti fuori. Nella via degli ebrei, anche chi aveva messo da parte il denaro sufficiente non poteva comprarsi una casa propria. Ci si riusciva solo per vie traverse – per esempio facendo acquistare la casa da un prestanome cristiano, con il quale si stipulava poi un contratto di usufrutto o enfiteusi dell'immobile.[10]

La paura degli adulti di poter perdere tutto in qualsiasi momento si trasmetteva anche ai figli. I bambini venivano regolarmente picchiati dai coetanei cristiani e non potevano lamentarsi, men che meno difendersi. Le minacce, però, non venivano solo dal mondo esterno, anche internamente infuriavano i contrasti. Gli insegnanti ebrei non mancavano di aggredire gli alunni e infondevano in loro il sapere a suon di botte. In questo, naturalmente, non si differenziavano molto dagli insegnanti non ebrei, ma la consapevolezza di non essere al sicuro dalle botte né a scuola né per strada rendeva la vita una tortura. La costante sensazione di essere in balia di tutto e di tutti faceva sì che gli abitanti del ghetto si rassegnassero, nella peggiore delle ipotesi, o diventassero sarcastici, nella migliore. Questi atteggiamenti erano, per Sigmund, la chiave per comprendere i grandi autori ebraici: "Solo chi ha vissuto e sofferto con quei prigionieri della via degli ebrei comprende lo scherno feroce di Ludwig Börne, il cinismo di Heine, capisce perché ..., non a caso, Ferdinand Lassalle e Karl Marx erano ebrei".[11]

Potevi anche lasciare il ghetto, ma il ghetto non ti lasciava mai. Nelle sue memorie Sigmund descrive la via degli ebrei in modo così drammatico che quasi ci si dimentica di quanto precocemente sia riuscito ad andarsene. Quando il ghetto di Presburgo fu aperto, nel 1842, e i Mayer traslocarono in una casa migliore, aveva undici anni. Da quel momento in poi le possibilità di sopravvivenza di Sigmund e dei suoi fratelli minori aumentarono. Si sottrassero alle pessime condizioni igieniche e crebbero più sani.[12]

Al momento della pubblicazione del suo libro, *Die Wiener Juden* (Gli ebrei viennesi), nel 1917, Sigmund Mayer era fermamente convinto di descrivere una desolazione superata ormai da tempo: "Ben pochi di coloro che sono ancora in vita avranno ... conosciuto un vero ghetto".[13] Per lui era del tutto scontato che una simile mostruosità non si sarebbe mai riproposta. E gli fu risparmiato di assistere quando, nel 1942, tre dei suoi figli furono sottratti alla loro realtà borghese e ricacciati dentro. Se la figlia Alice sfuggì a questo destino fu, per ironia della sorte, anche perché in famiglia le si era sempre prestata poca attenzione.

Alice ammirava e temeva suo padre. Aveva buone ragioni per entrambe le cose: "Mio padre aveva una personalità ingombrante. Era relativamente basso di statura, cosa di cui si crucciò per tutta la vita, ma compensava le sue mancanze fisiche con uno spirito acuto. Dalla madre ... aveva ereditato una mente brillante, una forte volontà, l'umorismo e un assoluto senso di superiorità".[14]

Sigmund sognava di diventare avvocato, e studiò Legge a Praga e a Vienna. Un'infezione, però, lo rese parzialmente cieco, e dal momento che nessuno aveva mai dato impiego a un uomo di legge dalla vista compromessa, alla fine non gli rimase alternativa che dedicarsi all'attività di famiglia. Almeno in quel campo voleva ottenere grandi successi. Nei decenni successivi fondò con i fratelli minori Albert e Regine la ditta tessile internazionale A. Mayer & Co. e si espanse nel mercato orientale.[15] Nel 1882 la sede principale dell'impresa si trovava ad Alessandria, le filiali a Costantinopoli, Smirne e Vienna, per citarne solo alcune.[16] L'infaticabile impegno dei fratelli Mayer diede infine i suoi frutti: nel 1910 comparivano sulla lista dei mille viennesi e residenti nella Bassa Austria più ricchi.[17]

Mentre i fratelli si ritennero soddisfatti, Sigmund perseguì un ulteriore obiettivo – si impegnò all'interno del Consiglio comunale di Vienna. Lì il suo avversario era l'antisemita Karl Lueger.

In seguito Adolf Hitler avrebbe tratto ispirazione da Lueger sotto diversi aspetti, ma il "bel Karl" non era sempre stato un antisemita. Sigmund credeva addirittura che Lueger si fosse trasformato in un antisemita solo per diventare sindaco di Vienna: "I sentimenti antisemiti di Lueger sono sempre stati una finzione. In particolare per lui non si è mai trattato di ... odio razziale contro gli ebrei. In precedenza frequentava non solo volentieri, ma prevalentemente ebrei. ... Alla Camera dei deputati ... gli dissi: 'Quel che le rimprovero non è di essere antisemita, ma di *non* esserlo veramente'".

Che fingesse o fosse sincero, alla fine non fece differenza. Lueger sdoganò l'antisemitismo a Vienna. Sigmund riceveva lettere minatorie e sfide a duello, a cui replicava con la frase: «Quando non si è più nient'altro, si è antisemiti».[18]

Come politico locale e editorialista della "Neue Freie Presse", Sigmund non combatteva solo contro gli antisemiti.[19] Riuscì anche a inimicarsi il sionista Theodor Herzl. Mentre Herzl credeva che gli ebrei dovessero reagire all'antisemitismo istituendo un proprio "Stato ebraico", Sigmund rifiutava categoricamente il sionismo e scommetteva sull'assimilazione. Alice scrisse in seguito che il padre e Herzl discutevano in modo molto acceso.[20] Tali discussioni, però, devono essersi bruscamente interrotte nel 1897, quando Sigmund pubblicò un attacco sarcastico a Herzl. Lo spunto fu la convocazione del primo congresso sionista a Basilea, una "città senza ebrei", come ebbe modo di notare Sigmund con sufficienza. Definì i promotori del congresso "due brillanti giornalisti, i signori Herzl a Vienna e Nordau a Parigi, che da ebrei per caso e per nascita sono diventati all'improvviso ebrei di professione". La loro idea di uno stato ebraico in Palestina avrebbe fatto sì che:

> gli ebrei ... conquistassero una patria dal valore incredibilmente dubbio, diventando ovunque, in tutti i paesi europei, un vero e proprio popolo ospite! E i più grandi tra loro avrebbero combattuto duemila anni per arrivare a questo! ... Il pericolo che lo stato ebraico si realizzi, dunque, lo consideriamo pari a zero e a malapena degno di essere menzionato in un giornale serio. Un pericolo sociale assai serio per gli ebrei e i loro interessi più importanti, invece, ... è il signor Herzl.[21]

In seguito è improbabile che i due uomini si siano mai più rivolti la parola. Furono poi soltanto sepolti nello stesso posto, nella sezione ebraica del cimitero di Döbling.[22]

Sigmund non combatteva su più fronti soltanto professionalmente, anche la sua vita privata, a tratti, fu un vero e proprio campo di battaglia. Alice doveva la sua esistenza solo al fatto che la prima moglie di Sigmund, Henriette, lo aveva tradito. All'inizio degli anni Settanta dell'Ottocento, quando lui era spesso al Cairo per lavoro, lei si fece un amante e rimase incinta. Sigmund decise su due piedi di liberarsi della moglie e tenere la piccola Gabriele. Henriette ottenne una buonuscita economica comprensiva di un biglietto ferroviario per tornare nel paesino di provincia da cui proveniva. La durezza con cui Sigmund la punì rispecchiava il suo carattere agguerrito, ma era anche tipica dell'epoca. Nel 1856 Gustave Flaubert aveva già descritto quel che toccava a una "adultera" come Madame Bovary; nel 1878 l'Anna Karenina di Tolstoj si gettava sotto un treno; e nel 1894 l'infedele Effi Briest di Fontane finiva i suoi giorni nell'infelicità. Non è dato di sapere se Sigmund, che amava i romanzi, avesse letto *Madame Bovary* o *Anna Karenina*. La lettura, in ogni caso, avrebbe cambiato ben poco.

La profonda offesa inflittagli dalla moglie comportò che per un decennio si occupasse da solo di quattro bambini.[23] Infine, tuttavia, si risposò. La seconda moglie, Pauline Gutmann, era di vent'anni più giovane e gli si sottomise di buon grado come una sposa devota.[24] Con lei Sigmund ebbe altri tre figli: Felix (n. 1884), Alice (n. 1886) e Helene, detta Mutzi (n. 1894).

Alice aveva gli occhi azzurri e i capelli chiari. Era dunque considerata una bella bambina, ma la domanda ben più importante che si poneva suo padre era: aveva un talento particolare? Qualcosa di cui poter essere fieri?

In quasi tutte le famiglie ebraiche era presente l'anelito a produrre un bambino prodigio, in grado di elevare lo status della famiglia e certificarne l'ingresso in società. Rispetto alla produzione di bambini prodigio non si faceva differenza tra maschi e femmine. Chiunque poteva esserlo. Aveva forse le potenzialità per diventare un genio della matematica o una grande pianista? Nel caso, si cercava di dargli una mano. Interi eserciti di insegnanti privati e governanti francesi venivano arruolati allo scopo, e persino famiglie che non navigavano nell'oro investivano i risparmi nel perfezionamento della prole. A decenni di distanza Alice era ancora in grado di indicare quali famiglie viennesi avessero dato i natali ai figli più talentuosi. Al primo posto c'era Anna, la figlia di Sigmund Freud, seguita a breve distanza dai figli dell'avvocato Meitner:

> Portò le sue tre figlie da noi, e io rimasi molto colpita dal fatto che una di loro studiasse già all'università. Quella ragazza aggraziata, Lise Meitner, indossava un abito bianco del tutto innocente, e io non potevo immaginare che un giorno avrebbe svolto una professione molto meno innocente e sarebbe stata coinvolta nella costruzione della bomba atomica … Anche le sue sorelle erano molto dotate: in seguito una di loro, la pianista, diede alla luce Otto Frisch, che io conobbi quand'era ancora in fasce.[25]

Per non parlare poi di tutti i bambini prodigio votati alla scrittura. La madre di Alice era amica della madre di Alfred Polgar, e tutti naturalmente ammiravano la famiglia Schnitzler, che contava addirittura due figli di successo: il medico Julius e lo scrittore Arthur. La signora Schnitzler non ce la faceva proprio a simulare la modestia di rito. A chi le chiedeva notizie del suo "celebre figlio", rispondeva: «Quale dei due?».[26]

Alice sognava di mietere un giorno successi simili. A sette anni sperava di diventare una stella del canto, e mise i suoi genitori in grave imbarazzo. Nel 1893, tutta la famiglia si era recata ad Altaussee per la consueta villeggiatura estiva. Alice, come sempre, si stava annoiando lungo il lago quando intravide Johannes Brahms, che passeggiava. Di colpo si mise a cantare. E con ogni probabilità non fu un'esecuzione particolarmente buona, perché la madre la trascinò via dalla passeggiata seduta stante: "E con questo svanì il mio sogno di essere scoperta come bambina prodigio".[27]

Nella gerarchia interna alla famiglia, Alice occupava uno degli ultimi posti rispetto ai suoi fratelli. I quattro fratellastri maggiori erano giudicati intelligenti, il fratello Felix lavorava sodo e divenne in seguito un impiegato della ditta di famiglia. La sorella minore, Helene, avrebbe esaudito il sogno del padre addottorandosi in legge. Alice invece patì per tutta la vita il fatto di non essere riuscita a conseguire un titolo di studio: "Ero pigra. E in seguito mi è toccato pagarne le conseguenze".[28]

Fino all'undicesimo compleanno di Alice l'intera famiglia visse al n. 32 della Obere Augartenstraße, nel quartiere a maggioranza ebraica di Leopoldstadt. Al piano terra c'era il negozio, al primo piano abitava la nonna di Alice, Tony, di Presburgo, al secondo la famiglia di Sigmund, e al terzo il fratello di lui, Albert. I Mayer cominciarono a nutrire ambizioni da grande borghesia, che Alice descrisse con precisione:

> La signora non andava personalmente a fare la spesa, ci andavano le *donne*, non le signore. Le cuoche dovevano andarci quotidianamente perché non c'erano ancora i frigori-

feri per conservare i cibi freschi ... Le signore dunque non cucinavano, se ne occupava la cuoca. Le signore non badavano nemmeno ai figli in fasce, per quello c'era la bambinaia, né ai figli più grandi, affidati alla governante. Quel che invece facevano era acquistare oggetti di lusso e scambiarsi visite ..., a mezzogiorno la famiglia si riuniva nuovamente a casa, e c'era sempre una minestra come primo piatto ... e poi carne e verdure ... Il coronamento di ogni pasto era il dolce. Tipici di Vienna erano gli *knödel* con le prugne, le ciliegie o le albicocche, a seconda della stagione, e naturalmente lo strudel. Dopo un pasto così sostanzioso tutti quanti dovevano subito andare a riposare. I bambini avevano poi di nuovo scuola fino alle quattro del pomeriggio, e gli uomini tornavano al lavoro. Dalle quattro o le cinque in poi, le signore avevano i loro caffè pomeridiani, per i quali venivano in visita le amiche.[29]

La madre di Alice era una signora e in cucina compariva solo sporadicamente, ma per Alice la cucina divenne il luogo più importante della casa. C'era un buon profumo e la dispensa era piena di dolci. Già da piccola aveva il permesso di sedersi su uno sgabello a osservare le aiutanti della cuoca. Non si limitavano a mescolare ingredienti curiosi, ma parlavano anche di argomenti eccitanti: storie d'amore all'osteria o gli ultimi fatti di cronaca nera letti sulla "Kronenzeitung". In salotto dominava il padre di Alice, ma in cucina era la cuoca ad avere l'ultima parola. Era una virago, e tutti tolleravano i suoi malumori perché molto dipendeva dalla sua creatività. Una cuoca dotata poteva portare una famiglia ai vertici della società, e la paura di perderla a vantaggio di una padrona di casa rivale era sempre presente.[30] A contendersi i migliori pasticceri non erano soltanto l'Hotel Sacher o la pasticceria Demel, anche le case private dovevano costantemente stare in guardia da appropriazioni nemiche. Affinché la cuoca non perdesse il buonumore, la padrona di casa le garantiva una stretta collaborazione. Stabilivano insieme il menu, in modo che ogni pietanza che giungesse a tavola fosse "un capolavoro culinario". E naturalmente ogni padrona di casa sognava di servire, in occasione di un importante ricevimento serale, un piatto basato su una ricetta segreta. Quanto la guerra sulle ricette segrete fosse accanita, lo dimostra Friedrich Torberg nel suo *Tante Jolesch*. La zia era famosa per i suoi *Krautfleckerln*, dei maltagliati ai cavoli. Quando era in punto di morte, una nipote fece un ultimo tentativo di estorcerle la ricetta:

> «Zia, non puoi certo portarti la ricetta nella tomba. Non vuoi lasciarcela? Non vuoi dirci finalmente perché i tuoi *Krautfleckerln* sono sempre stati così buoni?»
> La zia Jolesch cercò di mettersi a sedere sul letto con le ultime forze che le restavano: «Perché non ne ho mai fatti abbast...».
> Disse così, sorrise e spirò.[31]

Con questa strategia la zia Jolesch si era dimostrata una stratega del marketing, in anticipo sui tempi di decenni. I piatti dovevano essere buoni e avere un aspetto accattivante, ma prima di ogni altra cosa dovevano farsi desiderare. Fin da bambina, Alice aveva sempre sognato di cucinare un giorno delle cose speciali: "Mio padre, al di là di tutte le sue velleità intellettuali, era un grande gourmet. Il suo volto era severo, ma non appena ho raggiunto la statura sufficiente per arrivare al tavolo della cucina, ho sempre voluto cucinare per lui, perché mi sorridesse".

Sostenere che Alice abbia imparato a cucinare perché voleva compiacere il padre suona come grossolana psicologia da cucina. Ma in effetti era l'unica possibilità per essere anche solo presa in considerazione da lui:

> Mio padre ci rivolgeva raramente la parola, noi bambini lo vedevamo solo durante i pasti ... Quando ci poneva una domanda, dovevamo rispondergli con cortesia, tutto qui. La domenica ci portava a fare una passeggiata, ma non ricordo che abbia mai fatto una passeggiata solo con me prima del mio ventesimo compleanno ... Da bambini conducevamo una vita completamente separata da quella degli adulti.[32]

La cucina era l'anello di congiunzione con il mondo degli adulti. Lì Alice imparava qualcosa di cui tutti avevano bisogno. E naturalmente, attraverso la cucina, sperava anche di conquistarsi il riconoscimento del suo ambiente. Funzionò solo in parte. Sigmund senza dubbio apprezzava le ricette di Alice, che nel corso degli anni divennero sempre più raffinate, ma non lo sfiorò mai l'idea di aver generato una grande cuoca. Se qualcuno gli avesse predetto che proprio Alice, così trasognata, avrebbe scritto un libro di cucina destinato a diventare un bestseller, ne sarebbe rimasto sorpreso. Forse gli avrebbe fatto piacere che lei alla fine si fosse risvegliata e fosse riuscita a concludere qualcosa nella vita. Le circostanze che portarono al "risveglio" di Alice, però, lo avrebbero fatto inorridire.

Sulla generazione di viennesi cui apparteneva Alice esistono innumerevoli cliché. Molti di essi dipendono dai quadri di Gustav Klimt e dalle *pièces* teatrali di Arthur Schnitzler. Nelle opere di Schnitzler le donne si riducono spesso alla "dolce fanciulla" della periferia di Vienna, che nutre un amore sincero per il suo spasimante aristocratico, ma presagisce fin dall'inizio che alla fine le toccherà sposare il noioso portiere. O al suo opposto, la donna sposata, mondana, di ceto elevato, che è tutt'altro che "dolce" e inganna regolarmente il marito. Alice non corrispondeva a nessuno di questi cliché. Aveva paura del sesso, una paura ampiamente diffusa tra la sua generazione. Stefan Zweig, nato come Alice negli anni Ottanta dell'Ottocento, in una famiglia ebraica facoltosa, riuscì a descrivere ciò che lei non sarebbe mai riuscita a esprimere, ovvero quanto fosse sconsolata la vita amorosa di quella generazione. Agli occhi di Zweig una come lei non aveva alcuna chance di vivere delle normali esperienze sessuali: "[...] le ragazze erano escluse dalla vita, poste sotto il severo controllo della famiglia, ostacolate nel loro libero sviluppo sia fisico sia spirituale; i ragazzi erano costretti alla dissimulazione e all'ipocrisia da una morale in cui in fondo nessuno credeva e che nessuno rispettava".[33]

Questi rigidi vincoli morali facevano sì che la maggior parte dei ragazzi avesse le sue prime esperienze sessuali

Alice, seduta, con la sorella, Helene Eissler.

con delle prostitute. In molti angoli di Vienna c'erano quei "tristi uccelli del paradiso", come le chiamava Zweig, le cui brevi "carriere" in genere si concludevano in ospedale. Uomini di tutti gli strati sociali se ne servivano, negli androni delle case o nei migliori bordelli di Vienna. Ovunque fosse, i pericoli non mancavano mai. Una delle maggiori paure, molto concrete, che accompagnava ogni rapporto sessuale, erano le malattie veneree. Nelle grandi città si era diffusa la sifilide, per cui non esisteva ancora possibilità di guarigione. Il padre di Arthur Schnitzler, Johann, che insegnava Medicina all'Università di Vienna, per paura che il figlio potesse essere contagiato, forzò la sua scrivania e lesse il suo diario segreto. Lì il sedicenne Arthur aveva preso nota di tutte le sue esperienze – reali e immaginarie – con "divinità greche". La lettura portò il padre sull'orlo dell'infarto, ed egli obbligò il figlio a leggere un manuale di medicina sulla sifilide e le malattie della pelle.[34] Le illustrazioni piuttosto crude sortirono l'effetto sperato. Arthur cessò temporaneamente le sue visite alle divinità greche. Quella tortura tuttavia non durò a lungo.

Le relazioni sessuali erano dunque una sorta di roulette russa, e una ragazza ancora vergine come Alice, "esclusa dalla vita", poteva solo sperare che il suo futuro marito non fosse stato contagiato prima del matrimonio. Cosa di per sé non improbabile.

La vita di Alice conobbe molteplici fratture, la prima delle quali giunse con il matrimonio. Fino ad allora la sua quotidianità era trascorsa piacevolmente.[35] Disponeva di tutto in abbondanza, compresi i bei vestiti. "Non ci sono donne brutte, solo donne malvestite" si usava dire a Vienna, e Alice concordava. Come moltissime altre viennesi della generazione prebellica amava le stoffe colorate, i grandi cappelli e i fiocchi sontuosi. Venendo da una famiglia che si era arricchita con i prodotti tessili, non aveva alcun problema a procurarseli. Anche di personale ce n'era in abbondanza, e la facoltosa borghesia ebraica aveva mutuato dalla nobiltà l'usanza di farsi servire "a casa". Sarti, modiste e persino il barbiere venivano a domicilio.[36] Se non si davano balli in maschera o ricevimenti, si andava ai concerti, all'Opera o al Burgtheater. Alice usciva volentieri, ed era piuttosto attraente. La sua morbida silhouette dal décolleté prosperoso era considerata molto desiderabile nel periodo antecedente alla Prima guerra mondiale. Aveva piedi relativamente grandi – una caratteristica che a quel tempo si rimproverava alle viennesi[37] –, ma nonostante i piedi avrebbe certamente potuto mietere successi sul mercato matrimoniale. Il suo interesse al riguardo, però, era piuttosto limitato. Le sorellastre più grandi, Sidonie (Sida) e Karoline (Karla), erano già sposate e non sembravano particolarmente felici. Il marito di Sidonie, Julius Rosenberg, era un affascinante ungherese che cambiava spesso mestiere e per farlo attingeva al patrimonio della moglie.[38] A Karoline non era andata poi tanto meglio. Era sposata con il libraio Richard Löwit, apprezzato soprattutto da suo padre. Sigmund Mayer era un appassionato collezionista di libri, e – attraverso numerose sovvenzioni – fece dunque del genero un editore.[39] Per Karoline l'accordo si rivelò meno favorevole, tanto che rifiorì solo dopo la morte del marito.[40]

Ad Alice le esperienze delle sorelle maggiori non sembravano molto promettenti. Lei non credeva che un matrimonio avrebbe migliorato la sua vita. Restare nubile, invece, presentava molti vantaggi: poteva frequentare una scuola di lingue, continuare a prendere lezioni di canto, e soprattutto affinare le sue arti culinarie. Il suo sogno era diventare una seconda Anna Sacher, o per lo meno aprire un piccolo ristorante:

> Ero interessata alla gastronomia, ma come avrebbe potuto una ragazza di buona famiglia dell'epoca aprire un caffè o un ristorante? ... Avrei lavorato volentieri come apprendista in una delle grandi pasticcerie di Vienna. Ma le ragazze non erano autorizzate a svolgere questa professione ... Quando avevo diciotto anni, una signora aprì nei pressi di casa nostra una scuola di cucina elitaria, molto esclusiva ..., in cui insegnava anche il pasticcere francese di uno de-

gli hotel di lusso della Ringstraße. Frequentai quella scuola, e le poche ore di lezione segnarono una svolta nella mia vita. All'epoca non avevo la minima idea di quanto sarebbero state importanti per me in seguito. Quel cuoco Cordon Bleu della Ringstraße mi ha insegnato cose che più tardi furono la mia ancora di salvezza. Da quell'uomo ho imparato anche le grandi arti della pasticceria, e apprezzo tutt'ora le sue ricette. Allora di certo non sapevo ciò che quell'hobby, un giorno, avrebbe significato per me. Usavo le mie nuove conoscenze solo per divertimento. Ai ricevimenti dei miei genitori proponevo dolci fantasiosi, e nei grandi cesti regalo per Natale o i compleanni inserivo bonbon, *petits fours* e altri dolciumi preparati da me.[41]

Sigmund non vedeva alcun futuro nella produzione di dolciumi. Come tutti i padri vittoriani decideva lui quali carriere dovessero perseguire i suoi figli e chi dovessero sposare. Sebbene Alice fosse riuscita a evitare il matrimonio il più a lungo possibile, nel 1912 la tregua che le era stata concessa terminò definitivamente. Aveva ventisei anni, "una zitella", quando si piegò alla decisione di Sigmund. Sposò l'uomo sbagliato per le ragioni sbagliate: accontentare i suoi genitori e soddisfare le aspettative della società. A dicembre del 1912, nella sinagoga del XVIII/XIX distretto, Alice divenne la moglie del dottor Maximilian Urbach.

A prima vista Max Urbach era un buon partito. Veniva da una famiglia importante, di uomini d'affari, medici e giuristi. Il 1° luglio 1908 aveva conseguito a Praga il titolo di "Doctor medicinae universae", specializzandosi in pediatria.[42] Alice scrisse in seguito che Max si era interessato a lei "perché ero una ragazza carina, ricca e di buona famiglia. Voleva aprire uno studio e aveva bisogno di soldi".[43]

Non spiegò mai come si erano conosciuti, ed è probabile che Sigmund si fosse avvalso dell'estrema risorsa a disposizione di un padre ebreo preoccupato, ingaggiando uno *Schadchen*, un sensale di matrimoni al quale, in caso di successo, si versavano somme cospicue. Uno *Schadchen* poteva essere di sesso maschile o femminile, l'importante era che scovasse partner compatibili. A famiglie dell'alta borghesia come i Mayer, gli *Schadchen* proponevano in genere avvocati e medici: in fin dei conti, nessuno voleva che la propria figlia si sposasse con una persona di classe inferiore. Da un matrimonio simile il futuro marito poteva trarre un bel guadagno. La dote di Alice ammontava a 80.000 corone, all'epoca una somma enorme (una domestica guadagnava all'anno dalle 100 alle 300 corone, un professore universitario dalle 8000 alle 16.000).[44] Se il matrimonio di Alice era effettivamente stato concordato tramite un sensale, la famiglia Mayer avrebbe anche avuto delle buone ragioni per pretendere la restituzione della commissione. Max Urbach, infatti, non era il genero compito che aveva finto di essere. Giocava d'azzardo, e aveva parecchie storie con altre donne.

In seguito Alice compilò due versioni differenti delle sue memorie, una più dettagliata per la famiglia e una molto breve per sé.[45] Nella versione ufficiale dedica al suo matrimonio solo un paio di frasi: "Dopo sette anni di matrimonio mio marito morì. Non voglio soffermarmi su quel che provai allora. Al centro di questa storia dovrebbero esserci le mie imprese e le mie avventure, non i miei sentimenti".[46] Nella versione ufficiosa si capisce perché non indulga a ulteriori dettagli. Sul matrimonio con Max scrive: "Io possiedo un sesto senso, e dal momento in cui mi sono seduta al banchetto nuziale ho avuto un unico pensiero: 'Oddio, che cosa ho fatto!'". Quella consapevolezza arrivò purtroppo con un paio d'ore di ritardo. La prima notte di nozze fu soltanto l'inizio di una lunga serie di catastrofi matrimoniali: "Mio marito non aveva idea di come ci si comporta con una ragazza ancora vergine ... non mi baciò né accarezzò per niente, il tutto durò solo qualche secondo, poi lui si fumò una sigaretta e si addormentò. Pensavo che fosse mio dovere, ma l'ho odiato".[47]

Alice non riuscì mai a chiamare Max per nome, né nelle memorie private né in quelle ufficiali. Vi si riferiva sempre in modo distaccato e molto formale come a "mio marito".

Non trovò mai un vezzeggiativo, e aveva le sue buone ragioni. Essere sposata con Max non fu soltanto deludente dal punto di vista sessuale, per lei rappresentò anche una notevole retrocessione sociale.

A undici anni Alice si era trasferita con i genitori da Leopoldstadt a Döbling, il cosiddetto "quartiere dei cottage" o "Cottage".[48] Il "Cottage" era considerato il quartiere più bello di tutta Vienna. Nel vicinato vivevano famiglie di commercianti facoltosi e artisti di fama. Nel 1910 Arthur Schnitzler acquistò una villa in Sternwartestraße 71; Felix Salten, amico di Schnitzler e autore di *Bambi*, viveva in Cottagegasse 37 (in seguito Salten diede consigli al figlio minore di Alice su come allevare il suo leprotto).[49]

Döbling era un posto speciale, e Alice amava la sua casa. La villa era tinteggiata di un giallo intenso, il celebre "giallo Schönbrunn". Le stanze erano molto luminose, e nel grande giardino fiorivano meli sotto i quali ci si poteva sedere a leggere un libro.

Dopo il matrimonio Alice dovette trasferirsi con Max a Ottakring, un quartiere che fino a quel momento aveva a malapena sentito nominare. Solo un viennese può intuire quel che nel 1912 deve aver significato trasferirsi da Döbling a Ottakring. Geograficamente non è molto distante, ma l'abisso sociale tra i due distretti appare ancora oggi incolmabile.

Ottakring era l'opposto del Cottage. Era un quartiere operaio sovraffollato, con appartamenti bui e soffocanti. Lì non c'era traccia di case gialle e parchi privati, lì predominava un grigio inequivocabilmente triste. Nessuno piantava alberi di mele, in quel deserto d'asfalto non ci sarebbe comunque stato spazio a sufficienza. Nel 1911 – l'anno prima del matrimonio di Alice – l'aumento degli affitti e dei prezzi dei generi alimentari aveva provocato gravi disordini a Ottakring. Da allora il distretto era considerato il fulcro del disagio sociale e non certo il posto ideale per una ragazza di buona famiglia come Alice. Sebbene il suo nuovo appartamento fosse molto spazioso e confortevole, per lei lo shock culturale dev'essere stato considerevole.

Naturalmente Alice non si aspettava di avere una casa a Döbling. Sapeva di sposare un medico che non aveva ancora uno studio e doveva cominciare dal basso. Probabilmente, però, ignorava quanto fosse infimo il punto di partenza. I pazienti di Max avevano a malapena i soldi per pagare l'affitto, figuriamoci le parcelle del dottore. Ma Ottakring risvegliò Alice, che si rese conto di quanto dura fosse la vita delle mogli degli operai:

> Gli operai vivevano in condizioni terribili. Un'intera famiglia si divideva un'unica stanza e una cucina. Le stanze si affacciavano in genere su strade rumorose e sporche, e la cucina era senza finestre. In quel locale buio la padrona di casa doveva cucinare e fare il bucato, circondata da tutti i suoi figli. A volte, quando non avevano denaro o il padre era disoccupato, accoglievano anche un inquilino che dormiva in cucina, mentre padre, madre e bambini, sani o malati, si stendevano gli uni accanto agli altri in un unico ambiente ... A Vienna dilagava la tubercolosi, la chiamavano la "morte bianca". Naturalmente non c'erano bagni o veri e propri servizi igienici [solo il 7 per cento degli appartamenti aveva un proprio allacciamento dell'acqua]. Molte famiglie condividevano una ritirata in cortile. Per via dei servizi insufficienti e del sovraffollamento si verificavano spesso litigi tra le donne e risse tra gli uomini.[50]

Alice viveva in un appartamento di gran lunga migliore, ma lo squallore di Ottakring la deprimeva. La sua unica gioia in quel periodo fu la nascita del suo primo figlio: "Rimasi subito incinta, e amavo il piccolo, che era tremendamente malato e che io seppi guarire ... era affascinante, un figlio meraviglioso".[51]

Otto nacque a settembre del 1913, dieci mesi prima dello scoppio della Prima guerra mondiale. Quello fu uno dei pochi anni di pace che gli capitò di sperimentare. Guerre e rivolte lo accompagnarono fino alla morte – a Vienna, in Cina, come soldato durante la Seconda guerra mondiale e la lunga Guerra fredda. Già a casa dei suoi genitori l'atmosfera era costantemente tesa. Nelle sue annotazioni segrete Alice scrive:

Otto da bambino.

I primi due anni del mio matrimonio non furono del tutto infelici. Poi però scoppiò la guerra, e non ci furono più possibilità di cucinare del cibo. Da quel momento in poi mio marito prese ad andare ogni sera in trattoria, dove mangiava, beveva e giocava a carte con persone semplici ... Io me ne stavo a casa con la bambinaia e facevo finta che la cosa non mi turbasse. Ma come poteva un marito ebreo comportarsi così male? Mi vergognavo terribilmente per aver fatto una scelta tanto sbagliata, e non ne facevo parola con nessuno. A chi mai avrei potuto spiegarlo? I miei genitori erano anziani, e non si parlava di quel che accadeva in camera da letto.[52]

Ancor peggio dei problemi in camera da letto era la dipendenza dal gioco di Max. Secondo una nota arguzia di Alfred Polgar ci sono due tipi di giocatori: "Gli uni giocano per divertimento, gli altri perché hanno bisogno di soldi; inevitabilmente, dopo qualche tempo, la prima categoria confluisce nella seconda".[53] Per Alice il matrimonio con Max significò dover passare la vita con una persona affetta da una dipendenza che a poco a poco la portò alla rovina. La guerra non contribuiva a migliorare la situazione. Mentre il fratello di Alice, Felix, come tutti i maschi della famiglia Mayer, andò al fronte, Max fu assegnato alla milizia territoriale come medico del reggimento.[54] Questo però comportava che non servisse su un fronte remoto, ma a Vienna. Alice avrebbe preferito saperlo molto lontano:

Non ricordo bene come andò, ma alla fine rimasi di nuovo incinta. Avevo cercato di evitarlo, perché credevo che il bambino potesse nascere deforme per via dell'alcol. Quando, ciò nonostante, rimasi incinta mio marito mi disse che dovevo abortire perché lui era affetto da una malattia venerea. Con il bambino appena nato non era più possibile pensare a una separazione. Facevamo vite completamente separate, fu un periodo terribile.[55]

Di quale malattia venerea si trattasse di preciso, e se Max l'avesse contratta già prima del matrimonio e l'avesse tenuta segreta, Alice non lo seppe mai. Solo in una cosa ebbe fortuna. Né lei né il bambino furono contagiati. A novembre del 1917 il suo secondogenito, Karl, venne al mondo sano. "Karli" era l'esatto contrario del padre: un caro ragazzo, servizievole, che faceva del suo meglio per rendere felice chi gli stava attorno. I tempi in cui venne al mondo, però, non avrebbero potuto essere più infelici.

A ottobre del 1917 in Russia era scoppiata la Rivoluzione, e anche a Vienna si verificavano sempre più spesso disordini sociali. La fame e le malattie imperversavano, la gente era stanca della guerra. Carlo, il nuovo imperatore, cercava di condurre trattative segrete con gli Alleati alle spalle dei tedeschi. Gli sforzi fallirono e non si poté più impedire la dissoluzione dell'Impero asburgico.[56]

Sebbene tutti avessero agognato la fine della guerra, la sconfitta fu comunque un trauma. Da un giorno all'altro tutte le certezze che la generazione di Alice aveva conosciuto vennero meno. Sua cugina, Lily Bader, scrisse in proposito: "Per giorni Vienna pullulò di voci e fermento, eppure la rinuncia al potere dell'imperatore Carlo, l'11 novembre, giunse inaspettata. Era difficile immaginarsi l'Austria senza gli Asburgo, che avevano retto il paese per più di seicento anni. Per noi questo evento fu stranissimo, come se la luna, all'improvviso, avesse abdicato dal suo posto in cielo".[57]

Ormai solo i nomi dei suoi figli ricordavano ad Alice la monarchia: il maggiore era stato chiamato Otto in onore di Ottone d'Asburgo, il minore Karl portava il nome dello sfortunato imperatore. Entrambi sarebbero stati in seguito tutt'altro che monarchici, e anche Alice, dopo il 1918, non si interessò più alle amene vicende di Sissi. Aveva conosciuto la realtà di Ottakring, dove non c'era molto spazio per il romanticismo.

Da un giorno all'altro l'imperatore perse la sua autorità, ma nelle famiglie ebraiche le gerarchie sopravvissero indipendentemente dalle rivoluzioni, come dimostra l'aneddoto seguente, a proposito di Paul e Egon Erwin Kisch. Il 12 novembre 1918, il "reporter scatenato", nonché comunista fervente, Egon Erwin Kisch tentò di fare irruzione nella sede della "Neue Freie Presse" con la Guardia Rossa e sulle scale si imbatté nel fratello Paul, redattore economico del giornale. Paul bloccò Egon dicendo:

«Che cosa ci fai qui, Egon?»

«Non lo vedi? Occupiamo la vostra redazione.»

«"Occupiamo"? E chi sareste?»

«La Guardia Rossa.»

«E perché volete proprio occupare la "Presse"?»

«Perché è una roccaforte del capitalismo.»

«Non essere ridicolo e vedi un po' di andartene.»

«Paul, non capisci la gravità della situazione. Nel nome della Rivoluzione ti ordino di farmi entrare. Altrimenti...!»

«D'accordo, Egon. Di fronte alla violenza, non mi resta che arrendermi. Ma lascia che ti dica una cosa: oggi stesso scrivo a mamma a Praga.»[58]

Dopo questa minaccia terrificante Egon Erwin Kisch desistette. L'autenticità della storia è stata messa in dubbio, sebbene la "Neue Freie Presse" sia stata effettivamente occupata dalla Guardia Rossa per un breve lasso di tempo. I contemporanei che hanno avuto modo di conoscere personalmente mamma Ernestina Kisch giurano che è la verità.[59]

La dissoluzione dell'Impero asburgico aveva fatto sì che il frumento a buon mercato dell'Ungheria e il carbone della Cecoslovacchia andassero perduti. I viennesi ora dovevano ricorrere a baratti con le fattorie. Alice scrive nelle sue memorie ufficiali:

> I miei figli non avevano mai bevuto latte fresco e non sapevano com'era fatta un'arancia o che sapore avesse il cioccolato. Non sapevano nemmeno come si facesse a comprare il pane senza una tessera alimentare ... Nell'immediato dopoguerra si scatenò una lotta tremenda per procurarsi il cibo. Ufficialmente era ancora tutto razionato. Chi non poteva permettersi il mercato nero, faceva la fame o tentava di passare il confine per barattare i suoi ultimi averi: una pelliccia per un chilo di burro, una macchina fotografica in cambio di patate. I contadini non accettavano denaro perché ne ave-

vano già più del necessario, ma si riempivano la casa di oggetti mai visti prima. Un pianoforte che non sapevano suonare, abiti da sera che non indossavano o libri pregiati che non leggevano e non erano in grado di capire.[60]

Che l'America rappresentasse un ricco mondo agli antipodi, i bambini di Vienna lo impararono nel primo inverno del Dopoguerra. Organizzazioni umanitarie statunitensi fornirono loro l'"approvvigionamento americano".[61] L'attore Leon Askin era uno di quei bambini, e in seguito descrisse l'atmosfera maniaco-depressiva che imperversava a Vienna. Si dovettero chiudere le scuole perché non si riusciva a scaldarle. I bambini bighellonavano per le strade e giocavano a pallone per ore, per non congelare. Nessuno più possedeva una palla vera, quindi appallottolavano vecchi stracci, gli avvolgevano intorno del fil di ferro e la chiamavano palla di pezza

Sebbene Askin venisse da una famiglia ebraica molto povera, continuò a prendere parte alla vita culturale. In Austria i generi alimentari erano inaccessibili, ma gli eventi culturali erano alla portata di tutti. Per risparmiare sull'energia elettrica, i teatri anticipavano le rappresentazioni al pomeriggio, e alle sette e mezzo di sera calava il sipario.[62] La cosa però non turbava nessuno. L'importante era poter fuggire dalla quotidianità. Otto, come Leon Askin, amava queste fughe. Entrambi erano particolarmente appassionati del balletto. Alla Staatsoper potevano assistere ammirati a *Cappuccetto rosso* o alle *Scarpette rosse* di Hans Christian Andersen e rimuovere la realtà per un paio d'ore.

Anche gli adulti si rifugiavano a teatro e riuscivano a racimolare qualche spicciolo per proseguire la serata al caffè. Per Alice quelle uscite con le amiche erano di importanza vitale:

> Quando ero bambina, ... sarebbe stato impensabile andare in un caffè senza il proprio marito. La guerra cambiò tutto. La penuria di cibo, elettricità e combustibile fece sì che anche le donne cercassero rifugio nei caffè, in cui si stava al caldo e dove giocavano a bridge, bevevano surrogato di caffè

e si concedevano un panino con la tessera alimentare. Alcuni uomini non gradivano affatto quella invasione da parte delle donne: fino ad allora il caffè era stato un loro territorio.[63]

Ma Alice voleva sfuggire al marito il più possibile. A unirli erano ormai soltanto le catastrofi: "Nel 1920 Max perse una grossa somma a carte e mi obbligò a vendere il mio meraviglioso bracciale di diamanti per pagare i suoi debiti. Quello fu il culmine. Penso che dopo sia rimasto in vita ancora una settimana, non di più, perché quando morì avevo ancora un po' di soldi".[64]

Non sarebbero bastati per molto.

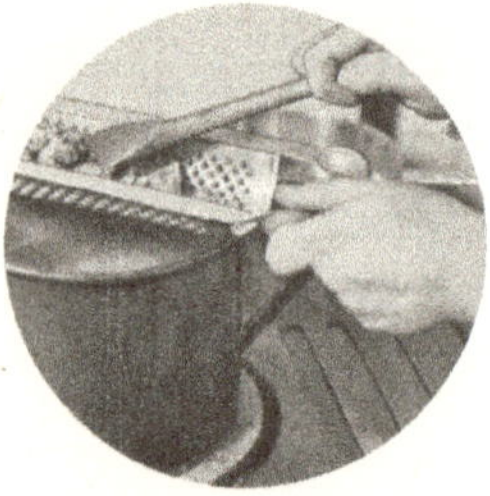

Tempi di fame

Gente, godetevi il Dopoguerra.
Perché presto tornerà a essere un Anteguerra.

WOLFGANG NEUSS e WOLFGANG MÜLLER,
Finalmente l'alba[1]

In Germania, quando si muore, il testamento finisce in un ufficio giudiziario deputato alle successioni. In Austria, per le pratiche di successione c'è un'altra parola: le chiamano, letteralmente, "pratiche per l'abbandono" (*Verlassenschaftsakten*). La formula ha una sfumatura vagamente drammatica: essere abbandonati è generalmente un'esperienza dolorosa. Quando Max, il 1° aprile 1920, morì nel sanatorio di Löw all'età di quarantaquattro anni, Alice fu contenta che l'avesse definitivamente abbandonata. Non sarebbe riuscita a interpretare la parte della moglie felice ancora per molto. Era diventato un ruolo ingrato, che richiedeva davvero tanta forza. La morte di Max fu una liberazione per Alice, ma il sollievo non durò a lungo. L'apertura del suo testamento le mostrò che apparenza e realtà divergevano ancor più di quanto aveva temuto.

Il testamento si trova ancora oggi presso lo Stadt und Landesarchiv di Vienna. È un documento di oltre cinquanta pagine, e la sua mole farebbe supporre che ci fosse qualcosa da lasciare in eredità. Ma è una supposizione sbagliata.

Nell'arco dei sette anni di matrimonio, un periodo relativamente breve, Max era riuscito a giocarsi le 80.000 corone della dote di Alice. Secondo l'inventario lasciò soltanto gli oggetti seguenti:

1. Vestiario e biancheria del valore di 1960 corone, tra cui si trovavano "una giacca invernale scura danneggiata" del valore di 150 corone, un cilindro (50 corone), un frac (100 corone).
2. Un orologio d'oro (1000 corone)
3. Denaro contante (300 corone)
4. Strumenti medici (pinze da dentista, pinzette ecc.), vari supporti per l'assistenza al parto, un lettino grande e uno piccolo per le visite, lavabo, sterilizzatore con mensola, una scrivania.

Max aveva debiti con Sepp Bruckner (15 corone), con la famiglia Koet (30 corone) e al caffè Stadt Museum (115 corone). Ad Alice erano rimasti i titoli ungheresi e una polizza delle assicurazioni Germania.[2]

Alice non disse nulla al padre della morte di Max.[3] Sigmund Mayer aveva allora ottantotto anni, e la figlia non voleva procurargli affanni. Immaginava lo sdegno con cui avrebbe reagito nell'apprendere l'ennesima notizia funesta da parte sua. Lui le aveva offerto una dote generosa, e ora, dopo un breve matrimonio, il suo denaro e il marito erano perduti. Agli occhi di un brillante uomo d'affari come Sigmund Mayer, Alice era chiaramente una voce in perdita su cui andava messa una croce. E lui aveva fatto proprio questo, già molto tempo prima.

Esistono infinite arguzie sulle aperture dei testamenti. L'emigrante Franz Marischka ha coniato questa: lui e il fratello Georg avevano sperato per anni di ottenere somme ingenti dopo il decesso della loro zia Lilly. Quando fu aperto il testamento, Franz telegrafò al fratello: "Zia Lilly – a me niente – a te niente – defunta".[4]

E per Alice non fu molto diverso quando, sette mesi dopo la morte di Max, le toccò seppellire anche il padre. Sigmund fu onorato con un imponente monumento funebre nella sezione ebraica del cimitero di Döbling.[5] Il suo nome spiccava in alto a destra, su una struttura di pietra bianca semicircolare, di circa un metro di altezza. Accanto rimaneva abbastanza spazio per i suoi figli, che un giorno avrebbero dovuto essere a loro volta sepolti lì (nessuno allora poteva immaginare che sarebbero morti tutti lontano da Vienna). La tomba irradia un'agiatezza da grande borghesia, e anche i necrologi che furono dedicati a Sigmund celebravano un uomo di successo. La "Neue Freie Presse" commemorò quell'"uomo basso di statura, quasi cieco ... che esercitava una forte influenza sulla vita pubblica viennese ... e costringeva i più importanti studiosi di economia ad ascoltarlo con attenzione".[6]

In occasione dell'apertura del testamento Sigmund costrinse ancora una volta anche la sua famiglia ad ascoltare con attenzione. Dopo la guerra il grande impero commerciale dei Mayer si era dissolto come la monarchia asburgica, ma diversamente da Max, nel 1920 Sigmund aveva ancora dei beni da lasciare ai propri eredi. Li elencava con grande precisione: tra le altre cose, oltre ai consueti oggetti preziosi, c'erano la villa di Döbling, una grande biblioteca ricca di prime edizioni, e titoli.[7]

La prima versione del testamento era stata redatta nel 1914. Allora il patrimonio di Sigmund ammontava a circa 400.000 corone, che corrispondono a due milioni di euro attuali. Nel 1920 si era ridotto a 190.000 corone, che oggi varrebbero soltanto 17.556 euro. Quel denaro doveva andare in proporzioni diverse alla moglie Pauline, a Felix e alle figlie Helene, Sidonie e Karoline. Era il testamento di un patriarca severo, che premia maggiormente il figlio più docile.

Quanto ad Alice, si diceva: "Mia figlia Alice ha avuto al momento del matrimonio una dote di ottantamila corone e mobilio per un valore di cinquemila corone. Inoltre, per il suo matrimonio, ho pagato circa cinquemila corone. Dispongo perciò che della mia eredità, a parte ciò che le è destinato al punto IIIA, non le tocchi più niente".[8]

Anche il figlio maggiore di Sigmund, nato dal primo matrimonio, fu penalizzato: Arnold Mayer, germanista, era diventato bibliotecario alla Biblioteca universitaria di Vienna, cosa che in verità avrebbe dovuto far piacere al bibliofilo Sigmund. Stando ai ricordi di Felix, però, Arnold era affetto "da autocommiserazione ebraica" e si era convertito. Da allora in poi si esaurì, a quanto pare, anche l'affetto di Sigmund per il figlio maggiore.[9] Arnold ricevette soltanto la quota legittima, mentre Helene, la figlia minore, ebbe il trattamento più generoso. Con lei Sigmund aveva sempre discusso dei suoi testi e degli articoli: Helene si era rivelata il brillante bambino prodigio che il padre aveva sempre desiderato. Per questa ragione, oltre al denaro, Sigmund le lasciò in eredità un oggetto particolare: "A mia figlia Helene lascio per ricordo la mia fede nuziale, affinché possa donarla al suo futuro consorte. Mi auguro che le porti fortuna".[10]

Eppure, benché alcuni dei suoi figli avessero ereditato somme considerevoli, presto il denaro non ebbe più molto valore. Dopo la morte di Sigmund, in Austria, l'inflazione crebbe sempre più rapidamente. Nel 1914 una corona valeva ancora 5,12 euro. Nel 1923, in cambio di 10.000 corone si sarebbero ottenuti 4,37 euro. Quando gli eredi di Sigmund, nel 1922, poterono finalmente disporre dei loro soldi, il suo patrimonio in contanti valeva appena 193 euro.[11] L'inflazione si era mangiata tutto.

L'apertura del testamento confermò ad Alice ciò che, naturalmente, già sapeva: Sigmund non la amava, e la sua disastrosa situazione finanziaria sarebbe rimasta tale. Il declino sociale sembrava ormai inevitabile. Era una vedova di trentaquattro anni, senza un soldo. Nessun uomo sano di mente si sarebbe accollato una donna priva di mezzi con due figli. Alice doveva trovare il modo di sfamare i suoi bambini. Ma non aveva fiducia in se stessa: "Ero convinta di non aver imparato niente che mi permettesse di guadagnare dei soldi. Avevo preso lezioni di canto e di pianoforte. Avevo viaggiato molto con i miei genitori, e in quei frangenti avevo avuto il piacere di apprendere qualcosa sull'arte. Era la tipica istruzione impartita alle ragazze di buona famiglia prive di particolari talenti".[12]

Per un po' di tempo Alice approfittò di un problema del Dopoguerra: la grande carenza di alloggi. Poté ospitare delle inquiline, "alle quali affittavo il grande soggiorno di cui non avevo bisogno. Mi pagavano in corone ceche, che valevano molto di più di corone e scellini austriaci. Le ragazze erano amiche che dividevano la stanza in tre o quattro. Io insegnavo loro a preparare dolci e biscotti per le loro feste di compleanno".[13] Il fatto di cucinare insieme aiutava Alice. Cucinare le dava sempre una sensazione di sicurezza.

Anche il cognato, Ignaz Urbach, le dava sicurezza. Gli era stata affidata per legge la tutela di Otto e Karl, e lui prese il suo compito seriamente. Ignaz sembrava essere sotto tutti gli aspetti l'opposto di Max: lavorava sodo per offrire alla sua famiglia una vita confortevole, e non gli interessavano le carte né le avventure con altre donne. Sua moglie Marie era una cattolica viennese, e Ignaz faceva di tutto per viziare lei e i loro bambini.[14] La famiglia viveva in una casa elegante, in Sensengasse 7. Di lì Ignaz non impiegava molto per raggiungere la sua banca, vicino a Heldenplatz.[15] Da quando era cominciata l'inflazione lavorava molto, ma passava comunque regolarmente da Alice per aiutarla. Lei era felice che Ignaz facesse un po' da padre a Otto e Karl, ma purtroppo, come accadeva spesso nella vita di Alice, anche questo idillio non durò molto.

Nella primavera del 1924 Ignaz subì un cambiamento che Alice non riusciva a spiegarsi. Non era più il parente allegro che ammirava le sue doti culinarie e giocava con Karl e Otto. Sebbene avesse solo cinquantanove anni, sembrava invecchiare rapidamente. Alice non capiva che cosa potesse aver innescato quel processo. Il 5 luglio 1924 lo venne a sapere dalla stampa. Diversi quotidiani viennesi diedero molto risalto alla notizia. La "Kronenzeitung" optò per un pezzo in prima pagina, "Der Tag" pubblicò un resoconto dettagliato a pagina 5. Sotto il titolo "La morte del banchiere Urbach. Incidente o suicidio?", si leggeva:

> Un caso singolare tiene occupata la polizia. Il direttore dell'istituto di credito Urbach e Co., Ignaz Urbach, è stato ritrovato ieri, alle 8 del mattino, al secondo piano dell'edificio di Gonzagagasse 23, con una grossa ferita alla parte posteriore del cranio. In cinque minuti i soccorsi erano già sul posto e un'ora e mezzo dopo è arrivata anche una squadra di polizia. Soccorsi e polizia non hanno potuto far altro che constatare la morte. Resta da chiarire se il banchiere si sia suicidato, o se invece, colto da un malore sulle scale del secondo piano, proprio davanti alla porta del suo avvocato, il dottor Zeisl, sia caduto procurandosi così le ferite, oppure...?[16]

L'enfasi teatrale del punto interrogativo lasciava supporre motivi oscuri. La "Kronenzeitung", per prima cosa, spiegò ai suoi lettori chi fosse il morto. Fino a quel giorno fatale del luglio 1924 Ignaz Urbach aveva sempre goduto

> di una buona reputazione per via della sua onestà. Frequentatore della borsa da trentacinque anni, onorava coscienziosamente tutti i suoi doveri. Da una quindicina di giorni, tuttavia, girava voce che la banca Ignaz Urbach si trovasse in difficoltà. Era noto che il Comitato di sostegno lo aveva abbandonato e che il banchiere Ignaz Urbach si stava adoperando per onorare i suoi obblighi. Giovedì pomeriggio Urbach si era recato dall'avvocato Zeisl in compagnia del figlio [Robert Urbach], pure impiegato nell'istituto di credito.[17]

Zeisl, però, non era stato di grande aiuto. Aveva consigliato a Ignaz di rivolgersi a Kantor, il rappresentante dell'Associazione bancaria, il cui ufficio si trovava sullo stesso piano di quello di Zeisl, solo una porta più in là. Ignaz declinò l'invito a suonare da Kantor: "Urbach replicò che non sarebbe servito a niente. Aveva già fatto un passo del genere ma le sue richieste erano state respinte".[18] Secondo le ricerche effettuate dal giornalista del "Tag", dopo quella conversazione Ignaz tornò nella sua banca e assegnò "subito agli impiegati il compito di documentare con precisione la situazione in cui si trovava l'istituto, un lavoro che occupò gran parte dei dipendenti per tutta la notte. Alle 6.45 del mattino arrivò un telegramma da Praga, che mise Urbach in grandissima agitazione. Si mise il cappello in tutta fretta, si infilò il resoconto finanziario stilato dagli impiegati della banca in una tasca laterale, prese al volo anche un paio di sigari e...".[19] Quel che ci fosse scritto in quel telegramma da Praga non si poté in seguito più appurare. Quel che è certo è che Ignaz quella mattina, dopo aver ricevuto il telegramma, si avviò dal suo avvocato, Zeisl. Quando arrivò al numero 23 di Gonzagagasse, tuttavia, non suonò al secondo piano, da Zeisl o da Kantor. Passò accanto ai loro uffici e salì un'altra rampa di scale, fino al terzo piano. Lì posò cappello e bastone. Forse, con il suo gesto, voleva dimostrare ciò che Zeisl e Kantor gli avevano fatto. Qualunque fosse il motivo della sua decisione, qualche minuto più tardi, alle otto del mattino, la portinaia di Gonzagagasse trovò Ignaz Urbach senza vita:

> I piedi all'insù contro la finestra e la testa in una pozza di sangue, proprio davanti alle porte degli avvocati Zeisl e Kantor ... Farebbero propendere per un suicidio le difficoltà del signor Ignaz Urbach e della sua banca, il misterioso telegramma da Praga e una lettera rinvenuta addosso al morto e indirizzata alla signora Urbach. In quella lettera, peraltro risalente al 27 maggio e vergata con grafia tremante, Urbach dice di non saper più che cosa fare e che l'avvio di una procedura di concordato sarà inevitabile. Dopo la firma segue una postilla: Perdonami, ti prego di farmi cremare. La postilla non è datata, ed è possibile che questo appunto di Urbach sia stato scritto subito prima del suicidio.[20]

Sui giornali si aprì subito un dibattito su chi dunque fosse corresponsabile della morte di Ignaz. La "Kronenzeitung" riteneva di conoscere i colpevoli. In un articolo dal titolo "Abbandonato dal Comitato di intervento delle grandi banche", si leggeva:

> Già la settimana scorsa il banchiere Urbach si è rivolto al cosiddetto Comitato di sostegno e ha chiesto un finanziamento per poter onorare i propri obblighi. Nelle ultime settimane tante ditte e istituti di credito un tempo fiorenti sono sta-

ti costretti a interpellare il Comitato: molti postulanti sono stati aiutati, ma tantissimi altri sono stati abbandonati al loro destino. Il banchiere Urbach ha spiegato al Comitato che i propri obblighi ammontavano a 1 miliardo e 300.000 corone. Era riuscito a ottenere del denaro altrove, ma gli occorrevano ancora 650 milioni e chiedeva al Comitato di fargli credito per quella cifra. Come garanzia Urbach ha offerto i gioielli di famiglia, due automobili e titoli per un totale di 1 miliardo di corone nella vecchia valuta. Ieri, alla Borsa, si diceva che il dottor Bloch, della banca Kux, Bloch & Co., che ha voce in capitolo all'interno del Comitato, si fosse pronunciato a sfavore della concessione del credito.[21]

Per tutti gli addetti ai lavori era evidente che il banchiere Bloch, così facendo, aveva eliminato un concorrente sgradito. Con la sua omissione di soccorso si era reso chiaramente colpevole della morte di Ignaz, tanto quanto il dottor Kantor e il dottor Zeisl. Questa interpretazione, però, non era di grande conforto per la famiglia. Per Alice tutta la vicenda significò soltanto una cosa: il suo ultimo protettore di sesso maschile era morto. Per di più in modo orrendo, e a Vienna tutti quanti spettegolavano sulla vicenda. Quel giorno di luglio del 1924 Alice giunse definitivamente alla conclusione che non si sarebbe mai più affidata agli uomini. Nessuno di loro sembrava in grado di affrontare i problemi posti dai tempi moderni: suo padre non aveva retto al tracollo dell'Impero asburgico; Max, dopo la guerra, si era irrimediabilmente rifugiato nella dipendenza dal gioco; e persino Ignaz, così affidabile, alla fine non aveva procurato che guai alla sua famiglia.[22] Nelle sue memorie Alice scrisse: "Mi avevano insegnato ad avere rispetto e ammirazione nei confronti del capofamiglia. E quando Ignaz morì realizzai che ero completamente sola".[23]

In quel momento Alice decise che in futuro avrebbe lavorato soltanto con le donne. Fu la decisione giusta. Negli anni a venire le donne l'avrebbero aiutata a conseguire i suoi maggiori successi professionali.

Per comprendere l'atmosfera che regnava a Vienna negli anni Venti, si può leggere Stefan Zweig, Franz Werfel o Karl Kraus. Oppure sfogliare la guida turistica ormai dimenticata di Ludwig Hirschfeld, *Was nicht im Baedeker steht* (Quel che non si trova nel Baedeker), del 1927. Hirschfeld aveva pubblicato storie sulla sua città natale già nel periodo precedente alla Prima guerra mondiale, sulla "Neue Freie Presse", ma per la sua guida turistica non poté riprenderne neanche una riga. L'antica leggerezza era svanita: "La più grande vittoria non avrebbe potuto cambiarci tanto profondamente quanto questa clamorosa sconfitta, questa liquidazione della vecchia ditta Austria-Ungheria. L'impresa si è sciolta, ma l'ufficio centrale di Vienna continua a funzionare anche se a vuoto".[24] Hirschfeld visitò nuovamente quell'ufficio centrale, ripartendo da capo. Esplorò la città, i ristoranti, i negozi, i teatri, insieme ai suoi abitanti più o meno illustri. Come molti altri viennesi era un amante dei buoni ristoranti e consigliò caldamente ai suoi lettori di fare un giro nei pressi del Sacher:

> A volte Anna Sacher se ne sta con i suoi celebri bull-dog nei pressi dell'albergo, a far conversazione con la più illustre nobiltà austriaca, cosa che finisce sempre male. Davanti al Sacher si sono già verificati attacchi al vetriolo e risse, ma sempre tra membri della massima aristocrazia feudale, tanto che nessuno li ha presi particolarmente sul serio, compiacendosi del fatto che il gran mondo per prendersi a botte si sceglie i posti più eleganti.[25]

Per la maggior parte dei viennesi cenare al Sacher era proibitivo, ma gli attacchi al vetriolo e gli sguardi ammirati alla risoluta Anna Sacher erano gratis. Hirschfeld riconobbe che ciò di cui c'era bisogno allora erano donne in gamba come la Sacher. Le figure femminili di Schnitzler – "le virtuose dell'adulterio dei ceti superiori e le dolci fanciulle di quelli inferiori" – "sono definitivamente uscite di scena". E la ragione, secondo Hirschfeld, sarebbe stata la cattiva congiuntura economica. Soprattutto alle ragazze le cose non vanno più tanto bene come ai loro precedenti letterari, donne che non avevano nient'altro da fare se non essere innamorate, felicemente o infelicemente, con passione o superficialità. Chi si alza ogni giorno alle sei, riordina la propria stanza, prepara la colazione per la famiglia e poi fa un tragitto di un'ora in tram per raggiungere il posto di lavoro, l'ufficio, dove sta seduta per otto ore, a scrivere, far di conto, telefonare, e da impiegata organizzata deve occuparsi di detrazioni fiscali e spese mediche, be', una simile giovane lavoratrice non ha proprio tempo per una lacrima nella coda dell'occhio ... non è più minimamente ingenua e ignara di tutto, anzi, è proprio smaliziata ... privata di ogni dolcezza.[26]

Alice la pensava nello stesso modo, e quella nuova generazione divenne per lei un'opportunità: "Finalmente, intorno al 1923-1924, si ebbero di nuovo a disposizione molti generi alimentari" scrisse. "Era quasi come prima della guerra! Molte ragazze, che erano cresciute durante la guerra e non conoscevano quegli ingredienti, non erano in grado di usarli per cucinare ... Era arrivato il mio momento, sebbene io stessa non lo sapessi ancora!"[27]

La carriera di Alice come fondatrice e responsabile di una scuola di cucina fu possibile per tre ragioni: in primis perché quella nuova generazione di donne aveva bisogno di lezioni di cucina; poi perché negli appartamenti di nuova costruzione venivano allestite cucine moderne;[28] e infine perché le signore della buona società viennese avevano di nuovo abbastanza denaro per organizzare grandi ricevimenti serali, per i quali occorreva loro un servizio di catering.[29]

Tra le signore della buona società c'era anche la sorella di Alice. Helene conduceva una vita di cui ad Alice restava soltanto qualche vago ricordo risalente al periodo prima della guerra. Nel frattempo Helene aveva sposato Georg Eisler, un avvocato facoltoso, e viveva in un lussuoso appartamento del I distretto. Possedeva molti talenti, ma non quello culinario. Di conseguenza, quando Mutzi dava dei ricevimenti serali, Alice assumeva il controllo della cucina. Non si sentiva sminuita a sfamare i ricchi ospiti della sorella. Raccontava piuttosto di come quegli incarichi le avessero dato a poco a poco fiducia in se stessa. Particolare successo ebbero le sue creazioni culinarie per le serate di bridge organizzate da Helene. Negli anni Venti molte persone persero la testa per il bridge. In tutta Vienna nacquero delle "sale da bridge", un misto tra un club e un casinò.[30] Helene era tra i migliori giocatori di Vienna e organizzava serate di bridge a casa propria. Il momento clou, in genere, era rappresentato dal cibo, che Alice aveva ideato appositamente. Dal momento che le partite di bridge possono durare molto a lungo e nessuno vuole mettere via le proprie carte, non è facile saziarsi, così Alice inventò i *Bridgebissen*, i "bocconcini da bridge". Nel 2019 il quotidiano austriaco "Die Presse" riscoprì la ricetta e la pubblicò (attribuendola a Rudolf Rösch) nel suo supplemento di *Lifestyle*:

> Una variante dei panini imbottiti che va di moda negli ultimi tempi ... sono i cosiddetti *Bridgebissen*. Come dice la parola, hanno le dimensioni di un boccone, in modo che i giocatori infervorati possano infilarseli in bocca senza interrompere la partita. Per risparmiarsi l'uso delle posate vengono infilzati con degli stuzzicadenti, con cui li si può prendere ... Il pane bianco o nero che funge da base viene per lo più tagliato con uno stampino o affettato molto finemente. Per l'imbottitura si ricorre a una grande varietà di farciture saporite. In genere si usa mettere i *Bridgebissen* in pirottini di carta, in modo che abbiano l'aspetto di un pasticcino. Dopo averli preparati li si cosparge con un velo di gelatina liquida fredda.[31]

Negli anni Venti i *Bridgebissen* erano molto apprezzati, ma Alice credeva che a decretare il suo successo professionale fossero stati i *petits fours*:

> Il momento decisivo fu quando [Helene] organizzò il suo primo ricevimento e mi chiese se potessi preparare i miei celebri *petits fours*. Le sue ospiti erano ricche signore che ne rimasero entusiaste e mi pregarono di insegnare loro la mia arte. Nella mia piccola cucina, però, non potevo accogliere più di cinque o sei persone. Quindi dovetti escogitare qualcosa ... Naturalmente non avevo esperienza negli affari, né

un capitale per avviare un'attività. Sono andata in un negozio del centro che vendeva piastre a gas ed elettriche. Sapevo che avevano in esposizione anche una cucina che si poteva provare. La mia conversazione con il proprietario durò solo pochi secondi.

«Potrei usare la vostra cucina due volte a settimana per un paio d'ore?»

«Sì, se paga il gas e la corrente.»

«Grazie, aggiudicato!»

Cominciò così. Appesi alle vetrine dei cartelli con l'annuncio:

Alice Urbach dà lezioni di pasticceria il lunedì e il venerdì alle 15.

Arrivò il primo lunedì ... e io me ne stavo lì [nella cucina in esposizione] con la mia domestica, Mitzi, una ragazza di campagna. Mitzi allora aveva diciotto anni, rimase con me per molto tempo, finché non si sposò. Aveva molto talento e si rivelò una vera benedizione ... La nostra unica allieva, quel lunedì, era la moglie di un medico, per il resto quel grande ambiente era deserto! Mi sentivo in imbarazzo, ed ero talmente nervosa che infornai il dolce senza zucchero. Un paio di giorni dopo, però, la stanza traboccava di donne: anziane, giovani, cuoche, casalinghe... i posti erano tutti occupati. Ero così felice, non mi sarei mai immaginata un successo simile.

I fattori che avevano contribuito a quel successo improvviso erano due: il passaparola delle tante amiche di Alice e il suo insolito metodo per reclutare allieve: "Parlo sempre troppo", scrive un po' contrita, "ma è stata questa brutta caratteristica a regalarmi il successo. La metà delle mie allieve alla scuola di cucina le ho trovate semplicemente parlando con qualunque donna incontrassi". Alice chiacchierava dappertutto: sulla banchina alla stazione, in coda davanti a un negozio o durante le ore di attesa negli uffici pubblici. E non parlava soltanto: prendendo fiato, ascoltava anche con attenzione. Quel che pensava la gente la interessava davvero, e collezionava sempre belle storie. Ma ascoltare e parlare non erano solo un passatempo. Da quando aveva affittato la cucina in esposizione vedeva in ogni donna che incontrava una potenziale allieva da convincere. Alice divenne una conversatrice strategica:

> Mi appostavo semplicemente di fronte alle più raffinate gastronomie di Vienna, nelle cui vetrine erano esposti meravigliosi capolavori culinari. Donne di ogni età se ne stavano lì davanti ad ammirare quelle cose magnifiche. Non avevano la minima idea di come si potessero preparare manicaretti simili. Non appena mi accorgevo che una donna era davvero interessata, le davo il mio biglietto da visita ... E immancabilmente lei poi veniva al mio corso di cucina. E non veniva da sola, no, portava sorelle, amiche, madri e suocere.

A parte il profluvio di parole, ebbe una certa importanza anche il fatto che Alice non avesse l'aria di un'insegnante severa. Era rotondetta, e risultava simpatica, materna. Se si fosse chiesto a un bambino che aspetto aveva una cuoca, avrebbe disegnato il ritratto di Alice. Aveva finalmente trovato il ruolo giusto per lei:

> La richiesta era talmente grande che due giorni di lezione a settimana non bastavano più. Così affittai un'altra stanza sul retro nella ferramenta dove acquistavo le pentole ... All'improvviso la vita era buona con me, e io ero felice. Adesso potevo comprare ai miei figli tutto ciò di cui avevano bisogno, a parte l'affetto di un padre. Ero molto occupata per l'intera giornata ... e ampliai il mio repertorio con *hors d'oeuvres*, *canapés* e sandwich sfiziosi... All'epoca avevo molti allievi, quindi anche le autorità cominciarono a tenermi d'occhio. Probabilmente ero stata segnalata da una delle altre scuole di cucina, invidiose del mio successo.

Il motto di Torberg "A Vienna, chi non è Sacher è contro Sacher" valeva già negli anni Venti. Ma Alice sapeva difendersi:

> In ogni caso, le autorità vennero a sapere che una certa signora Urbach, vedova di un dottore, che non aveva mai frequentato una scuola professionale di economia domestica, formava centinaia di allievi. Quella donna non aveva una licenza e faceva lezione in una ferramenta! Neanche il nego-

zio aveva l'autorizzazione per quel genere di attività e approfittava del fatto che gli allievi della scuola compravano lì le pentole e gli altri utensili che la signora Urbach consigliava nelle sue lezioni. Tutte quelle accuse naturalmente erano vere, e la "famigerata" signora Urbach, che aveva osato fare l'insegnante senza aver svolto un tirocinio, fu denunciata alle autorità. La mia buona stella, però, non mi abbandonò.[32]

Una delle sue allieve era la moglie del vicesindaco della città, che aiutò Alice a ottenere una licenza ineccepibile, tanto che poté poi aprire la sua scuola di cucina in Goldeggasse 1. Era in un bel quartiere, molto vicino al Castello del Belvedere. Dopo la lezione le allieve di Alice potevano fare una passeggiata nel parco per smaltire le calorie accumulate. "Nel corso degli anni la mia scuola di cucina ottenne una popolarità tale" scrive Alice "che per le ragazze fare un corso da me divenne una specie di tappa obbligata. Avevo allieve di tutti i tipi: attrici, nobildonne e persino qualche allievo."

Tra questi ultimi c'era anche un principe del casato del Liechtenstein, "un uomo alto, di bell'aspetto, che faceva il giro del mondo e voleva imparare a cucinarsi qualcosa, in modo che in Sudamerica non gli toccasse mangiare solo cavallette grigliate". Molte delle allieve non avevano mai preparato un pasto da sole in tutta la loro vita: tra queste c'erano la principessa e scrittrice americana Amélie Rives Troubetzkoy, una contessa Aehrenthal, l'ex prima ballerina Grete Wiesenthal e la "splendida figlia" dell'ambasciatore inglese Walford Selby.[33] Alice fece di tutte loro delle esperte di arte culinaria.

Helene aveva aiutato Alice a reclutare ricche signore della buona società, ma anche la sorellastra Sidonie fece del suo meglio per sostenerla. Tra di loro c'erano ventidue anni di differenza, ma erano comunque molto vicine. In famiglia Sidonie era soltanto Sida: aveva i capelli rossi, era lievemente strabica, ed era opinione condivisa che fosse il tipo di donna che si sacrifica per tutti. Felix Mayer scrisse in seguito della sorellastra: "Aveva il cuore più generoso che ci si potesse immaginare".[34] Sida aveva ereditato dal padre il talento letterario, e voleva a tutti i costi diventare giornalista. Poiché alle donne della sua generazione di solito si attribuiva una scarsa competenza in ambito politico, scelse un settore con cui non avrebbe fatto concorrenza ai colleghi maschi: economia domestica e moda. In un certo senso Sidonie aprì la strada ad Alice: scriveva articoli sulla conduzione della casa e teneva conferenze di cucina già nel periodo precedente alla Prima guerra mondiale.[35] Nel 1925 pubblicò insieme ad Alice il suo primo libro: *Das Kochbuch für Feinschmecker* (Il libro di cucina per i buongustai). Uscì per l'editore ebreo Moritz Perles, che tredici anni dopo sarebbe stato arianizzato.[36]

Sidonie aveva un'infinità di idee e aiutava Alice a proporre corsi sempre nuovi:[37]

> Una volta la settimana invitavo un cuoco famoso, che preparava un piatto speciale per tutti noi. Uno di questi cuochi era il signor Spork, un meraviglioso signore anziano che aveva cucinato per l'imperatore Francesco Giuseppe, e quando l'imperatore morì divenne il pasticcere dell'imperatrice Zita e dell'imperatore Carlo. Ci illustrava i dolci più raffinati e le creazioni di gelato che aveva inventato per le feste di compleanno dei bambini della casa imperiale. In quel periodo ebbi anche l'idea di organizzare una mia esposizione d'arte culinaria. Una o due volte l'anno, esponevamo le più belle realizzazioni degli allievi. Selezionavamo cento tra i piatti più buoni e accattivanti, e io invitavo tutti i giornalisti di quotidiani e riviste alla presentazione. Attendevamo le recensioni con molta apprensione. Erano fantastiche ... e io ero la donna più felice della Terra.[38]

Nel frattempo, Alice teneva in tutta la città conferenze intitolate "La cucina rapida per la donna che lavora",[39] "La casalinga e il suo approccio all'alimentazione moderna" oppure "Una ragazza ai fornelli".[40]

I giornali offrivano resoconti delle conferenze, e il "Neues Wiener Journal" pubblicò un ampio articolo sui corsi di Alice, dal titolo "Cucinare è moderno?". La giornalista fu particolarmente colpita dall'elevato numero di allieve straniere della scuola, "le cui tante lingue arricchiscono l'immagine cosmopolita di questi corsi". Alice era in grado di far lezione in inglese-viennese e francese-viennese, e le sue ascoltatrici seguivano "con il massimo interesse quei corsi poliglotti eppure autenticamente viennesi che, sotto la guida di una gentildonna istruita, sono destinati a riportare in auge la nomea della cucina viennese".[41]

Grazie ai frequenti contatti con allievi stranieri e al suo interesse per le tendenze internazionali, Alice fu la prima a offrire a Vienna un servizio di consegna a domicilio di piatti pronti.[42] Ciò che per noi, oggi, è del tutto scontato, all'epoca era una novità assoluta e ricevette grandi elogi dalla stampa:

> Americanizzazione dilagante: adesso anche a Vienna i piaceri culinari ci vengono portati a casa a tempo di record e pronti per essere consumati! [Grazie] alla signora Alice Urbach, la notissima titolare dei moderni corsi di cucina nella Goldeggasse ... La donna lavoratrice, che non ha tempo di cucinare personalmente, non può permettersi una domestica e ciò nonostante vuole trascorrere il breve tempo dei pasti a tavola con la famiglia, il grande esercito degli impiegati con orario continuato, il malato inchiodato a casa, tutti quanti possono ... ricevere gustosi e nutrienti piatti di cucina casalinga![43]

Alice ora era spesso in giro a tenere conferenze, acquistare ingredienti o a consegnare il cibo. Sidonie e una bambinaia la aiutavano a occuparsi dei figli. Mentre Karl era un bambino disciplinato, con Otto, a scuola, c'erano continui "guai". Più cresceva, più si ribellava contro il resto del mondo. Nel 1928 portò nuovamente a casa una pagella scoraggiante dal Bundesrealgymnasium, un liceo a indirizzo scientifico. A parte ginnastica (ottimo) e geografia (buono), aveva preso "sufficiente" in tutte le materie. Era considerato un provocatore che faceva i compiti di rado e non voleva sottomettersi ad alcuna autorità. L'antipatia che provava nei confronti dei suoi insegnanti era reciproca. Otto trovava la scuola insignificante. La sua mente correva, era pieno di idee che schizzavano disordinatamente in tutte le direzioni. Sognava di inventare cose e di girare il mondo. Era questo il motivo per cui si era impegnato in geografia: voleva sapere a tutti i costi dove fossero situati, di preciso, i confini dei diversi paesi, per poter mettere a punto il suo piano di fuga. Di tanto in tanto marinava la scuola e spariva per fare escursioni sugli sci. D'estate andava in una delle stazioni ferroviarie cittadine per osservare i treni in partenza: Westbahnhof, Südbahnhof, Ostbahnhof, Nordbahnhof e Franz-Josefs-Bahnhof divennero un suo territorio. A parte il Südbahnhof, si trovavano tutte in zone deprimenti, ma per uno che era cresciuto a Ottakring la povertà non era niente di nuovo. Otto rimuoveva lo squallore dell'ambiente circostante e sognava di essere uno dei viaggiatori con i grossi bauli per le traversate oceaniche. Lo affascinavano soprattutto gli adesivi colorati di metropoli, linee marittime e hotel eleganti. In cambio di una piccola mancia gli capitava di tanto in tanto di aiutare i facchini a caricare le valigie, e quando nessuno lo guardava staccava qualche etichetta per la sua collezione. Nel corso degli anni raccolse un bell'assortimento di capitali europee, ma i pezzi più importanti della collezione venivano da America, Giappone e Cina. Era lì che Otto un giorno voleva andare, e quando finalmente fosse giunto così lontano, avrebbe attaccato quegli adesivi su un grande elegante baule, in modo che tutti lo prendessero per un esperto giramondo.

Alice non sapeva nulla delle gite di Otto nelle stazioni, ma si accorgeva che era sempre più sfuggente. Questo la portò a concepire l'idea di coinvolgerlo maggiormente nel suo lavoro. Gli insegnò a cucinare ed era entusiasta di quanto fosse dotato e creativo. Quando compì sedici anni, cominciò ad aiutarla anche nei corsi,[44] e il fatto di lavorare insieme li avvicinò. Ciò nonostante Alice fu molto scossa quando Otto, un giorno, le comunicò di voler lasciare definitivamente la scuola. Voleva progettare automobili e aveva già trovato un posto da apprendista alla Renault, a Vienna. Agli occhi di Alice era una catastrofe. Gli uomini ebrei di successo non facevano i meccanici, bensì i medici o i giuristi. Otto ignorò le sue obiezioni. Terminò la sua formazione e nel 1932 si trasferì per diciotto mesi in Inghilterra, a Wolverhampton, come tecnico della United Mining Cooperation. Per lui, tuttavia, si trattava soltanto di una soluzione transitoria, perché il suo sogno, in verità, era di poter vivere lontano dall'Europa. Nel 1934 fece domanda per poter emigrare in Palestina, ma poco dopo optò per l'America.[45] Alice sarebbe stata disperata per tutto il trambusto legato a Otto, se in quello stesso periodo Karl non fosse stato uno studente eccellente. Almeno lui voleva fare il medico, salvando così l'onore della famiglia. A posteriori Alice scrisse:

> Nessuno avrebbe potuto augurarsi figli migliori dei miei! Il maggiore [Otto] mi ha dato delle preoccupazioni quand'era bambino ... ma le ha poi compensate mille volte quando, crescendo, è andato negli Stati Uniti. Avrei dovuto accorgermi che aveva qualcosa di speciale fin da quando era piccolo. Ma erano tempi terribili ... Bobby [soprannome di Otto] era stato iscritto in una scuola molto all'avanguardia, ma anche lì prendeva brutti voti di condotta. A casa non ha mai creato problemi, la bambinaia capiva che aveva bisogno di realizzare le sue idee. Da adolescente nessuna scuola lo voleva perché non rispettava mai le regole! Vienna era troppo piccola per lui. Era un figlio splendido e affettuoso, ma voleva andarsene. Così l'ho lasciato andare, a ventidue anni.[46]

Nel 1935 Otto se ne andò al Reed College di Portland, in Oregon. Alice non poteva immaginare quanto quella decisione sarebbe stata importante anche per la sua vita.

Il successo, finalmente!

> No, no! Prima le avventure, [...] le spiegazioni portano via tanto di quel tempo!
>
> LEWIS CARROLL, *Alice nel paese delle meraviglie*

Il Reed College si trova in una delle zone paesaggisticamente più belle d'America. L'edificio principale è in stile Tudor, tardo gotico, ma l'architettura inganna. Reed non appartiene alle università americane più antiche, come Harvard o Princeton. Aprì i battenti solo nel 1908 e da allora il college è tutt'altro che rivolto al passato. Ancora oggi Reed ha fama di essere uno dei centri di formazione più progressisti d'America, insieme a Berkeley. Da generazioni si organizzano regolarmente proteste studentesche. Inoltre, il college è noto perché pare che negli anni Settanta Steve Jobs, il fondatore di Apple, avrebbe scoperto lì l'amore per la calligrafia che in seguito influì sul design della sua impresa.[1] Steve Jobs è a oggi l'ex allievo più famoso di Reed, ma alcuni dei suoi meno noti predecessori degli anni Trenta sono ugualmente meritevoli di uno sguardo più attento. Anche loro appresero a Reed cose che li avrebbero condotti a percorrere strade insolite.

Nel 1935-1936 Otto, il figlio di Alice, la sua amica Cordelia Dodson e un nobile italiano di nome Emilio Pucci figuravano tra quegli studenti. Quei tre – Cordelia, l'americana di ottima famiglia; Otto, l'indigente ebreo austriaco; e Pucci, il fascista italiano – non avevano molto in comune. Reed e la Seconda guerra mondiale fecero in modo che non potessero più scordarsi l'uno dell'altro.

Se si incontrarono, il merito fu del rettore del college, Dexter Keezer. Chi consideri con maggiore attenzione il curriculum di Keezer, si domanderà se sia stato davvero solo un caso che facesse studiare gratuitamente sia Otto, sia un fascista italiano come Pucci. Sembra che Keezer si divertisse con gli esperimenti sociali. In ogni caso credeva si dovessero impiegare metodi poco ortodossi per incoraggiare gli studenti a pensare. Lui, dal canto suo, aveva cominciato a pensare durante la Prima guerra mondiale. Keezer veniva da una piccola località del Massachusetts quasi del tutto priva di stimoli culturali. Forse non si sarebbe mai interessato all'Europa e a europei come Otto e Pucci, se nel 1917 non fosse stato mandato in Francia come soldato. Gli incontri con francesi e inglesi lo aprirono al mondo e posero fine alla sua ingenuità politica. Dopo il rientro in patria studiò economia, quindi lavorò per il ministro delle Finanze di Roosevelt, Henry Morgenthau, ai progetti per il New Deal.[2] Quando, nel 1934, divenne rettore del Reed College, Keezer decise di rimescolare radicalmente le cose in quella torre d'avorio addormentata. A suo parere gli studenti erano troppo viziati e avevano urgente bisogno di essere spronati.[3] A questo scopo, oltre al pungolo intellettuale, era previsto anche quello sportivo. I docenti rimasero allibiti quando Keezer annunciò di voler portare a Reed i migliori giocatori di baseball e football. Il suo entusiasmo per lo sport spiega tuttavia anche perché accolse studenti privi di mezzi come Otto e Pucci. Entrambi non erano certo in grado di pagare la retta, che era molto elevata, ma offrivano a Keezer due opportunità: potevano spiegare ai loro compagni americani quel che succedeva in Europa e nel frattempo mettere su una squadra di sci per Reed.

Nel 1937 "The Oregonian", il più importante quotidiano di Portland, riferì che Otto aveva sentito parlare del Reed College solo per caso: "Grazie al dottor Paul Dengler, dell'Amerika Institut austriaco [Otto Urbach] venne a sapere dell'esistenza del Reed College. Scrisse al rettore di Reed, Dexter M. Keezer, e gli chiese se il college avesse bisogno di un maestro di sci".[4] Keezer ne aveva bisogno, e Otto andò in America a settembre del 1935. Come si scoprì presto, Alice dovette accogliere in cambio uno studente di Reed a Vienna, cosa di cui non era molto entusiasta: "Hanno già fatto partire lo studente per lo scambio" scrisse Otto ad Alice poco dopo il suo arrivo negli Stati Uniti "e sono davvero dispiaciuto che tu debba fare questo sacrificio per me. Credo però che ne valga la pena, perché qui io ho davvero delle splendide opportunità. Sono tutti gentilissimi, cordiali e disponibili, e non sarà difficile compiacere la zia".

Otto e Alice avevano stabilito di usare la parola in codice "zia" per riferirsi al permesso di soggiorno. Come studente straniero lui aveva ottenuto solo il visto per un anno, ma sperava di poter restare in America e inviare denaro ad Alice e Karl. Di questo piano, però, non dovevano sapere nulla né le autorità austriache, né quelle americane. Poiché madre e figlio avevano scarsa fiducia nella tutela del segreto postale, nelle loro lettere analizzavano lo stato di salute della "zia". A volte c'erano per lei maggiori speranze, a volte meno.

Otto doveva occultare un ulteriore particolare, ovvero che si guadagnasse anche qualche soldo. Come studente straniero non aveva alcun permesso di lavoro. Sottobanco, però, aveva trovato un posto nel reparto dedicato allo sci del grande magazzino Meier and Frank (che oggi appartiene alla catena americana Macy's):

> Lavorerò quattro pomeriggi e tutto il sabato, e guadagnerò dodici dollari a settimana. Il negozio è di una bellezza mai vista: nuovo fiammante e con un arredamento modernissimo. Da fuori sembra la Banca Nazionale Austriaca, ma è molto più alto. Io lavoro al sesto piano. Mi hanno allestito un piccolo laboratorio, direttamente nel negozio, dove i clienti possono assistere al montaggio degli attacchi e delle lamine.[5]

I soldi Otto voleva risparmiarli per pagare un avvocato che lo aiutasse per la "faccenda della zia". Aveva buone possibilità di guadagnare abbastanza, perché il suo laboratorio attirò presto clienti a frotte. Lo sci era una nuova moda in America, e Otto, un vero austriaco, divenne l'attrazione del grande magazzino. Escogitava di continuo nuove soluzioni per decorare il laboratorio in modo sempre più originale. Karl dovette inviargli da Vienna manifesti sullo sci e un'infinità di pullover austriaci fatti a mano. Otto allestì addirittura un banchetto per le caldarroste e organizzò una settimana viennese all'interno del negozio. Alla fine le sue strategie di marketing suscitarono l'interesse dei proprietari ebrei del grande magazzino, il signor Frank e il signor Meier. Julius Meier (1874-1937) non era un semplice commerciante, bensì un grande filantropo, e sebbene non appartenesse a nessun partito, nel 1931 era diventato governatore dell'Oregon. Otto quasi non credette alla sua fortuna quando cominciò a essere invitato da Meier alle feste nella residenza del governatore. Dopo tutto lo squallore di Vienna era all'improvviso circondato dal lusso. Persino la sua stanza al college gli sembrava un paradiso. Scriveva ad Alice:

> Il college è di una bellezza indescrivibile, circondato da giardini, con fiori dappertutto, e si respira ovunque un'atmosfera così serena ... È come stare su un altro pianeta. Ho ... un piccolo appartamento per me e altri due ragazzi, entrambi un po' più giovani. Tre camere, bagno, un caminetto ... Il cibo è eccellente e abbondante ... Quasi tutti gli studenti qui hanno la macchina. Le ragazze sono tutte molto graziose e sveglie, molte di loro sono già state in Europa. Dalla mia finestra vedo arrivare le auto degli studenti che non vivono al college. Ricorda un po' l'arrivo delle auto per il ballo dell'Opera.[6]

Anche con le americane sembrava andare tutto per il meglio, come rivelò a Karl in una lettera separata. Aveva chiuso con una certa Jean, ma usciva già con una nuova ragazza, che guidava una Packard. Restava da chiarire se ad affascinarlo fosse lei o l'auto.[7] Nonostante le distrazioni lo studio non era penalizzato. Da un giorno all'altro, Otto Urbach, il ribelle che aveva lasciato la scuola, si trasformò in uno studente modello. Scrisse ad Alice:

> Gli esami trimestrali li ho superati tutti, con buoni voti. In psicologia sono andato molto bene: ottavo punteggio più alto su sessanta studenti. In scienze politiche non sono un granché, ma pur sempre sopra la media ... Grande novità: il prossimo venerdì parlerò alla radio. [Nella trasmissione] "Vicini del Nordovest". Ogni settimana presentano al pubblico un esperto in una materia particolare. La prossima volta l'esperto sarò io. Gli americani sono piuttosto ingenui. La settimana scorsa hanno invitato [un ministro], e questa il signor Otto Urbach. Peccato che tu non mi possa ascoltare![8]

Da neo-luminare Otto parlò di sci agli americani. Subito dopo il suo arrivo aveva fondato la squadra di sci di Reed, che in seguito avrebbe partecipato ai campionati universitari in tutto il Paese.[9] Inoltre, con un paio di collaboratori, costruì sul vicino monte Hood un rifugio in stile austriaco. La rivista del college pubblicava regolarmente foto delle innovazioni sportive di Otto e articoli con titoli del tipo *Urbach organizza gara di chilometro lanciato.* Sopra la foto di un trampolino a secco montato da lui si leggeva: "Perché aspettare l'inverno? Sotto la guida di Otto Urbach, esperto di sci viennese che studia a Reed, è stato costruito questo trampolino di legno, e sono in pieno svolgimento due corsi di sci a secco, molto verosimilmente i primi in America".[10]

È sorprendente che, malgrado tutte queste iniziative, Otto trovasse comunque il tempo di scrivere tesine per i seminari. Per renderle più interessanti chiese a Karl di mandargli del materiale politico da Vienna. Per le sue tesine in scienze politiche Otto aveva richiesto soprattutto pubblicazioni del Fronte Patriottico, quindi gli studenti di Reed seppero prima del resto degli americani che l'Austria era uno stato clerico-fascista, che dal 1934 era guidato dal cancelliere Kurt

Schuschnigg. Otto era anche in grado di spiegare perché, dal 1933, l'Austria guardava all'Italia come potenza protettrice. I suoi resoconti interessavano non da ultimo anche gli studenti di psicologia. Ad ascoltarlo con particolare attenzione c'era una giovane che studiava tedesco, francese e psicologia. Era di Portland, aveva la stessa età di Otto ed era molto attraente. Il suo nome era Cordelia Dodson.

Fino in età avanzata Cordelia si distinse per una qualità che si potrebbe chiamare disinvoltura. Sembrava sempre sapere quel che bisognava fare in qualunque situazione (e come uscirne sani e salvi). Cordelia aveva un debole per i tacchi, i gioielli e il trucco,[11] ma ritenerla superficiale sarebbe stato un errore. In realtà era molto intelligente e determinata a concludere qualcosa nella sua vita. Decenni dopo, spiegò a una collega di essere stata reclutata dai servizi segreti americani già a Reed.[12] Oggi non è più possibile stabilire quando, di preciso, sarebbe avvenuto il reclutamento. Stando al suo curriculum, Cordelia cominciò l'università nel 1932, la interruppe più volte per trascorrere semestri all'estero, in Francia e in Austria, e la concluse nel giugno del 1941.

Nel corso della loro vita Cordelia e Otto divennero degli esperti nel mantenere segreti, tra i quali rientrava anche il loro rapporto. Se siano mai stati una coppia, non è dato saperlo. Ma ci sono alcuni indizi su quanto siano stati importanti l'uno per l'altra. Nella sua ultima intervista Cordelia accennò all'amicizia con Otto come alla ragione decisiva che l'aveva spinta a interessarsi del regime nazionalsocialista. Otto non visse abbastanza a lungo da rilasciare interviste ai giornali in qualità di testimone dell'epoca, ma le sue lettere degli anni Trenta mostrano la fascinazione che nutriva per Cordelia. La cita spesso, e sebbene si tratti di frasi piuttosto banali, sono insolite per lui. Otto era un uomo che scriveva le lettere frettolosamente, prediligendo uno stile abbastanza laconico. Quando si trattava di Cordelia, però, il tono era diverso. A Karl scrisse per esempio: "Quando riceverai questa lettera, Cordelia Dodson sarà probabilmente già arrivata a Vienna ... dille che la penso spesso".[13] Per gli standard di Otto era quasi una dichiarazione d'amore.

A lasciare tracce durature non fu, però, solo il loro rapporto, ma anche il corso di psicologia che entrambi frequentarono a Reed. Otto sfruttò le sue conoscenze piscologiche in seguito, per interrogare membri delle SS, e Cordelia le impiegò durante la guerra con il suo ex compagno di studi Emilio Pucci.

Mentre Cordelia e Otto agirono per tutta la vita dietro le quinte, Pucci ebbe un ruolo schiettamente pubblico.[14] Dopo la guerra divenne un celebre stilista, che vestiva dive come Jackie Kennedy e Marilyn Monroe. Nel 1962 il Reed College lo invitò a parlare della sua vita. Lui sorvolò abilmente sulle fasi controverse. Il pubblico apprese soltanto che si era laureato in sociologia a Reed e aveva preso un dottorato all'Università di Firenze, e che in origine aveva pensato di far carriera nel corpo diplomatico italiano ma poi, durante la guerra, aveva servito nell'aviazione. Dopo di che chiuse il discorso sul suo curriculum e dedicò il resto del suo intervento a parlare di come ci si dovesse vestire.[15] Questa capacità di cambiare argomento con disinvoltura è indicativa dell'eleganza di Pucci, che rimase sempre uno splendido slalomista. Nel 1962 il suo pubblico americano sarebbe senz'altro inorridito nell'apprendere che quand'era nell'aviazione italiana era stato un pluridecorato eroe di guerra fascista, nonché l'amante della figlia di Mussolini, Edda Ciano. Anche il fatto che lui e una studentessa di Reed di nome Cordelia Dodson, alla fine della guerra, avevano avuto un ruolo deciso in una spettacolare azione dei servizi segreti, avrebbe probabilmente richiesto qualche spiegazione. Ma su questioni tanto complesse, nel 1962, Pucci preferì sorvolare.

Per Cordelia Pucci divenne importante solo durante la guerra, per Otto lo era già quand'erano studenti. I due uomini si trovarono a rivaleggiare sotto diversi aspetti: nel 1936 Pucci prese in consegna la squadra di sci, insegnò alle sue sostenitrici femminili a ballare il valzer viennese[16] e difese Mussolini nella sua tesi di laurea, dal titolo "Fascismo: spiegazione e giustificazione". Tutto questo fece comprensibilmente infuriare Otto.

In un profilo biografico segreto Pucci spiegò in seguito che a causa del suo sostegno entusiasta al fascismo si trovò coinvolto in accese discussioni con i compagni di studi. Le discussioni cominciarono nel 1935, quando l'Italia invase l'Etiopia: "In America regnava una diffusa antipatia per i fascisti ... Trovandomi lontano dalla mia patria, io reagivo contrariato, com'è naturale che sia. Sostenevo la tesi che le azioni dell'Italia nei confronti dell'Etiopia fossero giustificate. Gli altri ribattevano, e a volte io non avevo argomenti da contrapporre, per via della mia pessima preparazione". Per questa ragione cambiò il suo corso di laurea e dal 1936 si iscrisse a scienze politiche a Reed.[17]

Dexter Keezer accolse l'italiano a Reed, proprio come aveva accolto Otto. Giustificò la decisione con le parole: "Il rendimento accademico [di Pucci] era eccellente e lui non si faceva problemi ad accettare impieghi umili come lavare i piatti e servire ai tavoli per guadagnare qualcosa".[18]

Nel frattempo, a Vienna, Alice aveva problemi con un altro studente di Reed. Per lo scambio le avevano mandato il figlio di un professore del college, un certo Ed Cerf.[19] Il ragazzo si rivelò un egocentrico viziato, che faceva baldoria tutta la notte, beveva e chiedeva costantemente soldi in prestito ad Alice e Karl. Quando invitò anche il compagno di studi americano Bill McIntyre a stare da Alice, lei perse la pazienza una volta per tutte. Chiese consiglio a Otto, che le rispose subito:

> Invia una lettera ai suoi genitori con la posta aerea e spiega loro che non hai la possibilità di ospitare Bill ... Non devi avere particolari riguardi o timori. Gli americani non sono così. Se ci fossi io al suo posto, mi sbatterebbero fuori di casa. Mi pare molto strano che non abbia un biglietto di ritorno. Ti prego di non essere sentimentale in questo caso ... non pensare che se mandi via Bill, mi toccherà la stessa sorte ... Ti prego di essere decisa ... pensa che a me, negli Stati Uniti, nessuno darebbe mai niente per niente.[20]

Karl maturando della Höhere Internatsschule Wien-Breitensee,
1934-1935.

Alice non era certo soddisfatta della situazione con Ed e Bill, ma tutto il resto, nel 1935, sembrava andare per il verso giusto. Karl aveva iniziato il suo primo semestre a Medicina all'Università di Vienna, e si trasferirono insieme in una nuova casa. Fino ad allora la Goldeggasse era stata sede solo della scuola di cucina, ma dall'agosto del 1935 Alice poté affittare anche un appartamento spazioso al n. 7. Poiché nel frattempo a Ottakring il tasso di disoccupazione era salito al 50 per cento e i problemi sociali si acuivano di giorno in giorno, il trasloco fu un grosso sollievo per Alice e Karl.[21]

Ma la novità migliore dell'autunno del 1935 fu l'uscita del secondo libro di cucina di Alice: *So kocht man in Wien!* aveva cinquecento pagine e conteneva tutto ciò che lei aveva imparato sulla cucina e la conduzione della casa da quando aveva cinque anni.

Ricostruire la genesi del libro con la massima precisione possibile è importante, perché l'editore di Alice, in seguito, mise in circolazione una versione della vicenda che aveva poco a che fare con la verità. Nel 1974 Hermann Jungck, presidente della casa editrice dal 1937, descrisse in un volume commemorativo ciò che a lui risultava fosse accaduto. Il motivo per cui si soffermasse tanto sul caso di Alice non è chiaro. Forse temeva un contenzioso giudiziario, o voleva giustificarsi di fronte a se stesso. Il suo racconto comincia dicendo che lo zio, Ernst Reinhardt, fondatore della casa editrice, aveva commissionato il libro nel 1934: "Mio zio andò a Vienna e lì fece visita a suoi conoscenti per individuare chi potesse scrivere un libro del genere. Emerse che tutte le direttrici delle scuole di cucina cittadine avevano già pubblicato un libro, tranne la signora Alice Urbach, responsabile di una scuola più piccola".

Quella di Jungck sembra una storia alla Cenerentola: un editore scopre una donna sconosciuta, che fino ad allora non aveva mai scritto una riga. La signora sembra una specie di ripiego, dal momento che "tutte le direttrici delle scuole di cucina cittadine" avevano già pubblicato libri. In verità

Alice aveva già dato alle stampe un libro di ricette di successo con la sorella Sidonie, nel 1925, e in campo culinario era una celebrità. Forse Jungck non ne aveva idea, ma suo zio Reinhardt doveva esserne al corrente, perché l'editore Moritz Perles, che aveva pubblicato il primo libro di Alice, rappresentava diverse case editrici tedesche in Austria, compresa quella di Ernst Reinhardt.[21] Il fatto che Jungck non fosse al corrente di tutti i dettagli non sarebbe un problema, se nel suo racconto non avesse fatto un passo ulteriore: "In poco tempo la signora Urbach raccolse il materiale per il suo libro, e come mi disse poi in un'occasione, poiché non aveva a disposizione moltissime ricette, ne riprese alcune da altri libri di cucina, dando loro una denominazione diversa".[23]

A poco a poco si capisce dove voglia arrivare Jungck. Il suo scopo è mettere in discussione l'originalità del libro di Alice, in modo da nascondere le proprie azioni. In verità Alice aveva raccolto talmente tanto materiale che di lì al 1938 scrisse altri due libri per Jungck: uno sulla cucina vegetariana, dal titolo *Die fleischlose Kost* (L'alimentazione priva di carne) e uno dedicato ai dolci viennesi, *Wiener Mehlspeisen*. Nel suo testo commemorativo Jungck non dice una parola al riguardo. E ha delle buone ragioni per non farlo. Dopo l'Anschluss dell'Austria pubblicò tutti e tre i libri attribuendoli a un altro autore. Non era dunque stata Alice a "riprendere le ricette da altri libri di cucina" bensì Jungck.[24]

Nelle sue memorie Alice racconta diversamente la genesi del libro: "Ricevetti una lettera dall'editore R. Mi scriveva: 'Voglio un libro di cucina viennese! La signora S., un'amica, ha fatto la sua conoscenza durante un viaggio in treno a Gestein, ed è convinta che lei dovrebbe scrivere un libro del genere. Lo farà?'".[25] Alice acconsentì, orgogliosa di poter portare avanti la tradizione di famiglia:

> Mio padre, uno dei miei fratelli, una delle mie sorelle, diversi cugini, una ventina di membri della mia famiglia scrivevano per professione o occasionalmente. Anche uno dei miei figli [Otto], che faceva tutt'altro mestiere, scrisse la sceneg-

giatura di un film e la vendette a un'impresa cinematografica di Hollywood ... Io mi limitai a seguire l'esempio, e non mi aspettavo certo che il mio libro diventasse un bestseller.[26]

Nel 1974 Jungck non accenna al fatto che *So kocht man in Wien!* fosse diventato un bestseller, ma descrive minuziosamente tutti i problemi che causò alla sua casa editrice. In Austria il libro uscì per il Verlag der Zentralgesellschaft für buchgewerbliche und graphische Betriebe (ZG),[27] che inizialmente lo suddivise in fascicoli da vendersi singolarmente. Questo diede d'altro canto origine a dei malintesi con gli acquirenti, che per qualche motivo credettero che l'autrice avrebbe offerto corsi di cucina in tutta l'Austria in occasione dei tour promozionali del libro.[28] In sostanza, secondo il signor Jungck, il libro gli procurò soltanto guai, perché i rappresentanti austriaci fecero false promesse e l'editore Reinhardt dovette respingere le richieste.

Jungck sorvolò anche sulle eccellenti recensioni ottenute dal libro. A dicembre del 1935, in perfetta sincronia con gli acquisti natalizi, uscì la prima sviolinata: "Alice Urbach, che gode della massima fama in campo 'culinario', ha pubblicato uno splendido libro di cucina: *So kocht man in Wien!*. Il titolo dice molto, ma non tutto. Perché in queste cinquecento pagine c'è una tale quantità e varietà di notizie da abbracciare quasi per intero il sapere culinario".[29] Il "Reichspost" giunse alla stessa conclusione:

So kocht man in Wien! Sotto questo titolo conciso e facile da ricordare è appena ... uscito un eccellente libro di cucina tradizionale ed economia domestica a opera di Alice Urbach, proprietaria di una nota scuola di cucina viennese frequentata, tra gli altri, da molti stranieri ... Le innumerevoli ricette tengono sempre conto dell'autentico gusto viennese. Alice Urbach cura con particolare attenzione anche il capitolo sui dolci che da tempo alimentano la fama di Vienna nel mondo: lo "strudel di mele dalla pasta sottilissima", i krapfen di Carnevale, il Kaiserschmarrn: di tutte queste delizie arcinote ai nostri palati non vengono qui soltanto proposte le ricette migliori, ma se ne illustrano anche le principali fasi di

"Al lavoro": illustrazioni tratte da *So kocht man in Wien!*.

preparazione mediante fotografie molto realistiche. L'esperta autrice dedica poi un intero capitolo all'alimentazione moderna. Troviamo notizie sui cibi da consumare crudi, sulla cucina vegetariana, le diverse cucine dietetiche, l'alimentazione dei neonati, e la cucina turistica e quella per il fine settimana sono affrontate in modo altrettanto approfondito. Chi, nonostante la varietà delle ricette, fosse ancora in dubbio su che cosa cucinare il giorno seguente o per la prossima festività, non deve far altro che dare un'occhiata all'appendice: lì scoprirà facilmente le ricette al tempo stesso più squisite ed economiche per tutti i giorni dell'anno, per spuntini da tè e caffè, per le feste e le cene in famiglia. Su questo pratico libro di cucina, in sintesi, non si potrà dire niente di più azzeccato di quanto recita il titolo: "*So kocht man in Wien!*",[30] a Vienna si cucina così!

Il libro contiene molte foto a colori e in bianco e nero che non illustrano soltanto le ricette. In molte immagini si vedono giovani allieve della scuola di cucina che armeggiano con le pentole. Di Alice vengono tuttavia mostrate solo le mani, per far vedere come lavora la pasta o taglia gli ingredienti. A parte quelle mani, è una donna senza corpo. Questi tagli non sono certamente stati voluti da lei. Le piaceva farsi fotografare, e pur non considerandosi particolarmente bella, ci sono innumerevoli scatti del Dopoguerra in cui posa fiera accanto a torte a più piani.

Sarebbe stato facile fotografare Alice a figura intera mentre lavorava in cucina, invece di limitarsi alle sue mani. Perché allora, nel 1935, il suo viso non veniva mostrato? Una ragione potrebbe essere che, visto il suo naso molto prominente, avesse semplicemente un aspetto troppo ebreo. Il cognome Urbach, di per sé, non suonava ebreo (ancora oggi ci sono Urbach ebrei e non ebrei), ma il suo viso avrebbe raccontato tutt'altra storia. Una storia che nel 1935 un editore tedesco non avrebbe affatto voluto raccontare. Un destino molto simile a quello di Alice toccò nello stesso periodo ad autrici di libri di cucina nere negli Stati Uniti.[31] Anche le loro fotografie furono ritenute dannose per le vendite, proprio come i loro cognomi "che suonavano neri" e furono semplicemente taciuti. Tutto quanto venne tagliato.

Nel 1935 Alice non si lamentò per la mancanza delle foto. Era troppo orgogliosa del suo libro e ne festeggiò l'uscita con tutti gli amici viennesi.

Non poteva immaginare quello che gli sarebbe toccato più tardi.

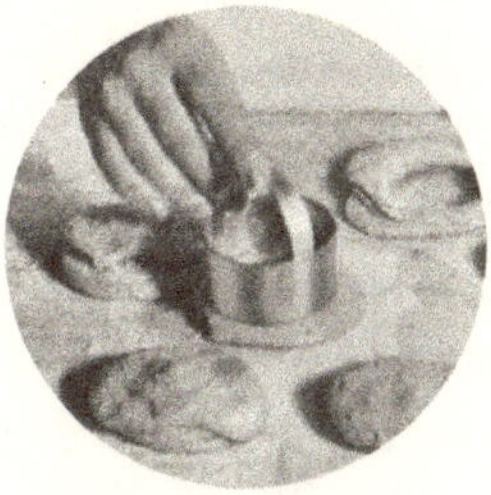

Shanghai o il figlio americano

Preoccupatevi, segue lettera.

FRIEDRICH TORBERG sul laconico stile telegrafico delle famiglie ebraiche[1]

"Sento ancora il puzzo di carne bruciata, di sangue e putrefazione, che aleggia su Shanghai. La contraerea è una sciocchezza. Non si è mai riusciti a contrastare davvero un attacco aereo, nemmeno una volta."[2]

Era sabato, il 14 agosto 1937. Le prime bombe caddero alle 16.27 su due alberghi.[3] Una raffica ulteriore colpì il parco di divertimenti "Great World". Il numero dei feriti gravi e dei morti si aggirava intorno ai duemila, tutti civili. La giornata sarebbe passata alla storia come "Sabato nero".

Quella sera stessa Otto indossò l'uniforme dello Shanghai Volunteer Corps (SVC), un corpo di volontari internazionali. Una foto pubblicata su un giornale il 19 agosto 1937 lo ritrae mentre si trincera con alcuni compagni dietro sacchi di sabbia nei pressi del Bund – l'elegante passeggiata lungo la riva del fiume –, il fucile spianato. I negozi, i ristoranti e i cinema in cui da un anno trascorreva il suo tempo libero erano stati distrutti.

Ma perché Otto nel 1937 si trovava a Shanghai? E perché Alice doveva temere che non sarebbe uscito vivo da quella città? Non era più abituata a preoccuparsi per il figlio maggiore. Da quando Otto era andato in America, la sua vita sembrava finalmente correre lungo i binari giusti. Nel

1936, durante le sue prime vacanze tra un semestre e l'altro, scrisse ad Alice lettere fiduciose. I suoi lavoretti estivi lo divertivano e poteva finalmente guadagnarsi un po' di soldi. Dirigeva un campo giovanile della YMCA (Young Men's Christian Association) sull'idilliaco Spirit Lake, nello stato di Washington: "Adesso sono qui in un campeggio, a circa cento chilometri dall'insediamento umano più vicino. Un lago stupendo, fitti boschi e sole ... Sono responsabile di quarantacinque ragazzini, tutti tra i dodici e i sedici anni. Abbiamo una cuoca, un medico e una lavandaia, barche a motore e luce elettrica".[4]

Otto andava d'accordo con i bambini, solo con la cuoca ci furono fin dall'inizio continui screzi. Alice aveva insegnato al figlio molti trucchi culinari, e lui sapeva come ottenere grandi risultati con pochi ingredienti a buon mercato. La sua soglia di tolleranza nei confronti della cattiva cucina, di conseguenza, era decisamente bassa. Quando la cuoca della YMCA riuscì per l'ennesima volta a bruciare il pranzo, la licenziò.[5]

In quell'idillio estivo c'era solo un problema che Otto non riusciva a risolvere. La "questione della zia" si era rivelata molto più complessa del previsto. Otto aveva urgente bisogno di un prolungamento del suo permesso di soggiorno. Senza quel documento non poteva proseguire gli studi in America, né trovare un lavoro. Fino ad allora era stato possibile andare in Canada o in Messico e tornare in America con un nuovo visto dopo un paio di settimane di attesa. Ma il governo americano aveva inaspettatamente cancellato quella opzione. A giugno del 1936 Otto scrive ad Alice: "Purtroppo questa volta non ho buone notizie da darti. Ero in Canada e sono stato respinto, dopo di che sono andato in Messico, dove mi è successa la stessa cosa. A quanto pare le disposizioni prevedono ora che si possa emigrare negli Stati Uniti solo se si hanno parenti".[6] E qualche settimana dopo: "È una bella occasione per imparare a essere pazienti. Non servono imprecazioni o rabbia, e da questo punto di vista è un'esperienza preziosa. Sono felice di essere qui, vale a dire lontano dall'Austria, e sebbene non sappia che cosa mi riserva il futuro, non farei mai cambio con un posto in Europa, per nessuna ragione al mondo ... Sono felice di non sentire, fatta eccezione per voi, alcun legame con Vienna e l'Austria".[7]

In cerca di un paese in cui potersi recare temporaneamente, a Otto venne in mente la vecchia raccolta di adesivi che da bambino rubava nelle stazioni di Vienna. Uno dei suoi pezzi preferiti era un adesivo della Cina. Proprio quel paese, ora, gli offriva la possibilità di aggirare le sue difficoltà. Chiedere un permesso di soggiorno per Shanghai era piuttosto semplice. C'era solo un problema: come pagarsi il viaggio. Otto scrive ad Alice: "Domani ho un colloquio con il comandante di una compagnia di navigazione che fa avanti e indietro da Shanghai. Mi hanno garantito un posto su una nave. Non so ancora di che cosa si tratta, ma credo sia come addetto agli argani. Questa compagnia trasporta soprattutto assi. Se la nave affonda, avrò per lo meno qualcosa a cui aggrapparmi".[8]

Otto aveva messo in conto di trascorrere diversi mesi in Cina. La cosa più difficile fu lasciare il Reed College, soprattutto dopo aver saputo che Pucci avrebbe assunto la guida della squadra di sci per la stagione 1936-37. Poteva solo sperare che l'italiano non tentasse anche di sedurre Cordelia con le sue doti di sciatore.

La qualifica ufficiale di Otto sulla nave era "direttore di macchina in seconda". Per essere solo un direttore di macchina aveva notevoli lettere di raccomandazione, incluse quelle del rettore di Reed, Keezer, e del governatore dell'Oregon, Julius L. Meier.[9] A Otto non sembrava poi così strano. Nel suo mondo c'erano giorni in cui si veniva respinti al confine messicano, e giorni in cui il governatore dell'Oregon ti invitava a casa sua. Quelle esperienze gli insegnarono a cavarsela in entrambi i casi. Anche sulla nave trovò interessanti sia i semplici membri dell'equipaggio sia gli ufficiali. Ad Alice scrive:

> La vita su una nave da carico è davvero molto diversa da come uno se la immagina. È un po' come essere in una fabbrica ben organizzata, senza neanche l'ombra del romanticismo che in genere si associa al mare. Il capitano non ha molta voce in capitolo, è l'unione o sindacato dei marinai, che ha un rappresentante a bordo, a stabilire chi fa cosa.[10]

E in una lettera al fratello si legge: "Mangio al tavolo degli ufficiali, ed è molto piacevole. Ho anche una cabina tutta per me con il frigorifero e il ventilatore ... Il capitano della nave è un tedesco, ma non è 卐. Vive negli Stati Uniti da parecchio tempo".[11]

Prima che la nave facesse scalo in Giappone, Otto riuscì a imparare un po' di cinese e di *pidgin english*, "che è la lingua principale a Shanghai. Gli inservienti cinesi morivano dal ridere per la mia pronuncia".[12] Poteva solo sperare che bastasse, per i primi tempi.

Negli anni Trenta Shanghai era un polo di attrazione per le persone che desideravano cominciare una nuova vita, o erano costrette a farlo. Si ottenevano con facilità i permessi di soggiorno e c'era la speranza di guadagnare bene. Nel 1936 un'emigrante la descriveva così:

> Vengono in Cina e vogliono diventare ricchi, pensano che quando avranno racimolato i loro dollari se ne torneranno in patria e si costruiranno una bella casa. È questo che vogliono i tedeschi, gli inglesi e tutti quanti ... Si stabiliscono a Shanghai, costruiscono grattacieli e piantano alberi, ma è sempre tutto provvisorio, perché vogliono a ogni costo tornare in Europa. A volte non reggono più la solitudine e tornano effettivamente in patria. Ma poi sentono la mancanza della Cina. Manca loro il sole, mancano i servitori, manca questo grande paese. Si sentono persi, non sono più a casa da nessuna parte.[13]

In altre aree della Cina la situazione politica era molto meno stabile che a Shanghai. I signori della guerra tiranneggiavano la popolazione. Il generale Chiang Kai-shek e il suo Kuomintang combattevano contro i signori della guerra, ma al tempo stesso anche contro i comunisti cinesi. Queste lotte interne per il potere indebolivano il paese, una circostanza di cui si approfittò il Giappone. Cinque anni prima dell'arrivo di Otto a Shanghai, nel 1931, i giapponesi avevano occupato la Manciuria con un pretesto. La Lega delle Nazioni condannò quell'eclatante sfregio della sovranità cinese, ma il Giappone non si fece condizionare. A febbraio del 1933 uscì semplicemente dalla Lega e proseguì con le sue mire espansionistiche ai danni della Cina, ma in modo più sottile. Al tempo stesso l'Unione Sovietica, gli Stati Uniti e le potenze europee cominciarono – ugualmente in segreto – a rafforzare la loro presenza nella regione. Un paio di mesi dopo essere approdato in Cina Otto si trovò coinvolto in questo calderone.

Tutto cominciò in modo relativamente innocuo. Subito dopo il suo arrivo, a settembre del 1936, si trasferì in un convitto della YMCA in Bubbling Well Road e assicurò ad Alice di essere capitato bene: "Quaranta dollari al mese, compreso il vitto, la piscina e la biblioteca". Di lì poteva esplorare la città:

> Shanghai è un grosso guazzabuglio, sudicio, ma al tempo stesso suggestivo. Molti profughi russi disoccupati, molta miseria tra i cinesi, e accanto il lusso di inglesi e americani ricchissimi. Contrasti enormi. Grattacieli e capanne di fango fianco a fianco. Risciò e Rolls Royce in un intrico multicolore. Tutte le nazioni che ti puoi immaginare. Simile a Babele per dimensioni e caos. Ricevo molti inviti, ma in proporzione ho conosciuto poche persone simpatiche. Passo molto tempo con il segretario della Camera di commercio americana. Un ex studente di Reed.[14]

È comprensibile che Otto, con sua madre, non accennasse all'alto tasso di criminalità e alle fumerie d'oppio,[15] senza contare che Shanghai, città portuale, era un polo di attrazione per le prostitute. Sedicenni cinesi molto truccate e vestite in modo provocante giravano abitualmente per le strade. I numerosi saloni di bellezza guadagnavano bene con loro, ma anche con le semplici donne cinesi della classe media. Truccarsi e vestirsi all'occidentale era un segno di progresso. Ai matrimoni le spose cinesi amavano farsi fotografare con l'abito bianco. Dal 1923 a Shanghai c'era un'emittente radiofonica americana che trasmetteva un programma di intrattenimento destinato alla città e lo infarciva di pubblicità di prodotti occidentali. Il centro, con le réclame luminose che brillavano instancabilmente, ricordava a Otto Times Square, ma sebbene l'influenza americana fosse forte, erano ancora gli inglesi ad avere il ruolo dominante. Dopo le guerre dell'oppio di metà Ottocento, gli era stata ceduta l'isola di Hong Kong e il diritto di commerciare nelle città portuali di Canton e Shanghai. Con le loro dimore ispirate alle ville di campagna inglesi plasmavano l'architettura dei sobborghi di Shanghai, facendone un idillio di giardini che doveva ricordare il Kent. Per i cinesi di classe medio-alta avere una formazione scolastica inglese era indice di uno status sociale elevato, tanto che mandavano i loro figli in scuole locali di lingua inglese, dove si mettevano in scena testi di Shakespeare. Chi aveva interessi più terra terra andava alle corse dei levrieri organizzate dagli inglesi, per le quali a Shanghai era stato costruito uno stadio apposito. Lì si potevano scommettere cifre molto alte e perdere una fortuna.

Nelle sue lettere ad Alice, Otto sorvolò anche sulla maniacale passione per il gioco che imperversava in tutte le classi sociali di Shanghai (forse sapeva che il padre era stato un giocatore e non voleva che Alice si preoccupasse, ma è probabile che lei avesse nascosto quella vergogna anche ai propri figli). Solo una volta, a margine, Otto accennò di aver comprato un biglietto della lotteria irlandese. In effetti, intorno a lui, giocavano quasi tutti: europei, americani e locali. A Shanghai c'erano moltissime ricevitorie di scommesse in cui i ludopatici si smarrivano per giorni (un po' come i tanti oppiomani, che vivevano nei loro inferni). Gli indovini cinesi facevano affari d'oro grazie a quella dipendenza. Si sedevano sul ciglio della strada ai loro tavolini e spiegavano ai clienti su quali numeri fortunati dovessero puntare. Era un mondo confuso, e Otto nelle sue lettere lodava il nuovo romanzo di Joe Lederer su Shanghai, *Foglia al vento*, che descriveva alla perfezione ciò che lui stava vivendo.[16] Lederer, una giornalista ebrea austriaca, aveva lavorato in Germania e nel 1934 era emigrata in Cina. Trovò lavoro come bambinaia, ma prima che riuscisse ad ambientarsi si ammalò di tubercolosi e dovette tornare in Europa. Il suo protagonista descrive ai propri interlocutori il bello e il brutto di Shanghai: "Quando d'estate, a Shanghai, ve ne state nei vostri giardini, le cicale friniscono e il cielo è azzurro ... Aironi bianchi nel cielo azzurro. E il colera. E i fiori di loto. E il tifone. E la festa dei draghi. E il puzzo dei canali".[17]

È la solitudine, più che il fetore, a opprimere gli eroi di Lederer. Una solitudine che divenne molto famigliare anche a Otto. Nonostante l'enorme distanza, Alice percepiva quanto il figlio fosse solo. Lo esortò più volte a far visita al cugino di secondo grado, Robert Pollitzer. Quest'ultimo apparteneva a un piccolo gruppo di medici occidentali che lavoravano a Shanghai e in seguito si adoperarono affinché migliaia di pazienti cinesi sopravvivessero alle piaghe della guerra.[18] Anche per Otto i Pollitzer e i loro figli furono una sorta di salvezza. Gli offrirono un po' di atmosfera famigliare prima che scoppiasse il caos.

Per guadagnare un po' di soldi Otto aveva accettato un posto malpagato presso le officine americane della Ford. In proposito scrive a Karl: "Sono un po' il tuttofare. Sorveglio carico e scarico delle auto ... Se in fabbrica c'è lavoro, aiuto alla catena di montaggio. Faccio molti disegni tecnici e testo le automobili ... Passano tra le nostre mani circa duecento auto al mese".[19]

Per non abbrutirsi tentò di imparare le lingue: "Prendo lezioni di cinese e di russo, e a parte questo mi sforzo ... di farmi capire in altre quattro o cinque lingue. Nelle officine Ford lavorano filippini, giapponesi, russi e mongoli".[20]

Nonostante in fabbrica ci fosse un ambiente apparentemente internazionale, a pranzo gli europei sedevano a un tavolo separato e mangiavano il cibo cinese con forchetta e cucchiaio. Otto se ne stancò presto, voleva conoscere dei cinesi. Alcuni lo invitavano a casa, e lui ricambiava accollandosi di tanto in tanto costi gravosi: "Faccio tutto il possibile per risparmiare, ma dal momento che devo spendere parecchi soldi per non sfigurare, non ne vengo a capo".[21] Gli inviti tuttavia gli furono utili, perché il suo cinese migliorò: "In cinese riesco in qualche modo a farmi capire, anche se commetto ancora molti errori e non sono in grado di leggere quasi niente".[22]

Sul periodo trascorso da Otto in Cina ci sono due fonti: la prima sono le sue lettere ad Alice e Karl, in cui di tanto in tanto accenna che non potrà scrivere per molto tempo perché sarà in viaggio. A volte nomina località cinesi che desidera visitare. Sono comunicazioni lapidarie: "Nei prossimi giorni vado a Tientsin. Rimarrò lassù una o due settimane, credo".[23] Oppure: "È possibile che vada nel Nord per qualche settimana, dove abbiamo in consegna una grossa fornitura per il governo cinese".[24] Fin qui tutto molto vago.

La seconda fonte sono le carte degli itinerari disegnate da lui e alcune foto in bianco e nero scattate con una Leica. Sulla carta sono indicate le tappe e i mezzi di trasporto utilizzati: a Nanchino, Pechino, Lanzhou con la compagnia aerea cinese Eurasia Aviation, poi in automobile a Yungtang, Sining, quindi a Kaifeng, di nuovo in aereo.

Le foto appaiono di primo acchito tutt'altro che spettacolari. Ritraggono paesaggi, monasteri buddhisti e aerei. Eppure gli itinerari sono decisamente avventurosi: diverse località si trovavano in Manciuria, all'epoca occupata dai giapponesi, e in altre regioni della Cina in cui il Giappone cercava di instaurare sfere di influenza politica.[25] Che cosa ci faceva Otto di preciso in quelle zone pericolose?

Due sono le risposte possibili, una più innocente, l'altra meno. La risposta innocente è che Otto lavorava per la Ford. La Ford voleva fare affari con i giapponesi, anche in aree che fino a poco tempo prima erano ancora cinesi. Come altre grosse industrie, la Ford – libera da zavorre morali – vendeva i suoi automezzi a entrambi i contendenti, giapponesi e cinesi. Così facendo, in caso di guerra si sarebbe potuto guadagnare bene. È quindi possibile che i viaggi di Otto fossero di natura esclusivamente professionale.

La seconda teoria sarebbe un po' più complessa: le informazioni sulle attività giapponesi in Cina erano diventate importanti dal punto di vista politico. L'Unione Sovietica e gli Stati Uniti collaboravano – ufficiosamente – per contrastare un'espansione giapponese in Cina.[26] Otto, durante i suoi strani viaggi in Manciuria e nell'interno della Mongolia, scattò dunque anche altre foto, che in seguito non incollò nel suo album? Queste altre foto erano destinate al suo nuovo amico del consolato americano a Shanghai o alla Ford, il suo datore di lavoro? Entrambi le avrebbero trovate interessanti. La Ford aveva bisogno di accurati rapporti sulla situazione, in fin dei conti l'azienda doveva tutelare i suoi investimenti in Cina *e* in Giappone. Gli ambienti governativi americani necessitavano a loro volta di informazioni sui territori occupati. In seguito, in un affidavit, Otto dichiarò che a Shanghai aveva anche lavorato per i servizi segreti: "A Shanghai mi sono unito ai Marines americani da volontario, come agente dei servizi segreti".[27] Nelle sue lettere ad Alice e Karl, comprensibilmente, non ne parla affatto. Del Giappone, all'inizio del 1937, scrive soltanto: "Avevo un invito per una gara sciistica in Giappone, ma non ho potuto accettarlo, ovvio. Il Giappone è entusiasta dello sci, e questo sport ha l'aria di diventare una questione nazionale. È molto probabile che le Olimpiadi invernali del 1940 si terranno in Giappone".[28] (Il Giappone era già all'epoca un paese ospite controverso, e nel 1938 la guerra con la Cina fece sì che i giapponesi rinunciassero definitivamente.)

Fin dai suoi viaggi in Manciuria, Otto sapeva naturalmente molto bene che i giapponesi volevano di più dello sci. Intuiva anche che si sarebbe arrivati a una nuova invasione giapponese in territorio cinese.[29] Mentre aspettava la mossa successiva del Giappone, però, per lui scoppiò una crisi personale da tutt'altra parte: a Vienna. Era consapevole che, dalla sua partenza, la situazione economica in Austria era peggiorata ulteriormente e che la scuola di cucina non prosperava più come prima. Ma a settembre del 1936 supponeva ancora che a casa andasse tutto come al solito. Ad

Alice scrisse: "Sarai certamente impegnata per la riapertura della scuola di cucina [dopo la pausa estiva] ... spero tu sia riuscita a metterti qualcosa da parte. Non appena avrò un impiego, ti manderò dei soldi".[30]

Le lettere di Alice a Otto sono andate perdute, ma restano le reazioni di lui. Nelle settimane successive riaffiora di continuo la stessa domanda: Otto vuole sapere da Alice come va "con le sue battaglie" e se deve affrontare "molte battaglie". Si tratta in primo luogo di "battaglie" finanziarie, cui presto, però, si aggiungono anche quelle politiche. La situazione economica di Alice peggiorava a vista d'occhio, nonostante il successo del suo libro. Nel 1935 aveva ricevuto un pagamento forfettario, senza più percepire alcun introito dalle vendite.[31] Sei mesi dopo la pubblicazione si trovava dunque già in grosse difficoltà finanziarie.[32]

In Austria le cose erano peggiorate anche dal punto di vista politico. A luglio del 1936 Schuschnigg e Hitler erano giunti a un accordo che sulle prime sembrò rafforzare la sovranità dell'Austria. Hitler assicurò di non essere intenzionato a immischiarsi nelle questioni interne dell'Austria e di non avere in programma alcuna annessione. Schuschnigg, in cambio, concesse un'amnistia per i nazionalsocialisti tedeschi. Allo stesso tempo Mussolini voltò progressivamente le spalle all'Austria avvicinandosi a Hitler.[33] Fino ad allora l'Italia aveva offerto all'Austria una certa protezione dal pressante vicino del Nord. "La nostra situazione politica sembra offuscarsi sempre di più" scrisse Sigmund Freud a un collega a marzo del 1937. "L'invasione dei nazisti probabilmente non si può fermare ... Purtroppo quella che finora è stata la nostra potenza protettrice – Mussolini –, ora sembra lasciare campo libero alla Germania."[34]

Il futuro di Alice appariva dunque minaccioso, dal punto di vista politico ed economico. Doveva cambiare vita prima che fosse troppo tardi. L'Inghilterra sembrò offrire una via d'uscita: un elegante albergo di Brighton cercava una cuoca rinomata, e Alice si immaginava già nel ruolo. Voleva emigrare.

Otto, nella lontana Cina, fu molto sorpreso di quei progetti. La madre amava Vienna, dunque perché all'improvviso voleva lasciare la sua patria e tutti i suoi amici? Sapeva di non avere grandi possibilità di dissuaderla dal compiere questo passo. Una volta presa una decisione, sua madre andava fino in fondo. Quindi cercò di sostenere Alice da lontano: "Sono convinto che in Inghilterra non sarà troppo dura. All'inizio di sicuro non ti piacerà, anche se Brighton dev'essere stupenda".[35] Otto a quel punto aveva una certa esperienza in fatto di emigrazione. Sapeva fin troppo bene quanto potessero essere difficili i primi mesi.

Alla fine del 1936 Alice chiuse la scuola di cucina e diede la disdetta del contratto d'affitto in Goldeggasse. Karl, allora diciannovenne, dovette trasferirsi da un compagno di studi, Willy Schultes. A febbraio del 1937, cinque giorni dopo il suo cinquantunesimo compleanno, Alice comunicò il cambio di residenza in comune e partì per Londra.[36]

Le sue lettere di questo periodo sono andate perdute, ma quelle dei figli testimoniano che in Inghilterra dovettero esserci problemi con il suo permesso di lavoro. Otto era in Cina, lontanissimo, e si sentiva impotente. A Karl scrisse:

8 marzo 1937

Caro Karli!

Ho ricevuto la tua lettera e un'altra, sconsolata, da mamma. Sono molto abbattuto, ma non posso farci niente. Ho appena scritto a mamma che in caso di necessità posso mandarle un po' di denaro via telegrafo, dal momento che qui posso prendere in prestito qualcosa ... Sono contento di sapere che non ti abbatti, per te ho meno paura che per mamma. Se hai problemi di soldi, scrivimi, in ... caso di necessità posso mandarti 15 $ al mese.[37]

Dopo un mese in Inghilterra, a marzo del 1937, Alice tornò a Vienna. Per lei fu un colpo tremendo. Anche Otto era scosso dalla débâcle inglese e scrisse a Karl: "Ho ricevuto la tua ultima lettera, in cui mi scrivi che mamma è di nuovo a Vienna. Tremendo. Spero che presto si sistemi tutto".[38]

Otto intuiva che la situazione politica in Austria non sarebbe migliorata. Ora voleva tornare in America il più presto possibile, e lì, finalmente, guadagnare più soldi per Alice e Karl. La fortuna parve sorridergli:

> Shanghai, 14 maggio 1937
>
> Caro Karli!
>
> Grandi novità: ho ricevuto il visto d'ingresso per gli Stati Uniti. Puoi immaginarti quanto ne sia felice. Sono stato per due settimane a Nanchang, e quando sono tornato il visto era lì ad aspettarmi. Ora ci vogliono ancora due mesi perché io ottenga dal consolato americano di Vienna il numero di contingente ...[39]

Otto sperava dunque di dover resistere in Cina solo un altro paio di mesi. Proprio allora però la situazione si fece pericolosa.

A maggio del 1937 Shanghai divenne a poco a poco più calda. Per le strade comparvero i primi caschi coloniali, e anche Otto si comprò "uno di quegli aggeggi" per ripararsi dal sole. Poteva essergli utile nei suoi numerosi viaggi. Il suo datore di lavoro, nel frattempo, consegnava automezzi senza posa nell'eventualità di una guerra. Otto era costantemente impegnato, e a luglio del 1937, col suo nuovo casco coloniale, si trovò al momento sbagliato nel posto sbagliato: Pechino. Si discute tuttora se i responsabili della sparatoria sul ponte di Marco Polo siano stati i giapponesi o i cinesi. Il ponte si trovava a soli quindici chilometri dal centro di Pechino, e questo incidente militare, il 7 luglio 1937, determinò lo scoppio della Seconda guerra sino-giapponese. Alcuni storici considerano questa data anche l'inizio della Seconda guerra mondiale. Per Otto, in ogni caso, rappresentò l'avvio della "sua" lunghissima guerra, anche se allora non poteva immaginarlo. Scrisse ad Alice:

> Cara mamma,
>
> perdona il mio lungo silenzio, non proprio volontario. Come avrai saputo dai giornali, nel Nord della Cina ci sono stati gravi scontri fra cinesi e giapponesi. Era nell'aria già da parec-

chio tempo e la Ford Motor Co. sapeva da un bel po' che prima o poi il conflitto sarebbe deflagrato. Da un paio di mesi entrambi gli eserciti compravano tutti gli automezzi che potevano. Circa tre settimane fa ho scortato un trasporto di cinquanta automezzi a Pechino, dove i cinesi avrebbero dovuto prenderli in consegna. Sono arrivato senza problemi e dopo due o tre giorni sarei dovuto tornare a Shanghai con il treno. Puoi immaginarti la mia sorpresa quando, nella notte, sono stato svegliato dalle detonazioni dell'artiglieria pesante. Di partire non c'era verso, così il giorno dopo sono andato con tutti gli altri stranieri al consolato americano, dove abbiamo trovato riparo. Pensavamo che la cosa si risolvesse di lì a poco, ma ci sbagliavamo di grosso. Il quarto giorno ho ricevuto un telegramma da Shanghai, con cui mi comunicavano che avrei dovuto ancora assistere il reparto addetto ai trasporti dell'esercito cinese nel ritiro degli automezzi. Molto controvoglia ho lasciato l'ospedale del consolato, dove si mangiava e beveva divinamente, e sono andato in cerca della compagnia, che aveva proseguito verso ovest e si trovava chissà dove. Dopo qualche ora li ho trovati nei pressi di Fengtai, a circa dieci chilometri da Pechino. La roba era in uno stato pietoso perché avevano cercato di guidare senza gasolio. Abbiamo allestito un'officina provvisoria in una stalla di bufali e ci siamo messi a revisionare i motori. È andato tutto liscio finché i giapponesi non hanno subodorato la cosa e hanno cominciato a sparare sul nostro idilliaco riparo. A quel punto tutti gli autisti cinesi sono spariti, e io me ne sono andato con un russo e un trattore della Ford tagliando per i campi di riso. Ho avuto problemi ad arrivare in città, ma alla fine sono riapprodato tra le sicure pentole di riso dell'ospedale. L'altro ieri sono arrivato a Shanghai via Tientsin, dove erano già alquanto preoccupati.[40]

Otto non dice perché ci fossero ottime ragioni per preoccuparsi. Pechino e Tientsin erano ora in mano ai giapponesi e bisognava mettere in conto che non avrebbero interrotto la loro avanzata con tanta facilità. La chiusa della lettera di Otto suonava quindi decisamente ottimistica: "Un mese ancora, e mi sarò lasciato alle spalle Shanghai, cosa di cui sono davvero più che felice".

Sarebbe stato un mese molto lungo. Quel che accadde poco dopo il suo ritorno a Shanghai fu così orrendo che neanche Otto riuscì a sdrammatizzare riducendolo a un aneddoto.

Nel frattempo il caldo era aumentato al punto che negli appartamenti non si riusciva più a stare. I poveri piazzavano le loro brandine sui marciapiedi e passavano la notte all'aperto. Chi aveva l'elettricità, teneva i ventilatori accesi di continuo. Otto dormiva male e durante il giorno si trascinava al lavoro spossato, come gli altri abitanti di Shanghai. Tutti anelavano a un po' di refrigerio. In alcuni ristoranti impilavano dei blocchi di ghiaccio, e nelle sale da ballo ci si poteva addirittura danzare intorno, sempre che si trovassero ancora le energie.

Il clima opprimente portava a reazioni eccessive, particolarmente strane. Proprio come nel caso del ponte di Marco Polo, anche per la vicenda riportata qui di seguito ci sono almeno due versioni: una cinese e una giapponese. Non si riuscì mai a chiarire da chi fosse partita la provocazione iniziale.[41] Il 9 agosto un sottotenente giapponese cercò di raggiungere l'aeroporto cinese di Hongqiao e fu fermato da un guardiano cinese. Ci fu un litigio. Secondo il rapporto cinese il giapponese sparò al cinese, motivo per cui fu abbattuto dalle pallottole di altre guardie cinesi. Stando al racconto dei giapponesi, il giapponese fu ucciso senza alcuna ragione dal guardiano cinese. Si era dunque chiaramente trattato di un omicidio a sangue freddo. A questa "provocazione" era stato quindi necessario reagire immediatamente, e la presunta "reazione spontanea" era stata ben preparata. I giapponesi mandarono la loro nave da guerra *Izumo* a Shanghai e gettarono l'ancora nel fiume Whangpo (l'odierno Huangpu).

A Shanghai nel frattempo aveva cominciato a piovere, ma la gioia degli abitanti fu contenuta. La pioggia si trasformò in una forte tempesta, che distrusse i pali del telefono e compromise le comunicazioni. Per i giapponesi fu un vantaggio. Il 12 agosto cominciarono a bombardare Shanghai dalla nave da guerra *Izumo*. L'obiettivo dell'artiglieria giapponese era il distretto settentrionale di Shanghai, in cui abitavano quasi esclusivamente cinesi. Era evidente che i giapponesi volevano evitare di colpire l'International Settlement, in cui si trovavano 48.000 stranieri di tutte le nazionalità. Se fosse finita male, l'opinione pubblica mondiale si sarebbe indignata decisamente di più che per l'attacco a un quartiere cinese. Mentre gli abitanti, in preda al panico, cercavano di fuggire nel quartiere internazionale, ci si interrogava su quale dovesse essere la reazione del governo cinese a quell'atto di guerra giapponese. E una domanda ancor più importante era naturalmente: chi li avrebbe aiutati contro i giapponesi?

La moglie del comandante in capo cinese Chiang Kai-shek apparteneva alla famiglia più ricca di Shanghai. Madame Chiang Kai-shek era cristiana ed era andata a scuola in America. Da allora aveva lì un'eccellente rete di contatti, e in quella situazione di crisi si rivolse d'istinto agli americani. Uno dei suoi consulenti militari americani le consigliò di far bombardare la nave da guerra giapponese con degli aerei. Poiché la *Izumo* era ancorata in prossimità dell'International Settlement, l'operazione comportava un certo rischio. Shanghai era la quinta città al mondo per dimensioni e aveva un'altissima densità di popolazione. Che cosa sarebbe successo se i piloti cinesi non avessero colpito il bersaglio per mancanza di esperienza o per le cattive condizioni meteorologiche? Nonostante le remore Madame Chiang Kai-shek diede ordine di bombardare la *Izumo*. Gli aerei cinesi si alzarono in volo il 14 agosto.

Otto quel giorno lavorava sul fiume. Era un sabato, in Cina un giorno lavorativo. Imprecava per via del brutto tempo, ma non aveva idea che quel 14 agosto sarebbe entrato nella storia come il Bloody Saturday per ben altre ragioni. Scrisse ad Alice:

> I giapponesi hanno provocato uno scontro con i cinesi a Shanghai, per poter giustificare l'invio di una gigantesca flotta di navi da guerra nel fiume Whangpo. Si sono piazzati sulla riva e hanno cominciato a sparare all'impazzata sulla città ... Quel pomeriggio io ero sul fiume, a caricare degli automezzi su una nave, [quando] all'improvviso i giapponesi hanno cominciato a sparare all'impazzata con la contraerei

> … Abbiamo fatto subito partire la nave, lasciando metà del carico sul molo. Quando ho tentato di rientrare in fabbrica con la nostra barca a motore, [ho visto] che nel frattempo i cinesi [avevano] completamente bloccato il fiume al di sopra del Settlement con diverse navi e giunche piene di sabbia. La fabbrica era completamente isolata dal resto del mondo. Sono andato negli uffici comunali e ho fatto rapporto (il telefono, intanto, aveva smesso di funzionare).[42]

La prima bomba aerea pesava 900 chili e cadde alle 16.27, dritta sull'International Settlement.[43] Colpì il Palace Hotel, mentre un'altra centrò Nanking Road e parte del Cathay Hotel. All'inizio la situazione era del tutto confusa. Chi veniva colpito dava per scontato che fossero bombe giapponesi. Shanghai era già stata bersaglio di attacchi aerei giapponesi nel 1932, e adesso la storia sembrava ripetersi. Ormai si sapeva quali effetti devastanti potessero avere le bombe aeree. Qualche mese prima, ad aprile del 1938, la città spagnola di Guernica era stata distrutta dalla Legione tedesca Condor. Quel che era accaduto nella guerra civile spagnola si ripropose anche a Shanghai. Solo il numero di morti raddoppiò. A Guernica durante gli attacchi erano stati uccisi circa 1000 civili, a Shanghai le vittime furono oltre 2000. Nelle sue lettere Otto accennò addirittura a 3000 morti.[44] Il numero preciso è tutt'oggi difficile da verificare.

Solo a poco a poco trapelò chi aveva lanciato le bombe. A bombardare per errore la propria città non erano stati i giapponesi, bensì i cinesi. Il caos di quei giorni fu tale che Otto riuscì a inviare qualche riga solo di tanto in tanto:

> Mi preme solo comunicarvi, in velocità, che sto bene. Gli attacchi aerei non rientrano tra gli agi della vita quotidiana, ma ci si abitua a tutto. Anch'io indosso un'uniforme inglese e faccio l'autista per lo SVC [Shanghai Volunteer Corps], che è stato organizzato dall'esercito inglese e funziona bene. La situazione è assolutamente caotica e non si può far altro che aspettare. Non preoccupatevi per me, perché non appena partiranno le navi me la svignerò negli Stati Uniti. Quindi non angosciatevi se per qualche tempo non avrete notizie.[45]

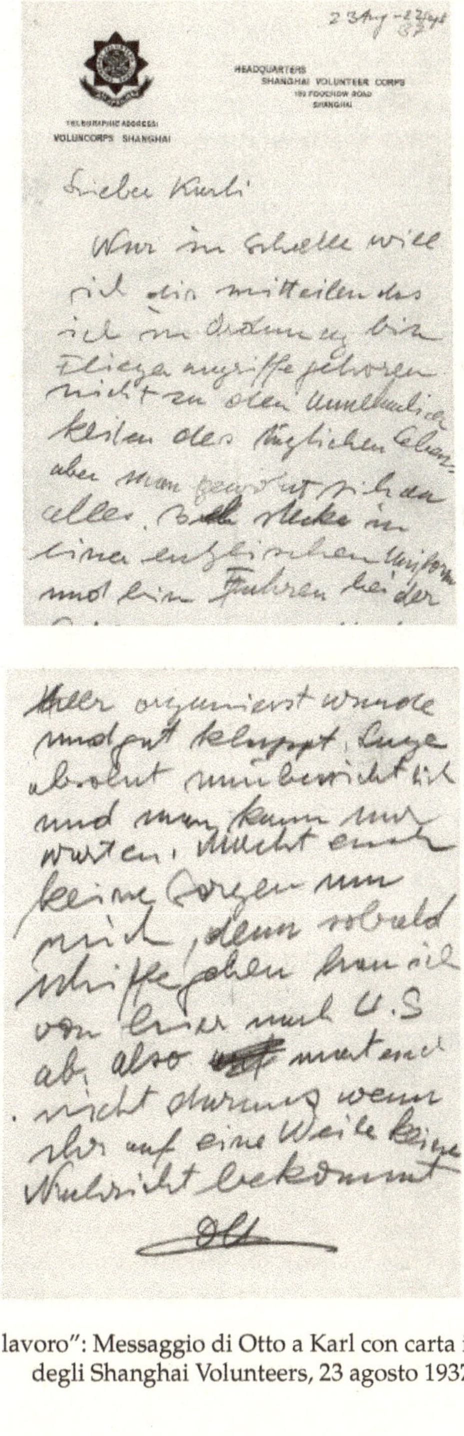
23 Aug – 27 Sept 37

TELEGRAPHIC ADDRESS: VOLUNCORPS SHANGHAI

HEADQUARTERS
SHANGHAI VOLUNTEER CORPS
193 FOOCHOW ROAD
SHANGHAI

Lieber Karli

Nur in Schnelle will ich dir mitteilen das ich in Ordnung bin. Fliegerangriffe gehören nicht zu den Unannehmlichkeiten des täglichen Lebens aber man gewöhnt sich an alles. Bitte stecke in einer englischen Uniform und bin Fahrer bei der

Heer organisiert wurde und gut klappt. Lage absolut unübersichtlich und man kann nur warten. Macht euch keine Sorgen um mich, denn sobald Schiffe gehen kann ich von hier nach U.S ab, also macht euch nicht Sorgen wenn ihr auf eine Weile keine Nachricht bekommt

Otto

"Al lavoro": Messaggio di Otto a Karl con carta intestata degli Shanghai Volunteers, 23 agosto 1937.

In una lettera successiva spiegò ad Alice e Karl: "Lo SVC è un'organizzazione internazionale di volontari, sostenuta ed equipaggiata dagli inglesi, e ha circa seicento membri, dotati di una formazione adeguata. In caso di necessità si unisce naturalmente chiunque sia in grado di reggere un fucile, il che non vuol dire che sappia sparare...".

Otto sottostimava il numero dei volontari, che erano 1500. Per qualche motivo i membri scozzesi ed ebrei dello SVC si trovavano nello stesso gruppo, i russi in un altro, e americani, portoghesi e filippini in un altro ancora. La maggior parte di loro non aveva mai indossato un'uniforme ed era stata strappata alla propria quotidianità molto bruscamente. Un russo, allora diciassettenne, raccontò in seguito che si trovava al cinema a vedere *Hollywood Cowboy* quando, nel bel mezzo del film, comparve un annuncio sullo schermo: tutti i membri registrati dello SVC dovevano immediatamente prendere servizio. Lui e altri volontari, allora, si alzarono in piedi tra gli applausi dell'intera sala.[46]

All'esterno, i volontari dello SVC dovevano mostrarsi tranquilli, in modo da non accrescere il panico tra la popolazione. Questa prova attoriale non riusciva a tutti. Un giornalista americano vide un gruppo di uomini dello SVC costretti a sgombrare i cadaveri dalla strada. Alla vista dei brandelli di corpi sparsi tutt'intorno, alcuni vomitarono. In seguito andarono in un bar, dove cercarono di far fronte alla situazione con un po' di black humor e molto alcol.[47] Trovando un dito a terra, uno di loro esclamò rivolto al resto del gruppo: "A qualcuno manca qualcosa?".

Il sistema di Otto per non lasciarsi sopraffare dalla situazione era fotografare tutto con la Leica. Anche in seguito, incollando le fotografie su un album, si sforzò di mantenere il suo laconico distacco. Sotto l'immagine di una strada disseminata di auto distrutte messe per traverso, annotò: "Nanking Road. La Quinta Avenue di Shanghai. Dopo un attacco aereo non sembra più così bella". Un altro edificio distrutto ebbe la didascalia: "Grandi magazzini Sun (temporaneamente chiusi)". E lo scatto del cadavere di un indiano appeso a un balcone recava il commento: "19 agosto. Questo sikh mi aveva fatto due volte la multa. È stato ucciso da una scheggia di granata".

Il suo album fotografico dimostra però anche quanto fosse arrabbiato. Su una pagina appiccicò il famigerato "telegramma di scuse" di Madame Chiang Kai-shek: "Io e il generale [il marito Chiang Kai-shek] condanniamo e deploriamo più di chiunque altro le bombe sganciate per errore". Otto piazzò subito sotto una foto con cumuli di cadaveri e scrisse: "Una bomba di oltre duecento chili è caduta su questo incrocio. 'Per errore', secondo Madame Chiang Kai-shek. Ho scattato la foto il 22 agosto, due minuti prima di essere paralizzato da una granata rimbalzata su un muro. L'AP [Associated Press] me l'ha pagata 15 dollari".

I commenti riservati ad altre fotografie sono meno dettagliati. Una mostra facciate di negozi che un tempo dovevano essere stati eleganti. Sulla strada di fronte giacciono dei cadaveri. Otto si limita a un'unica frase: "Qui è stata uccisa Ah-Ling". Non dice una parola su chi fosse Ah-Ling. Lavorava in uno dei negozi, apparteneva alla famiglia cinese in cui Otto era spesso invitato, o era un'amica? In un'altra delle sue foto ci sono diversi morti, i cui corpi sono stati accatastati; sotto si legge soltanto: "Massacro di massa nella Avenue Edward VII".[48]

Otto sapeva naturalmente di non poter infliggere ad Alice i dettagli di quel massacro, e nelle lettere indirizzate a lei minimizzava la situazione:

> Nei giorni precedenti all'intervento delle truppe inglesi e americane, lo SVC aveva il compito di proteggere il Settlement dall'irruzione di truppe giapponesi o cinesi ... Io all'inizio guidavo un'auto privata per un grande capo e poi ho fatto un po' di tutto ... dalle cucine da campo al trasporto di maiali. Il compito più pericoloso è stato l'evacuazione di 5000 detenuti dalla prigione che si trovava nel mezzo della zona di combattimento. In quel frangente ci sono stati morti e feriti, e io ho avuto fortuna a non essere colpito.

Ciò che qui enumerava in modo tanto lapidario gli avrebbe in seguito fruttato una decorazione. Stranamente non per l'evacuazione dei detenuti dalla Ward Road Jail, ma per l'impresa di aver trasportato dei maiali attraverso la zona di combattimento. I cinesi consideravano i maiali generi alimentari particolarmente importanti, mentre la sopravvivenza dei prigionieri sembrava rivestire minor interesse. Otto, dal canto suo, non si considerava particolarmente valoroso. Ad Alice e Karl scrive: "Ho sempre creduto di essere un tipo abbastanza coraggioso. Non è vero niente, perché ho avuto una gran paura per tutto il tempo. Grazie a Dio, era così anche per gli altri, quindi non ha importanza". Erano soprattutto le bombe aeree a sconvolgere i volontari dello SVC. Nella lettera di Otto si diceva poi: "Shanghai è la prima città del mondo costretta a subire moderni attacchi aerei. Ci si può ben immaginare che cosa accadrebbe nelle capitali europee se aerei nemici sganciassero un paio di bombe al tritolo su obiettivi mirati".[49]

Otto evidentemente aveva dimenticato che un fatto analogo era accaduto a Guernica già un paio di mesi prima. Non conosceva la Spagna, e la guerra civile in atto nel paese era molto distante dalla sua realtà. Era bloccato a Shanghai e credeva che quel livello di distruzione fosse qualcosa di completamente nuovo. Ma intuiva di sperimentare le tattiche di guerra del futuro. E per documentare gli effetti di quelle bombe, voleva fare in modo che le sue foto venissero pubblicate. Erano buone fotografie, che in seguito furono stampate su diversi quotidiani. Nessuno dei suoi scatti, tuttavia, fu emotivamente efficace quanto quello del reporter cinese Wong Hai-Sheng, che da un giorno all'altro cambiò l'atteggiamento del mondo occidentale verso la Cina e ancora oggi suscita sdegno. Raffigura un bambino cinese. Siede impettito sui binari della Stazione Sud di Shanghai, con il corpo pieno di ustioni e la bocca spalancata in un grido di dolore alla Edvard Munch. L'immagine del piccolo, solo, gravemente ferito, nel mezzo della stazione bombardata, risultò così forte da suscitare negli Stati Uniti un'ondata di simpatia per la Cina, aggiudicandosi il titolo di foto dell'anno del 1937. I giapponesi, invece, si sentirono diffamati come "assassini di bambini" e ne misero in dubbio l'autenticità. Accusarono Wong di aver intenzionalmente esasperato la drammaticità della foto, dissero che era stato lui a posizionare il bambino nel caos e a ritoccare l'immagine inserendo del fumo posticcio. La rabbia nei confronti del fotografo era tale che i giapponesi, in seguito, arrivarono a mettere una taglia su di lui. Wong però possedeva più scatti dell'accaduto, che aveva in parte anche filmato, e quelle immagini dimostravano che il padre del bambino aveva dovuto occuparsi di più figli e che alla fine il piccolo era stato portato al sicuro. Dopo lo si vede disteso su una barella. Se il fumo fosse artificiale o meno, non è dato sapere, ma nessuno può mettere in dubbio che quel bambino fosse stato gravemente ferito.

Anche per Otto era evidente che quel giorno era stato commesso un crimine terribile. Era in servizio per lo SVC alla Stazione Sud e il suo resoconto sull'accaduto fu pubblicato con il titolo: *Il testimone oculare Otto Urbach descrive il bombardamento della Stazione Sud di Shanghai*. A quel punto aveva perso definitivamente la sua laconicità. Il racconto risulta ancora oggi – in modo non dissimile dalla foto – un puro e semplice grido di dolore:

> Il bombardamento della Stazione Sud di Shanghai supera tutte le atrocità commesse nelle guerre moderne. Il 28 agosto l'amministrazione comunale di Shanghai informò i giapponesi che da quel momento in poi, ogni pomeriggio alle quindici, treni pieni di profughi sarebbero stati condotti in territori sicuri. Le truppe cinesi, a questo scopo, non avrebbero sostato nei pressi dei binari. Il console giapponese diede la sua parola che non ci sarebbero stati bombardamenti nei dintorni della stazione. Anche i cinesi, in cambio, promisero di non organizzare azioni militari. Seimila donne e bambini aspettavano dunque i treni alla Stazione Sud, quando si avvicinò uno squadrone di dodici bombardieri ... e una Shanghai sotto shock dovette assistere impotente mentre gli aerei, uno dopo l'altro, sganciavano le loro bombe sulla sta-

zione. I caccia si abbassarono e crivellarono i sopravvissuti con le mitragliatrici. La contraerea cinese non poté essere impiegata perché era del tutto impreparata. Si erano attenuti all'accordo, per non mettere in pericolo i treni dei profughi. Non vorrei apparire sentimentale, ma c'è una sola parola per questa incredibile brutalità: omicidio.[50]

Nel frattempo, a casa, erano preoccupati per lui. Le lettere di Alice non si sono conservate, quelle di Karl e Cordelia sì. Cordelia in quel momento viaggiava per la Francia e fino ad allora aveva ricevuto posta da Otto con regolarità. Quando di colpo non arrivarono più lettere, scrisse a Karl, che aveva conosciuto durante il suo viaggio in Europa: "Passiamo in rassegna i giornali in preda al panico, in cerca di notizie su Shanghai. Spero che Otto riesca a venir via da quel caos e non gli salti in mente di dover vincere la guerra per la Cina".[51]

Otto aveva abbandonato quell'ambizione. Ormai, in effetti, voleva soltanto una cosa: andarsene da quel delirio. Un giornale americano raccontò in seguito come riuscì nell'impresa: "La nave *President McKinley* era a circa otto miglia dal porto, in mare aperto. La si poteva raggiungere solo con un'imbarcazione giapponese. In cambio del passaggio i funzionari giapponesi costrinsero Urbach a consegnare loro tutto ciò che possedeva, compresa la sua Leica. Prima però poté estrarre i rullini. Documentano le atrocità avvenute a Shanghai".[52]

Non appena fu sulla nave, scrisse lunghe lettere ad Alice: "Al momento faccio del mio meglio per dimenticare tutto quanto il più presto possibile. Mi sto davvero rilassando ... e mangio così tanto che, come dice lo steward, la nave con me non ci guadagna niente".[53]

Il motivo del suo appetito non lo menziona. Durante gli scontri a Shanghai era molto dimagrito. Cordelia, che era ancora in Europa, scrive a Karl:

> Ho ricevuto una lettera da mia madre: Otto è arrivato [a Portland] ed è già venuto a cena da noi. È finalmente fuori da quel caos cinese ed è felice di essere di nuovo negli Stati Uniti. Mamma dice che è molto magro, perché ha dovuto

evacuare senza sosta donne e bambini dalla città. Mio padre pensa di potergli procurare un lavoro nel nuovo albergo sul monte Hood. Spero tanto che ottenga il posto, dopo tutto quello che ha passato ha bisogno di un po' di calma.[54]

La successiva lettera di Cordelia dimostra che lo stato di salute di Otto era decisamente peggiore di quel che si pensava all'inizio: "Mia madre mi ha scritto che Otto aveva un'appendicite ed è dovuto andare all'ospedale. Quel povero ragazzo è davvero sfortunato, ma se resta a Portland e lavora lì è tutto a posto. Ed è un bene che l'infiammazione l'abbia avuta a Portland e non in Cina, nel bel mezzo di quel caos tremendo".[55]

Otto trascorse il suo ventiquattresimo compleanno all'ospedale di Portland, pensando a come procurarsi i cento dollari necessari per la sua appendicectomia. A preoccuparlo ancora di più, però, era il pensiero dei suoi amici di Shanghai, soprattutto dei Pollitzer e dei loro figli. Dal bombardamento della stazione Otto era fermamente convinto che i giapponesi avrebbero commesso altri crimini contro la popolazione. Per questa ragione rilasciò diverse interviste in cui offrì della Cina un quadro nerissimo. Un giornale prese spunto dalla storia della sua fuga e titolò *Due volte profugo: prima dall'Austria, la sua patria, e ora da Shanghai, zona di guerra*.[56]

In tutti gli articoli, quel che gli stava più a cuore era mettere in guardia dal Giappone. In un pezzo intitolato *Il Giappone si fa beffe del mondo* spiegò che Shanghai era solo un obiettivo secondario, e che l'esercito giapponese nell'arco di tre mesi avrebbe sopraffatto l'intera Cina del Nord.[57] Senza dubbio sopravvalutava l'entità dell'avanzata dei giapponesi, ma aveva ben compreso la brutalità della loro condotta. Un paio di mesi dopo l'intervista, a dicembre del 1937, i giapponesi occuparono Nanchino. Lì, secondo le stime, uccisero oltre 200.000 civili e praticarono per sei settimane stupri di massa.[58]

Otto era dunque sfuggito alla guerra appena in tempo. Una laurea non poteva più permettersela, perché aveva urgente bisogno di guadagnare del denaro. Sebbene avesse trovato un posto come designer di sci presso il produttore C.A. Lund, in Minnesota, e potesse finalmente inviare dei soldi ad Alice, non riuscì a liberarsi dalla Cina per molto tempo ancora. Voleva documentare gli eventi, anche per i lettori austriaci. In una lettera al fratello Karl dice: "Trovi allegato un testo che ho scritto di corsa. Non so se sia abbastanza buono per una pubblicazione. Forse puoi mettermi in contatto con Victor Pollitzer ... che ha buoni agganci nei giornali. Se riesci a piazzarlo, tieni pure i soldi".[59]

Nel 1937, poco prima di Natale, Otto ricevette posta da Shanghai per l'ultima volta. Era l'inoltro di una comunicazione inviata in prima battuta alla Ford Motor Company del Michigan, poi per qualche ragione finita a Hong Kong, e infine indirizzata nel nuovo posto di lavoro di Otto in Minnesota. Nel pacco c'era un'onorificenza dello Shanghai Volunteer Corps per il coraggio dimostrato.[60]

C'è una foto in cui Otto la tiene sollevata in alto. Poco tempo dopo la smarrì durante uno dei suoi tanti traslochi. Non gli serviva più come ricordo, perché nel frattempo aveva finalmente trovato un modo per elaborare gli eventi. Cominciò a imparare il giapponese, secondo la massima di Sun Tzu: "Se conosci il tuo nemico e te stesso non dovrai temere l'esito di cento battaglie".

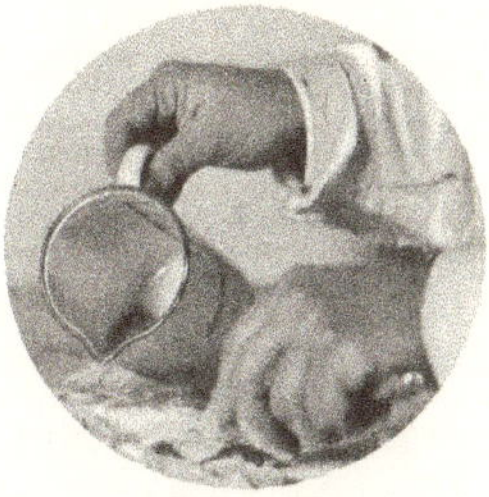

1937: Visita della giovane signora

Il problema di tutti i viennesi: a Vienna non si resiste più, ma altrove nemmeno.
HELMUT QUALTINGER

Dopo un solo mese in Inghilterra, a marzo del 1937, Alice tornò a Vienna. Nelle sue memorie non menziona ciò che era successo di preciso, non voleva essere compatita. Ma la sua situazione parlava da sé. A Vienna non aveva più una casa né una scuola di cucina e doveva ricominciare da capo. Karl nel frattempo era andato a vivere con un compagno di studi tedesco, Willy Schultes, in un piccolo appartamento sul Wiedner Gürtel, e Alice non voleva essere di peso né a lui né alle sorelle.[1] Inizialmente si trasferì dalla sua migliore amica, Paula Sieber. Le due donne si conoscevano dagli anni Venti ed erano pressoché coetanee. Paula aveva avuto esperienze matrimoniali disastrose quanto quelle di Alice. Poco dopo la nascita del figlio, il marito aveva cominciato a frequentare altre donne, e lei aveva reagito in modo più coerente di Alice, separandosi e crescendo il figlio da sola. Poiché era una grande appassionata di cinema, le venne l'idea di trasformare quella sua passione in un mestiere. Nel 1914 Paula aprì un cinema in Josefstädterstraße con la sorella Selma, il Palastkino.[2] Il nome prometteva qualcosa di sfarzoso, e l'arredamento interno, con le sontuose poltroncine di velluto rosso e le decorazioni dorate, in effetti, ricordava il foyer un po' kitsch di un teatro d'opera. Al Palastkino, come all'opera, c'era un'orchestra che accompagnava in modo molto suggestivo i film muti proiettati sullo schermo.[3] Paula amava i film drammatici, e anche la sua vita privata, a tratti, ebbe un andamento drammatico. All'inizio degli anni Venti si risposò con l'avvocato Hermann Sieber ed ebbe il secondo figlio, Peter.[4] Anche questo matrimonio, però, fu di breve durata: Hermann Sieber morì nel 1926 in un incidente d'auto, e Paula, come Alice, si ritrovò sola con due figli da crescere.

Le due amiche avevano dunque molto in comune: dovevano sfamare i propri figli e affermarsi come donne d'affari in tempi difficili per l'economia. Come Alice con il suo servizio di consegne a domicilio, anche Paula aveva fiuto per le nuove tendenze. Quindi tentava di assecondare con grande prontezza i desideri del suo pubblico, e quando nel 1929 a Vienna furono introdotti i film sonori, lei dotò al più presto la sua sala della tecnologia necessaria (i musicisti che lavoravano nei cinema non ne furono molto entusiasti e dimostrarono in tutta Vienna contro il proprio licenziamento).

Paula e Alice cercavano di aiutarsi a vicenda, soprattutto quando una delle due aveva maggiori problemi finanziari dell'altra. Nel 1937 la donna d'affari più fortunata era senza dubbio Paula, quindi Alice andò a vivere con lei e il figlio sedicenne Peter Sieber. I Sieber vivevano in Schreyvogelgasse 3, in un palazzo elegante in stile neorinascimentale viennese. Per Alice l'appartamento dei Sieber era attraente anche perché si trovava nelle vicinanze del suo caffè preferito, il Landtmann.

Poco dopo il ritorno di Alice a Vienna, lei e Karl cominciarono a ricevere sollecitazioni da Otto, dalla Cina. La sua compagna di studi Cordelia Dodson aveva in programma di andare a Vienna, e avrebbero dovuto trovarle al più presto la pensione migliore e più conveniente al tempo stesso. Otto desiderava con tutto il cuore che il primo viaggio a Vienna di Cordelia fosse un grande successo. Per questa ragione Karl avrebbe dovuto farle da guida turistica: "Ti prego di essere molto gentile. La sua famiglia con me è stata ... incredibilmente cortese e io ero spesso invitato a casa loro".[5]

Karl era infastidito dalle esortazioni del fratello. Otto sembrava non avere idea di quanto lui fosse cresciuto nel frattempo. Adesso era uno studente di medicina di diciannove anni, e non arrossiva più di fronte a una ragazza che gli piaceva. Certo, non conosceva molto bene la vita notturna viennese e non si azzardava ancora a ballare, ma le cose presto sarebbero cambiate. Il suo amico Willy gli avrebbe dato una mano. Si erano conosciuti l'ultimo anno di liceo. Esteriormente Willy era l'opposto di Karl: alto, un armadio d'uomo e un rubacuori. Non era ebreo ma odiava le croci uncinate. Karl sapeva che insieme avrebbero reso il soggiorno di Cordelia un'esperienza memorabile.

Quando Karl e Cordelia si conobbero, nell'aprile del 1937, non potevano sapere che la loro giovinezza sarebbe durata ancora un anno soltanto. Che quegli undici mesi – da aprile del 1937 a marzo del 1938 – fossero qualcosa di speciale, però, lo intuirono. Karl scrisse un diario al riguardo, e anche le lettere di Cordelia di questo periodo si sono conservate. Solo da qualche osservazione marginale ci si accorge di come l'ambiente circostante diventasse a poco a poco sempre più minaccioso. Al momento del loro primo incontro niente di tutto questo, però, era ancora percepibile. Cordelia scrisse a Karl:

> Arrivo il 9 aprile con il treno da Venezia ... Non farai certo fatica a riconoscermi. Probabilmente assomiglio proprio alla tipica turista americana. In sostanza: ho gli occhi e i capelli scuri, sono abbastanza alta e indosso un tailleur beige con un collo di pelliccia. Ho dovuto prenotare in terza classe perché in Italia ho speso troppi soldi.[6]

La descrizione era calzante, ma mentre Karl, quella sera d'aprile, aspettava al binario, fu sopraffatto all'improvviso da un pensiero inquietante:

> Che faccio se non è bella? ... Sarebbe tremendo dover andare in giro due settimane per Vienna con una ragazza scialba. Ma no, non è possibile. Mio fratello ha sempre avuto ottimi gusti in fatto di donne ... Poi, finalmente, arriva il treno

con il cartello Venezia-Trieste-Klagenfurt-Semmering-Vienna e scendono persone dai volti allegri ... Cammino lungo le carrozze e la cerco ... All'improvviso sento il mio nome, lei si affaccia al finestrino ... è al di là di ogni aspettativa ... Capelli folti, scuri, vivaci occhi neri, tratti del viso interessanti e splendide mani affusolate, persino lo smalto rosso le si addice, sebbene io in verità non ami le unghie laccate ... Le stringo la mano, cercando disperatamente di ricordare qualche parola in inglese ... Ha tantissimi bagagli con sé, devo chiamare un facchino.[7]

A Vienna i facchini erano un'istituzione. Nella sua guida turistica alternativa del 1927, Hirschfeld aveva descritto come ci si dovesse comportare con loro. Appena scesi dal treno bisognava guardarsi intorno in cerca degli uomini con i grembiuli bianchi e blu e chiamare con un tono di voce possibilmente alto ed energico: "Facchino!". Occorreva sapersi imporre, perché i facchini scarseggiavano sempre. La sfida successiva era capire il loro gergo: "Ce l'ha grosso?" non voleva dire quel che si potrebbe immaginare, ma semplicemente: "Ha un grosso bagaglio?". Infine bisognava prendere un taxi, che – secondo Hirschfeld – era più chic delle vecchie carrozze pubbliche. Davanti alla stazione si trovavano anche quelle, ma erano "votate all'estinzione e avanzavano sorprendenti pretese se le si distoglieva da questa occupazione".

Karl non poteva permettersi né una carrozza né un taxi e optò per il tram. Cordelia si mostrò entusiasta di tutto. Nel 2003 scrisse: "Durante quella prima breve visita rimasi affascinata, amai Vienna e i due giovani studenti, Karl e Willy, che mi mostrarono il suo volto più autentico".[8]

A dire il vero Karl e Willy volevano invitare l'ospite a cena da loro già la sera dopo, ma poiché non sapevano come le signore americane reagissero a proposte del genere (Willy, in questo ambito, aveva avuto brutte esperienze), e si vergognavano per il loro alloggio un po' fatiscente, non riuscivano a decidersi. Alla fine osarono e misero tutto in ordine. Cordelia accettò l'invito e per l'occasione Karl preparò il suo piatto speciale, il *Wiener Schnitzel*, e Willy decorò la tavola con bandiere austriache e americane. Cordelia portò con sé i propri dischi americani, di cui Karl scrisse: "Sono stupendi. È come se Fred Astaire e *Follie di Broadway 1936* si fossero trasferiti qui a casa nostra. Adesso abitiamo all'incrocio tra la 42ª e Broadway!".

C'era solo un problema: prima dell'inizio della pausa invernale Karl aveva ancora un esame da dare, che gli faceva paura. Nello stato corporativo austriaco, dalle università non ci si aspettava soltanto ricerca e insegnamento, dovevano anche contribuire all'educazione civica degli studenti. Tutti gli iscritti dovevano seguire lezioni di cultura generale e sostenere un esame sui "fondamenti teorici e storici dello stato austriaco". Karl non aveva ancora dato nemmeno un'occhiata alle centoventi pagine della dispensa, e all'esame orale mancavano ormai solo ventiquattr'ore. Pensò che nel frattempo Alice avrebbe potuto far compagnia a Cordelia: "Ma sono un po' preoccupato che possano non andare d'accordo. Cordelia è una ragazza americana proveniente da un altro mondo, e mia madre è la tipica viennese, con tutto il fascino e i difetti della sua generazione. In fondo, però, sono entrambe abituate a frequentare persone di altri paesi".[9]

Valeva la pena tentare. Portò entrambe le signore al caffè Sacher, e Alice esordì spiegando a Cordelia, per filo e per segno, che opinione avesse degli americani (non molto alta). Sessantasei anni dopo Cordelia scrisse di questo incontro:

> Durante il mio primo viaggio a Vienna ho conosciuto Alice Urbach e appreso della sua fama nel mondo della cucina. Mi ha detto in modo alquanto diretto che gli americani non erano il suo popolo preferito. Penso avesse fatto un'esperienza sgradevole con ... Ed Cerf, il borsista di Reed che era venuto al posto di Otto. A quanto pare Ed si era comportato come un ragazzino subdolo e viziato.[10]

La franchezza di Alice divertì Cordelia, che negli anni a venire sarebbe riuscita, in modo a dir poco spettacolare, a trasmetterle un'immagine migliore degli americani.

Alice, da tipica madre ebrea, si aspettava naturalmente che Karl passasse l'esame con successo. Accomiatandosi dal figlio al caffè Sacher, gli gridò: «Non sei mai stato bocciato a un esame in vita tua, Karl!». Quella frase, pronunciata di fronte a Cordelia, fu per lui motivo di grande imbarazzo, ma Alice aveva ragione. Karl passò l'esame perché aveva imparato a memoria un numero sufficiente di frasi sulla gloriosa storia dell'Austria. Da quel momento in poi poteva dedicarsi soltanto a Cordelia. Durante il giorno le mostrava tutte le attrazioni turistiche della città, e la sera se ne andavano per locali con Willy. Il loro punto di riferimento era il nuovo grattacielo viennese in Herrengasse. Al sedicesimo piano c'era una torre di vetro, in cui era stata aperta un'elegante sala da ballo.[11] Da solo Karl non ci sarebbe mai andato, ma con Cordelia e Willy sembrava una cosa normalissima. Per la prima volta bevve un cocktail e fu sorpreso di quanto potesse costare una bevanda così piccola. Ora, in ogni caso, qualunque investimento era giustificato.

> Cordelia indossa un vestito nero ... È così elegante, Otto ha davvero buon gusto. Sono felice che lei sia qui e lui a Shanghai ... Mentre Willy e Cordelia scendono a ballare, un uomo dal tavolo accanto mi rivolge la parola in inglese, chiedendomi se veniamo dall'Inghilterra. Ho esitato un istante e poi ho detto: «No, siamo americani». Mi vergogno un po' della bugia, ma è più semplice che dare una lunga spiegazione, e per un attimo è bello spacciarsi per americani. Vedo i volti dei miei vicini riempirsi di ammirazione. La sensazione positiva, però, non dura a lungo. Uno di loro era già stato a New York. Il suo inglese è peggiore del mio, ma comincia a pormi domande, e io gli dico che New York non la conosco. Mi alzo, vado alla balaustra e guardo di sotto, tra le teste dei ballerini. Cordelia e Willy alzano lo sguardo verso di me e io vorrei saper ballare.

A quel punto Karl era confuso sul perché dall'arrivo di Cordelia si sentisse così felice. Dal momento che lei aveva quattro anni di più, arrivò alla conclusione che non poteva esserne innamorato. Non ci si innamorava di donne più grandi. Eppure tutto di Cordelia gli sembrava eccitante, ed era orgoglioso di presentarla ai suoi amici. Uno di questi incontri lo descrisse con grande precisione:

> Un paio di amici tedeschi mi hanno invitato a cena con Cordelia. Alla fine, lei mi chiede:
> «Questi profughi tedeschi erano ebrei?».
> «Sì, perché?»
> «Solo così, per sapere.»
> All'improvviso mi domando se Cordelia sappia che sono ebreo.
> Fa male, ma la guardo e dico:
> «Lo sai che sono ebreo?».
> «No, Karl, non lo sapevo.»
> «Per te fa qualche differenza?»
> «Karl, ormai dovresti conoscermi. Mi sento quasi offesa.»
> «Grazie.»
> Mi guarda comprensiva, poi dice:
> «Pensi che i nazisti verranno in Austria?».
> «Forse.»
> «Che farai se succede?»
> «Non è poi così grave, per allora avrò finito gli studi, e dopo volevo comunque andarmene.»
> «Dove?»
> «Da mio fratello, naturalmente.»
> «Mi chiedo se saresti felice, in America, Karl.»
> «Perché?»
> «La vita è diversa lì, più piatta, non molto romantica.»
> «È proprio quello che voglio, credo che sarò molto felice, lì. Ma naturalmente è tutto solo un sogno. Non ho idea di dove finirò.»[12]

L'elemento sorprendente, in questo dialogo, è che Otto, a quanto pare, aveva taciuto all'amica americana un dettaglio importante sulla sua famiglia. Sebbene a Reed, per mesi, avesse discusso del fascismo con gli altri studenti e scritto saggi sul Fronte Patriottico, non aveva mai ammesso di essere coinvolto in prima persona in quanto ebreo. A parte il rettore Keezer e il governatore dell'Oregon, ebreo, sembrava che nessuno ne sapesse nulla. Karl, al contrario, era molto più aperto sulle sue origini. Con Cordelia, un fine settimana, andò persino nel luogo da cui provenivano i Mayer. In una splendida giornata di primavera discesero il corso del Danubio in barca, fino a Bratislava. Karl aveva completamente dimenticato che era un giorno festivo: "Appena passato il confine con la Cecoslovacchia, vedo che le case lungo la riva sono addobbate con le bandiere rosse del partito socialdemocratico. L'ultima volta che ho visto a Vienna bandiere simili risale a un paio d'anni fa, e trovarsi in un paese in cui ci sono più partiti politici e dei veri festeggiamenti per il primo maggio è una bella sensazione".[13]

Nello stato corporativo austriaco i festeggiamenti per il primo maggio erano stati aboliti nel 1933, e li si era sostituiti con parate filogovernative. Anche per questo Karl sognava di poter vivere altrove, un giorno. Per lui essere a Bratislava con Cordelia voleva dire sperimentare una vita diversa per un fine settimana. Karl conosceva bene la Cecoslovacchia, dove aveva spesso trascorso le vacanze estive dal cugino più grande, Poldi (Leopold), e i suoi figli, a Janowice.[14] Durante la Prima guerra mondiale Poldi era stato in un campo di prigionia russo, e da allora viveva nel costante assillo che i membri della sua famiglia non avessero abbastanza da mangiare. Spesso mandava del denaro a Karl, a Vienna, e lo spronava a imparare il ceco, a tutti i costi. Poldi era un patriota ceco, che si rifiutava di parlare tedesco, e Karl, che non voleva deluderlo, tentò in effetti di migliorare le sue conoscenze linguistiche. Per Bratislava il suo ceco era comunque più che sufficiente. Cordelia era molto colpita, e Karl sognava di poterla accompagnare nei suoi prossimi viaggi in Europa e tradurle tutto quel che voleva. Naturalmente non le disse neanche una parola al riguardo, e dal momento che le vacanze di Pasqua nel frattempo si erano concluse, tornarono a Vienna. Il giorno della partenza di lei lui le diede il suo regalo d'addio: un portasigarette con sedici Chesterfield e quattro Camel. Ci aveva messo un bel po' per procurarsele, a Vienna le sigarette americane erano merce rara. Anche Cordelia aveva un pensiero adatto a lui: uno dei suoi dischi americani. Gli promise che sarebbe tornata, ma Karl scrisse sconsolato: "Un giorno vorrei partire con questo treno diretto in America: è difficile continuare a dire addio alle persone e restare qui".[15]

Mentre Karl era convinto di non essersi innamorato, Alice era nuovamente alle prese con problemi molto più prosaici. Non poteva stare da Paula Sieber in eterno, e ad aprile del 1937 trovò una soluzione. Un medico ebreo dirigeva un sanatorio a Hietzing e cercava una brava cuoca-dietista per i suoi pazienti. Alice si trasferì nel bell'edificio al n. 111 di Speisinger Straße, dove avrebbe vissuto e lavorato quasi un anno, fin quando il proprietario non fuggì, nel 1938.[16] Era solo un lavoro part-time, ma la divertiva. Poteva mettere in pratica le sue idee sull'alimentazione sana e aveva in programma di riaprire la scuola di cucina e il servizio di consegne a domicilio. Nella "Neue Freie Presse" annunciò per l'autunno 1937: "I moderni corsi di cucina della signora Alice Urbach si tengono ora nel terzo distretto, in Unterеviaduktgasse 57. Inizio delle lezioni: 1 ottobre 1937. Menu direttamente a casa vostra, cucina di qualità".[17]

Alice sapeva che a partire dall'autunno avrebbe avuto urgente bisogno di questa seconda entrata per avere denaro sufficiente per lei e Karl. Non si concedeva mai un giorno di riposo, ma nell'estate del 1937 i suoi risparmi non bastarono nemmeno per finanziare un viaggio a Karl. Alice intuiva che il figlio, "per niente innamorato", avrebbe tanto desiderato andare a trovare Cordelia in Francia. Ma sperava anche che la vita di lui sarebbe migliorata non appena terminati gli studi. Per accelerare i tempi Karl decise che nell'estate del 1937 avrebbe assolto l'obbligo del campo estivo universitario. Durante l'austrofascismo, dal 1936, ogni studente di sesso maschile era tenuto a frequentare uno di quei campi per la "fortificazione del corpo e dello spirito". L'idea sottesa era di offrire un'alternativa ideologica ai nazionalsocialisti e di educare gli studenti a diventare "degli austriaci nuovi".[18] Karl si sentiva già sufficientemente austriaco, ma voleva sbarazzarsi al più presto dell'incombenza:

Tutti i miei amici dicono che è da pazzi farlo proprio l'estate prima dell'esame di anatomia. Ma a me sembra una buona idea staccare un po' dai libri e lasciarmi alle spalle un obbligo che devo comunque assolvere per legge ... e quando noi studenti arriviamo al campo di addestramento, io sono positivamente sorpreso. Siamo alloggiati in un antico monastero nei pressi di un lago[19] ... Un colonnello tiene una conferenza sulla disciplina ... L'addestramento è alquanto noioso, ripetiamo sempre le stesse cose ... Le esercitazioni con le maschere antigas sono sgradevoli, si suda a ogni movimento e all'inizio si è convinti di soffocare, ma poi ci si abitua. Una mattina siedo per la prima volta dietro una mitragliatrice pesante, sono nervoso e dal momento che intorno a me c'è moltissimo rumore dimentico di prendere bene la mira. Pensiamo tutti quanti che a noi, comunque, non servono cose del genere, ci sembra un gioco o una specie di sport.[20]

Karl trasse il massimo vantaggio dal soggiorno al campo. Amava il lago e le montagne e andava a nuotare e vogare con i suoi compagni. Uno di loro aveva portato con sé una fisarmonica e la sera, quando non avevano turni di guardia, cantavano tutti insieme. Fu un idillio estivo fin quando una notte il responsabile dell'addestramento entrò nel dormitorio e gridò:

«Tra dieci minuti tutti in uniforme nella piazza d'armi!»[21] Non abbiamo idea di che cosa sia successo. Infilo la divisa del campo sul pigiama e spero di poter tornare presto a letto. Restiamo in attesa [sulla piazza d'armi], chiedendoci che cosa possa essere successo. All'improvviso arriva il sottotenente e tiene un breve discorso con un tono di voce molto serio: «Ho rispedito a casa un vostro compagno. Mi è stato riferito che oggi ha accolto un motociclista con il saluto hitleriano. Vi ho messo in guardia nel mio primo discorso: qui non tolleriamo che si faccia politica, in alcun modo. Segnalerò il caso ai miei superiori. Potete tornare a letto. Buonanotte». È una bomba. Sapevamo tutti che tra noi c'erano dei nazisti, ma non ci abbiamo pensato più di tanto. Adesso non sto più tanto bene qui.

L'unica cosa che riuscì a rallegrare nuovamente Karl fu, infine, ricevere notizie da Cordelia:

> L'ultima settimana ricevo una lettera di Cordelia. È una busta azzurra, e i ragazzi al mio tavolo fanno qualche battuta idiota. Mi arrabbio e divento rosso. Appena finito di mangiare me ne vado a leggermi la lettera in pace. Parla di Parigi, dei negozi costosi, i caffè, e delle ragazze americane che ha incontrato. Di colpo mi rendo conto che non vedo donne ben vestite da parecchio tempo e mi sento come uno che al Polo Nord riceva una lettera dal mondo civilizzato.

Cordelia non descriveva solo le donne eleganti. Era soprattutto interessata all'Esposizione universale. Alcuni padiglioni erano ancora in fase di allestimento, ma quello dell'Unione Sovietica e del Reich tedesco erano già pronti:

> Sono giganteschi, ed è buffo che si trovino proprio uno davanti all'altro. Ma in sé non hanno niente di buffo, anzi, sembrano molto minacciosi. Sull'edificio russo ci sono due statue enormi, un uomo e una donna, che marciano stringendo tra le mani falce e martello ... e queste due figure sono esattamente di fronte alla gigantesca aquila del Terzo Reich, che spicca in cima al padiglione tedesco.[22]

Gli ideatori di entrambi i padiglioni furono in seguito premiati con medaglie d'oro: Boris Iofan per quello sovietico e Albert Speer per il marziale progetto tedesco. Karl non era certo di voler vedere quegli edifici, ma inviò in risposta a Cordelia una sua foto con la maschera antigas, che lei commentò con un: "Ti sta benissimo".[23]

Nell'autunno del 1937 ricominciò il semestre, e Karl di tanto in tanto aiutava Alice con le consegne a domicilio. Era tutto molto banale e monotono. Ma infine arrivò da Portland una lettera di Otto piuttosto interessante:

> Non so se sei già al corrente che tutti i ragazzi Dodson quest'inverno saranno a Vienna. La sorella di Cordelia vuole venire a studiare musica. E anche Cordelia e il fratello Daniel seguiranno qualche corso durante l'inverno. So che ne sarai felice, perché stravedi quanto me per gli americani. Chiedi

per favore a mamma quanto costano delle lezioni di canto di prima categoria, e informati sulle rette della Singakademie del Konzerthaus. Manda queste informazioni direttamente a: Mr W.B. Dodson, Portland, Chamber of Commerce, Portland, Oregon AIRMAIL. Accludo un dollaro per l'incombenza ... Ti sarei davvero molto grato se potessi occuparti dei Dodson quando saranno a Vienna. Intendo dal punto di vista della compagnia. Da tempo non ricevo più notizie da mamma, nonostante le abbia mandato ... due o tre lettere e un telegramma. Che succede? Penso che mamma un paio di righe potrebbe scrivermele, anche se ha molto da fare. Neanche le zie si sono fatte vive, e ho quasi l'impressione che mi boicottino. Il fatto di non ricevere mai risposta mi rende furioso e mi toglie la voglia di scrivere.[24]

Otto non aveva idea dell'effetto che la notizia avrebbe avuto su Karl. Cordelia e i suoi fratelli sarebbero stati a Vienna per tutto l'inverno. Il 1938 sarebbe stato fantastico.

Sessantasei anni dopo, Cordelia scrisse riguardo a quel periodo: "L'inverno 1937-38 ha segnato la fine del nostro romantico sogno studentesco. 'Rosso-Bianco-Rosso fino alla morte' cantavamo con gli altri gruppi studenteschi". Quel che accadde poco dopo le aprì gli occhi sulla realtà: "Una realtà tutt'altro che bella, ma così era".[25]

La caccia è aperta

> Abbiamo scritto libri
> E curato esseri umani
> Siamo rimasti fedeli alle bandiere
> Eppure ci hanno cacciati
> Derubati, torturati, derisi.
>
> ERNST LOTHAR, dicembre 1938

New York, 1962. Il modulo dell'Österreichischer Hilfsfonds (Fondo austriaco per l'assistenza) giaceva sul tavolo da pranzo nel nuovo appartamento newyorkese di Alice. Era già lì da qualche giorno, ancora in bianco, pieno di rimprovero. Più Alice lo trascurava, più il rimprovero ingigantiva. Naturalmente l'aveva letto, più volte. Si era resa conto di non saper rispondere a due domande molto semplici, e non capiva perché. Come aveva potuto dimenticare fatti così importanti? Non era da lei. Aveva sempre avuto una memoria fenomenale. Era in grado di recitare pagine e pagine di versi, ricordava tutti i numeri di telefono. Ma adesso le mancava un tassello decisivo. Sei mesi, per la precisione. Non appena ripensava al periodo tra marzo e ottobre del 1938, nella sua testa si levava una specie di nebbia. Sei mesi, l'intera estate del 1938, sembravano essersi cancellati. Alice intuiva il motivo di quella lacuna, ovvio, ma non riusciva ad ammetterlo con se stessa.

Infilò un foglio di carta nella macchina da scrivere e rilesse le domande per l'ennesima volta:

Domanda n. 7: indirizzo esatto il 13.3.1938.

Dove abitava poco dopo l'invasione tedesca? In Speisinger Straße 111 o di nuovo da Paula Sieber? Alice batté semplicemente a macchina gli indirizzi del suo passato. L'appartamento di Paula: I distretto, Schreyvogelgasse 3. Poi aggiunse un punto interrogativo.

Poi fu la volta della domanda n. 8, ancora più difficile: ultimo recapito in Austria prima dell'emigrazione o della deportazione.

Di nuovo nebbia fitta. A tratti aveva vissuto in una pensione, ma a ottobre del 1938 si era di nuovo nascosta da Paula? Non se lo ricordava più. Sulle prime scrisse: "*idem*", poi però lo cancellò e scarabocchiò a mano l'indirizzo della sorella Helene: "ultimi giorni: I distretto, Ebendorferstr. 10", e aggiunse un altro punto interrogativo.[1]

Le riusciva difficile scrivere l'ultimo recapito di Helene. Era la più intelligente tra le sorelle, una giurista che credeva nel diritto e nella legge, e si rifiutava di capire cosa significasse vivere in un posto al di fuori del diritto.

Alice non poteva immaginarlo, ma il suo tormento con il questionario era del tutto inutile. La città di Vienna sapeva molto bene dove aveva vissuto. Ogni trasferimento era stato registrato; ancora oggi, all'anagrafe, in cambio di una piccola somma, è possibile prendere visione di tutti i recapiti di Alice. Gli ultimi cinque giorni prima della fuga li aveva effettivamente passati da Helene. Il documento riporta lapidario:

"24 ottobre 1938 - 28 ottobre 1938: I distretto, Ebendorferstrasse 10/12

Cambio di residenza: Inghilterra".[2]

Se la memoria di Alice vacillava su questo punto, c'erano naturalmente dei buoni motivi. Era un'amnesia che la teneva in vita. Quel che successe allora è già stato raccontato molte volte, ma Alice non è mai riuscita a esprimerlo a parole. Non si confaceva alla sua decisione di non essere una vittima. Nelle sue memorie si legge soltanto: "Dovrei scrivere di più sui mesi trascorsi a Vienna nell'epoca di Hitler, ma non posso. Sono ricordi tremendi. Camminare per strada e non sapere se ti avrebbero arrestato senza alcun motivo ... E io me ne sono andata abbastanza presto, chi è rimasto ha dovuto patire molto di più, è stato deportato, torturato e ucciso".[3]

A marzo del 1938 l'Austria fu "annessa" al Reich tedesco, ma la fine dell'Austria sovrana era incominciata già qualche settimana prima. Il 12 febbraio 1938 il cancelliere federale Kurt Schuschnigg firmò l'accordo di Berchtesgaden e accolse il nazionalsocialista Arthur Seyß-Inquart nel suo governo, come ministro dell'Interno. Era solo l'inizio di una lunga dichiarazione di fallimento. Otto osservava gli sviluppi dall'America e scrisse a Karl già il 10 febbraio:

> Sono molto inquieto per via degli ultimi sviluppi politici in Austria. Spero che i giornali americani abbiano esagerato e che le cose non stiano come dicono. In ogni caso preparati a terminare gli studi altrove. Puoi contare sul fatto che farò tutto il possibile per aiutarti. Le prime ipotesi da prendere in considerazione sarebbero Praga o la Svizzera. Materialmente non sarei certo in grado di far fronte a tutte le spese, ma se così dev'essere, mi impegnerò più che posso.[4]

Otto credeva anche che ormai fosse solo questione di tempo, e in Austria sarebbe andato al potere un regime filonazista. Sapeva cosa avrebbe significato tutto questo per la sua famiglia. Ma intuiva anche quanto sarebbe stato difficile portare Alice e Karl negli Stati Uniti. Il governo americano aveva ridotto le quote di accesso, e ormai soltanto immigrati molto abbienti potevano aggirare l'ostacolo.

Mentre Otto cominciava a fare programmi, Karl sembrava non aver ancora compreso la gravità della situazione. A dicembre del 1937 lui e Willy avevano dato una festa di benvenuto per i Dodson, e da allora si sentiva perennemente allegro e pieno di brio. Elizabeth (Lisbeth) Dodson era ancora più bella della sorella Cordelia e aveva solo un anno in più di Karl. Questa differenza d'età appariva agli occhi di lui perfettamente sostenibile, e aveva dunque deciso che Cordelia sarebbe rimasta la sua amica del cuore e

Cordelia e Lisbeth, 1939 circa.

Lisbeth la sua nuova passione. Anche Daniel Dodson, ventenne, portò delle novità nella vita di Karl. Era anche lui un bel ragazzo e – nonostante l'avesse raggiunto la fidanzata americana, Lucia – prendeva "lezioni di tedesco" con particolare assiduità da diverse giovani viennesi. Karl dava manforte a Daniel in quest'impresa azzardata, forse anche perché trovava che Lucia non fosse particolarmente intelligente. Non faceva altro che ripetere quanto in Austria fosse tutto "fantastico, meraviglioso, strabiliante".[5]

I flirt viennesi erano divertenti, ma Otto cominciò a preoccuparsi. Scrisse a Karl: "Per favore, non buttarti via, e non innamorarti di una delle americane a meno che tu possa sposarla. Altrimenti saranno guai, quando se ne andranno...".[6] Otto aveva ormai vissuto negli Stati Uniti abbastanza a lungo da sapere quel che le americane si aspettavano da una relazione. A parte potenziali malintesi, però, era diventato della massima importanza che Karl non perdesse tempo in faccende private e sostenesse il suo esame di laurea il più presto possibile. A febbraio del 1938 la situazione politica era diventata troppo minacciosa per dedicarsi alle tresche amorose.

Il 24 febbraio 1938 il cancelliere federale Schuschnigg tenne un discorso che era un misto di coraggio, disperazione e false speranze. Le frasi finali furono: «Fin qui e non oltre! [...] Fino alla morte! Rosso-Bianco-Rosso! Austria!».[7]

Stando ai ricordi di Cordelia, nei giorni successivi, queste ultime parole divennero uno slogan. I Dodson giravano per Vienna con Karl e altri che la pensavano allo stesso modo, scandendo: «Fino alla morte! Rosso-Bianco-Rosso!».[8] Alice non avrà cantato, ma anche lei, ora, per la prima volta, stava dalla parte del cancelliere. Sperava con tutto il cuore che desse a Hitler una bella dimostrazione di forza.

La morte del rosso-bianco-rosso, però, giunse prima del previsto. Il 9 marzo, Schuschnigg annunciò a sorpresa un referendum sulla sovranità dell'Austria per il 13 marzo. Il 10 marzo, tuttavia, Hitler e Hermann Göring ne imposero l'annullamento. Al tempo stesso accelerarono i loro piani di annessione. Chiunque a Vienna intuiva che la situazione si era pericolosamente aggravata. Ciò nonostante, venerdì 11 marzo, i Dodson andarono all'Opera a vedere l'*Evgenij Onegin* di Čajkovskij, come previsto. Karl e Willy rimasero a casa, accanto alla radio, e alle 19.47 sentirono il discorso in cui Schuschnigg annunciava le sue dimissioni. Durò solo tre minuti. Quando la morte si era presentata alla porta, il cancelliere federale aveva deciso di farla entrare. Avrebbe ceduto alla violenza nazionalsocialista e passato il potere a Seyß-Inquart. Il suo intervento terminò con le parole: «In quest'ora prendo dunque commiato dal popolo austriaco con una parola tedesca e un desiderio nel cuore: Dio protegga l'Austria!».[9]

Karl aveva vent'anni ma quella notte si sentì un centenario. Eppure si avviò all'Opera per andare a prendere i Dodson. Per le strade i nazisti austriaci scandivano già a gran voce: «Un popolo, un Reich, un Führer! Sieg Heil, Sieg Heil, Sieg Heil», inneggiando alla vittoria. Il giorno dopo i loro desideri furono esauditi. Il 12 marzo 1938 l'esercito tedesco marciò sull'Austria, e Heinrich Himmler arrivò a Vienna in aereo per cominciare le sue "operazioni di bonifica" dagli avversari politici e dagli ebrei. Cordelia in quei giorni aveva probabilmente cercato di catturare l'atmosfera che regnava a Vienna in una serie di foto. Un paio di settimane dopo scrisse a Karl in un tedesco un po' stentato: "Alla fine mi ricordo che l'inglese (Rofe) la notte del colpo di stato è andato avanti e indietro con la mia macchina fotografica e ha scattato dappertutto. Quel cretino ha detto di essere un esperto, e poi si è portato via la mia macchina. Solo a pensarci, mi viene una rabbia ...".[10]

Nessuna delle foto si è conservata, e nessuno in seguito ricordava più chi fosse di preciso quel Rofe, l'inglese, ma esistono sufficienti immagini e filmini che testimoniano che cosa accadde nei giorni successivi. Lunedì 14 marzo Hitler entrò a Vienna al suono delle campane. Una viennese euforica descrisse la giornata in questi termini:

> Il giubilo non si riesce davvero a immaginare, se non lo si è visto di persona! Quando la colonna di motociclette, carri armati e auto si bloccava, le ragazze si precipitavano sui soldati tra le grida festose di migliaia di persone e li coprivano di baci! Poiché non riuscivamo a trovare posto neanche sul tettuccio di un'automobile, ci riversammo in Mariahilfer Straße, dove si stava immettendo quel corteo infinito [...] riuscimmo a sistemarci sulla strada, proprio in prima fila. Il varco lasciato libero dalla folla era così stretto che gli automezzi militari riuscivano a passare solo con manovre virtuosistiche. E noi eravamo lì, tutte e sei, a strillare come matte, e sventolavamo le nostre bandierine e stringevamo le mani ai soldati e gli rivolgevamo delle domande.[11]

Nel frattempo, nelle vie laterali accadevano cose che avevano ben poco a che fare con il giubilo.

Fino a marzo del 1938 Alice e Karl, nelle loro lettere, non menzionano mai la parola "antisemitismo". Questo, naturalmente, non significa che non lo sperimentassero. Era solo qualcosa a cui si era fatta l'abitudine, un fischio in sottofondo, come un tinnito.

A volte il fruscio era più doloroso, a volte più lieve. L'antisemita viennese per eccellenza, Karl Lueger, era passato a miglior vita nel 1910, ma le sue idee gli sopravvissero. Il padre di Alice, Sigmund, poté risparmiarsi di vedere come, negli anni Venti, i seguaci di Lueger si trasformassero in nazisti. Mayer aveva sempre considerato il suo ex compagno di partito un opportunista, mai un vero antisemita. Dei nazisti non avrebbe potuto dire lo stesso. Loro odiavano con assoluta convinzione: gli ebrei venuti nella capitale dall'Est, per la loro povertà, e gli ebrei viennesi ormai arrivati, per il loro benessere. Era un confuso miscuglio di disgusto e invidia sociale. La miseria del Dopoguerra aveva reso gli ebrei, ricchi e poveri, ancora più visibili. I cognomi degli avvocati e dei medici viennesi suonavano di colpo sospettosamente ebrei, e tutti i venditori ambulanti con i cernecchi sembravano perseguire oscuri traffici. Alice non apparteneva più da tempo agli ebrei ricchi, ma nemmeno a quelli dell'Est.

Si trovava in qualche modo a metà della scala sociale. Se le avessero chiesto chi o che cos'era, dopo qualche perplessità avrebbe risposto: una viennese. Suo padre le aveva raccomandato di conservare la fede e di assimilarsi. I figli di Alice erano circoncisi, e nei giorni festivi si andava occasionalmente alla sinagoga. E per lei con questo la faccenda era risolta. Non aveva tempo per un'analisi più approfondita della sua identità ebraica, doveva lavorare.

Naturalmente sapeva molto bene quel che accadeva intorno a lei. Da appassionata di cinema, nel 1924 aveva visto il film muto *Die Stadt ohne Juden* (La città senza ebrei), in cui Hans Moser interpreta un pazzo antisemita.[12] Le prime scene in particolare le erano riuscite familiari. Il film si basa sull'omonimo romanzo del giornalista ebreo Hugo Bettauer e affronta il tema decisivo per il padre di Alice, ovvero se gli ebrei appartengano a Vienna. Nel film un cancelliere federale di nome Schwerdtfeger caccia tutti gli ebrei da Vienna, e poco dopo la vita culturale e commerciale della città subisce un tracollo. I caffè regrediscono a birrerie, nei teatri vanno in scena soltanto farse campagnole, tutti indossano Loden e nessuno dà più buone mance. Il film si conclude tuttavia in modo conciliante. L'antisemita ritratto da Hans Moser finisce in manicomio, e gli ebrei vengono richiamati a Vienna. Nella realtà si è atteso invano questo appello a tornare, e anche all'autore del libro, Hugo Bettauer, non è stata riservata molta pietà. Nel 1925 fu assassinato da un nazionalsocialista.

Gli eventi del 12 marzo 1938 trascesero tutte le esperienze che gli ebrei viennesi avessero mai fatto fino ad allora. Il regista austriaco Ernst Haeussermann giunse alla conclusione che: "La differenza tra la Germania e l'Austria sulla questione dell'antisemitismo è che i tedeschi sono diventati antisemiti perché erano nazionalsocialisti, mentre gli austriaci sono diventati nazionalsocialisti perché erano antisemiti".[13]

Era senz'altro vero, ma c'era anche un'altra ragione, più specifica, per la violenza delle orge d'odio che si scatenarono allora: nel periodo in cui erano stati messi al bando, i nazionalsocialisti austriaci avevano dovuto scontare detenzioni e rimuovere i loro stessi slogan in "Putzscharen", squadre di pulizia. Queste "umiliazioni" li avevano incattiviti ancora di più. Ora volevano pareggiare i conti con i loro vecchi "avversari", una volta per tutte. Allo scopo sfruttarono tutti i metodi che erano già stati accuratamente testati in Germania, che integrarono con qualche dettaglio sadico. Innumerevoli fotografie mostrano uomini con indosso cappello e cappotto costretti a inginocchiarsi a terra e a pulire il marciapiede tra gli schiamazzi di nazisti e curiosi. Queste cosiddette "Reibpartien", sessioni di strofinamento, erano la vendetta per le *Putzscharen* nello stato corporativo. Divennero un nuovo sport popolare. La spiegazione più efficace in assoluto è quella offerta nel testo teatrale *Der Herr Karl* (Il signor Karl), del 1961.[14] Il signor Karl, personaggio fittizio che incarna il viennese medio, si bea ripensando all'Anschluss:

> Me lo ricordo ancora, eravamo tutti là, sul Ring, in Heldenplatz. Era come all'osteria, un'osteria gigantesca, ma festosa, un vortice ... I poliziotti, le fasce con la croce uncinata al braccio, molto eleganti ... Si percepiva una certa grandezza ... In municipio c'era un ebreo, Tennenbaum. Uno come si deve, peraltro. Sul marciapiede avevano scritto qualcosa contro i nazisti ... e Tennenbaum doveva ripulirlo. Non da solo, insieme agli altri ebrei e ..., ce l'ho portato lì io, perché pulisse. Il custode si è messo a ridere, quando c'era da tormentare qualcuno non si tirava mai indietro ... Dopo la guerra è tornato, Tennenbaum. L'ho incontrato per strada e gli ho detto: «Onorato, signor Tennenbaum», e lui non mi ha degnato di uno sguardo. Se l'è presa ... ho pensato. D'altronde, qualcuno doveva pur ripulire quella roba. Anche il custode non era un nazista ... Tutto quello che dicono oggi, è falso. Era una ... stupenda, bella ... non vorrei cancellarne il ricordo. Io non ci ho guadagnato niente. Altri, caro mio, si sono rimessi a posto i conti. C'è chi ci ha costruito su la propria vita: negozi arianizzati, case, fabbriche, cinema. Io ho solo consegnato un ebreo, ero una vittima. Gli altri si sono arricchiti. Io ero un idealista.[15]

Otto conosceva l'antisemitismo viennese (e persone come Herr Karl) a sufficienza, ma lontano com'era, in America, poteva comunque solo intuire ciò che stava accadendo a Vienna. Quando le portava alla posta, le sue lettere ad Alice e Karl erano già superate:

13 marzo 1938

Caro Karli,

sono molto preoccupato per la situazione in Austria e spero non ci siano disordini. Personalmente non mi importa di quel che succede in Austria, ma per voi è dura. Per favore, fai ciò che ti ho scritto nella mia ultima lettera [trova un posto all'università di Praga per continuare gli studi]. Se tu o io avessimo dei soldi, ... saresti qui in poche settimane, ma dobbiamo guardare in faccia la realtà. Con due o tremila dollari tu potresti venire qui, ma dove li prendiamo? Io in ogni caso farò tutto ciò che è umanamente possibile ... Se fossi qui, potrei sistemarti in qualche college, ma anche per questo ci vuole tempo, occorre organizzarsi. Ti prego di stare attento e mandami giornali in modo che sappia che cosa succede. Nel frattempo, su col morale![16]

Quello stesso giorno Alice deve aver scritto una lettera angosciata a Otto. Gli comunicava non solo di aver perso il posto al sanatorio di Hietzing, ma anche il suo cagnolino, Fido. Otto le rispose con un tono particolarmente distaccato:

28 marzo 1938

Cara mamma,

ho ricevuto la tua lettera del 13 [marzo] con molto ritardo... Mi dispiace che il piccolo Fido se ne sia andato. Era un cane simpatico, e non ho dubbi che per te sarà difficile abituarti a vivere senza di lui. È molto triste anche che tu abbia perso il posto, ma non ci si può fare niente. Sono ansioso di sapere se Karli andrà a Praga. Sono più che disposto ad aiutarlo economicamente, per quanto posso. Se hai urgente bisogno di denaro, posso mandare qualcosa anche a te. A dire il vero sono un po' al verde, ma se serve posso racimolare qualcosa ... Per il resto posso solo sperare che a voi tutti, a Vienna, non capiti niente di spiacevole.

Con affetto, Otto[17]

La nonchalance di questa lettera era inusuale perfino per Otto. Ma se si era espresso in modo ancor più sbrigativo del solito, c'era un motivo. Sapeva che tutte le lettere indirizzate all'estero venivano aperte, e non voleva in alcun modo spiegare quel che pensava veramente delle "spiacevolezze" che sarebbero potute capitare ad Alice e Karl. Poiché i due sembravano non capire quanto fosse pericoloso esprimersi apertamente nelle lettere, il 10 aprile fu più esplicito e scrisse a margine: "LETTERS ARE READ! USE DISCRETION IN ANSWERING".[18]

Friedrich Torberg raccontava che gli emigranti cominciarono a inventare un linguaggio segreto. Una parola terrorizzante come "Gestapo" divenne "Herr Lehrer" (signor maestro), il campo di concentramento, KZ, "Konzerthaus" (sala da concerto). Ne derivavano quindi frasi assai bizzarre, come: "Il povero zio è alla sala da concerto da ben due settimane", oppure: "Ieri siamo stati convocati dal signor maestro all'Hotel Metropol". (Il significato era molto chiaro: nel 1938 la Gestapo aveva fatto dell'Hotel Metropol il suo quartier generale viennese).[19] Torberg tentò di condensare la disperazione di quel momento in una battuta, e raccontò la storiella di due amici viennesi che nel 1938 volevano intrattenere una corrispondenza: uno era già riparato all'estero, mentre l'altro era ancora bloccato a Vienna e fingeva di essere un nazista convinto: "Qui sono tempi fantastici. In centro sono appena stati arianizzati un altro paio di negozi ebrei. I proprietari li abbiamo accompagnati al Prater per fargli fare un po' di ginnastica. È stato un bello spettacolo, ma è ancora troppo poco per queste sanguisughe. Spero di poterti dare presto altre buone notizie. Heil Hitler! Il tuo Sami Grünzweig".[20]

La realtà non era poi tanto diversa dalla satira, come dimostreranno i problemi di comunicazione di Felix, il fratello di Alice.[21]

A marzo del 1938 Alice non era afflitta soltanto per la perdita del cane e del lavoro. Ciò che la addolorò in modo particolare fu l'espulsione di Karl dall'università. La speranza che riuscisse a concludere gli studi prima dell'arrivo dei nazisti era definitivamente perduta. Lo stesso Karl era così furioso e disperato che desiderava soltanto lasciare la città. Sessantacinque anni dopo Cordelia scrisse: "Karl ci salvò un'altra volta. Organizzò le cose in modo che andassimo a Lech am Arlberg, dove vivemmo presso la famiglia Wolf. Credo che non comprendessimo affatto che luogo meraviglioso fosse Lech e che soluzione perfetta rappresentasse per noi".[22]

La malasorte, però, sembrò perseguitarli anche a Lech. I Dodson e Karl erano amanti dello sci e ignorarono gli avvertimenti degli abitanti del villaggio. Un paio di giorni dopo il loro arrivo, Karl, l'insopportabile fidanzata di Daniel, Lucia, e Lisbeth Dodson si imbatterono in una valanga. Cordelia in quel momento era ai lati della pista: "Ricordo che [i tre] sono scomparsi e ho visto soltanto sporgere la punta di uno sci e poi un braccio e una racchetta".[23]

Essere travolto dalla neve con Lucia, sciocca e logorroica, non dev'essere stata una gioia per Karl. Ma in quel frangente persino Lucia ammutolì per risparmiare ossigeno. Riprese a parlare soltanto quando la liberarono. In confronto alla valanga politica che si era riversata sul paese, la massa di neve di Lech era una sciocchezza. Karl, però, sapeva di non potersi nascondere all'infinito in montagna con i Dodson. Doveva tornare a Vienna e accelerare le pratiche per l'espatrio suo e di Alice. Sulle prime i Dodson non volevano tornare: ne avevano abbastanza delle orde di nazisti urlanti a Vienna, e preferirono proseguire per St Georgen im Attergau. Di lì, nell'aprile del 1938, Cordelia scrisse a Karl: "Mi dispiace moltissimo e sono così arrabbiata per tutte le difficoltà che stai attraversando. Non ti riesce proprio di venire qui? È tutto così tranquillo e meraviglioso che quasi ci si dimentica delle cose".[24]

Le risposte di Karl non si sono conservate perché Cordelia le distrusse per ragioni di sicurezza. Come Otto, lo esortò a scegliere le parole con molta cautela: "Karli, sarebbe meglio non scrivere così tanto contro il nostro 'amico'. Non credo che da qui [St Georgen] a Vienna le lettere vengano aperte, ma per la tua sicurezza, cerca per favore di stare un po' più attento".[25]

"Emigrare" è un verbo attivo. Implica un certo dinamismo, si intraprende qualcosa, si emigra appunto. Ma nel 1938 nessuno emigrava di sua iniziativa, ti facevano emigrare. Il compositore Georg Kreisler insisteva nel descrivere l'emigrazione come un atto che gli era stato imposto: nel 1938 lo avevano "fatto diventare un profugo".[26] Nessuno si infliggerebbe spontaneamente una cosa simile. Eppure ci si è spesso chiesti perché "gli ebrei" non se ne siano andati prima. In proposito si potrebbe citare il drammaturgo Johann Nestroy – "A posteriori sono tutti grandi profeti" – o ribattere con la domanda: "Dove diavolo sarebbero potuti andare, se nessuno li voleva?". E se anche avessero trovato un paese disposto ad accoglierli, c'era un ulteriore problema: come pagarsi la fuga? Gli emigranti venivano sistematicamente depredati con oneri e imposte di recente invenzione. Ora esistevano una "tassa sul capitale ebraico", una "tassa di espatrio dal Reich", una "tassa della Golddiskontbank/Dego" per l'esportazione di capitali, e una "tassa obbligatoria da versare alla comunità ebraica".

Ciò nonostante non si lasciava nulla d'intentato. In Austria la caccia ai timbri cominciò subito dopo l'annessione. Ora niente contava di più che accaparrarsi il timbro giusto sul documento giusto. Per l'America serviva un affidavit, bisognava cioè trovare un cittadino americano che si impegnasse a sostenere finanziariamente l'emigrante di fronte alle autorità statunitensi. Otto sottoscrisse negli anni a venire diversi affidavit per vari membri della famiglia, ma dal momento che non guadagnava molto e continuava a non avere la cittadinanza americana, quelle dichiarazioni non avevano molto peso. Bisognava poter esibire qualcosa di più di un affidavit di Otto Urbach.

Ogni potenziale emigrante cercava disperatamente parenti o amici all'estero. Si rovistava nella memoria riesumando gli incontri più fugaci. Chi si conosceva a New York o in Texas? Alla cugina di Alice, Lily Bader, per disperazione, tornarono in mente due signore americane che aveva conosciuto durante una vacanza in Norvegia. Avevano conversato sì e no tre volte, ma scrisse comunque loro una lettera. Con sua sorpresa, Lily ricevette infine un affidavit dalle due donne, avvicinandosi così di un passo all'espatrio. Chi non aveva conoscenti all'estero, doveva ingegnarsi. Un profugo particolarmente creativo si procurò un elenco telefonico americano e scrisse a tutti coloro che avevano il suo stesso cognome. Sebbene nessuno di loro fosse suo parente, ne trovò uno disposto a fargli da garante. Anche dopo aver radunato tutti i documenti, però, bisognava fare i conti con l'arbitrio dei funzionari. La figlia di Lily Bader, Dorit, che allora aveva tredici anni, raccontò l'impatto che ebbe sulla sua vita la caccia ai danni dei genitori:

> Il giorno in cui i nazisti entrarono in Austria il mondo sprofondò nelle tenebre ... Gli adulti della mia vita si fecero di colpo terrei, parlavano con un filo di voce ed erano indaffarati in questioni che noi non capivamo.[27] ... Un giorno noi bambini abbiamo dovuto accompagnare i nostri genitori in un ufficio. Ricordo ancora un edificio scuro con l'intonaco scrostato. Una scala a chiocciola collegava più piani. Su ogni gradino c'era una famiglia. I componenti salivano sul gradino successivo non appena un postulante lasciava l'ufficio. Quelli che scendevano sembravano felicissimi e sollevati o angosciati a morte. Restammo in quell'edificio per ore, salendo un gradino dopo l'altro. Nessuno parlava. Un silenzio gelido, impaurito, si era depositato sulla scala ... Quando finalmente arrivammo allo sportello, vidi il terrore sui volti dei miei genitori. Poiché erano persone forti, che in genere non mostravano le loro preoccupazioni ai bambini, non li avevo mai visti così. Questo mi mise paura.[28]

La stessa Alice, già a febbraio del 1937, aveva sperimentato quanto fosse difficile ottenere un permesso di lavoro per l'Inghilterra. Ora tutto sembrava ripetersi, ma lei non poteva reggere a un altro insuccesso. Viveva di nuovo con Paula e Peter Sieber, in Schreyvogelgasse, ma l'arianizzazione dell'appartamento di Paula incombeva minacciosa su di loro. Poiché la casa si trovava in una zona elegante come il I distretto, bisognava mettere in conto che un "benemerito" nazionalsocialista la desiderasse (tra il marzo 1938 e il maggio 1939 a Vienna furono arianizzati circa 44.000 appartamenti). Allo stesso tempo Alice era preoccupata per la situazione delle sorelle. Il marito di Sidonie, Julius Rosenberg, era gravemente malato e gli ebrei non venivano più curati dai medici "ariani". Sebbene Sidonie facesse di tutto per tenere in vita Julius, il marito morì cinque mesi dopo l'Anschluss, il 10 agosto 1938.[29] Sidonie e Karoline adesso erano entrambe vedove e non avevano più legami con Vienna, volevano emigrare. Ma avendo più di settant'anni, sembrava quasi impossibile trovare un paese che le accogliesse. Tra i fratelli Mayer gli unici ancora abili al lavoro erano Alice, il fratello Felix e la sorella più giovane, Helene Eissler. Tutti e tre ora tentavano di uscire fuori dalla "Marca Orientale" di Hitler. Otto continuava a credere che la cosa migliore fosse andare in Cecoslovacchia:

> 24 aprile 1938
>
> Cara mamma,
>
> avere vostre notizie è sempre un piacere, anche se tutte le lettere che ricevo vengono aperte. Riguardo a Karli, al momento non si può far niente. Personalmente, credo che la cosa migliore per lui sia completare il dottorato in Europa, perché qui sarebbe quasi impossibile farlo entrare in un'università. Dovrebbe stare come minimo due anni al college, ed è una soluzione praticamente inaccessibile. Quando avrà il dottorato, invece, per lui sarà molto più semplice venire e a quel punto dovrà soltanto sostenere un esame di stato ... Se ci fosse una qualche possibilità, Karli dovrebbe terminare gli studi a Praga. Finanziariamente, in Europa posso aiutarvi di più, perché il dollaro è più forte.[30]

Otto, però, dovette presto riconoscere che la Cecoslovacchia sarebbe stato il prossimo obiettivo di Hitler. Ad aprile del 1938, dopo l'annessione dell'Austria, il regime nazionalsocialista iniziò una guerra di propaganda contro il governo di Praga (come riportato da Goebbels nel suo diario, Hitler, il 20 marzo 1938, aveva già annunciato ai suoi di voler "distruggere" il paese confinante).[31] In Germania girava il detto: "Ad aprile Hitler fa quel che gli pare; a maggio si prende la Cecoslovacchia". Otto comprese allora che Karl avrebbe fatto meglio a raggiungerlo in America:

8 maggio [1938]

Caro Karli,

entro un mese o due ti manderò un affidavit. Naturalmente dipende dal console a Vienna: non so se lo troverà abbastanza convincente. Per quanto mi riguarda, non credo che il mio affidavit, da solo, sia sufficiente, perché non ho abbastanza denaro contante. ... Un posto ... te lo posso trovare. Quando sarai al consolato, non farne parola, però, ma ribadisci soltanto che terminerai gli studi qui ... Ti procurerò ... un'ammissione per qualche college ... Pensi di essere stato abbastanza gentile con i Dodson da potergli chiedere un affidavit? È difficile chiedere a qualcuno un affidavit per altri ... Ecco qualche ulteriore questione da tener presente: non dire al consolato che hai in programma di lavorare (*contract labor exclusion cause*). Né che qualcuno ti sostiene finanziariamente per l'immigrazione. Devi dare l'impressione di avere abbastanza denaro per pagarti la traversata e cavartela per qualche tempo. Se la cosa funziona, aprirò qui un conto a tuo nome, e tu devi mentire dicendo che hai già spedito il denaro per un lungo lasso di tempo. ... In ogni caso devi avere un po' di pazienza e aspettare, perché è grave se si viene respinti. Nel peggiore dei casi, puoi comunque ancora tentare da Praga. Lì, però, dovresti tacere il fatto di essere già stato respinto a Vienna ...

Con affetto, Otto[32]

In questa lettera Otto andò contro le sue stesse misure precauzionali: per la stanchezza aveva evidentemente dimenticato di censurarsi.

Sebbene gli riuscisse sgradevole, Karl dovette chiedere ai

Dodson di rilasciargli un affidavit. Ne ebbe l'opportunità quando Daniel Dodson tornò a Vienna dopo le vacanze sugli sci e si trasferì da Willy e Karl. Anche Otto aveva finalmente fatto un passo avanti:

> 5 giugno 1938, Alpena Hotel, Michigan
>
> Caro Karli,
>
> ho [ricevuto] la tua ultima lettera, in cui mi scrivi che Daniel [Dodson] abita da te. Nel frattempo mi sono accordato con la mia ditta affinché mi rilascino un contratto di lavoro preliminare che puoi presentare insieme all'affidavit. Ci vorrà ancora qualche giorno prima che riesca a mandarti l'affidavit, ma farò prima che posso. Ti prego di eliminare dalle tue lettere ogni sentimentalismo. È del tutto inutile che tu le infarcisca con quella melassa. Mi pare ovvio che tu sia felice di andartene dall'Austria, e che io dal canto mio cerchi di fare di tutto per raggiungere questo obiettivo ... Porta a tutti quanti i miei saluti più affettuosi, Otto.[33]

Il 16 giugno 1938 Otto aveva finalmente trovato un notaio che autenticasse il suo affidavit. Nel documento si dichiarava tra le altre cose che lui, in qualità di designer e consulente tecnico presso la C.A. Lund Company, guadagnava 240 dollari al mese e non aveva obblighi finanziari eccetto il pagamento delle rate dell'automobile. Era suo desiderio permettere al fratello Karl Urbach di emigrare in America per terminare gli studi di Medicina. Nell'affidavit Otto dichiarò che si sarebbe assunto integralmente la responsabilità finanziaria e morale per il fratello, finché non avesse concluso il suo dottorato.[34]

Anche Mr e Mrs Dodson fecero la loro parte per aiutare Karl.[35] Cordelia gli scrisse da St Georgen, in tedesco: "Karli, è vero che forse, in autunno, verrai negli Stati Uniti? Sarebbe stupendo. Mia madre scrive che farà tutto il possibile per tirarti fuori di qui".[36]

Per tutti i profughi, però, compresi Karl e Alice, gli ostacoli restavano immensi. Alla Conferenza di Évian del luglio 1938 quasi tutti gli stati partecipanti si rifiutarono di accogliere profughi ebrei provenienti da Germania e Austria. Franklin D. Roosevelt, pur avendo promosso l'incontro, non era presente. Il capo dei sionisti Chaim Weizmann giunse alla conclusione: "Nel mondo sembrano esserci due soli tipi di paesi: quelli in cui gli ebrei non possono vivere, e quelli in cui non possono emigrare".[37]

Évian fu soprattutto un grande successo per i nazionalsocialisti. In un loro rapporto interno, le "Meldungen aus dem Reich" (Notizie dal Reich), si constatò con soddisfazione quanto segue:

> Alla Conferenza di Évian ... tutto il mondo ha avuto modo di rendersi conto che la questione ebraica non è affatto una controversia provocata dalla Germania, ma un problema di portata mondiale. Nonostante l'unanime rifiuto dell'approccio adottato in Germania da parte degli stati riuniti a Évian, nessun paese a parte l'America si è dichiarato disponibile ad accogliere incondizionatamente un qualsivoglia numero di ebrei. Degno di nota è stato inoltre che il rappresentante dell'Australia abbia addirittura parlato del pericolo che l'emigrazione ebraica rappresenterebbe per la propria razza.[38]

La delegazione americana era estranea ad accenti antisemiti di quel genere, ma anche gli Stati Uniti, alla fine, non fecero nulla. Anzi. L'immigrazione, dopo la conferenza, divenne ancora più difficile. Otto non vedeva alcuna possibilità per Alice e le consigliò di orientarsi su un paese europeo.[39]

Alice si stava adoperando per raggiungere l'Inghilterra, ma l'idea di essere separata da Karl, oltre che da Otto, la terrorizzava. Ora anche lei voleva andare in America. Karl scrisse quindi al fratello:

> Ieri ricevuta la tua lettera [del 23 luglio] ... Naturalmente sono sconvolto per mamma. Ha riposto ... tutte le sue speranze nell'eventualità di poter venire anche lei, tra non molto, negli Stati Uniti. Spero che più avanti si riuscirà comunque a trovare un modo. Mamma non deve per forza lavorare subito come domestica. Ma hai ragione quando dici che per prima cosa devo venire io, poi una via d'uscita si scoverà.

Questo lo sa anche mamma. Spero che nel frattempo trovi un posto in Inghilterra. Se non ci riesce, però, è una tragedia: tu scrivi che puoi sostenerla meglio in Europa che in America, e sarà senz'altro vero, ma comunque illusorio. Perché non si può andare in Ungheria, Svizzera, Cecoslovacchia, Italia, Balcani, Olanda, Belgio, Francia. E nemmeno nei paesi nordici. Lo vedi, in pratica non siamo ammessi in nessuno stato europeo. E qui, comunque, non si può restare: primo perché prima o poi verremo espulsi, e secondo perché – credimi, senza sentimentalismi – è molto facile crollare psicologicamente. Capirai quando ti racconterò. Mamma si sta comunque dando da fare per emigrare e troverà, spero, qualcosa di passabile in Inghilterra ... Di Mr Dodson e dell'affidavit ancora nessuna traccia. Così, dopo molti ripensamenti, ieri mi sono deciso a scrivergli. Per prima cosa l'ho ringraziato di tutto in modo molto cortese, perché si dà tanta pena per me, e poi, nel caso non l'avesse ancora fatto, l'ho pregato di spedirmi l'affidavit via Washington DC, perché lì verrà verificato, altrimenti da Vienna tornerà a Washington per la verifica ... Come potrai ben immaginare, ho usato la massima gentilezza possibile. Spero di ricevere risposta da Dodson entro la fine del mese ... Quando vai a New York, cerca per favore, se riesci, Arthur Horowitz. Indirizzo: Miller Aven. 190, Brooklyn N.Y. Un mio buon amico e compagno di studi. Perché se con Dodson dovesse andare storta, per motivi che non riesco a immaginare, bisogna che mi trovi qualcun altro.[40]

Cordelia riteneva che l'affidavit fosse solo una formalità, e l'8 agosto 1938 scrisse a Karl – in tedesco – da uno dei suoi viaggi: "Questa settimana andremo a Salisburgo a vedere un festival. Salisburgo è tremenda quest'anno. Solo tedeschi del Reich, brutta gente. Quella bella atmosfera è svanita. Pare che 'loro' vogliano chiudere con Salisburgo e concentrare tutto a Bayreuth".[41]

Che quelli di Bayreuth volessero rimpiazzare il Festival di Salisburgo era una questione piuttosto avulsa dalla realtà di Karl. L'affidavit dei Dodson continuava a non arrivare, e lui era sempre più nervoso, giorno dopo giorno. Otto doveva rassicurarlo:

> Per favore, Karli, non essere impaziente. Ti prometto che riuscirò a portarti qui, e sai che ho fatto di tutto. Non [disperare] e rallegrati per il tuo futuro negli Stati Uniti. La cosa più importante è che parli bene l'inglese. Promettimi che ogni giorno leggerai almeno un po' d'inglese, se non hai occasione di parlarlo. È di vitale importanza.[41]

Mentre Karl, ormai, non pensava ad altro che all'affidavit, Otto tentava di distrarlo con il sogno di un hotel per sciatori da gestire insieme: "Ecco il mio ultimo progetto... in parallelo al mio lavoro per la fabbrica C.A. Lund, mi piacerebbe costruire un piccolo albergo per sciatori [a Laconia]. Sembra un sogno, ma non sarà troppo difficile da realizzare se io e te lavoriamo fianco a fianco. Laconia è in una posizione stupenda, su un lago, e d'inverno è un comprensorio sciistico come Semmering".[42]

Otto non era l'unico emigrante che sognava di importare in America il fascino delle località sciistiche austriache. La bellissima attrice ed emigrante Hedy Lamarr aveva lo stesso obiettivo. Negli anni Cinquanta riuscì a fare di un piccolo centro come Aspen, in Colorado, una meta esclusiva per gli sport invernali. Ancora oggi vi si ritrovano – proprio come a Davos – politici e grandi dell'economia per interessanti conversazioni nell'*après-ski*.

Mentre Otto e Karl provavano a immaginare il loro futuro americano, se non altro migliorarono le possibilità di espatrio di Alice. Riuscì a prendere contatto con la cugina Rose, in Inghilterra, che aveva vent'anni più di lei: nel XIX secolo la madre di Rose, Regine Squarenina, aveva contribuito con i fratelli Sigmund e Albert Mayer al successo internazionale della ditta di famiglia. Da giovane, a Vienna, aveva avuto una formazione da pianista classica, e sarebbe volentieri rimasta in Austria, ma nel 1901 si trasferì a Londra col marito, Adolf Landstein. Lì anglicizzarono il proprio cognome in Landstone e fondarono una manifattura di ombrelli, non molto florida, nonostante il clima inglese. Forse dipendeva anche dal fatto che Rose si occupava principalmente di musica e la sua attenzione era ancora rivolta a Vienna. Vedeva l'Inghilterra come un deserto musicale, in cui si poteva sopravvivere solo grazie alle consegne di dischi austriaci. Era quasi sul punto di prendere i suoi dischi e andarsene da quella realtà così prosaica quando in Germania salirono al potere i nazionalsocialisti. Sebbene nel 1933 Rose avesse già settant'anni, decise di sopravvivere a Hitler e di dare questa possibilità anche a tutti i suoi amici in Germania e Austria. Molti, se non tutti, sopravvissero in effetti grazie all'infaticabile impegno di Rose. Tra questi vi furono dodici membri delle famiglie Mayer, Landstein e Squarenina.[43] Il figlio di Rose, Charles Landstone, che in seguito divenne un noto drammaturgo e produttore teatrale, racconta nelle sue memorie che la madre elemosinò da innumerevoli imprenditori contratti di lavoro fittizi per emigranti, e batté instancabile gli uffici per presentare domande di visto.[44] Ai funzionari inglesi riusciva difficile liberarsi di una donna fermamente decisa ad accamparsi davanti alla porta pur di raggiungere il proprio obiettivo. Charles Landstone diede in seguito alla sua autobiografia un titolo azzeccato: *I Gate-Crashed* (Mi sono imbucato).[45] A fare irruzione aveva imparato dalla madre.

Grazie alla risolutezza di Rose, Alice nutriva nuove speranze di emigrare in Inghilterra. A settembre Otto, entusiasta, scrisse a Karl: "Che la mamma abbia delle possibilità per l'Inghilterra è ottimo, perché se anche non avesse un impiego, potrei mandarle dei soldi almeno per sistemarsi decentemente. Le quotazioni della sterlina sono molto basse".[46]

Dopo il Reichsparteitag, il raduno del partito nazista di Norimberga del settembre 1938, per Alice e Karl divenne ancora più importante intensificare i propri sforzi per emigrare. Il 12 settembre, nel suo discorso conclusivo, Hitler aveva espresso nuove minacce contro la Cecoslovacchia. La guerra sembrava imminente. Il primo ministro Neville Chamberlain partì alla volta del Reich tedesco per le ultime trattative, e Karl probabilmente temeva che da un momento all'altro i confini potessero essere chiusi. Inviò un telegramma disperato a Otto, che rispose: "Dopo aver ricevuto il tuo cablogramma ho subito attivato tutte le risorse. Entro pochi giorni spero di poterti mandare a Vienna i documenti necessari. Nel frattempo ti prego di non perderti d'animo e di avere pazienza. Sono certo che ci vedremo presto".[47]

Il 30 settembre la politica di *appeasement*, di accomodamento, di Chamberlain nei confronti di Hitler ebbe successo. L'accordo di Monaco scongiurò la guerra, almeno nell'immediato, ai danni della sovranità ceca. I Dodson ricevettero la notizia in Francia, mentre erano diretti al porto. A fronte delle minacce di guerra, il padre aveva disposto che i figli tornassero immediatamente in America. A bordo ricevettero un telegramma da Karl e Willy: "Evviva la pace!".[48] In quel momento Karl non pensava al cugino Poldi, il patriota ceco per il quale il 30 settembre il mondo era crollato.[49] Era solo sollevato che all'ultimo minuto la guerra fosse stata evitata. Come sempre, chi ebbe la reazione più pacata agli eventi fu Cordelia. Non appena la nave attraccò a New York, scrisse:

> Certo, evviva la pace, ma voi dovete andarvene prima che scoppi un'altra crisi. Capito? Karli, mio padre ha scritto a Washington per l'affidavit. Credo che avrai presto notizie. Ma ti prego: non arrenderti, la tua ultima lettera mi ha spaventata. Sembrava pensassi che non ci saremmo rivisti. Ti prego, Karli, ti prego, su col morale e fatti coraggio. Speriamo tutti di vederti qui in America e di sapere che Willy è in Inghilterra. Non deluderci.

E Lisbeth aggiunse: "Prima di partire, guardati bene intorno per l'ultima volta. Non rivedrai più la stessa Europa".[50]

A fine ottobre Alice riuscì infine a emigrare. Dovette lasciare Karl, le sorelle e Paula Sieber a Vienna. Ma era certa che almeno Karl sarebbe partito presto per l'America. A novembre del 1938 ne era convinto anche Otto: "Sono davvero felice che mamma sia in Inghilterra, e ormai non ci vorrà molto prima che anche noi possiamo rivederci ... in America".[51]

Otto si sbagliava. Karli non ricevette più la sua ultima lettera. La prese in consegna Willy. Era disperato. Dal 10 novembre Karli era scomparso.

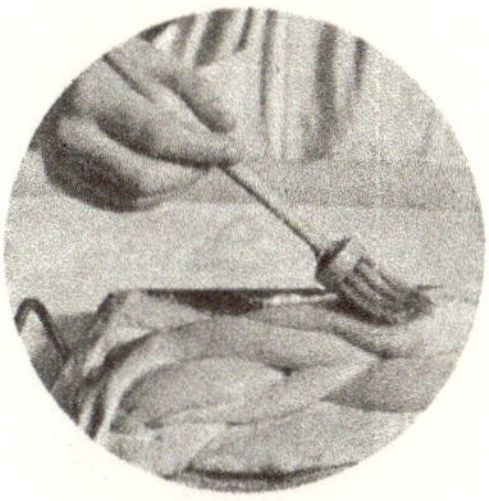

Ladri di libri

> Un uccello rapace
> Ha gli artigli che penetrano nel mio intimo:
> pronto a rubare quel che ancora non ho pensato.
>
> KARL KRAUS

Nel 1913 Egon Erwin Kisch pubblicò il reportage *Magdalenenheim,* in cui descriveva la sua visita a un istituto di Praga per "ragazze perdute". La direttrice della struttura guida il noto giornalista all'interno dell'edificio e gli spiega con dovizia di particolari quanto disprezzi le sue protette. Quando Kisch varca la soglia di uno dei locali adibiti al lavoro, le ragazze lo riconoscono e lo accolgono con entusiasmo: "C'è Egon! ... Offrimi una sigaretta che qui non ce ne danno... Salutami i bricconi del bar Brasilia". A quel punto la visita viene bruscamente interrotta.

Più di vent'anni dopo Kisch, che era emigrato, scoprì che un certo Hans ut Hamm aveva plagiato la sua storia. Hans ut Hamm era lo pseudonimo dello scrittore dialettale nazista Hans Reimer Steffen, originario della Germania del Nord. Aveva semplicemente trasferito il racconto di Kisch da Praga ad Amburgo. Le ragazze ora parlavano il dialetto locale e non salutavano più "Egon", ma il "loro Hans". Steffen ci aveva vinto 1000 marchi del Reich a un concorso di racconti brevi bandito dalla città di Amburgo.

Forse avrebbe dovuto introdurre più cambiamenti, perché quando gli estimatori vennero a sapere di aver ereditato un "pastrocchio ebraico", Hamm/Steffen finì nei guai. Ma non durò a lungo, e durante la guerra poté nuovamente sparare salve di comicità come *Hier lacht die Front* (Al fronte si ride così). Per i potenziali plagiari nazisti, tuttavia, il suo caso fu istruttivo: i testi narrativi si confacevano solo parzialmente ai loro scopi. Le storie originali – nonostante tutti i roghi di libri – erano in troppi a ricordarle. I saggi si prestavano invece molto di più a essere rubati.[1]

Finora non si è indagato molto sull'arianizzazione dei libri. Non esiste nemmeno un termine univoco per indicare la procedura. Il concetto "libri arianizzati" viene attualmente impiegato per un altro crimine dei nazionalsocialisti: lo si usa, cioè, per descrivere il saccheggio delle biblioteche ebraiche.[2] Del furto intellettuale delle opere di autori e editori ebrei – ben più grave – nessuno si è mai occupato in maniera sistematica.

Una delle ragioni, paradossalmente, è il rogo di libri del 1933. Questo gesto dei nazionalsocialisti sembrò risolvere il problema: i libri di autori non graditi furono semplicemente distrutti. Dal novembre 1933 in Germania erano in vigore le nuove disposizioni della Camera della cultura del Reich, che a maggio del 1935 furono ulteriormente inasprite.[3] Era vietato "pubblicare scritti dannosi e indesiderati", cioè libri "in contrasto con gli obiettivi culturali e politici del Reich nazionalsocialista".[4] E con questo la faccenda sembrava chiusa. Tali disposizioni, però, erano molto vaghe, e dietro le quinte infuriava una lotta concorrenziale su chi potesse dunque stabilire la politica editoriale nazionalsocialista. Le istituzioni che si ritenevano titolate per farlo erano almeno sette.[5] Per gli editori, il caos delle competenze era al tempo stesso un problema e un'opportunità. Per molto tempo, grazie a buoni contatti e agli interlocutori giusti, fu possibile destreggiarsi nel sistema e aggirare gli ostacoli. L'editore di Alice, Hermann Jungck, negli anni Settanta, ricordava che:

> fino alla fine della guerra [non si ebbe] alcun tipo di censura preventiva sulla produzione delle case editrici. I nazisti l'avevano prevista, certo, e ... era stato istituito un ufficio del

> partito a cui dovevano essere inviati tutti i manoscritti prima della stampa. L'ufficio, però, fu letteralmente sopraffatto dalla montagna di manoscritti inviati ... La sede fu dunque chiusa e si stabilì che ogni editore dovesse rispondere personalmente di ciò che pubblicava. In altre parole: si poteva (sotto la propria responsabilità) continuare ad allestire la produzione in maniera del tutto indipendente, fin quando, durante la guerra, per i libri si rese necessario presentare una richiesta scritta al ministero della Propaganda.[6]

Questo margine di manovra fa apparire il ruolo delle case editrici in una nuova luce. A partire dal 1933 si autocensurarono per una sorta di ubbidienza preventiva nei confronti del nuovo regime? Perché, infatti, gli editori avrebbero dovuto distinguersi da altri imprenditori, che non persero tempo a adeguarsi ai nuovi rapporti di potere? Da editori, non bisognava per forza essere dei convinti sostenitori di Hitler per avere un interesse economico a continuare a lavorare sotto il nuovo regime.[7] Volker Dahm ha osservato riguardo al Börsenverein der deutschen Buchhändler, l'Associazione degli Editori e dei Librai tedeschi: "L'ente di categoria relativo al commercio librario [diede prova] all'epoca di una tale solerzia politica che i nazionalsocialisti poterono contare su un allineamento immediato".[8] Già nel 1933 il Börsenverein aveva "deliberatamente promesso di attenersi 'senza riserve' alle disposizioni del governo del Reich sulla 'questione ebraica' [...]".[9]

In un saggio sul panorama editoriale durante il Terzo Reich, l'editore Klaus G. Saur sottolinea tuttavia l'impatto molto negativo che le rappresaglie del regime nazista ebbero su numerosi editori tedeschi e quanto potere assunse la casa editrice centrale del partito, il Franz Eher Verlag.[10] Questo, però, era solo un lato della medaglia. Dopo il 1933, come sottolinea Saur, "circa ottocento editori e librai" emigrarono,[11] ma in questo modo scomparvero anche sgraditi concorrenti. Il venir meno di questi concorrenti creò un vuoto che gli editori "ariani" si affrettarono volenterosamente a colmare. Dal punto di vista commerciale era una situazione ideale.

E anche per il problema della saggistica di autori ebrei si trovò una soluzione redditizia: se la si fosse semplicemente ritirata dal commercio, ci sarebbero state delle perdite, perché "i saggi e i romanzi basati su fatti reali erano tra i generi più venduti nel Terzo Reich".[12] Conveniva invece trovare il modo di continuare a pubblicarli. Non bisognava far altro che rubarli. Un ragionamento logico, perché in un paese in cui gli ebrei, a partire dal 1933, persero progressivamente ogni tutela giuridica, le loro proprietà intellettuali – proprio come quelle materiali – erano alla mercé dell'arbitrio altrui. Qualunque autore "ariano" e qualunque editore potevano attingere a quella proprietà intellettuale senza temere alcuna conseguenza.

Ed è proprio questo che accadde al libro di Alice nel 1938. Gli fu assegnato un nuovo autore.

Finora sono poche le case editrici che hanno aperto i loro archivi. Se interpellate, spiegano spesso che i loro fondi archivistici sono stati distrutti durante la Seconda guerra mondiale. Il direttore di una casa editrice per bambini si è espresso in questi termini: "La maggior parte delle case editrici hanno preso commiato dal nazionalsocialismo con un grande incendio".[13] Nel 2018, alla richiesta di poter dare un'occhiata all'archivio dell'editore Ernst Reinhardt per ricostruire il caso di Alice, l'assistente del direttore ha risposto per e-mail, rammaricandosi del fatto che non c'era più "alcun materiale d'archivio" su Alice Urbach. Durante la guerra la casa editrice aveva lasciato la Germania e proseguito per diversi anni la propria attività in Svizzera, tornando poi successivamente in patria. Per via delle varie "traversie" erano rimasti "ben pochi documenti", "molte cose" in effetti "erano andate perdute".[14]

Per poter contestualizzare queste affermazioni bisogna sapere che nel 1974 e nel 1999 la casa editrice Ernst Reinhardt ha pubblicato due volumi celebrativi basati su materiali d'archivio del periodo bellico e prebellico. L'argomentazione era dunque poco convincente, e in effetti – dopo che la vicenda di Alice, nel 2020, è diventata di dominio pubblico – alcuni documenti sono stati reperiti.

Non tutti gli editori hanno difficoltà a trovare i loro documenti d'archivio. La storica Angelika Königseder ha potuto condurre ricerche presso de Gruyter e dimostrare che questo editore scientifico, in una prima fase, a partire dal 1933, tentò di liquidare economicamente gli autori ebrei.[15] Questo genere di offerta fu accolto, per esempio, dal linguista Hans Sperber. Come Alice, Sperber era viennese, e i due erano quasi coetanei. Nel 1933, in quanto ebreo, gli fu negato il permesso di insegnare all'università e poco dopo anche il suo editore cominciò a nutrire grossi dubbi sull'opportunità di averlo in catalogo. Sperber aveva già pubblicato un libro per de Gruyter e assunto la "direzione generale" del *Trübners Deutsches Wörterbuch*. Per questo progetto monumentale aveva rinunciato a un periodo di ricerca negli Stati Uniti. Nel 1933, nel pieno dei lavori preparatori per il dizionario, ricevette una lettera dal suo redattore di riferimento: "Con grande rammarico mi vedo costretto a pregarla di rinunciare alla curatela del dizionario, almeno in forma ufficiale".

Come piccola consolazione, a Sperber furono offerti cinquecento marchi del Reich, come pure la possibilità di continuare a redigere voci per il dizionario in forma anonima.[16] Sperber ne rimase profondamente ferito, e fu un'offesa dalla quale non si riprese più, nemmeno dopo essere emigrato. La casa editrice, invece, poté continuare ad avvalersi del lavoro preparatorio di Sperber nel prosieguo del progetto e riscrivere il resto del vocabolario in conformità con le direttive nazionalsocialiste.

Il trattamento riservato a Sperber fu, per certi versi, accomodante. Altri autori ebrei della casa editrice furono affettuosamente incoraggiati a confidare nel futuro: si trattava di "aspettare finché la situazione politica non si fosse rasserenata".

I toni usati internamente, però, erano molto chiari. In un verbale del 1939, si dichiarava in sintesi:

1. In caso di nuove edizioni accertare l'arianesimo (secondo le leggi di Norimberga).

2. Nel caso di libri non ariani, verificare se non sia possibile pubblicare una nuova edizione a opera di ariani.
3. Evitare di pubblicizzare libri di autori ebrei autoctoni nei cataloghi. Così è stato deciso.[17]

Il punto n. 2 è particolarmente interessante. Com'era possibile trasformare libri "non ariani" in libri "ariani"? Allo scopo si mise a punto un sistema che sarebbe stato impiegato anche dall'editore di Alice.

La casa editrice Ernst Reinhardt è fiera della sua storia, che si può leggere sul sito internet. Comincia dicendo la verità. Nel 1899 lo svizzero Ernst Reinhardt arrivò a Monaco, dove aprì una libreria. Fece amicizia con l'autrice Ricarda Huch e decise di fondare una piccola casa editrice. I suoi temi prediletti erano decisamente innovativi per i tempi. Pubblicava libri sulla sessualità, la psichiatria e la sana alimentazione. Tra i suoi autori si contavano molti socialisti ed ebrei, il più noto era lo psicoterapeuta convertito Alfred Adler. Una di loro, la pubblicista di sinistra Elga Kern, dovette emigrare poco prima che il suo libro, *Führende Frauen Europas* (Figure femminili europee di spicco), fosse messo al bando.[18] Sebbene fosse membro del direttivo del Börsenverei,[19] Ernst Reinhardt, in privato, era critico nei confronti dei nazionalsocialisti. Nel 1937, tuttavia, l'orientamento della casa editrice cambiò. Reinhardt morì all'improvviso e gli successe il nipote svizzero Hermann Jungck.

Una foto del Dopoguerra lo ritrae come un uomo dallo sguardo accigliato, con un viso spigoloso e occhiali di corno neri.[20] I suoi antenati erano preti svizzeri e anche Jungck assomiglia un po' all'immagine stereotipata di un predicatore severo: nel suo volto sembra essersi incisa una certa durezza. Una caratteristica che sviluppò presto. Jungck nacque a Weißenburg, in Alsazia, nel 1904. Già il suo luogo di nascita gli insegnò a adattarsi ai cambiamenti. Weißenburg/Wissenbourg passò ripetutamente dalla Francia al Reich tedesco, come in una partita di ping-pong. Nel 1871 diventò tedesca, dopo la Prima guerra mondiale di nuovo francese, poi di nuovo tedesca durante la Seconda guerra mondiale, e dopo il 1945 definitivamente francese. Qualche tempo dopo la famiglia Jungck si sottrasse a quell'alternanza politica e si trasferì in Svizzera. Lì, Hermann Jungck entrò nello Schweizer Wandervogel (L'uccello migratore), un movimento giovanile. Fino alla maturità, nel 1923, la sua formazione si svolse senza particolari scosse, poi ci fu una rottura. Nelle sue memorie Jungck vi accenna solo brevemente: "Poiché mio padre (che gestiva un negozio di cartoleria) aveva perso il suo patrimonio a causa dell'inflazione, mio zio Ernst Reinhardt mi propose di diventare libraio e di succedergli, visto che non era sposato e non aveva figli".[21]

Il fallimento del padre dovette essere un'esperienza umiliante per Hermann Jungck. Ora non poteva più continuare gli studi e doveva guadagnarsi da vivere. Ma ben presto si rese conto che la proposta dello zio era una grandissima opportunità. Ernst Reinhardt era un uomo generoso, che negli anni a venire avrebbe investito molto nella formazione del nipote. Gli diede la possibilità di svolgere dei tirocini a Parigi e a New York, dopo di che lo assunse stabilmente in casa editrice. Negli anni Trenta Jungck si iscrisse a Giurisprudenza per un paio di semestri, ma nel 1937, alla morte dello zio, interruppe gli studi. Da quel momento in poi diresse la casa editrice con mano ferma. La situazione in cui si trovò era tutt'altro che ideale. Per decenni lo zio aveva pubblicato con successo i libri di molti autori ebrei, che ora erano diventati un peso. Presto Jungck scoprì che altre case editrici scientifiche avevano problemi simili. Pubblicavano collane e saggi che erano opera di autori e curatori ebrei. Questa "esuberanza ebraica" dipendeva senza dubbio dal fatto che le pubblicazioni e i titoli di studio avevano sempre avuto un grande valore nelle famiglie ebraiche. Erano assimilabili a una sorta di strategia di sopravvivenza: da secoli gli ebrei dovevano mettere in conto di poter essere privati in qualsiasi momento dei loro beni materiali. Il drammaturgo David Mamet ha descritto così la reazione a questo stato di cose: "Da duemila anni siamo pronti al fatto che qualcuno bussi alla nostra porta e dica: 'Bene, adesso ve la facciamo pagare'. Così ci siamo chiesti: cos'è che non ci possono rubare? Semplicissimo: l'istruzione".[22]

L'istruzione sembrava dunque al riparo dai furti. Già il padre di Alice non faceva altro che ricordare ai suoi figli come i Mayer fossero sfuggiti al ghetto grazie all'istruzione e al duro lavoro. Il fatto poi che su quelle esperienze avesse scritto un libro, rafforzava ulteriormente il suo punto di vista. Per il "popolo del libro" avere un autore in famiglia era motivo di grandissimo prestigio sociale. Si era persuasi che un libro fosse un patrimonio imperituro. Avendo fallito con i titoli di studio, Alice era stata particolarmente orgogliosa di pubblicare due libri. Sebbene il padre non avesse potuto assistere alla loro pubblicazione, queste opere le davano la sensazione di non aver completamente deluso le sue aspettative ambiziose. Ma anche la paternità di un'opera si poteva rubare, come molti ebrei furono costretti a scoprire.

Subito dopo l'ascesa al potere di Hitler, il giurista ebreo Max Friedlaender trovò per caso in una libreria una nuova pubblicazione. Aveva un titolo "promettente": *Kommentar zur Rechtsanwaltsordnung* (Commentario allo statuto dell'ordine degli avvocati). Quando Friedlaender cominciò a leggerlo, gli riuscì molto familiare. Nell'introduzione, in effetti, si sosteneva che gli ebrei avessero portato la classe degli avvocati tedeschi a un "infimo livello di dissolutezza" e che i nazionalsocialisti ora avrebbero cambiato le cose per sempre. Sorprendentemente, però, per la nuova pubblicazione era stato plagiato proprio uno di quegli ebrei dissoluti.

> In ... circa mezz'ora trovai più di venti plagi manifesti. Non si trattava di riprese letterali di intere frasi, bensì di estratti dal nostro libro riformulati con altre parole, che riproducevano però fedelmente i ragionamenti, la consequenzialità logica e l'articolazione di interi passi. Oppure, rispetto a questioni che altrove non erano ancora state affrontate, o a fini completamente diversi, venivano presentati i nostri risultati

senza giustificazioni, quasi fosse scontata la loro esattezza. Era davvero una nuova forma di lotta contro il patrimonio ideologico e la letteratura ebraici: entrambi erano definiti scadenti, poi però li si copiava senza indicarne la paternità e lodandoli come creazioni ariane.[23]

Di particolare interesse, in questo caso, è l'autore del furto ai danni di Friedlaender. Il plagiario, un uomo di nome Erwin Noack, lavorava in origine come avvocato a Halle. Dal 1931 era un fervente nazionalsocialista, e subito dopo la presa del potere ottenne una cattedra all'università. In seguito fece carriera diventando il vicepresidente della Camera degli avvocati del Reich e annunciò la "degiudaizzazione dell'avvocatura tedesca",[24] di cui beneficiò abbondantemente. Il suo collega Roland Freisler, presidente del Tribunale del popolo nazista, elogiò espressamente l'opera di Noack e giunse alla conclusione che "fino a quel momento gli avvocati tedeschi [avevano dovuto] rassegnarsi al fatto increscioso che il loro statuto era stato commentato da ebrei". Grazie a Erwin Noack era invece finalmente uscito un "commento tedesco".[25]

Friedlaender riuscì sorprendentemente a conservare il suo senso dell'umorismo e scrisse a posteriori: «Tra i colleghi fu presto chiaro, del resto, quanto valesse il libretto; veniva spesso chiamato il "piccolo Friedlaender"».[26]

Un caso ancor più noto è legato al *Palandt*, il commentario compatto al Codice civile (BGB), pubblicato come volume n. 7 di una collana di commentari giuridici compatti della prestigiosa casa editrice C.H. Beck, nel frattempo giunto all'ottantesima edizione. Nel 2013 Stefan Rebenich e Uwe Wessel aggiornarono la storia della casa editrice, mettendosi anche sulle tracce di colui che aveva dato il nome al *Palandt*.[27]

Otto Palandt, che dal 1938 fece da curatore al commentario compatto del Codice civile, era un alto funzionario nazista del ministero della Giustizia del Reich. Un gruppo di giuristi, politici e giornalisti chiede pertanto da anni il cambiamento del nome dell'opera.[28] Da molto tempo, inoltre, è noto a chi si debba in origine l'idea e la concezione della collana che accoglie il *Palandt*: Otto Liebmann. Quest'ultimo era un giurista tedesco ebreo che si era specializzato in pubblicazioni giuridiche. Nel 1933, però, si vide costretto a vendere la sua impresa. L'acquirente era l'editore C.H. Beck, che fece un buon affare con i nuovi titoli acquisiti, mentre a Otto Liebmann toccò "la cancellazione della sua persona dalla memoria collettiva delle scienze giuridiche e del settore dell'editoria", come scrive Stefan Rebenich. All'inizio Liebmann tentò di opporsi al fatto che l'ideazione dei commentari compatti fosse improvvisamente attribuita a un altro, il giurista Adolf Baumbach. Ma non riuscì a ottenere nulla.[29]

In seguito Beck espunse il nome di Liebmann dal colophon della "Deutsche Juristen-Zeitung", che aveva fondato nel 1896. Ad assumerne la direzione per il nuovo editore fu il giurista nazionalsocialista Carl Schmitt.

Le pubblicazioni giuridiche erano una specialità della casa editrice, che pubblicava tuttavia anche libri di altri settori: nel 1944 l'imprenditore Ludwig Reiners fece uscire per Beck il volume *Deutsche Stilkunst. Ein Lehrbuch deutscher Prosa* (Arte tedesca dello stile. Un manuale di prosa tedesca), in gran parte basato sull'opera dell'autore ebreo Eduard Engel.[30] Come nel caso di Friedlaender, molte frasi furono semplicemente parafrasate e gli esempi ripresi puntualmente. Il vantaggio di Reiners fu che l'autore plagiato, Engel, non poteva più difendersi. Era morto nel 1938. L'opera originale di Engel, in realtà, non era stata pubblicata da Beck, ma l'editore poteva naturalmente dare per scontato che nessuno nello stato nazionalsocialista si sarebbe speso in favore del titolare dei diritti. Era stato ripreso persino il titolo *Deutsche Stilkunst*, per aumentare le vendite. Funzionò benissimo, l'opera plagiata divenne un successo commerciale che si perpetuò anche nella Germania postbellica. Nel 1956 il plagiario Ludwig Reiners ottenne addirittura la copertina di un numero dello "Spiegel" in cui si celebrava diffusamente il suo libro.

Uno dei casi più spettacolari di testi scientifici arianizzati riguarda tuttavia il *Knaurs Gesundheitslexikon* (Dizionario medico Knaur). Questa pratica opera di consultazione uscì per la prima volta nel 1930. Il suo artefice, il medico ebreo Josef Löbel, ne perse la curatela dopo lo scoppio della guerra. Espungere il suo nome richiese una particolare sfacciataggine, perché Löbel era una sorta di Eckart von Hirschhausen del suo tempo. In qualità di medico, scrittore e giornalista, era considerato un maestro della divulgazione scientifica in chiave divertente. Pubblicava i suoi articoli brillanti e spassosi su testate di Berlino, Vienna, Praga, e scrisse svariati bestseller di divulgazione medica, che sono stati tradotti in sedici lingue. Löbel, inoltre, era anche animato da un intento educativo: si batté per la diagnosi precoce dei tumori e promosse l'assunzione di vitamine. Era talmente conosciuto da comparire addirittura tra i personaggi nella *Marcia di Radetzky* di Joseph Roth, nelle vesti del dottor Skowronnek, il saggio filantropo di Franzensbad. Tutte le estati, infatti, Löbel esercitava lì, come medico dello stabilimento termale, mentre l'inverno lo trascorreva a Berlino o a Vienna. Come ha scoperto lo storico della medicina Peter Voswinckel, dal 1940 fu un certo Peter Hiron ad assumere la curatela dello *Knaurisches Medizinlexikon*. Hiron era lo pseudonimo del dottor Herbert Volkmann, membro del partito nazionalsocialista, che si diede subito da fare per arianizzare il dizionario. Introdusse voci come "salute ereditaria", "razza" e "avvelenamento da gas tossico", ed espunse lemmi come "omosessualità", "psicosi da detenzione" (cui i nazisti nel frattempo avevano ampiamente contribuito) e, per sicurezza, anche "megalomania".[31]

Hiron/Volkmann poteva esibire eccellenti referenze quanto all'arianizzazione di letteratura scientifica: poco prima di mettere le mani sul dizionario di Löbel, aveva già "sostituito" un altro autore ebreo, il dottor Walter Guttmann: un'altra impresa mirabolante, perché i manuali di Guttmann erano considerati testi di riferimento, e come i lavori di Löbel erano stati tradotti in diverse lingue. Uno dei libri più importanti di Guttmann era la *Medizinische Terminologie* (Terminologia medica), che dopo la prima edizione del 1902 l'autore aveva costantemente continuato a perfezionare. In una prefazione la definisce l'opera di tutta una vita. Come ha appurato Peter Voswinckel, quest'opera fu sottratta a Guttmann alla ventinovesima edizione. All'esproprio non si fece alcun cenno. Il libro si vendeva benissimo, mentre Walter Guttmann, ormai ridotto all'indigenza, si suicidò nel 1941.[32]

Il gesto disperato lo lega a Josef Löbel. Entrambi furono derubati dallo stesso uomo, entrambi alla fine si tolsero la vita: Löbel nel 1942, a Praga, dopo che i nazisti avevano deportato la moglie.

L'arianizzazione della letteratura scientifica non fu praticata solo dalle grandi case editrici, ma anche da piccoli editori come Ernst Reinhardt. In questo caso, gli autori colpiti furono due: Alice e un uomo di nome Paul Wessel. I due non si conobbero mai e per tutta la vita ignorarono di aver avuto un destino comune. Entrambi, infatti, erano autori ebrei di libri di saggistica per l'editore Ernst Reinhardt, fuggirono in Inghilterra e dopo la guerra lottarono per riavere indietro i propri libri.

La storia di Paul Wessel comincia all'Università di Monaco. Wessel gestiva una "Presse", ovvero dei corsi di ripetizione privati per gli studenti. Nelle "Pressen" si preparavano gli studenti in vista dell'esame, gli si ficcava in testa per l'ennesima volta tutto il programma dell'ultimo semestre. Paul Wessel, che nella sua "Presse" si era specializzato nelle materie scientifiche, forniva agli studenti di medicina le nozioni essenziali di fisica, chimica, botanica e zoologia. Allo scopo aveva messo a punto delle dispense articolate in quattro parti: "Compendio, breve ripasso, domande d'esame e risposte".

All'inizio degli anni Trenta, Wessel decise di trasformare le sue dispense in libri. All'epoca era ancora vivo Ernst Reinhardt, zio di Hermann Jungck e fondatore della casa editrice. Il 4 aprile 1933 Reinhardt stipulò un primo contratto editoriale con Paul Wessel per un "Compendio di fisica destinato agli studenti di medicina". Il contratto prevedeva l'elaborazione di ulteriori pubblicazioni, e negli anni successivi nacque una collana di nove volumi chiamata "Reinhardts naturwissenschaftliche Kompendien" (I compendi di scienze naturali Reinhardt). Paul Wessel concepì i diversi progetti e scrisse personalmente più volumi. Per gli altri coinvolse i suoi collaboratori della "Presse": Max Ott, suo dipendente, firmò il volume sulla chimica organica e inorganica; Felix Pagast scrisse quello sulla zoologia. Entrambi ripresero i progetti di Wessel e svilupparono i loro manoscritti con lui.

Proprio come Alice, Paul Wessel era dunque stato una scoperta del vecchio editore, Ernst Reinhardt. E il cognome Wessel, proprio come Urbach, non sembrava ebreo. In fondo, tutti conoscevano Horst Wessel, il martire del movimento nazionalsocialista. Paul Wessel, però, non aveva alcun legame di parentela con Horst Wessel e, come se non bastasse, in base alle leggi razziali di Norimberga era un mezzo ebreo.

Nel volume celebrativo sulla sua casa editrice Jungck descrive con grande precisione il primo incontro con Wessel, avvenuto nel 1937. Paul Wessel era comparso in casa editrice con l'uniforme del corpo di cavalleria delle SS: "Come mi raccontò in seguito, l'aveva presa in prestito per impressionarmi e indurmi a credere che fosse ariano". Wessel spiegò che aveva in programma un viaggio in Cina e voleva dunque inserire al suo posto in casa editrice – "con tutti i diritti e i doveri previsti dal contratto" – una sua conoscente, la signora Viola Riederer von Paar. Di conseguenza, il 7 maggio 1937, fu stipulato un contratto a tre fra Paar, Wessel e Jungck. Da quel momento in poi la signora Riederer von Paar figurò come curatrice della collana.[33] Il suo nome compariva su tutti i volumi al posto di quello di Wessel. Sul volume di zoologia, per esempio, si leggeva ora: Eugen Felix Pagast/Viola Riederer von Paar, *Zoologie für Studierende* (Zoologia per studenti universitari).

Paul Wessel non fu dunque più indicato come curatore della sua collana. Solo sul suo libro di fisica il nome rimase lo stesso, ma gli si affiancò quello della signora Riederer von Paar come curatrice.

L'aneddoto di Jungck sull'incontro del 1937 ricorda una farsa di quart'ordine. Davvero Paul Wessel comparve con l'uniforme da SS? E perché per via di un viaggio in Cina avrebbe dovuto fare all'editore concessioni così ampie? L'idea del contratto a tre fu davvero sua, e fu proprio lui a proporre la signora Riederer von Paar come co-curatrice?

Viola Riederer von Paar aveva studiato medicina a Monaco dal 1930 al 1935, e poteva dunque senz'altro essere stata un'allieva della "Presse" di Wessel. Nel 1937, però, pubblicò per Reinhardt un libro sulla genetica nazista.[34] In nome di questa genetica, come mezzo ebreo, Wessel doveva mettere in conto di poter finire in un campo di concentramento. Aveva dunque deliberatamente ceduto i propri diritti d'autore a una donna specializzata sul tema della razza? Forse Paul Wessel soffriva di una grave forma di odio di sé ebraico, e i due erano davvero tanto amici come dichiarava l'editore Jungck. Pare tuttavia più probabile che sia stato Jungck a proporre questa soluzione, affinché l'intera collana ottenesse un "curatore ariano", al di là di ogni dubbio. La sua intenzione era certamente anche di rendere la signora Riederer von Paar la nuova stella scientifica della sua casa editrice. Adesso aveva una sua collana, cosa che poteva servire anche a pubblicizzare il libro sulla genetica. Ciò che Jungck si dimentica di menzionare nel proprio racconto è che la signora Riederer von Paar era una *sua* buona amica. Apparteneva a una famiglia di antica nobiltà della Bassa Baviera, e nel 1943 si adoperò tra l'altro affinché il magazzino editoriale di Jungck fosse al sicuro dagli attacchi aerei. Jungck trasportò personalmente un'infinità di casse nel castello della famiglia Riederer von Paar. Tra queste, secondo l'editore, c'erano "libri preziosi, che promettevano di vendere bene anche in seguito".[35] Era probabilmente il caso delle opere di Wessel e di Alice, perché dopo la guerra Jungck poté rimetterle immediatamente sul mercato.

Nel 1937, dopo la conversazione con Jungck, Paul Wessel fuggì in Svizzera. Nella versione di Jungck, tuttavia, questo cambiamento di programmi giunse del tutto inaspettato: a quanto pare l'editore aveva creduto a un viaggio in Cina. Dedusse allora che a Wessel, forse, "aveva a poco a poco cominciato a bruciare la terra sotto i piedi". L'espressione ricorda l'ambiente criminale, e Jungck in effetti prosegue descrivendo Wessel come una specie di imbroglione. Sebbene sottolinei più volte quanto le conoscenze di Wessel fossero irrilevanti per la collana, pare abbia ancora avuto bisogno di un ultimo volume dell'autore. Per averlo, nel 1938, Jungck si recò addirittura a Zurigo, appositamente. Arrivato lì dovette constatare che Wessel, dopo l'esperienza della fuga, si era bruciato il cervello. Jungck registrò indignato che aveva tentato di rifilargli un testo scadente: "Mi mostrò un manoscritto voluminoso, ma sfogliandolo mi accorsi che era in gran parte costituito da pagine del suo libro di fisica incollate insieme". Quanto di tutto questo sia vero è difficile da stabilire. Stando alla sua versione, Jungck avrebbe poi rifiutato il manoscritto.

Si può soltanto immaginare in che situazione disperata dovesse già trovarsi Paul Wessel al momento dell'incontro con Jungck, nel 1938. In Svizzera non gli diedero più il permesso di soggiorno, quindi dovette fuggire in Inghilterra. Lì, proprio come Alice, visse in condizioni molto precarie, senza mai percepire alcuna entrata derivante dalle sue opere.

Eppure il suo libro di fisica e la sua intera collana, durante la guerra, si vendettero benissimo. Nel 1974, nel volume celebrativo sulla casa editrice, Jungck descrisse questo successo addirittura con orgoglio. Poiché durante la guerra i medici erano sempre più richiesti, si registrò per "tutti i volumi un aumento delle vendite, tanto che dovevano essere continuamente ristampati".[36] (Il libro di Wessel fu un successo anche in Spagna. Nel suo volume celebrativo Jungck non accenna alla traduzione in spagnolo del 1942.)

Curiosamente, in una successiva pubblicazione celebrativa della casa editrice, la versione di Jungck della vicenda Wessel non viene più menzionata. L'autore del libro del 1999 è il figlio di Hermann Jungck, Christoph Jungck. Scrive soltanto:

> Molto promettente si rivelò un progetto che era stato avviato da [Ernst Reinhardt]: l'edizione di compendi scientifici basati su testi allestiti per la preparazione degli esami. Il più fortunato fu un breve manuale di fisica ... Raggiunse presto tirature molto alte e poté essere ristampato fino a guerra inoltrata, essendo stato ritenuto «di importanza strategica».[37]

Paul Wessel qui non viene indicato per nome. Eppure ci si fa nuovamente beffe di lui: "Poco dopo la cessione del volume alla casa editrice, l'autore del citato compendio di fisica, mezzo ebreo, si presentò in uniforme da SS. In seguito si scoprì che l'aveva solo presa in prestito per fare colpo ... L'episodio non ebbe conseguenze; l'autore in questione fece ancora in tempo a svignarsela in Inghilterra".[38]

In questa versione la storia di Paul Wessel ha dunque un lieto fine, e l'autore riesce a "svignarsela". Anche sul contratto a tre e la funzione di prestanome svolta dalla signora Riederer von Paar non si dice nemmeno una parola. Solo per il suo libro di genetica, nel 1999, si dovette fornire qualche spiegazione. Christoph Jungck si mostrò comprensivo riguardo ai motivi che avevano spinto il padre a pubblicare un libro del genere: "Abbiamo il diritto, il dovere persino, di leggere i libri di allora con le conoscenze di oggi. Il problema, però, è se il nostro giudizio si trasforma troppo rapidamente in una condanna morale".[39] A una condanna morale di crude teorie sulla razza non si giunse dunque nemmeno nel volume celebrativo del 1999.

L'esperta di genetica Viola Riederer von Paar fu ripetutamente celebrata anche dopo la guerra. La Chiesa cattolico-romana le conferì l'onorificenza papale "Pro Ecclesia et Pontifice" e la Caritas tedesca, nel 1971, la onorò della "Goldene Ehrennadel", un distintivo d'oro. Paul Wessel invece – come diremo in seguito – ebbe tutt'altro destino.

Nel 1937 il metodo del prestanome funzionò dunque splendidamente e Jungck ebbe presto l'occasione di servirsene di nuovo. Per lui gli eventi del marzo 1938 furono una benedizione, perché fare affari divenne ancora più semplice: "Quando poi ci fu l'Anschluss dell'Austria, le spedizioni in Austria divennero naturalmente ancor più facili, perché si poteva fare tutto direttamente da Monaco".[40] Solo la signora Urbach, a quel punto, divenne un problema. Fino ad allora era stata una straniera, ma da quel momento in poi tutti gli austriaci furono cittadini tedeschi, soggetti alle leggi di Norimberga. Jungck decise quindi che Alice non poteva più essere l'autrice del suo libro, con effetto immediato. Nel 1974 dichiara lapidario: "Dopo l'Anschluss dell'Austria mi vidi costretto a cercare un nuovo autore per il libro, giacché Alice Urbach era ebrea e il libro altrimenti non si sarebbe più potuto vendere".[41]

Di prestanome Alice aveva sentito parlare solo da bambina, dal padre. Nel ghetto di Bratislava gli ebrei non erano autorizzati a possedere case. Si poteva tuttavia cercare di comprarne una attraverso dei prestanome, pur sussistendo un rischio: non si era mai del tutto sicuri che il prestanome avrebbe rispettato l'accordo.

Alice credeva fermamente che lei non avrebbe mai avuto a che fare con metodi simili. L'esperienza del ghetto di suo padre le appariva come un'antica favola crudele, che si racconta ai bambini per farli spaventare: siate grati di tutto ciò che avete, i vostri antenati fecero una vita ben più dura.

Nel 1938, quando i prestanome, nel Terzo Reich, festeggiarono la propria risurrezione, gli ebrei ebbero tuttavia uno spettrale *déjà-vu*. Da un giorno all'altro, semplicemente, Alice non fu più l'autrice del suo libro. Negli anni Settanta scrisse al riguardo: "Il libro aveva appena tre anni quando le leggi di Hitler negarono l'autorialità agli ebrei. Il mio editore attribuì il mio libro, riprodotto parola per parola, a un altro autore".[42]

Solo nel 2020, grazie al reperimento di nuove fonti, si è potuto ricostruire quel che accadde allora. A settembre del 1938, mentre Alice tentava di organizzare la sua fuga in Inghilterra, ricevette posta da Monaco. Le inviarono una "dichiarazione" da firmare, da cui si evince che nel frattempo aveva scritto altri due libri per la casa editrice, ancora inediti, per i quali aveva ricevuto rispettivamente 1000 scellini e 1000 marchi del Reich. Si trattava di un manuale di cucina vegetariana, *Die fleischlose Kost* (L'alimentazione priva di carne) e di un volume sui dolci viennesi, *Wiener Mehlspeisen*. Contestualmente, la casa editrice chiese ad Alice di rinunciare gratuitamente ai propri diritti per questi due libri e per *So kocht man in Wien!*: "Così facendo, tutti i diritti di pubblicazione e i diritti d'autore, nonché le immagini messe a disposizione dell'editore, vengono ceduti alla casa editrice Ernst Reinhardt di Monaco".[43] I contratti sottoscritti dopo l'entrata in vigore delle leggi di Norimberga del 1935 che portarono a perdite patrimoniali oggi non vengono più considerati validi e ricadono sotto la legge per il risarcimento delle vittime della persecuzione nazionalsocialista. Perché da quel momento in poi, se non prima, gli ebrei furono soggetti a pressioni per cedere i beni di proprietà a cifre di gran lunga inferiori al loro valore. Subito dopo l'Anschluss, il 22 marzo 1938, la casa editrice austriaca Perles, che aveva pubblicato il primo libro di cucina di Alice, finì nel mirino degli arianizzatori. Richard Hollinek obbligò la famiglia Perles a cedere una delle riviste più importanti, la "Medizinische Wochenschrift" (Settimanale medico). Paul Perles, sopravvissuto all'Olocausto, raccontò che a lui e alla sua famiglia fu "presentato un documento da firmare, in base al quale la 'Medizinische Wochenschrift' sarebbe stata ceduta a Hollinek in cambio della liquidazione di tutte le pendenze passate. Ci fu comunicato che, nel caso in cui i proprietari (mio padre e mio zio) non avessero firmato, la rivista sarebbe cessata immediatamente, e dalla settimana successiva Hollinek l'avrebbe pubblicata cambiando il colore della copertina. Io sarei stato tenuto a mostrare agli Hollinek come andava gestita la rivista, senza percepire alcun compenso. [Quando] chiesi che cosa sarebbe successo se mi fossi rifiutato, Hollinek rispose che avrebbero trovato dei mezzi per convincermi".[44]

Alice fu molto più fortunata. Hermann Jungck non la minacciò e le diede persino dei soldi, di cui aveva urgente bisogno per la fuga. Per questa ragione – in modo analogo a

Paul Wessel – deve aver creduto che quell'accordo fosse solo una soluzione d'emergenza, e che il signor Jungck si sarebbe comportato lealmente anche in seguito. Ma si sbagliava.

La funzione che nel caso di Paul Wessel era stata svolta dalla signora Riederer von Paar, questa volta Hermann Jungck la assegnò a un'altra persona, un uomo, sorprendentemente. Lo stesso Jungck scrisse in proposito nel 1974: "Trovai [un nuovo autore], Rudolf Rösch, che non si limitò solo a rielaborare il libro ma adeguò le ricette in parte molto ricche della signora Urbach agli standard moderni (tenendo conto delle più recenti conoscenze sui regimi alimentari), tanto che in sostanza si trattava di un'opera sua, sebbene basata sul libro di cucina della signora Urbach".[45]

In effetti ci furono riformulazioni, tagli e qualche integrazione. Lo storico austriaco Walter Schübler, esperto di libri di cucina, ha confrontato le due pubblicazioni con acribia forense, giungendo alla conclusione che:

> Qui e là Rösch accorpò diversamente e variò l'ordine delle ricette, riprese a una a una, all'interno delle singole categorie di piatti, introdusse dei minimi cambiamenti nei titoli dei capitoli – l'intenzione di camuffare il plagio si tocca con mano –, riformulò le introduzioni, tagliò alcuni brevi paragrafi come per esempio «La cucina per la casa del fine settimana» o «Pietanze per i turisti o da viaggio», ma, oltre alle duecento fotografie, riprese letteralmente o con minime variazioni interi capitoli di decine di pagine.[46]

La prima cassatura riguardava la "Prefazione" di Alice del 1935, in cui l'autrice poneva in risalto l'internazionalità della cucina viennese. Vi si leggeva:

> La cucina viennese gode a buon diritto di una fama internazionale. È incredibilmente varia, perché ha potuto attingere dalla ricca riserva rappresentata dal composito miscuglio di popoli dell'ex monarchia austro-ungarica … Lo strudel e il gulasch, per esempio, sono un'invenzione ungherese, gli *knödel* vengono dalla Boemia e tante piccole pietanze raffinate sono state mutuate dalla cucina francese.[47]

Concetti come "composito miscuglio di popoli" e "fama internazionale" non erano molto apprezzati dai nazionalsocialisti. La "Prefazione" fu dunque sostituita in blocco da una "Introduzione". Rudolf Rösch celebrava se stesso con la sorprendente affermazione: "Ci vuole un enorme lavoro da certosini per creare e comporre un libro di cucina".

Dopo di che ringraziava due collaboratrici – Maria Gerhardt ed Elfriede Goll – per il loro "aiuto quotidiano" in quel gran lavoro così minuzioso. La scelta di menzionarle serviva forse anche a giustificare l'esclusiva presenza di mani femminili – le mani di Alice – in tutte le foto contenute nel libro. L'Introduzione di Rösch si chiudeva con le parole: "Questo libro si diffonderà ora in tutti i distretti tedeschi ... a dimostrazione che nella seconda città più grande del Reich si è maestri [anche nell'arte culinaria]".[48]

La dichiarazione di Jungck sulla necessità di "modernizzare" il libro di Alice si riferisce alla nazificazione del testo. Il discorso dei "distretti tedeschi" come pure la constatazione che Vienna era ora la "seconda città più grande del Reich" erano di fatto attualissimi. Anche le ricette con nomi ebraici come "pan di Spagna Rothschild", "omelette Rothschild" o "torta Jaffa" furono eliminate e i nomi di ricette stranieri tedeschizzati: al "lombo (*filet*) Parmentier" toccò la denominazione locale di "lombo in crosta di patate" e il "lombo (*filet*) Wellington" divenne il "lombo in crosta".

L'affermazione di Jungck secondo cui c'era stata la necessità di adeguare "le sostanziose ricette della signora Urbach agli standard moderni (tenendo conto delle più recenti conoscenze sui regimi alimentari)" era falsa: il libro, in fondo, era stato pubblicato solo tre anni prima, e accanto ai tipici dolci calorici viennesi riportava anche molte dritte per un'alimentazione sana. Le conferenze sull'alimentazione vegetariana e bilanciata che Alice aveva tenuto per anni avevano lasciato il segno. Ciò che la casa editrice tagliò erano i passi manifestamente scritti da una donna. Si trovavano nella seconda parte del libro, in cui Alice dava suggerimenti molto personali sulla gestione della casa. I suoi consigli suonavano decisamente troppo partecipi per una voce autoriale maschile. Per esempio, fu eliminato questo breve paragrafo nel capitoletto intitolato "Sul rapporto della padrona di casa con la collaboratrice domestica": "Nel rapporto con la domestica ogni padrona di casa deve sempre tener presente che rispetto alla sua dipendente si trova in una situazione privilegiata: ha una dimora fissa, sicura, mentre la domestica, a sua discrezione, potrebbe doverla lasciare da un giorno all'altro, talvolta senza sapere dove potrà nuovamente trovare lavoro e riparo".[49]

Questo ragionamento non sembrava a quanto pare sufficientemente virile (e dopo l'inizio della guerra non sarebbe più stato consono al trattamento di una lavoratrice coatta di origine polacca). Anche i principi di Alice ispirati all'emancipazione femminile scomparvero. Tra questi c'era la frase: "Sebbene non tutte le donne ne siano consapevoli, (le casalinghe) contribuiscono all'economia nazionale, perché nove decimi di tutto il denaro speso nel paese lo spendono le donne, la maggior parte del denaro passa nelle loro mani; di conseguenza, devono essere preparate per un compito così complesso e pieno di responsabilità".[50]

Rösch cassò queste spiegazioni e riprese poi soltanto una frase di Alice in cui si parlava di parsimonia: "Prima il necessario, poi l'utile, quindi ciò che è piacevole, e soltanto a questo punto il superfluo".

Alla fine il libro di Rösch era per il 60 per cento un plagio del volume di Alice.

Il libro di Alice era dunque diventato opera di un uomo. Ma chi era quest'uomo?

In tutte le edizioni che uscirono fra il 1939 e la fine del regime nazionalsocialista, Rudolf Rösch era presentato come un "capocuoco viennese di grande esperienza e collaboratore del Reichnährstand", l'organismo che sovrintendeva alla politica agricola del Reich. (Dopo la guerra quest'ultima informazione fu comprensibilmente omessa.) Da ricerche condotte presso il Bundesarchiv, però, non si è potuti risalire ad alcun Rudolf Rösch collaboratore del Reichnährstand. Anche nella Reichschrifttumskammer, la Camera degli scrittori del Reich, non esisteva alcun Rudolf Rösch.[51] Eppure, almeno in teoria, avrebbe dovuto esservi registrato per poter pubblicare.

Rudolf Rösch non è un nome raro. In Germania e nella nuova "Marca Orientale", negli anni Trenta c'erano anche numerosi Rudolf Rösch che divennero membri del partito nazista. Sulle loro tessere sono indicate, tra l'altro, le rispettive professioni. Si contano impiegati commerciali, operai, autisti, un fabbro, un generale di divisione e così via. Nessun capocuoco. Solo un Rudolf Rösch che potrebbe avere l'età giusta ha origini austriache: si tratta di un laureato in Economia di Salisburgo, che servì nella Wehrmacht dal 1939 al 1945.[52] Che in quel periodo facesse per hobby anche il cuoco è altamente improbabile. Rudolf Rösch era dunque uno pseudonimo o addirittura un fantasma che Jungck si era inventato di sana pianta? L'attuale responsabile della casa editrice Reinhardt ammette di non possedere più alcun documento relativo a Rudolf Rösch. Pensa tuttavia che si trattasse di una persona reale e non di un'invenzione dell'editore.[53]

Se Rösch dunque non era un collaboratore del Reichnährstand, né un "capocuoco viennese", è altamente probabile che si trattasse di una persona di Monaco. Nel 1932, 1933 e 1935 un uomo di nome Rudolf Rösch intervenne in tre trasmissioni della radio monacense. Stando al bollettino dei programmi radiofonici, parlò della ricetta degli *knödel* con le prugne e di cure dell'uva.[54] Potrebbe dunque benissimo darsi che nel 1938 Jungck avesse deciso di fare di questo Rösch un autore di libri. Era lo stesso metodo impiegato anche da altri editori. Dall'oggi al domani Rösch divenne dunque un autore di bestseller, proprio come Hiron/Volkmann.

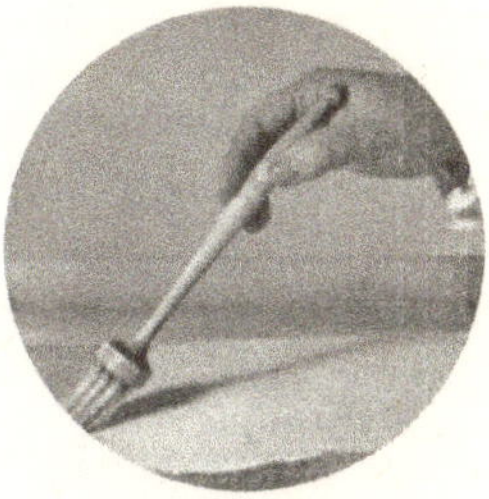

Arrivo al castello

"La paura di quell'istante" continuò il re "non la dimenticherò mai."
"La dimenticherai" rispose la regina, "se non la annoti nel tuo taccuino."

LEWIS CARROLL, *Attraverso lo specchio*

Nel quartiere londinese di Bloomsbury, molto vicino al British Museum, c'è Woburn House. Alla fine degli anni Trenta, questo edificio imponente fu il primo centro di accoglienza per gli emigranti ebrei.[1] Per preparare i rifugiati alla visita, il governo britannico girò un filmato informativo su Woburn, di cui si è conservato qualche spezzone.[2] In un'inquadratura si vede una coppia di emigranti austriaci che varca la soglia dell'edificio. Hanno circa quarant'anni e sono ben vestiti. L'uomo è impeccabile nel suo cappotto caldo, la donna ha un vestito nero con un grande fiocco bianco. Nella scena successiva, che il regista chiede di ripetere più volte, i due siedono di fronte a un impiegato inglese di Woburn che parla bene il tedesco, e si assiste al seguente dialogo:

Impiegato: «Era in Svizzera?».

Uomo: «Sì, ero in Svizzera».

Impiegato: «È entrato in Inghilterra senza visto?».

Uomo: «Sì, ho dovuto lasciare Vienna in quarantott'ore, e in questo lasso di tempo non sarei comunque riuscito a procurarmi il visto. Quindi sono dovuto fuggire passando per il Vorarlberg … per le montagne e i boschi con mia moglie».

Impiegato: «Come ha fatto a passare il confine?».

Uomo: «Sono dovuto fuggire ... illegalmente, passando per le montagne che conoscevo molto bene da turista. Per questa via speravo di non trovare controlli...».

A questo punto la scena viene interrotta dalla voce del regista fuoricampo e si ripete. Nella versione successiva l'emigrante anonimo spiega con maggiore precisione perché è dovuto fuggire. Era stato incarcerato per cinque settimane e al momento del rilascio aveva firmato una dichiarazione in cui si impegnava a lasciare immediatamente il paese. Lui e la moglie avevano tentato la fuga sulle montagne alle cinque del mattino per non incrociare le guardie di frontiera. Mentre l'uomo parla, la donna siede accanto a lui ammutolita. All'inizio delle riprese sembra ancora piuttosto calma, ma nel corso dell'interrogatorio il suo corpo si infossa sempre di più, come se volesse scomparire per la vergogna. Ed è proprio ciò che accade nell'inquadratura seguente. La macchina da presa è puntata solo sul marito, che è palesemente a disagio per il fatto di dover ripetere la propria storia, ma tenta comunque di conservare il proprio contegno fin quando il regista, finalmente, non è soddisfatto delle riprese.

Alice dovette sottoporsi a una procedura simile a Woburn House. Anche lei, come l'emigrante austriaca, amava indossare frivoli fiocchi sul tailleur. A parte questo tratto femminile, però, Alice non corrispondeva certo al tipo della ragazzina ingenua, avvilita, che si lascia andare in pubblico. Almeno esteriormente recitava la parte della donna forte e imperturbabile. Anche lei, probabilmente, avrà trovato umiliante la situazione a Woburn House, ma ormai aveva una certa pratica nel mascherare abilmente le umiliazioni. Sapeva fin troppo bene che per lei non c'era biglietto di ritorno: l'Inghilterra era l'unico paese disposto ad accoglierla.

Dal momento che parlava volentieri, è verosimile che abbia stordito di chiacchiere l'impiegato in servizio. È inoltre verosimile che l'uomo – stremato dall'abbondanza di informazioni rilevanti e irrilevanti – abbia fatto passare Alice il più presto possibile. Forse si prese ancora giusto il tempo di darle un opuscolo informativo contenente tutte le regole importanti per i rifugiati. Il fascicoletto aveva un titolo prolisso: *Per il periodo del vostro soggiorno in Inghilterra: informazioni e direttive utili per tutti i rifugiati*. Era stato prodotto da organizzazioni ebraiche, d'accordo con il governo britannico, e il titolo alludeva a ciò che all'epoca si sperava: che si trattasse, cioè, solo di una soluzione transitoria e che i rifugiati non si sarebbero trattenuti a lungo in Gran Bretagna. In ogni caso, finché fossero rimasti, avrebbero dovuto attenersi a determinate regole. Alice comprese ciò che ci si aspettava da lei. Grazie alla sua memoria eccellente, imparò presto l'opuscolo. Negli anni a venire seguì tutte le regole alla lettera, a costo di scontentare i suoi protetti.

Il fascicolo era diviso in due parti: a sinistra c'era il testo inglese, a destra una traduzione in tedesco. Alice ignorò il lato destro e studiò i primi paragrafi, che avrebbero dovuto liberare i rifugiati dalla paura della polizia. Una necessità di una certa urgenza. Molti emigranti, infatti, avevano visto i poliziotti del proprio quartiere, che conoscevano da anni, assistere imperturbabili ai maltrattamenti subiti dai cittadini ebrei e al saccheggio dei loro appartamenti e negozi. Le divise dei poliziotti erano dunque diventate sinonimo di arresti, violenza e carcere. I bambini in particolare raccontarono in seguito quanto fossero sorpresi nel vedere che i poliziotti inglesi sorridevano loro amichevolmente. Il primo messaggio dell'opuscolo informativo era proprio questo: "I poliziotti sono vostri amici, pronti ad aiutarvi ovunque voi siate". In cambio bisognava accettare un certo controllo. Ogni rifugiato doveva comunicare entro quarantott'ore un eventuale cambio di domicilio.

La comunità ebraica ammoniva inoltre tutti i rifugiati a osservare le direttive seguenti:

1. Impiegate senza indugio il vostro tempo libero per imparare la lingua inglese e la sua corretta pronuncia.
2. Non parlate tedesco per le strade, sui mezzi di trasporto o altrove in pubblico, per esempio nei ristoranti. È me-

glio parlare in un inglese stentato che in un tedesco fluente, e non alzate la voce. Non leggete giornali tedeschi in pubblico.

3. Non criticate le decisioni del governo britannico né qualsivoglia uso inglese. Non parlate di quanto "questo o quell'altro si faccia meglio in Germania".
4. Non aderite ad alcuna organizzazione politica e non prendete parte a movimenti.
5. Non date nell'occhio parlando ad alta voce o per via delle vostre maniere o abbigliamento. Agli inglesi non piace l'ostentazione, né le maniere o l'abbigliamento vistosi e non convenzionali.[3]

Alice si ripromise di parlare sottovoce e per sicurezza verificò i colori dei suoi abiti. Non ci trovò niente di particolare, da anni non si era più potuta comprare nulla di bello. Non c'era dunque alcun pericolo che desse nell'occhio.

C'era tuttavia una questione più importante: secondo le disposizioni del ministero dell'Interno, Alice poteva trattenersi in Inghilterra solo se in possesso di un impiego da domestica. Non le era permesso svolgere altre professioni.

Già durante il suo primo soggiorno, nel 1937, Alice aveva notato che i domestici scarseggiavano in Inghilterra. Le inglesi che volevano andare a servizio erano poche: "Le ragazze preferivano lavorare in fabbrica ed essere libere di uscire la sera. Odiavano avere una padrona che dava ordini tutto il giorno e imponeva loro come vestirsi. Sebbene l'impiego in fabbrica fosse meno redditizio, perché le ragazze dovevano provvedere personalmente al cibo, all'alloggio e al vestiario, optavano per questa vita più libera".

Grazie al permesso di lavoro per il personale domestico (il *domestic permit*) ora i rifugiati colmavano questo vuoto nel mercato del lavoro britannico, cosa che non sempre funzionava alla perfezione, come spiegò Alice:

> Ora uomini e donne ebrei, che un tempo erano benestanti e appartenevano al ceto medio, occupavano questi posti. Per le donne, che in vita loro non avevano mai fatto nemmeno il proprio letto o lavato una tazza, era dura ritrovar-

si improvvisamente a pulire i bagni altrui! E per gli uomini era anche peggio. Erano avvocati o banchieri, abituati a essere sempre serviti, e adesso dovevano fare da servitori o maggiordomi. E non era semplice nemmeno per le padrone di casa inglesi, che di colpo si trovavano in casa parecchio personale non qualificato. Per le ragazze che già in precedenza avevano sempre lavorato come sarte, modiste e così via, adattarsi non fu così pesante. Ma non potevano comunque svolgere neanche quelle professioni, potevano esclusivamente fare le domestiche.[4]

Era scontato che Alice venisse assunta come cuoca. A Woburn House ci si poteva informare sulle offerte di lavoro, e le venne subito assegnato un posto. La proposta sembrava promettente: si sarebbe trasferita a Harlaxton Manor, un castello nel Lincolnshire.

Harlaxton Manor è una grande tenuta di campagna, a due ore di macchina da Londra. Dagli anni Settanta la residenza, simile a una reggia, è un'apprezzata scenografia per drammi in costume. Le carrozze vittoriane percorrono il lungo viale d'accesso all'entrata principale e dame in crinolina passeggiano per le infinite fughe di stanze. La teatralità dell'edificio ha qualcosa di eccentrico e non stupisce che vi siano stati girati film come *Presenze* e *La classe dirigente*, in cui si parla di persone che a poco a poco perdono il senno. Quando Alice, nell'inverno 1938-1939, iniziò a lavorare lì si convinse presto che la proprietaria non ci stesse del tutto con la testa.

Per essere all'altezza del proprio compito, Alice aveva per prima cosa cercato di impratichirsi il più possibile con i cibi inglesi. Era convinta di padroneggiare alla perfezione la lingua. A scuola aveva letto Shakespeare e Byron e credeva dunque di essere preparata a tutte le eventualità. Dopo aver fatto la spesa per la prima volta, però, cominciò a dubitarne. Cercava della marmellata e dovette constatare che in Inghilterra con "marmalade" intendono una poltiglia amara di limoni. Ai suoi occhi, sotto questo aspetto il suo insegnante di inglese aveva chiaramente fallito. La marmellata non era tuttavia il suo unico problema. Molte altre parole inglesi, a suo parere, non avevano senso. In inglese "biscuit" voleva dire "biscotto", non era come il *Biskuitkuchen*, il pan di Spagna. Il *Biskuitkuchen* viennese che lei conosceva era simile agli "scones" inglesi. Con "cakes" ci si riferiva a dolci e torte. Mentre le "tarts" inglesi non erano torte, ma tortine alla frutta (e Alice ci mise parecchio tempo a capire che la parola poteva indicare anche le prostitute). I *petit fours*, a quanto pare, in Inghilterra non li conosceva nessuno, e nel caso erano considerati troppo complicati e dispendiosi in termini di tempo. Alice rimase particolarmente sconvolta nel vedere che i bambini inglesi potevano mangiare il gelato in qualsiasi momento e i genitori non lo trovavano affatto pericoloso. A Vienna il gelato era considerato una bomba calorica, ed era concesso ai bambini solo per il compleanno o dopo aver superato la visita dal dentista. Per una pasticcera come Alice, anche il budino di gelatina, tanto amato in Inghilterra, era un crimine culinario.

Friedrich Torberg ha descritto che immagine avessero gli europei continentali della cucina inglese negli anni Trenta del Novecento: la si considerava "francamente immangiabile".[5] Per viennesi come Alice e Torberg, abituati ai cibi austriaci-ungheresi-cechi-ebraici, l'Inghilterra era al livello più infimo della gerarchia del gusto. Se da austriaci si aveva la sfortuna di dover mangiare lì, c'era una sola possibilità di sopravvivere: trovare un locale kosher. Era l'unico posto in cui si potessero comprare piatti di carne e dolci gustosi, quindi tra i clienti affamati di questi ristoranti non c'erano solo ebrei.

Alice era senz'altro consapevole di essere approdata in un deserto culinario, ma doveva tenere le sue opinioni per sé, se non voleva correre il rischio di perdere il suo "domestic permit". Nessuno avrebbe voluto assumere una cuoca che si beffasse delle abitudini alimentari del paese che l'aveva salvata dai nazisti.

Alice tentava di non far notare il proprio malumore, ma non era sempre facile. Come il paese delle meraviglie dell'eroina letteraria cui doveva il suo nome, anche il suo mondo adesso era sottosopra. Dall'annessione dell'Austria le cose si erano capovolte: nella sua scuola di cucina aveva del personale alle sue dipendenze e nel suo libro *So kocht man in Wien!* c'era un intero paragrafo dedicato a come le domestiche andassero trattate con gentilezza. Ora Alice si ritrovava personalmente in quella situazione, ma fu subito chiaro che non le sarebbero state riservate molte attenzioni. Ciò valeva in particolare per la sua prima datrice di lavoro, la proprietaria di Harlaxton Manor, Violet Van der Elst.

Oggi quasi nessuno in Gran Bretagna ricorda più Mrs Van der Elst, ma alla fine degli anni Trenta era una figura eccentrica con un posto fisso nelle rubriche di pettegolezzi inglesi. Violet, come la chiamavano i suoi ammiratori, veniva da una famiglia semplice e si era fatta strada con grande determinazione. Nata nel 1882 da una lavandaia, all'inizio aveva esercitato il mestiere materno. Essendo bella e intelligente, era poi riuscita a lasciare l'impiego da domestica ed era diventata ballerina.[6] Si esibiva in un locale equivoco, dove aveva conosciuto il suo primo marito, Henry Nathan, un ingegnere ebreo di quindici anni più vecchio. Poiché la carriera in un locale di intrattenimento non sembrava offrire grandi prospettive, accettò la sua proposta di matrimonio. Le nozze le garantirono la sicurezza materiale e la possibilità di entrare a far parte del ceto medio.

Sebbene il capitale iniziale fosse di Henry Nathan, alla fine fu Violet a trarne una fortuna. Fin da quando era lavandaia aveva maneggiato il sapone, e le era poi venuta l'idea di avviare una propria produzione. Inventò una crema da barba da uomo e in seguito diverse creme femminili per il viso. Poco dopo la morte del marito, nel 1927, Violet sposò il direttore dell'azienda, nonché suo amante segreto, il belga John Van der Elst. Insieme ampliarono l'attività e inventarono una fortunatissima lozione per la pelle chiamata Doge. Tutto sembrava andare per il meglio, finché anche John, nel 1934, passò a miglior vita e Violet precipitò in una grave depressione. Da quel momento in poi divenne insopportabile.

Quando Alice, nel novembre del 1938, arrivò alla stazione di Grantham, non sapeva niente della sua futura datrice di lavoro e dei suoi successi nell'industria cosmetica. Dopo la fuga da Vienna Alice non si era più potuta permettere creme costose e aveva avuto problemi ben diversi dalla cura del viso.

Arrivata a Grantham, dovette per prima cosa presentarsi alla stazione di polizia locale e comunicare il suo nuovo recapito, che suonava così: Alice Urbach, cuoca presso Mrs Violet Van der Elst, Grantham Castle.

Quest'ultimo era un nome di fantasia che Violet Van der Elst si era inventata per la tenuta di Harlaxton Manor. Nel 1937 Harlaxton era stata messa in vendita sulla rivista "Country Life", e non appena vide le foto Violet volle aggiungerla seduta stante alla sua collezione di residenze sontuose. La casa si trovava in un parco enorme, meraviglioso, disseminato di laghi e stagni. Era una sorta di costruzione rétro: l'architetto l'aveva progettata nello stile elisabettiano degli anni Trenta dell'Ottocento. Si diceva che con la sua offerta d'acquisto, Van der Elst avesse scalzato aspiranti compratori celebri come il duca di Windsor e il figlio di Henry Ford, ma la cosa pare piuttosto improbabile.[7] Una clientela così viziata avrebbe difficilmente nutrito interesse per una casa senza elettricità né acqua corrente. Violet invece non era affatto turbata da particolari di questo genere. Nell'arco di un anno fece installare la luce elettrica e costruire ben otto stanze da bagno. Poiché l'*understatement* non era il suo forte, dispose con effetto immediato che Harlaxton diventasse un castello: la sua nuova denominazione fu Grantham Castle, dal nome della località più vicina.[8]

All'inizio Violet non possedeva abbastanza mobili per rendere il castello abitabile, quindi cominciò un grande giro di acquisti. Iniziò come sempre dall'alto: il primo posto a cui si rivolse fu Buckingham Palace. Grazie alla mediazione di un antiquario riuscì ad acquistare degli arazzi che la regina Alessandra, un tempo, aveva ricevuto in dono dal nipote, lo zar Nicola II. Raffiguravano l'alternarsi delle stagioni, e

Mrs Van der Elst sviluppò una tale passione per gli arazzi che nel corso degli anni ne acquistò più di cento (il loro valore complessivo fu stimato intorno alle 30.000 sterline, una somma molto alta per gli standard dell'epoca). Poiché aveva anche un debole per il Medioevo, i corridoi di Grantham Castle furono decorati con armature e armi d'epoca.

Uno dei suoi acquisti più spettacolari fu un lampadario con centocinquanta luci, collocato nell'atrio rivestito di marmo. Era stato prodotto in Cecoslovacchia e in origine era destinato al Banco de España di Madrid. Quando tuttavia nel 1936 scoppiò la guerra civile spagnola non fu più possibile recapitarlo al committente. Mrs Van der Elst era quindi riuscita ad averlo a un prezzo d'occasione e raccontava a tutti i suoi visitatori di possedere il lampadario più grande del mondo. Sotto di esso, sulla mensola di un camino, sistemò l'urna con le ceneri del secondo marito. Uno dei principali compiti delle domestiche era spolverare quotidianamente l'urna e decorarla con fiori freschi.

Questo castello arredato tanto sfarzosamente doveva dunque diventare la nuova casa di Alice. Al distretto di polizia di Grantham Alice scandì più volte il suo cognome. Anche quella era una tipica esperienza da emigrante: "How do you spell it?", come si scrive, era la domanda inevitabile, umiliante, profondamente odiata.[9] Nel corso degli anni Alice ebbe modo di abituarsi a scandire il suo nome, sempre con un forte accento viennese.

Mentre stava per lasciare la stazione di polizia, un uomo, anche lui in coda fino a poco prima, le rivolse la parola in tedesco. Si chiamava Arthur Pan, ed era un prodotto della scomparsa monarchia asburgica, proprio come Alice. Pan era di origini ungheresi, faceva il pittore, e i suoi ritratti di Winston Churchill sono tuttora conosciuti. Nel 1938, però, tutto questo era ancora di là da venire, e lui aveva un'unica committente: Mrs Van der Elst. Pan raccontò ad Alice del suo rapporto con quella donna, che gli aveva commissionato un ritratto di rappresentanza. La vicenda non era molto incoraggiante. Durante le sedute Mrs Van der Elst

Violet Van der Elst di fronte al suo ritratto,
dopo aver pagato il pittore Arthur Pan.

si era dimostrata una modella estremamente esigente. Insisteva per essere ritratta tutta in nero, su una sedia su cui secoli prima si erano assisi i dogi veneziani prima di emettere le loro sentenze di morte. Ritenendosi una pittrice di grande talento, pretendeva di pronunciarsi su ogni dettaglio artistico. Del prodotto finale era soddisfatta, ma quando si trattò di pagare, affiorarono nuovi problemi. Violet Van der Elst era nota per la caratteristica di pagare gli onorari solo dopo lunga esitazione, e molto spesso neanche allora. Come conseguenza ci furono non pochi processi. In un caso si rifiutò di pagare una ritrattista perché non si vedeva abbastanza attraente nel suo quadro. In tribunale lessero la sua lunga lettera di reclamo: "Ho troppi capelli [nel quadro], e la parte inferiore del mio viso sembra troppo floscia. Ho il mento affilato ... [nella realtà] ho mani stupende e nessun ... ossuto".[10]

Nel ritratto di Arthur Pan Mrs Van der Elst appariva più giovane e più snella di quanto non fosse in realtà, quindi l'artista non doveva temere di essere redarguito per lettera. Alla fine riuscì anche ad avere il suo denaro (sebbene solo dopo lunghe e complesse trattative), e raccontò ad Alice di essere addirittura stato invitato a Grantham durante le vacanze di Natale. L'idea non lo entusiasmava, ma promise ad Alice che in ogni caso le avrebbe fatto visita in cucina.

Dopo che si furono accomiatati, Alice dovette avviarsi verso Grantham Castle. Visto il carico di valigie, era difficile raggiungere il castello a piedi, motivo per cui l'autista venne a prenderla, in via del tutto eccezionale. Fu un interessante tragitto in auto. Stando ai ricordi di Alice l'automobile impiegò ben quindici minuti solo a percorrere il viale di accesso al castello (e qui probabilmente esagera: il viale è lungo circa un chilometro e mezzo, l'auto avrebbe dovuto quindi spostarsi con estrema lentezza). Poiché l'autista in genere non era autorizzato a trasportare nessun membro del personale, tutti i domestici avevano la bicicletta. Alice però non ci sapeva andare e durante tutta la sua permanenza non poté quindi lasciare la proprietà neanche una volta.

Sebbene fosse cresciuta nella monarchia asburgica e conoscesse bene il castello di Schönbrunn, le dimensioni di Grantham Castle la colpirono. Il castello aveva una propria orangerie piena di fiori esotici e alberi di pesco che fiorivano anche d'inverno. Nel complesso aveva oltre cento stanze, ma nessuno sembrava aver mai contato di preciso quante fossero. Appena arrivata, Alice capì che per quella quantità di stanze c'era troppo poco personale. La maggior parte degli ambienti non veniva mai pulita, e i domestici sembravano costantemente in lotta con l'eccentrica castellana.

Dal punto di vista dell'atmosfera Grantham Castle non aveva molto in comune con l'immaginario clan dei Grantham di *Downton Abbey*. I Grantham televisivi sono una famiglia gentile, che si preoccupa in modo commovente dei crucci dei propri domestici. Violet Van der Elst, invece, non aveva alcuna fiducia nei propri dipendenti. Di conseguenza non solo veniva spesso accusata di non aver saldato dei debiti, ma di frequente compariva lei stessa in tribunale nel ruolo dell'accusatrice. Ci furono svariati procedimenti in cui incolpava il personale di averle rubato capi di vestiario, gioielli, assegni, tappeti e pellicce. Uno dei suoi metodi per mettere alla prova i domestici consisteva nel posizionare delle banconote sotto i tappeti (anche per controllare se in quel punto si facessero mai le pulizie) e attendere la reazione. Una cameriera se la prese così tanto che inchiodò la banconota a terra. Quella ragazza aveva sviluppato una particolare antipatia nei confronti di Mrs Van der Elst, che l'aveva ripetutamente svegliata alle tre di notte suonando il campanello per farsi cambiare le lenzuola.

Il personale doveva anche tollerare che Mrs Van der Elst, nei suoi accessi emotivi, lanciasse oggetti intorno a sé. La padrona di casa non poteva dunque contare su molta compassione. Quando una sera cadde dalle scale, il maggiordomo sibilò: «Spero che si sia rotta l'osso del collo». Perfino il giovane segretario Ray, con cui aveva una relazione intermittente, ammise in seguito che Mrs Van der Elst pretendeva una sottomissione assoluta e trattava i suoi dipendenti come "schiavi" (anche lui aveva dovuto sorbirsi drammatiche scenate di gelosia).

Poiché i sottoposti vedevano in Mrs Van der Elst una nemica comune, regnava tra loro una grande coesione. Alice in seguito non disse mai di aver avuto il benché minimo problema con i colleghi. Eppure una solidarietà del genere era tutt'altro che scontata. Molti domestici inglesi si opponevano strenuamente alle nuove arrivate come Alice. Fra il 1933 e il 1939 fuggirono in Gran Bretagna 20.000 donne ebree. Tutte quante cercavano posti da domestiche e il personale inglese temeva delle riduzioni di salario. Alcuni, per reazione, si unirono a movimenti radicali. Il numero di domestici inglesi che sostenevano la British Union of Fascists (Unione britannica dei fascisti) aumentò sensibilmente alla fine degli anni Trenta. Si consideravano convinti antisemiti.[11]

A Grantham Castle l'antisemitismo non aveva alcun peso. Forse anche perché due uomini importanti della cerchia ristretta di Mrs Van der Elst – il suo segretario e amante Ray, come pure il suo autista – erano ebrei.[12] Alice sembrava finalmente al sicuro, lontana dagli orrori dell'Austria. Ma lei sapeva di non essere ancora sfuggita a Vienna. Karl era sempre in attesa del suo affidavit. Finché Karl fosse rimasto in Austria, Alice non era libera.

Dal 10 novembre 1938 non aveva più avuto notizie del figlio. Sapeva che tutte le sue lettere venivano aperte, e non voleva in alcun modo metterlo in pericolo ponendo domande dirette. Alice avrebbe capito al volo qualunque formula usata da Karl, ma non le arrivavano più comunicazioni. Intuiva che doveva essere accaduto qualcosa di tremendo.

Il 9 novembre 1938 Karl aveva festeggiato con alcuni amici il suo ventunesimo compleanno. La festa dovette svolgersi in casa, perché nel frattempo agli ebrei era stato proibito di frequentare caffè e ristoranti. Da quando era stato espulso dall'università Karl vedeva pochi dei suoi ex compagni. Willy continuava però a essergli amico e i due vivevano ancora insieme in un piccolo appartamento. Quella sera non potevano sapere che in concomitanza con la festa di compleanno di Karl in Germania venivano bruciate le sinagoghe e saccheggiati i negozi degli ebrei. Qualche ora dopo la fine della festa, alle quattro del mattino del 10 novembre, tutte le SS e le formazioni delle SA viennesi ricevettero l'ordine di mettersi al lavoro e arrestare il maggior numero possibile di ebrei. Per compensare il ritardo, gli austriaci si lanciarono nei "pogrom" con maggiore energia. Quando il 10 novembre uscì di casa per procurarsi l'ultimo documento che gli occorreva per la partenza, Karl non aveva idea di ciò che lo aspettava:

> Mi alzo alle sei del mattino per avere la certezza di essere tra i primi della fila. Mentre mi dirigo all'Ufficio per l'emigrazione ebraica vedo un titolo di giornale: *Vom Rath morto. Gli ebrei la pagheranno.* Sono sconcertato, ma penso: cos'altro possono farci? Con la mia lettera del consolato americano e il biglietto della nave mi sento al sicuro. Alle otto raggiungo l'Ufficio per l'emigrazione e mi accorgo che qualcosa non va. Non c'è nessuna coda. Faccio dietro front per andarmene via subito. Un uomo in abiti civili viene verso di me e mi chiede che cosa ci faccio lì. Gli dico che devo ritirare un documento, e lui mi fa: «Entri pure a prenderlo». È troppo tardi per andarsene, ovunque ci sono uomini che hanno l'aria di essere funzionari della Gestapo. Apro la porta e lì, su entrambi i lati della scala, c'è una lunga fila di energumeni delle SA armati fino ai denti. Il primo mi afferra per il cappotto e grida: «Ti abbiamo preso». Mi volto e lui comincia a prendermi a pugni, un colpo dopo l'altro, calci in faccia e pedate sulla schiena. Ma non sento niente, lo shock è troppo grande. Mi gettano su e giù per le scale. Sembra che la cosa li diverta molto.[13]

Al sopraggiungere della noia, le SA spinsero Karl in uno stanzino. Vide attorno a sé una ventina di persone: uomini, donne e bambini. Alcuni piangevano. A una scrivania sedeva un membro delle SA, che rispondeva al telefono. Con una gentilezza venata di sarcasmo forniva a ogni interlocutore la stessa informazione: «Oggi purtroppo il nostro centralino telefonico non funziona, non posso metterla in contatto con l'ufficio desiderato. È preferibile che si presenti qui di persona. Oppure mi dia l'indirizzo e provvederò a mandarle qualcuno a casa».

L'accento dell'uomo era talmente prussiano che nessun ebreo viennese, secondo Karl, ci sarebbe cascato. Chiunque fosse lucido, da quel momento in poi avrebbe evitato l'Ufficio per l'emigrazione. Per lui, però, era troppo tardi.

> Restiamo lì e aspettiamo all'infinito. Dopo qualche tempo un funzionario della Gestapo dichiara che le donne e i bambini sotto i sedici anni possono andare. Un uomo dice di essere malato di cuore e chiede di potersene andare anche lui. Il tizio della Gestapo replica: «Chiudi il becco. Conosciamo i vostri sporchi trucchetti. Ci penseremo noi a curarvi». Fa un cenno all'uomo delle SA e dice: «Portati via quel porco e vedi di curare il suo problema al cuore».
>
> Ci caricano su diversi camion, in attesa davanti all'edificio. L'uomo delle SA dice: «Se fate storie, vi uccido. Ma tanto vi uccideremo comunque». Un signore anziano perde la testa e comincia a piangere e a gridare. Ha già un figlio a Dachau ed è appena stato rilasciato da una prigione nazista. Lo rivedo in seguito nel campo di concentramento, è impazzito. Il camion ci porta in una prigione. Prima dell'Anschluss era una scuola di Vienna, ma a Hiltler ora servono più prigioni che scuole. Ci passiamo cinque notti.[14]

Karl non poteva sapere che lo zio Felix Mayer in quel momento si trovava in una situazione simile. I due facevano parte dei 6500 uomini (e 200 donne) che furono catturati a Vienna nel pogrom di novembre. Felix fu arrestato il 10 novembre nel suo appartamento, in Döblinger Hauptstraße 39, e l'appartamento venne saccheggiato.[15] Dopo di che, come Karl, per giorni lo spostarono da una prigione improvvisata all'altra. All'inizio Felix fu detenuto nella scuola di equitazione di Porzellangasse, quindi in una scuola di Kenyongasse, poi in un'altra scuola ancora in Karajangasse 14 (lì, nell'aprile del 1938, era già stato trattenuto il futuro cancelliere federale Bruno Kreisky).[16] La maggior parte dei detenuti di Karajangasse fu poi trasferita a

Dachau, ma Felix ebbe fortuna. Lo spostarono in un edificio situato in Elisabethpromenade, dove venne rilasciato il 28 novembre, probabilmente grazie a documenti falsi e bustarelle. Franziska Tausig, una lontana parente, descrisse in seguito questo metodo: "A Vienna erano stati aperti alcuni uffici frequentati dai familiari dei detenuti, che si passavano gli indirizzi sussurrandoseli a bassa voce ...". In cambio di parecchio denaro Franziska acquistò lì dei falsi affidavit, per dimostrare che il marito poteva emigrare.[17] La moglie di Felix deve aver predisposto per lui qualcosa di simile. Ciò che davvero gli toccò subire nella sua peregrinazione tra le prigioni non lo raccontò mai a nessuno della famiglia. L'unico accenno si trova in una richiesta presentata nel 1956 all'Österreichischer Hilfsfonds, in cui spiegava: "Durante la detenzione (Kenyongasse) ho subito gravi maltrattamenti, in seguito ai quali ho sofferto di disturbi nervosi (allucinazioni)".[18]

Karl ebbe meno fortuna dello zio. Rimase in una prigione viennese:

> Nei primi due giorni arriva un camion dopo l'altro. Non c'è più spazio sufficiente per sedersi sul pavimento. Di tanto in tanto la Gestapo fa delle ispezioni notturne. La domenica mattina un uomo perde la testa e si butta dalla finestra. Arriva il comandante e ci dice che a causa di questo atto scellerato dobbiamo stare in piedi per due ore. Fino ad allora avevo sempre pensato che fosse impossibile restare in piedi per due ore senza muoversi, ma ... fu un buon esercizio per quel che ci aspettava. Uno di noi ha problemi di cuore e cade a terra. Nessuno può aiutarlo, nessuno osa muoversi. Alla fine il comandante ci dice che se uno di noi si azzarda a buttarsi ancora dalla finestra ne ucciderà dieci.
>
> Gli crediamo.

A Vienna il pogrom di novembre era stato particolarmente brutale, e Willy aveva ormai intuito da tempo che a Karl doveva essere successo qualcosa. Non vedendolo tornare a casa, tentò di avvisare i fratelli di Alice e tutti gli Urbach.[19]

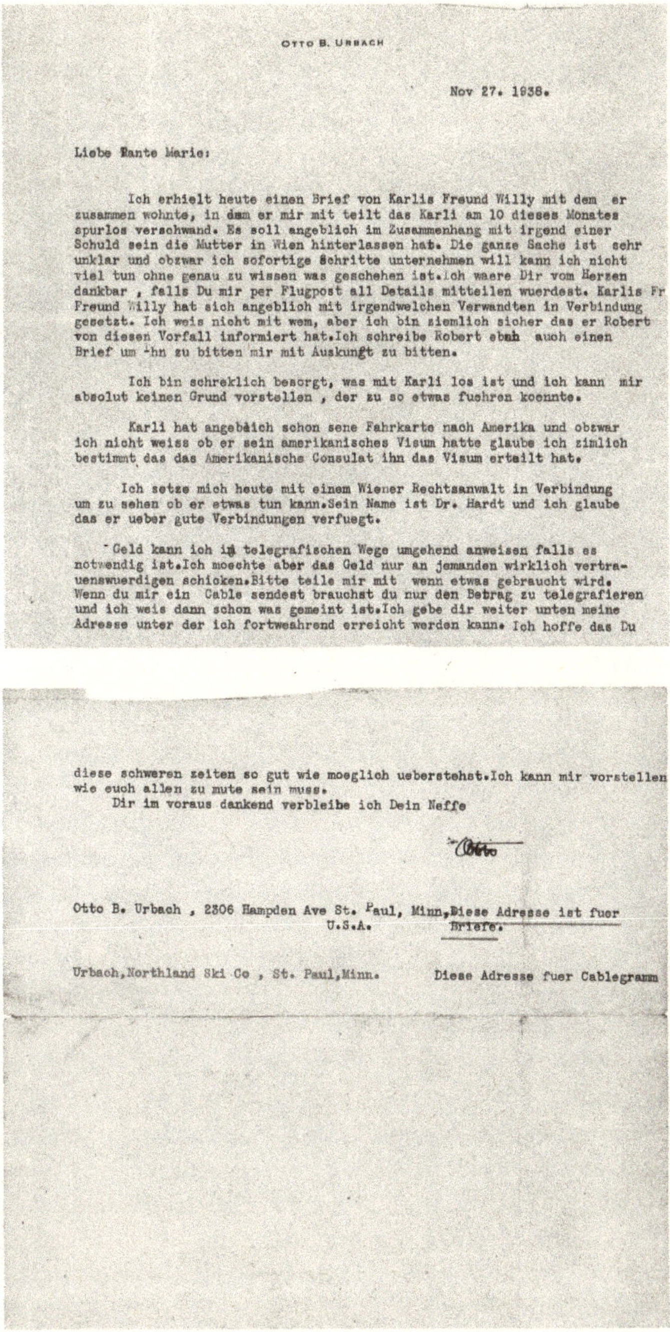

OTTO B. URBACH

Nov 27. 1938.

Liebe Tante Marie:

Ich erhielt heute einen Brief von Karlis Freund Willy mit dem er zusammen wohnte, in dem er mir mit teilt das Karli am 10 dieses Monates spurlos verschwand. Es soll angeblich im Zusammenhang mit irgend einer Schuld sein die Mutter in Wien hinterlassen hat. Die ganze Sache ist sehr unklar und obzwar ich sofortige Schritte unternehmen will kann ich nicht viel tun ohne genau zu wissen was geschehen ist.Ich waere Dir vom Herzen dankbar , falls Du mir per Flugpost all Details mitteilen wuerdest. Karlis Fr Freund Willy hat sich angeblich mit irgendwelchen Verwandten in Verbindung gesetzt. Ich weis nicht mit wem, aber ich bin ziemlich sicher das er Robert von diesen Vorfall informiert hat.Ich schreibe Robert eben auch einen Brief um ihn zu bitten mir mit Auskungt zu bitten.

Ich bin schreklich besorgt, was mit Karli los ist und ich kann mir absolut keinen Grund vorstellen , der zu so etwas fuehren koennte.

Karli hat angeblich schon sene Fahrkarte nach Amerika und obzwar ich nicht weiss ob er sein amerikanisches Visum hatte glaube ich zimlich bestimmt das das Amerikanische Consulat ihn das Visum erteilt hat.

Ich setze mich heute mit einem Wiener Rechtsanwalt in Verbindung um zu sehen ob er etwas tun kann.Sein Name ist Dr. Hardt und ich glaube das er ueber gute Verbindungen verfuegt.

Geld kann ich im telegrafischen Wege umgehend anweisen falls es notwendig ist.Ich moechte aber das Geld nur an jemanden wirklich vertrauenswuerdigen schicken.Bitte teile mir mit wenn etwas gebraucht wird. Wenn du mir ein Cable sendest brauchst du nur den Betrag zu telegrafieren und ich weis dann schon was gemeint ist.Ich gebe dir weiter unten meine Adresse unter der ich fortwaehrend erreicht werden kann. Ich hoffe das Du diese schweren zeiten so gut wie moeglich ueberstehst.Ich kann mir vorstellen wie euch allen zu mute sein muss.

Dir im voraus dankend verbleibe ich Dein Neffe

Otto

Otto B. Urbach , 2306 Hampden Ave St. Paul, Minn, U.S.A. Diese Adresse ist fuer Briefe.

Urbach,Northland Ski Co , St. Paul,Minn. Diese Adresse fuer Cablegramm

Lettera di Otto alla zia "ariana" Marie Urbach, 27 novembre 1938.

Ma gli ci volle un po' di tempo per trovarli. Otto scrisse in seguito dall'America alla zia "ariana", Marie Urbach:[20]

> Oggi ho ricevuto una lettera dall'amico di Karli, Willy … in cui mi comunica che Karli è scomparso senza lasciare traccia il 10 di questo mese. Dev'essere per un debito che mamma ha lasciato da saldare a Vienna. Tutta la vicenda è poco chiara e sebbene desideri muovermi subito, non posso far molto senza sapere che cosa è successo … Sono molto in pena per Karli, e non riesco proprio a immaginare che cosa possa aver portato a questo. Karli dovrebbe già essere in possesso di un biglietto per l'America, e pur non sapendo se avesse il visto, sono abbastanza convinto che il consolato americano gliel'abbia concesso. Oggi mi metterò in contatto con un avvocato viennese, per vedere se può fare qualcosa. Si chiama Hardt, e credo disponga di buoni contatti.[21]

Quando Otto scrisse questa lettera, Karl era già stato trasferito:

> Il lunedì mattina arriva uno delle SA e sostiene che abbiamo rubato delle coperte e dobbiamo pagare. Non abbiamo mai avuto una sola coperta, per tutto il tempo, ma ognuno di noi paga. Poi entra un altro e dice che sono stati rubati dei piatti. Ognuno di noi paga nuovamente. Se non hai i soldi qualcun altro deve pagare per te. Poco dopo ci caricano un'altra volta come bestie … Ora, spero, potrò finalmente esporre il mio caso in un tribunale. E in effetti mi tocca una specie di procedimento giudiziario. Prima un medico in uniforme mi pone un'unica domanda:
> «Sano?».
> «Sì» dico. Una SS mi spintona in un'altra stanza. Un alto funzionario della Gestapo siede dietro una scrivania come se fosse Dio. Mi chiede quali passi ho intrapreso per lasciare il paese. Ora sono assolutamente certo che tra dieci minuti sarò libero. Mostro la mia convocazione al consolato americano, il passaporto e il biglietto della nave, e gli dico che il 20 dicembre emigrerò.
> «Bene,» fa lui «hai ancora parecchio tempo.»
> Poi traccia una grande D rossa sui miei documenti. «D»

dice alla SS in attesa. Ancora uno spintone, e poi mi ritrovo in corridoio e devo stare con la faccia al muro.

«Non muoversi e non parlare.»

… Poi una voce alle mie spalle dice …:

«Porci che non siete altro, volete uccidere noi tedeschi? Be', ve la faremo vedere. Lo sai dove si va?»

«No» dico io.

«A Dachau, amico mio.»

Non riesco a crederci. Non voglio. Non è possibile. Dachau! La parola significa assassinio, massacro, inferno. Quando la sera il mio treno lascia il Westbahnhof, ci credo.

Il fatto di non poter aiutare Karl, all'epoca, fu un'esperienza traumatica per Alice. Dopo aver letto sui giornali inglesi della "notte dei cristalli del Reich", riuscì a contattare la sorellastra Karoline a Vienna. "Karla" le raccontò che c'erano stati moltissimi arresti. Tra gli arrestati c'erano anche Karl e Felix. Karoline riteneva che Karl, nel frattempo, fosse stato portato a Dachau, come molti altri (quel che significava Dachau lo sapevano tutti. Una battuta contro il regime recitava: "Il silenzio è d'oro, le chiacchiere sono Dachau".[22])

Nella vita non certo avara di catastrofi di Alice, questa fu la notizia più catastrofica di tutte. Aveva assistito alla brutalità della prima ondata di incarcerazioni, tra marzo e aprile del 1938, e poteva dunque grossomodo immaginare quel che era successo.[23] Ma non aveva alcuna possibilità di intervenire. Si trovava in un castello inglese, completamente isolata dalla sua famiglia. A parte Rose Landstone, in Inghilterra non conosceva nessuno che potesse aiutarla. Fino ad allora non aveva nemmeno avuto l'occasione di parlare con la sua nuova datrice di lavoro, o per lo meno di impressionarla con la sua arte culinaria. Dai domestici aveva appreso che Violet Van der Elst era in sovrappeso e seguiva una rigida dieta a base di pane tostato e mele. Sebbene Violet passasse ore su una cyclette, non dimagriva. Girava dunque voce che avesse attacchi di fame notturni e saccheggiasse le dispense di nascosto.

Violet lotta contro la violenza di stato.

Ufficialmente, Alice aveva il compito di preparare i dolci per gli ospiti e programmare il menu di Natale. Per le festività, a Grantham Castle si attendeva una grande comitiva. Violet Van der Elst si circondava di nobili ridotti in miseria noti per essere degli scrocconi, i quali avevano il permesso di accompagnare la loro ricca benefattrice nei casinò francesi. Violet si intratteneva inoltre con politici locali che avrebbero dovuto aiutarla a ottenere un seggio in parlamento. Voleva candidarsi per il Labour Party e lottava per l'abolizione della pena di morte in Gran Bretagna.[24] Come per la vendita dei prodotti cosmetici, per la sua campagna elettorale sfruttò le più recenti strategie di marketing. Non appena un imputato veniva condannato alla pena di morte, avviava una grossa raccolta di firme. Il giorno dell'esecuzione si faceva accompagnare nella relativa prigione sulla sua Rolls-Royce e teneva un breve discorso col megafono contro la pena di morte. Durante il suo intervento, intorno al penitenziario volava un aereo noleggiato appositamente per l'occasione, al quale era attaccato uno striscione nero come la pece. Tuttavia, riusciva a malapena a distrarre l'attenzione da ciò che accadeva a terra, perché immancabilmente si scatenava una rissa tra i sostenitori di Mrs Van der Elst e la polizia. L'ordine poteva essere ristabilito solo con l'annuncio della morte del condannato e la moltitudine dei manifestanti intonava un *Resta con noi, Signore, la sera*. Subito dopo Van der Elst veniva fermata per aver sobillato la folla e trascorreva un paio di notti in arresto.

Nonostante le sue stravaganze, Mrs Van der Elst aveva anche una notevole sensibilità sociale. Il suo impegno si inseriva nella lunga tradizione delle suffragette, e alla fine fu anche grazie a lei se nel 1964 in Gran Bretagna fu definitivamente abolita la pena di morte.

Nel 1938, tuttavia, la maggioranza dei domestici, Alice compresa, credeva che la campagna di Mrs Van der Elst contro la pena di morte fosse soltanto uno sfoggio di egocentrismo, in cui lei si atteggiava a grande contestatrice. Agli occhi del personale Violet semplicemente non poteva essere una brava persona. Alice aderì all'opinione dei suoi compagni di sventura senza pensarci troppo. Era stata anche male informata sui successi professionali di Mrs Van der Elst e credeva che l'impero dei cosmetici fosse opera del marito ebreo e che la vedova, ora, non facesse altro che "sperperare" il denaro.

Tutti questi pettegolezzi non furono un buon presupposto per il primo incontro tra le due donne. Quando Violet van der Elst, dopo qualche esitazione, ricevette la nuova cuoca, sulle prime si trovarono antipatiche. Per la signora Van der Elst non era insolito. In sostanza diffidava delle donne e riservava anche alle consorti dei suoi ospiti un trattamento gelido. Per lei soltanto gli uomini erano degli interlocutori alla pari.

Alice invece prediligeva la compagnia femminile. Dopo il matrimonio disastroso con Max temeva gli uomini. Probabilmente aveva sperato di andare d'accordo con Mrs Van der Elst, in fondo erano coetanee. Ma la disparità sociale tra le due donne era troppo grande. Le loro vite avevano seguito traiettorie pressoché opposte: Mrs Van der Elst si era fatta strada, da lavandaia a milionaria, mentre Alice era decaduta, e da ragazza di buona famiglia era diventata una domestica.

Sebbene avesse notato fin dal primo momento la freddezza della sua datrice di lavoro, Alice le chiese aiuto. Raccontò a Violet Van der Elst di un campo chiamato Dachau, in cui al figlio accadevano cose tremende. Mrs Van der Elst ascoltò il suo racconto e le disse che avrebbe scritto una lettera a Hitler. Alice ne fu sconcertata, e pensò di aver messo Karl ancora più in difficoltà. Col senno di poi, però, si convinse che Mrs Van der Elst non avesse mai composto quella lettera: "Karl sarebbe stato ucciso immediatamente". Ai suoi occhi Mrs Van der Elst rimase "enormemente ricca, enormemente grassa ed enormemente matta".

Karl arrivò a Dachau in una grigia giornata di novembre.[25] Per salutarli, fecero stare lui e gli altri nuovi arrivati sull'attenti per sette ore, al freddo. Poi presero le loro generalità, scattarono tre foto per ciascuno e li rasarono. Nel 1939 Karl scrisse al riguardo:

> Tutto questo lavoro veniva svolto dai prigionieri non ebrei. Indossavano divise a strisce scure con triangoli rossi ed erano detenuti politici. Erano tutti molto gentili con noi. Uno mi chiese quanti anni avevo e disse: «Non aver paura, ragazzo. Conserva il tuo senso dell'umorismo e fatti valere. Sii felice di essere ebreo, perché verrai certamente rilasciato prima di noi». Poi mi diede un pezzo di pane.

Karl stimava che a Dachau fossero detenuti circa 8000 non ebrei e 12.000 ebrei. Oggi sappiamo che dopo il pogrom di novembre del 1938, nel campo di concentramento già sovraffollato erano stati trasportati circa 11.000 ebrei austriaci e tedeschi.

> Avevamo il divieto di parlare con i prigionieri ariani. Ma trovavamo sempre il modo, e io non ho mai incontrato persone migliori. Erano rappresentate tutte le professioni, dall'operaio al professore universitario. Da loro venimmo anche a sapere che i preparativi per il nostro arrivo erano cominciati tre settimane prima dell'omicidio di Vom Rath ... Nelle settimane a venire dovemmo marciare per ore per il campo o restare immobili: ci furono una tempesta di neve e piogge gelate. Durante le marce o l'appello morivano circa trenta persone alla settimana ... C'era un ospedale con medici delle SS, ma ti ricoveravano solo con oltre quaranta di febbre, e a quel punto era già quasi sempre troppo tardi.

Le notti erano tremende quanto le giornate:

> La sera crollavamo sui pagliericci e stavamo distesi come sardine in una latta. Era così stretto che quando uno di noi si girava, dovevano girarsi anche tutti gli altri. Per tutta la notte [lungo le finestre] sfilavano i coni di luce dei riflettori ... Potevamo scrivere una cartolina due volte al mese ... La prima ci veniva dettata: «Sono in salute e va tutto bene». Naturalmente tutta la posta in arrivo era censurata, e sebbene i nostri familiari si esprimessero con cautela, il censore si divertiva comunque a tagliuzzare lettere e cartoline in modo che non si riuscisse più a leggerle.

L'uomo che aveva predisposto la deportazione di Karl a Dachau si chiamava Franz Novak e apparteneva ai nazisti della prima ora. Nel 1934 aveva partecipato al putsch fallito contro il governo Dollfuß, perdendo così la cittadinanza austriaca. Come molti altri nazionalsocialisti austriaci considerava l'Anschluss un'opportunità di vendetta. Finalmente poteva regolare i conti con coloro che un tempo, a Vienna, gli avevano messo i bastoni tra le ruote. Ebrei e socialisti erano in cima alla sua lista nera. Nell'autunno del 1938 Novak lavorava presso l'Ufficio centrale per l'emigrazione ebraica situato nel Palais Rothschild di Vienna e controllato dalle SS. Sebbene l'Ufficio centrale avesse inizialmente accelerato le emigrazioni (badando di spogliare del proprio patrimonio chi desiderava emigrare), con il pogrom di novembre del 1938 la strategia cambiò. I prigionieri di sesso maschile furono deportati da Vienna a Dachau: era scoccata l'ora di Novak. Impressionò i suoi superiori spedendo instancabilmente vagoni stracolmi di gente nel campo di concentramento. Il suo inesauribile talento organizzativo e l'alta percentuale di successi compiacquero in particolare Adolf Eichmann. Egli portò in seguito Novak con sé a Praga per aprirvi – sulla base del modello viennese – un altro Ufficio centrale per l'emigrazione ebraica. Come ha mostrato la storica Eva Holpfer, a Praga Novak si fece strada fino a diventare lo "specialista dei trasporti" al servizio di Eichmann.[26]

In uno dei trasporti a Dachau organizzati da Novak, oltre a Karl, si trovava anche il celebre autore satirico austriaco Fritz Grünbaum. Quando arrivò al campo, Grünbaum era già sessantenne e aveva dunque molte meno probabilità di sopravvivenza di un giovane come Karl. Sebbene fin dall'inizio non stesse bene, ci sono state tramandate alcune sue arguzie anche da Dachau. Quando il cibo venne razionato per l'ennesima volta, disse: «Se non si hanno soldi, non ci si dovrebbe prendere dei prigionieri».[27]

Karl venne a sapere quasi subito che al campo c'era il noto Grünbaum. Nel suo resoconto su Dachau del 1939 non citò però alcun nome, per non mettere in pericolo nessuno. Sui prigionieri illustri scrisse solo: "Incontrai diversi membri del governo austriaco. C'erano persone provenienti da tutta la Germania, si sentivano dialetti di ogni genere, e durante la mia permanenza arrivarono anche trasporti dai Sudeti". Come nel caso di Karl, anche gli amici di Grünbaum cercarono di muovere tutti i fili possibili per tirarlo fuori. Friedrich Torberg scrisse a un amico:

> Stando alle ultime notizie che la moglie di [Grünbaum] è riuscita a far pervenire all'estero da Vienna, c'è un'unica possibilità di salvarlo: bisognerebbe procurargli un affidavit e contemporaneamente ... un contratto di lavoro per gli Usa. Si tratta evidentemente di una arbitraria vessazione dei funzionari nazisti, i quali in questo caso vogliono rendere ancora più difficoltosa la prassi che osservano ovunque – immediato abbandono del territorio del Reich come condizione per la liberazione –, e hanno dunque aumentato le condizioni stabilendo che G., come si diceva, debba poter «partire immediatamente per l'America ed esibire delle garanzie».[28]

Chi, in America, avrebbe fatto un contratto di lavoro a un cabarettista sessantenne? Per Otto sistemare il fratello ventunenne era stato un po' più semplice. Dopo la guerra Otto e Torberg si conobbero e si trovarono a competere per la stessa donna,[29] ma nel 1938 avevano un problema molto più serio. Cercavano disperatamente di tirar fuori da Dachau qualcuno che gli era molto caro. Racimolare del denaro per un riscatto sembrava un'opzione possibile, ma è tutt'ora difficile ricostruire quanto spesso venisse adottata e quali probabilità di successo avesse. Persino dei burocrati ossessivi come i nazionalsocialisti non tenevano registri per questo genere di entrate e coloro che ricevevano tangenti non prendevano certamente nota. La moglie di Grünbaum non sarebbe comunque più stata nelle condizioni di pagare alcunché. Sebbene Fritz Grünbaum appartenesse a una facoltosa famiglia di mercanti d'arte e avesse posseduto, oltre a dipinti di Dürer, anche una grande collezione di opere di Egon Schiele, non era rimasto più nulla. I nazisti avevano già depredato l'intero patrimonio di famiglia e fatto buoni affari con il cambio.[30] Se anche alla fine Torberg e gli amici americani fossero riusciti a procurargli il denaro o un contratto di lavoro, non si sa se le autorità ne avrebbero mai autorizzato l'emigrazione. Era diventato testimone del furto nazista di opere d'arte, e la sua lingua affilata e il suo umorismo avrebbero inoltre gravemente danneggiato il regime all'estero. Lo tormentarono a tal punto che nel 1941 tentò di togliersi la vita. Morì per le conseguenze del tentato suicidio.

Karl non era un prigioniero illustre, e poteva contare su Otto e i Dodson, che fecero di tutto per tirarlo fuori. A gennaio del 1939 accadde il miracolo:

> Una mattina chiamarono il mio numero. Fui liberato. Non riuscivo a crederci, accadde tutto così all'improvviso, piangevo come un ragazzino e non riuscivo a smettere. Alle cinque del pomeriggio venne un comandante del campo a farci un discorso, e terminò dicendo: «Se mentre siete in Germania racconterete a chicchessia qualcosa su questo campo, vi riportiamo qui e vi assicuro che non ne uscirete una seconda volta. Quel che direte all'estero non ci interessa, perché nessuno vi crederà ...». Poi marciammo fuori dal campo accompagnati da due SA.

Karl cambiò in diverse stazioni prima di arrivare a Vienna, da Willy. Il suo aspetto doveva essere tremendo, rasato a zero e magrissimo, ma Willy non poté che rallegrarsi di rivederlo. Mandò subito un telegramma ad Alice e andò a fare la spesa. Nelle settimane seguenti Karl fu suo ospite e Willy si occupò di lui come meglio poté. Una volta al giorno Karl doveva lasciare l'appartamento per presentarsi nel locale commissariato di polizia. A quel punto aveva un mese di tempo per lasciare il paese. La prima lettera dopo il suo rilascio la scrisse ad Alice:

> Venerdì sera
>
> Cara mamma! Anche a rischio che non ti arrivi (dal momento che il telegramma che ti avevo inviato è appena tornato indietro), la prima lettera che sono in grado di scrivere

la riservo a te. Ieri mattina sono arrivato a Vienna. Sto bene! Mi sento naturalmente malissimo all'idea di tutte le preoccupazioni e le difficoltà che vi ho creato, ma non è davvero stato per trascuratezza, bensì una fatalità. Ciò che hanno fatto qui Robert [Urbach] e tutti gli altri parenti, e ciò che ha fatto Bobby [Otto] negli Usa per me, per tirarmi fuori, è indescrivibile. Di te non ho molte notizie e spero di ricevere presto un resoconto dettagliato. Il 15 febbraio ho una visita medica. Il 17 partirò probabilmente per Rotterdam ... Perdonami se non scrivo di più ma non ce la faccio. Il cambiamento è stato troppo improvviso e sono ancora molto nervoso. Ancora tremo per lo shock. Spero che presto andrà meglio. Tanti baci affettuosi, Karli.[31]

Nel frattempo, Otto era impegnato a organizzare il viaggio, e scrisse a Karl:

> Qui abbiamo fatto tutto il possibile, e spero che presto tu sia abbastanza in forze da goderti nuovamente la vita. Tutti mi chiedono di continuo di te e dei tuoi amici viennesi e sperano di poter fare presto qualcosa per tutti loro. Il consolato americano è stato informato tramite il senatore McNary, e spero di poterti inviare una lettera di benvenuto da parte sua.[32] Fra poco andrò a spedire il denaro. Con affetto, Otto[33]

Allegò una lettera di Cordelia: "We were così felici di sapere che Karlie sta bene ed è di nuovo a Vienna".[34]

Karl era solo uno dei tanti prigionieri che, all'inizio del 1939, furono all'improvviso rilasciati da Dachau. Poiché tutti i documenti sui detenuti sono stati distrutti,[35] nell'archivio del memoriale del campo di concentramento si trova solo il suo numero di matricola, 28194, e le date dell'arrivo e del rilascio.[36] Nella famiglia Urbach, a decenni di distanza, circolavano ancora un'infinità di teorie sul perché nel 1939 Karl fosse stato liberato da Dachau. Una delle versioni predilette aveva a che fare con sua cugina Anni, la figlia di Marie e Ignaz Urbach, che nel 1924 si era tolto la vita per l'incombente fallimento della sua banca. Anni era considerata una viennese particolarmente bella, e dal momento che la madre era "ariana" e probabilmente conosceva gente legata al partito, si diceva fosse stata Anni a "tirar fuori" Karl da Dachau. Secondo questa storia, un alto gerarca nazista si era impietosito grazie al suo fascino femminile.[37] Non c'è da stupirsi se questa versione comparve all'improvviso alla fine degli anni Settanta, arricchendo la saga famigliare. Ricorda infatti molto da vicino la serie televisiva *Olocausto*, in cui Meryl Streep va a letto con un ufficiale delle SS per salvare il marito ebreo. È tuttavia molto improbabile che Anni, da Vienna, potesse avere la benché minima influenza. La verità fu probabilmente assai più prosaica. All'inizio del 1939 la scarcerazione poteva essere autorizzata in presenza di un certificato di emigrazione, che Otto si era nel frattempo procurato. Quando Karl scomparve, Otto aveva assunto l'avvocato viennese Hardt, che fu in grado di attestare che Karl era finalmente in possesso di un affidavit e di un permesso di espatrio. Forse Hardt dovette pagare anche una tangente, come lascia supporre la lettera seguente, del febbraio 1939, inviata da Otto a Karl:

> Ieri ho ricevuto un cablogramma da Poldi [il cugino ceco Leopold], in cui mi comunica che le spese per il tuo avvocato ammontano a 1500 dollari. Non ho a disposizione questa somma e non so al momento come fare per racimolare il denaro. Non so se questa richiesta sia del dottor Hardt o di qualcun altro. Mi pare improbabile che il dottor Hardt abbia avanzato una richiesta così folle.[38]

Otto o Poldi, alla fine, devono avercela fatta a procurarsi il denaro. Fu l'ultimo aiuto che Poldi poté rendere all'amato cugino Karl. Quando Hitler, a marzo del 1939, occupò "il resto della Cechia", il patriota ceco si suicidò.

La comunità ebraica di Vienna diede a Karl un generoso contributo per il biglietto della nave,[39] e il 17 febbraio 1939 lui poté finalmente salire sul treno per i Paesi Bassi. Era entusiasta dell'Olanda: "L'intero paese sapeva di libertà. Quasi non ci si poteva credere, che la gente fosse di nuovo gentile. Con un ebreo".[40] Da Rotterdam viaggiò con la Holland-America Line, e durante le settimane trascorse sulla nave si sentì come in uno degli eleganti film di Fred Astaire che aveva visto al Palastkino di Paula Sieber:

> Cara mamma!
>
> Ho ricevuto la tua lettera di martedì... Oggi è il mio primo giorno a bordo e dopo un'incredibile prima colazione siedo nel fumoir. Pensa che nella mia cabina c'è un altro K. Urbach. Nipote di Urbach, il professore universitario di Praga. Abbiamo riso molto quando abbiamo saputo l'uno dell'altro. In Olanda ho trascorso cinque giorni meravigliosi. Sono stato anche all'Aia e ad Amsterdam, e a dire il vero mi è dispiaciuto di dover proseguire subito, ma è tutto un susseguirsi di momenti straordinari. La vita è di nuovo fantastica. Mi chiedi che cosa ho passato: l'inferno. Nella vita non potrà mai più succedermi niente, perché non può esserci niente di più brutto. Ma non sono in grado di scriverti nei dettagli di tutto quell'orrore. Mi si paralizza il cervello quando ci penso, forse più avanti sarà diverso ... Quasi tutti i passeggeri sono emigranti, e a parte Kurt Urbach non ho ancora avuto occasione di fare conoscenza con nessuno ... Sono molto felice che tu abbia finalmente trovato ciò che volevi [Alice aveva ricevuto l'offerta di dirigere un istituto infantile ebraico], e che sia contenta. Il compenso è davvero bassissimo, ma non è poi così importante se sei contenta. Se dovessi trovarti in difficoltà, mandarti qualche dollaro non sarà così difficile. Evito di proposito di parlare del futuro, vediamo che cosa succede. [Quel che conta] è che tutti quanti vogliamo ritrovarci. ... Non riesco ancora a rendermi conto di essere libero, è davvero stupendo. Solo il pensiero dei tanti che sono rimasti indietro, be', quello è davvero duro, e una grande amarezza.
>
> Ti auguro ogni bene, Karl[41]

Di colpo Karl era tornato un ragazzo che voleva soltanto rimuovere ciò che era successo. E a tratti gli riusciva anche. Poco prima dell'arrivo a New York scrisse ad Alice:

> 6 marzo 1939
>
> Ho mangiato e mangio tantissimo e qui mi riprendo molto in fretta. I capelli mi sono un po' ricresciuti, tanto che non si vede già più da dove vengo, sebbene in verità io sia orgoglioso

di Dachau. Di aver resistito, intendo. ... La vita sulla nave, naturalmente, è perfetta. Cinema, giochi, balli, flirt, letture. Non mi sono annoiato neanche un secondo ... Io e Kurt Urbach abbiamo flirtato a destra e a manca. A bordo tutti quanti conoscono gli Urbach ... È proprio tutto come in un film ... Scrivendo sembra forse che dia tutto per scontato, come un viaggiatore di lungo corso, ma in verità non è così che mi sento. Sembra di stare in una favola, a saltare così da un continente all'altro ... L'atmosfera e la compagnia sulla nave sono molto buone e rilassate, non c'è traccia di rigidità ... Ieri c'è stata una bellissima festa di Purim. Anche gli olandesi e gli americani (cristiani) hanno partecipato, il capitano e gli ufficiali. Una bella sensazione. La sala era decorata con le bandiere americana, olandese e i colori nazionali ebraici. Ah, è una gran bella cosa essere di nuovo liberi. Ora non resta che riabituarsi, perché continuo a stupirmi che ci si possa muovere liberamente.[42]

Come tutti gli emigranti Karl mosse i suoi primi passi in territorio americano a Ellis Island.[43] Un altro viennese, l'attore Leon Askin, racconta nelle sue memorie quanto quel luogo fosse sconcertante. Aveva in mente vecchie foto viste sui giornali, in cui erano raffigurate masse di persone povere e malconce. Immaginava dunque che Ellis Island fosse un posto sporco e caotico, e fu sorpreso che tutto si svolgesse in modo ordinato e che intorno a lui pulissero continuamente. Ciò che tuttavia lo colpì fu soprattutto che ci fosse un poliziotto ebreo. In vita sua non aveva ancora mai visto niente del genere. In patria un ebreo non sarebbe mai potuto diventare poliziotto, e Askin giunse alla conclusione di essere approdato in paradiso.[44]

Karl trascorse un paio di giorni dagli amici newyorkesi di Otto e prese poi il pullman che, attraversando il paese, lo condusse a Portland.[45] Otto fece in modo che la sua compagna del Reed College, Frances Murphy, intervistasse Karl. Voleva a tutti i costi che il mondo sapesse che cosa accadeva nei campi di concentramento. Nella battaglia per conquistarsi l'attenzione dell'opinione pubblica americana sembrava particolarmente importante sottolineare che tra le persone internate dal regime non c'erano solo ebrei. A Dachau Karl era rimasto colpito dal coraggio dei prigionieri politici, e nell'articolo furono inserite anche le sue testimonianze in merito. Murphy non riportò nomi, in modo da non mettere in pericolo nessuno. Eppure, quando infine l'articolo ottenne un'intera pagina sull'"Oregonian", il principale quotidiano dello stato federale dell'Oregon, l'impatto fu modesto. Molti giornali americani, all'epoca, pubblicavano testimonianze dirette, che tuttavia non riuscivano ad avere la meglio sull'influenza esercitata dagli isolazionisti.[46] Tra loro rientravano anche i ricchi esponenti dell'America First Committee, il comitato "Prima di tutto l'America", come l'asso dell'aeronautica Charles Lindbergh o il re delle automobili Henry Ford. Entrambi erano convinti antisemiti, persuasi che gli ebrei volessero coinvolgere l'America in una nuova guerra con una propaganda macabra. Nel 1933 quest'opinione era già stata sostenuta dal principe ereditario prussiano Guglielmo sull'"Herald Tribune", e gli isolazionisti si unirono con piacere all'illustre demagogo a servizio dei nazionalsocialisti.[47] A causa di questo genere di propaganda e della pressione degli isolazionisti l'America non aumentò le quote d'ingresso e non mise a punto alcun piano di salvataggio, come invece aveva fatto la Gran Bretagna con i suoi "domestic permits". Anche l'idea di un trasporto di bambini americano fallì.

Dopo l'intervista Karl lavorò come copritetto e pompiere per pagarsi gli studi al Reed College. Tentò di dimenticare il campo di concentramento e non venne mai a sapere, nemmeno dopo la guerra, che Franz Novak, colui che aveva organizzato la sua deportazione e quella di Fritz Grünbaum a Dachau, nel 1969 fu infine giudicato colpevole da un tribunale austriaco. La sua detenzione ammontò complessivamente a cinque anni. Lo "specialista dei trasporti" di Adolf Eichmann non mostrò alcun rimorso.

Le bambine di Windermere

Nel continente la gente ha del buon cibo,
in Inghilterra buone maniere a tavola.
GEORGE MIKES[1]

A gennaio del 1939 Mrs Van der Elst decise che i suoi tentativi di perdere peso non sarebbero riusciti finché a Grantham Castle lavorava una pasticcera come Alice. Il pericolo di intrufolarsi di nascosto nella dispensa, la notte, per mangiare dolci era semplicemente troppo grande. Van der Elst ordinò che la viennese se ne andasse. Il licenziamento non scombussolò particolarmente Alice. La cucina viennese era ormai molto amata in Inghilterra. Gli emigranti che potevano inserire la parola "Austria" nelle loro domande di impiego avevano buone probabilità di trovare un posto. Di colpo c'erano ovunque cuochi viennesi: "Pastry Cook (Viennese) looking for position. Experienced cook", recitava un annuncio, e un altro: "2 Austrians want situation as cook and parlourmaid. Small family. No rough".[2]

Una vera star della cucina viennese come Alice trovò naturalmente subito un nuovo impiego: Lady Eden, cognata del politico Anthony Eden, cercava con urgenza del personale. La famiglia Eden non aveva alcun pregiudizio nei confronti dei rifugiati ebrei. Anzi. Anthony Eden aveva respinto la politica di pacificazione nei confronti di Hitler e per questa ragione, nel 1938, si era dimesso dalla carica di ministro degli Esteri. Agli occhi di Alice Anthony Eden sembrava uno dei pochi politici in grado di comprendere che con una "banda di gangster" come i nazionalsocialisti non si poteva trattare. Lavorare per sua cognata fu per lei un onore, ma poco dopo una famiglia di medici londinesi se la accaparrò a condizioni ancora migliori.[3] Vivere a Londra le sembrò particolarmente allettante perché lì, nel marzo del 1939, in Westbourne Terrace aveva aperto i battenti l'Austrian Centre, che offriva agli emigranti nostalgici un po' di atmosfera viennese. Oltre a "piatti e bevande a prezzi molto convenienti" vi si potevano leggere libri in tedesco, farsi risuolare le scarpe senza spendere troppo e soprattutto ascoltare conferenze. Per un modico biglietto d'ingresso gli emigranti che in patria erano stati luminari nel loro campo, offrivano lezioni sull'arte, la scienza, la musica e la letteratura.[4]

Nel tempo libero Alice cercava di andare il più spesso possibile all'Austrian Centre. Dopo tutti gli orrori degli ultimi mesi, la sua situazione sembrava a poco a poco migliorare. Aveva un impiego sicuro a Londra, Karl era libero, e anche il fratello Felix era in attesa di un visto per l'Inghilterra. Nonostante tutto, però, la notte gli incubi continuavano a perseguitarla. Le sorelle Karoline, Sidonie e Helene erano ancora a Vienna.[5] Alice doveva prendere qualche iniziativa per non farsi divorare dai sensi di colpa. Si ricordò dell'opuscolo informativo di Woburn House. Al punto 8 diceva:

> La comunità ebraica confida che manterrete le migliori qualità ebraiche, che conserverete la dignità e aiuterete gli altri mettendovi al loro servizio. Impiegate le vostre energie e i vostri talenti particolari per aiutare coloro che sono più in difficoltà di voi, i rifugiati soli, i bambini, come anche i vecchi e gli ammalati nelle vostre vicinanze.

Alice sapeva di poter fare qualcosa di più che cucinare per facoltosi londinesi. Quando da Woburn House le chiesero se volesse dirigere un istituto per bambini rifugiati a Newcastle non ebbe bisogno di pensarci a lungo. Finalmente poteva dare un contributo più significativo.

Leo Rapp era un ragazzo di Monaco. Quando partì per l'Inghilterra, la madre gli mise in valigia molte cose utili, tra cui dei pantaloni di pelle, molte federe e scarpe di un paio di numeri più grandi. Più di ogni altra cosa, però, la signora Rapp voleva che il figlio Leo, in Inghilterra, facesse i compiti. Aggiunse dunque molti manuali e vocabolari, come pure un calibro a corsoio. E per sicurezza, contro la nostalgia di casa, un album di foto di famiglia.[6]

Il bagaglio di Leo, in fondo, non aveva niente di sensazionale. Solo le scarpe troppo grandi alludevano a una lunga assenza da casa, e in valigia c'erano poi altri due oggetti insoliti: i filatteri e un libro di preghiere.

La signora Rapp non voleva soltanto che Leo, in Inghilterra, facesse i compiti, ma sperava anche che non dimenticasse la sua fede ebraica.

Si stima che nell'Olocausto siano morti 1,5 milioni di bambini ebrei. Leo Rapp ebbe fortuna. Apparteneva ai 10.000 bambini e bambine che poterono fuggire in Inghilterra. Mentre gli Stati Uniti, fra il 1934 e il 1945, accolsero solo 1400 bambini non accompagnati, la Gran Bretagna reagì diversamente. Il 21 novembre 1938, dodici giorni dopo la "notte dei cristalli", la camera bassa inglese stabilì di far entrare nel paese i bambini ebrei senza visto. Grazie all'impegno di privati cittadini inglese e olandesi poterono dunque cominciare i trasporti di bambini. La storia di questa azione di salvataggio è stata già raccontata più volte.[7] Nella tragedia generale è una storia a lieto fine. Perché l'aspetto più sorprendente della vicenda è che la maggioranza di quei bambini, in seguito, ottennero risultati importanti nella vita. Sebbene ne avessero tutti i motivi, non disperarono. Anzi, quasi tutti alla fine trovarono un lavoro e si fecero una famiglia. Il loro bagaglio dà un'idea del perché ci riuscirono. Conosciamo il contenuto di alcune valigie, perché doveva essere elencato in moduli prestampati. Un ragazzo si portò per esempio delle carte da gioco colorate su cui erano raffigurati la Porta di Brandeburgo e altri simboli tedeschi; alcuni bambini misero in valigia – come nel noto romanzo di Judith Kerr *Quando*

Hitler rubò il coniglio rosa – il loro pupazzo preferito. Molti di questi giocattoli, nel corso del tempo, andarono perduti, ma un oggetto in particolare non fu smarrito quasi da nessuno: le foto di famiglia. Ricordavano ai bambini due cose fondamentali. I genitori li avevano amati e avevano riposto tutte le speranze nel fatto che loro potessero cominciare una vita migliore. Ai bambini non restava dunque altra possibilità che andare avanti. Arrendersi non era un'alternativa contemplata.

Ciò nonostante sarebbe ingenuo credere che la conquista di una vita normale, per quei bambini, fosse un percorso lineare. Era vero il contrario. Gli anni di guerra furono per loro un'altalena emotiva, e alcuni svilupparono gravi problemi psichici. Anche le loro famiglie affidatarie e gli assistenti degli istituti in cui furono accolti dovettero confrontarsi con questi problemi. Tra quegli assistenti c'erano anche Alice e Paula Sieber. Le due amiche non si sarebbero potute cercare un compito più difficile.

Secondo le ricerche di Peter Sieber, l'idea di un istituto per i rifugiati nacque nel novembre del 1938. Dopo la "notte dei cristalli" Woburn House pregò tutte le comunità ebraiche in Gran Bretagna di accogliere bambini perseguitati provenienti dalla Germania e dall'Austria. Un piccolo gruppo di vicini di casa di Newcastle lesse l'appello e decise seduta stante di fare qualcosa. La guida del gruppo era Mr Summerfield, un gioielliere ebreo che possedeva un negozio a Newcastle. Era un uomo assolutamente ordinario che fece qualcosa di straordinario: da un giorno all'altro fondò un istituto privato per l'infanzia. Nell'impresa ebbe il sostegno della moglie e dei suoi amici di Newcastle: Rita Jackson, che era già impegnata nel Women's Voluntary Service; Mrs Rita Freedman e il marito Wallace Freedman; Nolly e Ike Collins, e Mrs Wilkes. Queste famiglie vivevano a pochi isolati di distanza, e i primi incontri organizzativi si svolsero a casa loro, in soggiorno. Erano un gruppo energico, desideravano aiutare in fretta, senza troppa burocrazia, e non persero neanche tempo a redigere verbali delle riunioni.

Il primo passo fu rivolgere appelli nelle sinagoghe della zona per raccogliere fondi. Con l'aiuto di due rabbini si poté racimolare il denaro sufficiente per affittare una casa: al 55 di Percy Park, a Tynemouth. La piccola località di Tynemouth si trovava fuori da Newcastle ed era meno costosa. Percy Park versava tuttavia in condizioni pessime. Peter Sieber racconta che i membri del comitato avevano chiesto aiuto a tutti gli amici e conoscenti: "Ingaggiarono artigiani che ristrutturarono l'edificio e rimisero in funzione il riscaldamento ... Tutti, nella comunità ebraica, donarono ciò di cui potevano privarsi, e i camion portarono il mobilio a Tynemouth".[8] Tra le altre cose c'erano tende, tappeti, venti letti e culle, lenzuola, stoviglie e posate con le lettere *m* e *f* (*milchig*, per il latte, e *fleischig*, per la carne), perché all'istituto si doveva cucinare kosher. Newcastle aveva molto sofferto per la Depressione degli anni Trenta, ma al comitato riuscì comunque di raccogliere sufficienti scorte di cibo, vestiti, cappotti e scarpe per i bambini.

Una volta attrezzato l'edificio si pose il problema di chi dovesse essere accolto: maschi o femmine? Gestire un istituto misto risultava moralmente problematico, e ci furono lunghe discussioni su chi avesse più urgente bisogno d'aiuto. A Newcastle all'epoca c'erano molte ragazze disoccupate che cercavano di cavarsela vivendo sole, per strada. Il gruppo raccolto intorno a Summerfield temeva che la stessa cosa potesse accadere anche alle rifugiate ebree e che nel peggiore dei casi potessero anche essere abusate. Così si decise di accoglierne da venti a ventiquattro.

Ma chi si sarebbe assunto il compito di dirigere l'istituto? A Newcastle nessuno si fece avanti spontaneamente. Il comitato chiese consiglio a Woburn House, a Londra, e ottenne una risposta di questo tenore: in verità ci sarebbero diverse emigranti che potrebbero essere interpellate per questo lavoro, ma nessuno sarebbe più adatto di Alice Urbach. Rita Jackson si recò dunque a Londra su incarico del comitato per conoscere Alice. Le due donne si compresero all'istante.[9] Il compenso era minimo, e per Alice rappresentava un passo indietro, ma lei pensò alla regola numero 8 dell'opuscolo informativo e accettò.

Fu un'idea completamente folle. A parte il suo talento culinario, Alice non aveva alcun requisito per svolgere un compito simile. Sebbene Otto, a volte, l'avesse portata sull'orlo della disperazione, Alice conservava una visione molto idealizzata dei bambini e credeva che le ragazze fossero sicuramente più facili da seguire di quanto non fosse stato il suo figlio scavezzacollo. Solo le dimensioni del gruppo la preoccupavano, e chiese al comitato di poter portare con sé una seconda assistente: la sua vecchia amica Paula Sieber. Dopo la fuga Paula era molto provata psicologicamente. In seguito all'annessione, il suo Palastkino era stato arianizzato, come tutti i cinema ebrei. Secondo il "Kinojournal", una pubblicazione dell'epoca, nell'ottobre del 1938 cinquantacinque sale cinematografiche poterono già essere assegnate a "benemeriti membri del partito". A dicembre dello stesso anno l'arianizzazione era stata completata, a parte due cinema.[10]

Il fatto che le avessero tolto il cinema – e con esso la sua unica fonte di guadagno – era stato solo uno dei problemi di Paula a Vienna. Ciò che l'aveva scossa più di ogni altra cosa era il pogrom di novembre. Dei saccheggiatori avevano fatto irruzione nel suo appartamento in Schreyvogelgasse, spaccando oggetti e obbligandola a fare le valigie. Dopo molte difficoltà lei e il figlio Paul erano riusciti a emigrare, ma sua sorella maggiore, Selma, con cui aveva gestito il cinema, era rimasta a Vienna. Dopo quelle esperienze traumatiche Paula avrebbe soltanto voluto sparire immergendosi nel mondo fantastico di una sala cinematografica inglese. Ma Alice glielo impedì. Non permise a Paula di arrendersi. Conosceva l'indole sognatrice della sua amica, ma era fermamente convinta che a Paula servisse una nuova occupazione e che potesse fare qualcosa di importante per i bambini. A Vienna Paula si era dimostrata una donna d'affari e un'organizzatrice molto in gamba. Simili capacità sarebbero state utili per l'istituto. Alice pensò che Paula si sarebbe potuta occupare del lavoro amministrativo, mentre lei avrebbe fatto da "matrona", da direttrice della casa.

Sebbene Paula e Alice fossero donne capaci che avevano imparato a lavorare sodo, come responsabili di un istituto appaiono, per gli standard di oggi, del tutto inadeguate. Nessuna delle due aveva mai gestito un gruppo di bambini, tanto meno avevano mai seguito un corso di formazione specifico. Questo si rivelò una mancanza, perché i bambini di cui dovevano occuparsi erano impauriti e terribilmente infelici. Erano stati strappati al loro ambiente da un giorno all'altro e dovevano vivere in un paese straniero di cui non capivano la lingua. Alice e Paula sottovalutarono profondamente la situazione. Questo non dipese soltanto dal loro ingenuo entusiasmo, ma anche dal comitato di Newcastle. Mr Summerfield e i suoi amici avevano assicurato che si sarebbero avvalsi del loro aiuto solo temporaneamente. Di lì a pochi mesi i genitori dei bambini li avrebbero raggiunti e portati con sé. Dopo di che l'istituto sarebbe stato chiuso. Nessuno, nell'estate del 1939, immaginava che quei "pochi mesi" sarebbero diventati sette anni.

Quando arrivò a Newcastle con la madre, Peter Sieber aveva diciassette anni. Essendo un ragazzo non poteva vivere nell'istituto e dovette essere alloggiato nelle vicinanze, presso una delle famiglie del comitato. Ciò nonostante cercava di aiutare Paula e Alice più che poteva. Nel suo resoconto Peter Sieber enumera tutte le ragazzine che nell'estate del 1939 arrivarono all'istituto.[11] Una di loro era la viennese Lisl Scherzer, di nove anni. Oggi vive in Israele, si chiama Alisa Tennenbaum, e tiene una foto dell'istituto appesa in soggiorno. Racconta con entusiasmo del periodo trascorso in Inghilterra, ma la via per arrivarci era stata tutt'altro che semplice: i genitori di Lisl possedevano un negozio di alimentari a Vienna. Anche il padre di Lisl, Moshe Scherzer, come Karl, fu deportato a Dachau nel novembre del 1938. Alla fine di gennaio del 1939 lo rilasciarono a condizione che lasciasse il paese nel giro di un mese. Lisl racconta dell'orrore provato quando il padre tornò da Dachau: "Un uomo senza capelli, che piangeva, e io pensavo: questo non può essere mio padre!". Ma il signor Scherzer radunò ancora una volta le forze e procurò a Lisl uno dei posti fortemente contesi per il trasporto dei bambini. Il 22 agosto 1939 lei salì con molti altri coetanei di Vienna su un treno per l'Olanda, proseguì poi in nave fino a Harwich, e a Londra – dopo un secondo viaggio in treno – prese per la prima volta in vita sua la metropolitana. Quando infine giunse nella stazione di Kings Cross, trovò ad aspettarla una collaboratrice di Woburn House. La donna diede a Lisl un po' di frutta, la mise su un altro treno e le raccomandò di scendere a Newcastle.[12] Fino ad allora Lisl aveva viaggiato con un gruppo di bambini, ora non c'era più nessuno ad accompagnarla. La situazione la impaurì. In treno le venne il panico:

> Mia madre mi aveva dato un vocabolario tedesco-inglese, ma io non capivo dove dovessi scendere. Cominciai a piangere, e un uomo che sedeva di fronte a me percorse tutto il treno chiedendo ai passeggeri se parlassero tedesco. Alla fine trovò una signora anziana e un prete, e la signora mi capì. Le chiesi: «Che cos'è Newcastle?», e lei rispose: «Tra un'ora sarai a Newcastle». In verità la donna era diretta a Edimburgo, ma poi lei e il prete scesero a Newcastle con me e mi aiutarono a individuare la persona che era venuta a prendermi.

Ad attendere Lisl c'era Paula Sieber, e le due proseguirono in taxi per Tynemouth: "Era buio, e io avevo una paura terribile. Quando arrivammo in istituto, all'ingresso c'erano otto bambine fra i tre e i nove anni".[13] Lisl fu sollevata nel vedere di nuovo dei coetanei. Alice aveva preparato i suoi biscotti migliori, per rassicurare la ragazzina. Funzionò: dopo un po' Lisl si calmò. Il metodo dei biscotti, però, non aiutava in tutti i casi. Peter Sieber racconta quanto le prime settimane fossero difficili per le nuove arrivate: "All'inizio le bambine più grandi non dicevano una parola; le più piccole non riuscivano a smettere di piangere. Tutte erano tormentate da incubi. Paula e Alice stavano in piedi tutta la notte per tranquillizzarle".[14] Le notti erano dure, ma le giornate non trascorrevano molto meglio. Le bambine non facevano altro che aspettare notizie dei genitori: "La visita del postino divenne un rituale quotidiano di speranza e delusione".[15]

Il 29 agosto 1939, solo un paio di giorni dopo l'arrivo dell'ultima bambina, Hitler rese note le sue rivendicazioni territoriali alla Polonia. La Gran Bretagna aveva assicurato al governo polacco il proprio sostegno militare, e chiunque intuiva le possibili conseguenze. All'istituto, dal 29 agosto, la radio era sempre accesa. Peter Sieber scrisse a posteriori: "Alice, Paula e le bambine ormai mangiavano pochissimo e stentavano a chiudere occhio per la preoccupazione".[16]

Il 1° settembre Hitler invase la Polonia, e la Gran Bretagna fu costretta a reagire. Nonostante la tensione, Alice tentava di dare alle giornate una parvenza di normalità. Il decimo compleanno di Lisl era alle porte, e Alice organizzò una festa speciale. Nel suo libro di cucina aveva descritto minuziosamente le torte, le torte gelato, le cialde e i panini imbottiti perfetti per i compleanni dei bambini: "È proprio con i sandwich che la gioventù può dare grandissime soddisfazioni". Aveva attribuito molta importanza alle decorazioni: "Una tavola apparecchiata in modo festoso e colorato, un regalino per ogni bambino ... e un intrattenimento ben congegnato creeranno una bellissima atmosfera".[17]

Alla fine si dovette rinunciare all'intrattenimento. Ma tutti quanti, in seguito, ricordarono il decimo compleanno di Lisl, il 3 settembre 1939. Alle 11.15 il primo ministro Chamberlain tenne un breve discorso alla BBC, in cui dichiarò che Hitler non aveva reagito all'ultimatum britannico di ritirare le sue truppe dalla Polonia. La Gran Bretagna era quindi in guerra con la Germania. Poco prima, in tutto il paese erano risuonate le sirene. Erano suoni assordanti a cui ci si dovette abituare presto. Il ricordo di Lisl comincia con le sirene:

> Il 3 settembre era una domenica. All'improvviso le sirene cominciarono a suonare e io dissi a Ruth: «Oh, musica per il mio compleanno!». E Ruth replicò: «Sei scema? Sono sirene!».

A Vienna non avevo mai sentito sirene. Le assistenti gridarono: «Ragazze, venite a sentire la radio, il re sta per fare un annuncio importante». E poi Giorgio VI disse che l'Inghilterra era in guerra.[18]

Per tutti quanti, all'istituto, fu una catastrofe. Pochi genitori soltanto erano riusciti a fuggire in Inghilterra: i padri di Lisl e Helga e le madri di Ilse e Edith.[19] I genitori degli altri bambini e le sorelle di Alice e Paula erano in trappola.

Dopo il compleanno di Lisl all'istituto cambiarono alcune cose. Gli inglesi all'inizio temevano un'invasione tedesca, e la paura di quell'eventualità prese anche Alice e Paula. Si sbarazzarono di tutti i libri tedeschi e ordinarono ai bambini di stracciare le loro lettere in tedesco. Se fossero arrivati i nazisti, niente doveva far loro capire che venivano dalla Germania o dall'Austria. Era una reazione esagerata, assurda, perché se davvero a Newcastle fossero comparsi dei soldati della Wehrmacht, il forte accento di Paula e Alice le avrebbe certamente tradite (per non parlare dell'inglese smozzicato dei bambini). In Gran Bretagna tuttavia non si temevano solo gli invasori, ma anche i tedeschi che si trovavano già nel paese. Ciascuno di loro poteva essere una spia. Tutti i tedeschi e gli austriaci dovevano mettere in conto di poter essere internati come "stranieri nemici". Alice non aveva problemi: il ministero dell'Interno l'aveva esonerata con la motivazione che i suoi due figli vivevano in America e lei era un'"antinazista".[20]

Decenni dopo Lisl ricordava ancora il panico di quei giorni: "Eravamo diventati stranieri nemici, e le assistenti ci ordinarono di non parlare più tedesco al di fuori dell'istituto. Soltanto inglese ... Tutti i pomeriggi veniva una signora a insegnarci l'inglese".[21]

Non tutti i rifugiati tedeschi ricevettero lezioni di inglese così intensive. Ancora nel 1941 il settimanale degli esiliati "Zeitspiegel" indisse un concorso per le migliori barzellette sull'"inglese dei rifugiati". A mo' di esempio si riportava uno scambio di battute che ricordava un po' il celebre dialogo del film *Casablanca*:

"How much the cauliflower?"
"Seven pence."
"Such much? Too much! For seven pence I can become a cauliflower round the corner!"[22]

Umorismo a parte, Alice non voleva nella maniera più assoluta che le "sue" bambine parlassero un inglese del genere. Lei stessa faceva ancora errori di grammatica, ma possedeva un ampio vocabolario. Insisteva sul fatto che le bambine, già un paio di giorni dopo il loro arrivo, frequentassero una scuola inglese. Quel che oggi viene chiamato "metodo immersivo", e consiste nell'immergersi in un'altra lingua e cultura, all'epoca lo conoscevano in pochi. Alice aveva appreso il concetto nella sua scuola di lingue viennese, ma per i bambini era difficile. Soprattutto per Dasha, una ragazzina proveniente dalla Cecoslovacchia, era davvero troppo. Paula Sieber sapeva qualche parola in ceco, ma le altre bambine no. Ora, da un giorno all'altro, Dasha dovette imparare l'inglese, e nessuno poteva tradurle le parole nuove nella sua madrelingua. Anche Lisl era disorientata. Il suo primo giorno di scuola alla Priory School di Tynemouth non capì nemmeno una parola:

> La prima ora c'era Geometria. La maestra viene verso il mio banco e vede che non ho scritto niente. Mi prende per l'orecchio e mi porta davanti a tutta la classe. Afferra la bacchetta e mi dice: «Allunga la mano!».
>
> Sta per colpirmi quando una bambina si alza in piedi e dice: «È arrivata con le altre bambine dell'istituto». E la maestra abbassa la bacchetta e mi chiede:
>
> «Dove abiti?».
>
> «55 Percy Park.»
>
> Mi ha abbracciato, e in seguito mi ha sempre aiutato con i compiti.[23]

Alice non voleva assolutamente che le sue protette diventassero delle emarginate. Il suo obiettivo era cercare di integrarle con tutte le sue forze, e aveva interiorizzato il punto 5 dell'opuscolo informativo di Woburn: "L'inglese attribuisce alle buone maniere un valore decisamente maggiore che a qualunque segno di ricchezza. Vi accorgerete che per il minimo favore dice *Dankeschön*".[24] Di conseguenza, Alice dava molta importanza alle buone maniere inglesi e al corretto abbigliamento. Le bambine non dovevano per nessun motivo apparire trascurate. Paula Sieber insegnò loro a rammendare immediatamente i buchi nei calzini e non faceva altro che riparare abiti. Per gli standard di allora, le bambine erano sempre vestite in modo impeccabile.

A parte il comitato di Newcastle, anche le organizzazioni umanitarie ebraiche ufficiali facevano visita alle ragazzine e allestivano dossier su di loro, accessibili dal 2018.[25] I documenti offrono per esempio informazioni sulla frequenza con cui le bambine venivano interpellate circa le loro condizioni fisiche e mentali. Quelli relativi a Margot (nata nel 1924) arrivano fino al 1947. Il padre era macellaio a Francoforte, la madre casalinga. Margot giunse all'istituto di Alice e Paula nel 1939. Il suo stato di salute venne giudicato buono, ma era anemica e dovette prendere dei ricostituenti. Poiché era la ragazza più grande dell'istituto e sentiva fortemente la mancanza dei coetanei, si decise di farle conoscere altre ragazze rifugiate, di Danzica. Nel corso degli anni Alice e Paula presero più volte contatto con il Jewish Refugees Committee per risolvere i problemi di alcune bambine. Al tempo stesso dovevano lottare per la mera sopravvivenza dell'istituto.

L'inverno 1939-1940 fu terribilmente freddo. Nel vecchio edificio di Tynemouth scoppiarono le tubature e l'intera casa fu allagata: "La signora Urbach e la signora Sieber, con l'aiuto di noi bambini, fecero di tutto per liberare la casa dall'acqua" scrisse Ruth in seguito "ma presto fu evidente che non potevamo restare lì".[26] Senza riscaldamento e acqua corrente, i bambini dovettero trasferirsi presso alcune famiglie della zona. Ruth ci si trovò così male che dopo un paio di giorni tornò a piedi da Alice e Paula. Le due assistenti la accolsero e riuscirono infine a riscaldare nuovamente l'edificio. Anche le altre bambine poterono tornare, ma le rigide condizioni atmosferiche causarono un altro problema. Le bambine si ammalarono di pertosse e influenza. Per ridurre il pericolo di contagio, da quel momento in poi, le assistenti prestarono la massima attenzione all'igiene. Già nel suo libro di cucina Alice aveva scritto: "Il lavoro della donna di casa è finalizzato a combattere tre nemici: la fame, il freddo e la sporcizia".[27] La lotta contro la sporcizia, però, si rivelò piuttosto ardua. Pur con tutta la pulizia, non si poteva evitare che i bambini, da scuola, portassero i pidocchi a casa. Tra grandi proteste dovettero sopportare dei tagli di capelli corti, da ragazzo.

I pidocchi erano fastidiosi, ma la situazione divenne davvero pericolosa quando una ragazza si ammalò di difterite, e poco dopo mezzo istituto finì in ospedale.[28] Essendo stata sposata con un medico Alice era in grado di riconoscere in fretta le malattie. Max era stato senza dubbio un marito tremendo, ma aveva trasmesso alla moglie delle conoscenze mediche di base. Tali competenze adesso le tornavano utili. Una volta passata la difterite, Alice riuscì inoltre a salvare una delle ragazze da una rottura dell'appendice.[29]

In quel periodo dovette chiamare molto spesso l'ambulanza, ma più difficili da diagnosticare dei dolori alla pancia erano i problemi emotivi dei bambini. La bussola di Alice nel labirinto dell'educazione infantile furono le teorie di Anna Freud, sua ex allieva a un corso di cucina. Nel 1936 Anna Freud aveva fondato una scuola materna per i figli degli operai viennesi. Il momento non era certo dei migliori. Dopo l'Anschluss dovette fuggire a Londra con il padre e ricominciare da capo. Creò una nuova istituzione: le Hampstead War Nurseries, in cui vennero accolti i figli di madri single dell'East End londinese.[30] Dopo lo scoppio della guerra Anna Freud fece parte del gruppo di esperti che diedero indicazioni sul modo migliore per evacuare in campagna i bambini provenienti dalle città bombardate. Era preferibile ospitarli in famiglie che se ne prendessero cura o in istituto? L'opinione di Freud in proposito era chiara. Rifiutava di "trattare i bambini come soldati, obbligandoli semplicemente ad acquartierarsi in famiglie sconosciute".[31] A suo parere i ragazzi e le ragazze dovevano essere alloggiati per classi scolastiche ed essere suddivisi in base all'età. Alice e Paula seguirono questa proposta e divisero le "loro" bambine in tre gruppi: piccole, medie e grandi.

Un ulteriore vantaggio della sistemazione a gruppi era, secondo Freud, il miglior comportamento alimentare dei bambini. Nella sua War Nursery non aveva notato disturbi alimentari, che invece, a suo dire, si manifestavano più spesso all'interno delle famiglie. Qualcosa di simile toccò anche ad Alice. In seguito, nel suo istituto, alcune bambine svilupparono nevrosi, ma di disturbi alimentari non ci fu mai traccia.[32] Già nel suo libro di cucina Alice aveva affermato quanto fosse importante mangiare insieme: "Spesso il pasto è l'unica occasione in cui tutti i membri della famiglia si incontrano, e questo breve momento con i famigliari dovrebbe essere una parentesi di quiete nel corso della giornata".[33]

Alice dava particolare importanza alla prima colazione. Ogni mattina serviva alle bambine müsli svizzero, una specialità all'epoca ancora sconosciuta in Inghilterra:[34]

> È estremamente importante che i bambini abbiano abbastanza tempo per la prima colazione, in modo che per la paura di essere in ritardo non se ne vadano prima, senza aver mangiato niente. Molti casi del cosiddetto nervosismo scolastico, [in cui] i bambini vomitano la colazione ingollata troppo in fretta o si rifiutano di farla in questo modo, potrebbero essere evitati, se i bambini avessero abbastanza tempo e tranquillità per questo primo importante pasto.[35]

La cucina economica Aga usata da Alice divenne il centro dell'edificio e si guadagnò addirittura un soprannome, "Jo". Per le ragazze Jo era un membro della famiglia, e raccoglievano legna per mantenerla in funzione. Alice passava ogni giorno molte ore con Jo ed era contenta che le ragazze più grandi si interessassero alla cucina. Una volta al mese alcune ragazze potevano aiutare Alice ai fornelli. Lisl fu particolarmente fortunata, perché le capitò il giovedì, giorno della settimana in cui venivano preparati dolci lievitati. Ancora oggi, il giovedì, Lisl prepara un dolce.

Cucinare e mangiare insieme era dunque importante. Un'altra regola educativa che Alice e Paula mutuarono da Anna Freud era quella di coinvolgere il più possibile i genitori. Nelle sue ricerche Freud aveva appurato che i bambini cresciuti in istituto a cui le madri facevano visita più di frequente erano più equilibrati degli altri. Durante la guerra molte di queste madri facevano lunghi turni in fabbrica, ma Freud le spingeva comunque a passare a trovare i figli il più spesso possibile. Fece anche grossi sforzi per individuare modelli maschili per i bambini. Giacché i padri erano stati chiamati alle armi o avevano lasciato la famiglia per altre ragioni, Anna Freud convinse gli addetti alla protezione antiaerea e altri uomini del suo ambiente a trascorrere del tempo con i bambini.[36]

Alice tentò di organizzare qualcosa di simile. Quattro ospiti dell'istituto avevano i genitori in Inghilterra. Il padre di Lisl serviva nel Royal Pioneer Corps e Alice lo invitava più spesso che poteva a mangiare da loro. Lisl era fiera di lui: "Mio padre mi disse: scrivi i nomi di tutte le bambine e ciò che desiderano per il loro compleanno. Quindi scrissi: a Inga piacciono i fiocchi per capelli e Margot ama disegnare, e lui portò poi dei regali a tutte e venti le bambine".[37]

Anche il padre di Helga fu coinvolto nella quotidianità delle bambine. Si candidò per un posto da cuoco in un hotel nelle vicinanze. Sebbene non avesse mai cucinato in vita sua, Alice lo preparò egregiamente per il colloquio con un corso accelerato. Ottenne il posto e poté proseguire le visite all'istituto.[38] Anche la madre di Ilse, Margarethe, tentò di mantenere i contatti con la figlia. A Vienna aveva frequentato uno dei corsi di cucina di Alice, e per lei si rivelò un ottimo investimento, sotto tutti i punti di vista. Alla nipote raccontò in seguito di essere sopravvissuta grazie ai suoi pasticcini. In effetti, ottenne un posto da domestica presso la facoltosa famiglia Shand Kydd a Hayling Island, dove durante la guerra si affermò cucinando biscotti.[39]

Nonostante le avversità, dunque, gli adulti cercarono comunque, nei limiti del possibile, di trasmettere alle bambine un senso di stabilità. In quest'ottica si decise anche di trovare un'altra sede per l'istituto.

Newcastle si trova nel nordest dell'Inghilterra. In quella zona c'erano impianti industriali di importanza bellica che nell'estate del 1940 divennero un obiettivo della Luftwaffe. Le sirene ormai fischiavano ogni notte. Una delle ospiti più piccole dell'istituto, Lore, ricordò in seguito come la portassero di continuo nel rifugio antiaereo in cantina, semiaddormentata. Tra luglio 1940 e dicembre 1941 nel "blitz di Newcastle" vennero uccisi quattrocento civili. Alice, Paula e il comitato ebraico decisero di evacuare l'intero istituto e di trasferirlo a Windermere, nel Lake District. Il loro nuovo indirizzo ricorda un po' quello di Winnie the Pooh: invece di "100 Acre Wood" era "Southwood, The Wood, Windermere".

In Gran Bretagna non potrebbero esserci luoghi più diversi di Newcastle, una città industriale, e Windermere, nel Lake District. Oggi quest'ultimo è per gli inglesi una meta prediletta per le vacanze, in cui si fanno escursioni, si scattano fotografie dei meravigliosi laghi e ci si lascia trasportare nel XIX secolo dalla lettura dei Poeti del lago. Le bambine dell'istituto certo non conoscevano le poesie di William Wordsworth e Samuel Taylor Coleridge, ma conoscevano Winnie the Pooh. Per loro non aveva alcuna importanza che Winnie e Cristopher Robin vivessero in un bosco del Sussex, perché credevano che il loro bosco di Windermere fosse identico a quello di Winnie. A Windermere non fischiavano sirene, e la casa in cui vivevano ora ricordava un po' quella di Christopher Robin: era una grande villa incantata vicino al bosco. Davanti all'ingresso fiorivano cespugli di rododendro e tutte le finestre delle stanze da letto permettevano allo sguardo di spaziare liberamente su un grande giardino attraversato da un ruscello. Ottant'anni dopo Lisl descrive ancora la casa con un certo orgoglio, come fosse sua: "Avevamo una grande veranda, e al pia-

Le bambine rifugiate a Windermere; Lisl Scherzer è in ultima fila,
la seconda da destra.

no terra c'erano una sala da pranzo e un salotto in cui facevamo i compiti. Al primo piano si trovavano le camere da letto, ognuna di noi aveva un proprio letto e un proprio comodino".[40]

Le bambine esplorarono subito i dintorni e si avventurarono in passeggiate e nuotate (cosa che non piaceva a tutte: Ruth raccontò che era quasi annegata nel lago Windermere). Paula Sieber, cinefila appassionata, fece in modo che tutte quante potessero andare al cinema del posto ogni volta che volevano. Durante il giorno frequentavano la vicina St Mary Church School, per cui non si doveva pagare alcuna retta. "Lì andammo per i primi anni," racconta Lisl "ma quando diventammo più grandi venne il comitato e ci disse: 'Non sappiamo dove siano i vostri genitori e quanto tempo durerà ancora la guerra. Non abbiamo abbastanza soldi per finanziarvi una scuola di grado superiore. Cominciate quindi a pensare a che tirocinio vorreste fare'".[41]

C'era da aspettarselo. Già gli opuscoli informativi di Woburn consigliavano a tutte le famiglie di emigranti: "Formare i ragazzi per l'agricoltura e l'artigianato, le ragazze per la cura degli infermi e della casa ... Non vi aspettate che questi giovani possano studiare da medici ... o avvocati. Rispetto al fabbisogno attuale tra i rifugiati ci sono già fin troppi laureati".[42] Per le ragazzine dell'istituto di Windermere non poter continuare ad andare a scuola fu una delusione tremenda. Alcune di loro venivano da famiglie della borghesia colta. In condizioni normali sarebbero andate al liceo, ma in Gran Bretagna la frequenza scolastica era gratuita solo fino a quattordici anni. Nel 1938, dunque, l'80% di tutti i ragazzi inglesi a quell'età smise di andare a scuola, e solo uno su cento poté – grazie a scuole private o borse di studio – iniziare gli studi universitari. Nel 1944, in verità, fu presentato un nuovo disegno di legge che prevedeva l'istruzione gratuita fino al diciottesimo anno, ma questa legge fu applicata solo nel dopoguerra e i ragazzi rifugiati non poterono usufruirne. I più, come la maggioranza dei loro coetanei inglesi, dovettero lasciare la scuola.

Alcune ragazze, come Ruth, trovarono parenti disposti a pagare le loro rette scolastiche. Elfi e Lisl non ebbero questa fortuna e cominciarono un tirocinio. Mentre Elfi ne soffrì, Lisl era felice di poter apprendere un mestiere. Aveva imparato a cucire da Paula e voleva diventare modista. Alice, che aveva sempre raccomandato alle ragazze di impegnarsi a lezione, era indignata per la prematura conclusione della loro carriera scolastica. All'inizio degli anni Trenta aveva lottato per i diritti delle donne nel Frauenpartei (Partito delle donne) austriaco e rimpianse per tutta la vita di non essere andata all'università. Ammirava donne come la sorella Helene, che aveva studiato, e naturalmente Cordelia, l'amica di Otto del Reed College. E ora le "sue" bambine, invece di studiare le lingue straniere e la matematica, dovevano andare a Windermere in bicicletta a imparare un mestiere. Alice ormai sapeva molto bene com'era la vita con un lavoro mal pagato. Nel 1941 aveva compiuto cinquantacinque anni, e il suo aspetto tradiva gli strapazzi fisici dell'ultimo periodo. I lavori domestici e la grande responsabilità l'avevano fatta invecchiare. I capelli biondi erano diventati completamente bianchi, e sebbene esteriormente apparisse sempre piena di energia, si sentiva spossata. Pensava di continuo a Vienna e alla sua vecchia vita.

La nostalgia di casa prendeva tutti in istituto, e le bambine erano quelle che la pativano di più. Ogni anno di guerra rendeva più esigua la probabilità di rivedere i genitori. Alice e Paula credevano che il modo migliore per affrontare queste paure fosse rimuoverle, ma si sarebbe rivelata una conclusione sbagliata. Durante la guerra, all'improvviso si manifestarono nelle ragazze comportamenti preoccupanti. Cominciò tutto con Marion. Era tra le ospiti più grandi del gruppo ed era arrivata in istituto molto traumatizzata. Quando le ponevano una domanda, spesso ammutoliva nel bel mezzo della frase e appariva assente. Alice concluse che fosse affetta dal "petit mal". Così all'epoca si chiamavano le assenze che caratterizzano gli epilettici. Paula e Alice non sapevano come aiutare Marion e furono sollevate quando la ragazza mostrò interesse per un corso da segretaria. Ogni pomeriggio, per potersi concentrare meglio, aveva il permesso di lavorare da sola nell'ufficio di Paula Sieber. Di lì a poco Paula si accorse però che dopo le visite di Marion in ufficio mancava del denaro. Dal momento che all'epoca in istituto si erano verificati anche altri furti, Marion venne interpellata in proposito. Ammise di aver rubato il denaro. Alla domanda su che cosa ne avesse fatto, rispose soltanto di averlo bruciato. Per quanto potesse suonare bizzarro, le assistenti le credettero. Sapevano che Marion non voleva arricchirsi e che era molto traumatizzata. La vicenda dava da pensare ad Alice ancora negli anni Settanta:

> Alcune delle mie protette avevano solo quattro anni e furono costrette a vivere senza i genitori, che non rividero mai più perché questa povera gente fu uccisa dai nazisti. Senza i genitori, di cui piangevano la perdita, senza la loro casa e le altre certezze, affioravano problemi e bugie di tutti i generi. La maggior parte delle bambine si comportavano in modo normale finché ricevevano lettere dai genitori. Le ultime dicevano per lo più "La mamma e il papà adesso devono partire per un lungo viaggio" e poi si interrompevano. Da quel momento in poi le ragazze sviluppavano molti comportamenti nevrotici. Una ragazzina particolarmente timida cominciò a fare la pipì a letto a otto anni ... Un'altra molto gentile, beneducata [Marion], a quindici anni diventò di colpo una ladra e rubava tutto ciò che le capitava a tiro: denaro, sapone, carta da lettere.

Dei furti di Marion si erano già lamentati molti bambini.[43] Le assistenti ora dovevano prendere provvedimenti. Contattarono il medico locale. Dietro suo suggerimento Marion fu sottoposta a cure psichiatriche. La documentazione attesta che i suoi "disturbi" scomparvero nel 1943 e lei – con grande entusiasmo di Alice – intraprese una formazione da infermiera. Nel 1944 Marion ottenne un passaporto inglese e dopo la guerra emigrò in Australia, dove continuò a lavorare come infermiera.[44]

Un altro caso che impegnò a lungo Alice e Paula fu quello di Lore. Lei, nata nel 1933, e il fratello Walter, del 1927, appartenevano a una famiglia di avvocati di Königsberg. Avevano uno zio a Londra che non poteva tenerli con sé. Lore soffriva di nostalgia, sebbene all'inizio ricevesse ancora lettere dai genitori attraverso la Croce Rossa. Anni dopo la guerra raccontò come a Windermere avesse spesso attacchi di rabbia e fosse spedita a letto, dove piangeva finché non si addormentava. Piangeva a ogni minima occasione, per poi ritirarsi in un mondo fantastico con la sua bambola. Nel 1942, quando non arrivarono più cartoline dalla Croce Rossa, le sue condizioni psichiche peggiorarono rapidamente.[45] Cominciò a bagnare il letto.

Alice e Paula tentarono tutti i metodi allora diffusi per risolvere il problema dell'enuresi notturna. Non diedero più da bere a Lore la sera e la svegliavano di notte perché andasse in bagno. Alice, Paula e le altre compagne le lavavano le lenzuola. Poiché la situazione non accennava a migliorare, Alice decise di chiedere aiuto ad Anna Freud. Negli anni Settanta raccontò della visita alla psicologa: "Anna [Freud] l'ho rivista in Inghilterra, con una delle nostre ragazze. Era una bambina timida, che aveva festeggiato con noi il suo sesto compleanno. L'ho portata a Londra con me, e le hanno chiesto se in istituto ci fosse qualcosa che non le piaceva, se preferisse andare da qualche altra parte. Non è servito a niente".

Paula e Alice erano sopraffatte dal problema e non riuscivano a risolverlo. Ciò nonostante, dopo la guerra, Lore non voleva lasciare l'istituto. Il comitato ebraico reperì tuttavia dei parenti in Nuova Zelanda e pagò la traversata a Lore e al fratello Walter. Dalla Nuova Zelanda Lore continuò a scrivere lettere ad Alice e un giorno accennò al fatto che aveva dormito da una compagna di scuola. Alice comprese all'istante ciò che questo significava e le chiese se il "problema" fosse dunque risolto. Lore rispose: "Sì, adesso sto bene". Per Alice la notizia dev'essere stata un enorme sollievo. Ancora negli anni Settanta raccontava piena d'orgoglio che tutte le ragazze in seguito ebbero una vita normale: "Erano tutte brave a scuola e ora sono sposate. Mi mandano le foto dei loro figli; alcune vivono a New York e le vado a trovare. Mi sento una specie di 'nonna onoraria'".[46]

Alice conservò le lettere e le fotografie per tutta la vita. Una foto ritrae Elfi e Ruth, e reca la dedica "Un affettuoso ricordo da Elfi e Ruth, per sempre grate".[47] Sul retro di una fotografia che donò a Elfi, Alice scrisse nell'agosto del 1940: "Nella speranza che ti ricorderai di me, così come io ti ricorderò sempre. Tua Alice Urbach".[48] Su un'altra fotografia Paula appuntò: "Con sincero affetto, nel ricordo del tuo soggiorno in istituto e della tua affezionata Paula Sieber".[49]

Per ricordo, le assistenti regalarono alle bambine una propria foto (Alice, a sinistra; Paula Sieber, a destra).

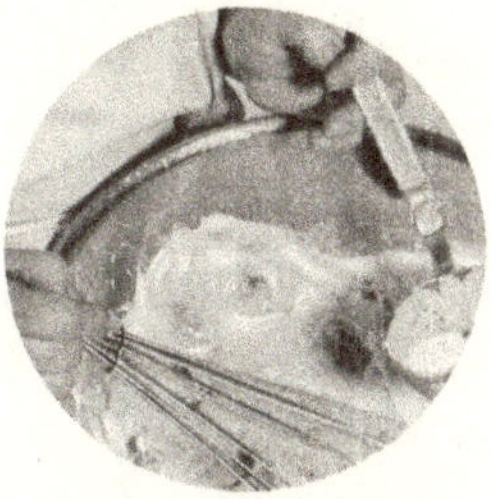

Lo sfortunato Felix

Pioggia, in questo sì che siete bravi!
EMIGRANTE ANONIMO[1]

Come Alice, anche Felix aveva sperimentato un fulmineo rovescio di fortuna. Dopo i maltrattamenti nelle prigioni di Vienna, nel maggio del 1939 era finalmente arrivato in Inghilterra. Alice lo alloggiò nei pressi dell'istituto: Oakwood 78, Blackhill, Newcastle.[2] La casa apparteneva alla comunità religiosa dei quaccheri, che aveva già contribuito a finanziare i trasporti di bambini ed era impegnata anche nel sostegno degli ebrei adulti.

Nel 1939 l'esperienza condivisa della fuga avvicinò Felix e Alice. Già da bambini avevano cercato di combattere insieme il proprio senso di inferiorità. Felix raccontò di come avessero sofferto per via del padre autoritario: "Nostro padre era severo, duro, e di un'intelligenza tagliente; nostra madre tenera, sentimentale e romantica ... A volte, quando mi trovo a dover dirimere un conflitto di questo genere dentro di me, penso: ecco mio padre che litiga con mia madre. Era l'ambiente più perbenista e severo che ci si possa immaginare".[3]

Anche la carriera di Felix, come il matrimonio di Alice, fu gestita dal padre. Dopo una formazione nel settore commerciale ad Amburgo e Londra, Felix, che in verità voleva studiare lingue, dovette lavorare nell'impresa di famiglia al Cairo.[4] Durante la Prima guerra mondiale trascorse quattro anni al fronte praticamente senza licenze. Solo la morte del padre, nel 1920, e il tracollo della ditta dei Mayer lo liberarono. Per la prima volta Felix poté decidere che cosa fare della sua vita. Nel 1922 si sposò con una giovane viennese di nome Helene Pollatschek, e quando cinque anni dopo venne al mondo il loro primogenito Thomas, per la prima volta Felix si sentì felice.[5] Continuava a lavorare per una ditta commerciale, ma a margine scriveva poesie e raccolte di indovinelli. Poiché tutti i suoi libri furono distrutti nella notte del pogrom del 1938, Alice in seguito ricordava solo un paio di indovinelli: "Se scompaio, mi odiano, mi amano, c'è la pace, c'è la guerra, c'è tutto ciò che esiste al mondo. Se compaio, è tutto finito. Pensi forse che io sia un fantasma, un sogno? Oh no, mi puoi toccare, sono una cosa vera. Chi sono?".[6] La risposta: il sipario teatrale.

Nella notte del pogrom non scomparvero solo i manoscritti, ma anche la grande biblioteca che Felix aveva ereditato dal padre e che conteneva molte prime edizioni. Finora si è potuto ritrovare solo uno dei libri rubati, nella biblioteca della facoltà di Economia e amministrazione aziendale dell'Università di Vienna.[7]

Felix era grato di aver potuto trovare rifugio a Newcastle nel 1939, ma non riusciva a smettere di pensare alla moglie Helene, che era rimasta a Vienna. L'idea di averla lasciata sola lo tormentava costantemente. Tentava di rasserenarsi al pensiero che in Inghilterra poteva almeno vedere il figlio dodicenne Thomas, che viveva in collegio.[8] Racimolare i soldi per la scuola era difficile. In Inghilterra Felix non trovava lavoro e riusciva a sopravvivere solo perché Alice e i quaccheri lo aiutavano finanziariamente. Nel 1939 aveva compiuto cinquantacinque anni e della sua vecchia vita viennese non era rimasto niente. Alice intuiva che per un uomo sensibile come Felix il declino sociale era ancora più duro da sopportare che per lei, che aveva comunque un'entrata. Ogni volta che riusciva a lasciare l'istituto per qualche ora tentava di rallegrare il fratello con degli aneddoti. Ma a maggio del 1940 non fu più sufficiente. In quel mese la vita di Felix cambiò un'altra volta. In seguito elaborò quegli avvenimenti in un frammento di romanzo che non pubblicò mai. A parte il nome dei personaggi, nel capitolo dedicato al 1940 non mutò quasi nulla. Felix Mayer diventò "Georg Bauer". Ciò che sperimentò Bauer, nel 1940 toccò anche a Felix:

> I primi dieci giorni del mese era piovuto a dirotto. Ma quel giorno, il 10 maggio 1940, splendeva il sole già di primo mattino. Era ancora presto, e nel grande giardino dietro l'ampia casa di Gateshead gestita dai quaccheri, che fungeva da rifugio per i profughi, tutte le foglie gocciolavano. All'interno dormivano ancora tutti quanti. Improvvisamente arrivarono due auto della polizia da cui scese un bel numero di agenti. Fecero irruzione in casa e svegliarono i residenti insonnoliti … In una stanza al primo piano dormivano tre rifugiati, un uomo di mezza età originario di Vienna, un anziano ex insegnante di liceo di Praga e un giovane di Hannover. Si vestirono in fretta … e scesero di sotto. Quando il primo varcò la soglia della stanza, uno dei poliziotti disse: «Lei è in arresto».[9]
>
> L'uomo a cui erano state rivolte queste parole, il viennese, si chiamava Georg Bauer e scrollò le spalle; non aveva alcuna intenzione di prendere seriamente la faccenda.
>
> Presto vennero riuniti tutti gli abitanti della casa: erano una ventina. Il sergente di polizia disse loro in poche parole (sembrava imbarazzato, e tutta la questione non era evidentemente di suo gradimento) di mettere le cose di prima necessità in una piccola valigia che fossero in grado di trasportare, perché sarebbero stati tutti trasferiti. Avevano quindici minuti di tempo. Non rispose alle domande che gli vennero poste. Disse soltanto che sarebbero stati informati a tempo debito. Mezzi storditi dalla svolta inattesa della loro sorte, e indubbiamente ancora insonnoliti, tutti quanti si precipitarono a fare le valigie. Nel frattempo erano comparse anche alcune signore del comitato fondatore della residenza … Dissero agli arrestati … che li sapevano tutti amici dell'Inghilterra, non nazisti, e che speravano di rivederli presto. E diedero a ciascuno un po' di denaro per le piccole spese. Dopo di che furono tutti caricati in auto e partirono. La prima tappa fu la stazione di polizia: lì ciascuno subì un breve interrogatorio

e dovette vuotare sul tavolo il contenuto della propria borsa. Bauer dispose gli oggetti in due mucchietti: coltellino tascabile, fiammiferi e lamette da barba da una parte, e il resto dall'altra. Spinse il primo mucchietto verso il poliziotto.

«Come faceva a saperlo?» gli chiese sorridendo.

«Sono un vecchio avanzo di galera» rispose Bauer ricambiando il sorriso.[10]

In effetti, dal pogrom di novembre Felix era piuttosto preparato sul "galateo del carcere". Questa volta, però, c'era una differenza sostanziale. In Inghilterra non era un prigioniero ma un "internato" e nessuno minacciava di ucciderlo. La situazione comunque non era affatto piacevole. Felix non era il solo a essere stato arrestato, la stessa sorte era toccata al figlio diciannovenne di Paula Sieber, Peter. Felix e Peter appartenevano ai circa 30.000 austriaci e tedeschi che tra maggio e giugno del 1940 furono internati dagli inglesi come stranieri nemici (*enemy aliens*). Per Alice e Paula queste incarcerazioni rappresentarono un ulteriore carico psicologico, e ci volle molto tempo prima che avessero notizie dei due uomini.[11]

Gli internati più giovani, in genere, si adattavano alla situazione meglio dei più anziani. Il viveur ventiduenne Franz Marischka descrisse le sue esperienze come fossero avventure divertenti. Aveva portato con sé la fisarmonica e per la gioia degli altri internati cantava le sue canzoni preferite: *Wien, Wien, nur du allein* (Vienna, Vienna, soltanto tu) e *Ja, das Studium der Weiber ist schwer* (È scabroso le donne studiar).[12] (Nipote del librettista Victor Léon, Marischka sapeva bene quel che cantava.) Felix, che nel frattempo aveva compiuto cinquantasei anni, prese invece l'internamento con meno leggerezza. Il suo alter ego Georg Bauer

> andava avanti e indietro per ore nella stanza, percorrendo sempre lo stesso tratto. Non riusciva a comprendere come gli inglesi, quel popolo tranquillo, ragionevole, benevolo, fossero improvvisamente ricorsi a una misura così drastica, ingiusta e ingiustificata. "I nazisti mi hanno rinchiuso tre volte, e adesso anche gli inglesi" pensava. "Non vedono che sono loro amico? Hanno tradito la mia fiducia."[13] E non

si dava pace. A rendere lui e tutti gli altri nervosi e inquieti contribuiva il fatto che non era loro concesso di vedere i giornali ed erano dunque del tutto ignari di quel che accadeva nel mondo. Sapevano che i tedeschi avevano invaso i Paesi Bassi e il Belgio, [ma] che cosa era successo negli ultimi giorni? La faccenda ci riguarda, proprio come gli inglesi. Ancor di più, anzi. Non c'è nessuno che riesca a farlo capire a quegli imbecilli dell'Home Office [ministero dell'Interno]? Questo pensavano tutti quanti ...

Di voci ne giravano a iosa ... Un giorno Rosenfeld andò da Bauer e gli raccontò di aver ricevuto un pacco da un amico inglese. In quel pacco c'erano un paio di scarpe, imbottite con un vecchio giornale ... Era una copia del "Daily Mail" dal titolo *Intern the lot!* [Rinchiudeteli tutti!].[14]

Bauer capì allora quel che era accaduto, e pensò: "Un chiaro esempio di isteria di massa. Niente affatto inglese. Già, d'altronde siamo in guerra ...".[15]

Felix/Bauer ebbe modo di constatare quanto l'atmosfera fosse effettivamente tesa quando, insieme agli altri, lo trasferirono a Liverpool:

Ci dissero di scendere, di metterci in fila, e ricomparvero anche le baionette e tutto ricominciò. Il corteo [di internati] suscitò naturalmente una grande curiosità. Per via delle baionette il pubblico immaginava forse che fossero tutti quanti ... pericolosi sabotatori e si comportava di conseguenza. Forti grida e imprecazioni furono lanciate nella loro direzione, i ragazzi di strada camminavano loro accanto urlando a squarciagola e per poco non cominciarono a lanciare pietre. Era tutto molto simile a un corteo trionfale romano. Non li condussero direttamente alla meta, ma imposero loro un ampio giro per la città per soddisfare il pubblico. Dopo un'ora circa raggiunsero la destinazione, che si trovava a quindici minuti di distanza in linea retta. Marciarono in un grande capannone, una sorta di magazzino. Bauer si avvicinò all'ufficiale gentile ... «Mi scusi, Sir, ma quel che abbiamo appena subito è il comportamento meno inglese che abbia mai visto.»

L'ufficiale annuì: «Ha ragione, è stato disgustoso, ma non è colpa nostra. La responsabilità è della polizia locale. Ci ave-

> vano promesso degli autobus per il trasporto. Denunceremo l'accaduto ai nostri superiori».
>
> Bauer pensò che anche questo era inglese, la loro tipica *fairness*.
>
> Gli internati si radunarono nel grande capannone, e il comandante si piazzò al centro del semicerchio che avevano formato. Era un maggiore, piuttosto attempato, grassottello, con un volto amichevole, gioviale. Con stupore generale cominciò il suo discorso in un buon tedesco ... Era evidente che quell'uomo comprensivo e cordiale sapeva chi aveva di fronte, e questo fece a tutti quanti un gran bene. Come sempre i soldati di guardia adeguarono il loro comportamento a quello del comandante ...

Il comandante intuì che tutti speravano ardentemente di ricevere notizie dal mondo esterno:

> Tutt'a un tratto, dall'ufficio improvvisato tuonò la radio che il comandante aveva *a quanto pare* dimenticato di spegnere. Era il notiziario della BBC, tra l'altro non in inglese ma in francese, lingua che *a quanto pare* il comandante non parlava ... Nella sala regnava il silenzio più assoluto, ma quando sentimmo dell'arresto di Oswald Mosley scoppiarono grida di giubilo. Poi la radio fu spenta.

Per Felix e i suoi compagni di sventura quella notizia fu un grande sollievo. L'arresto del capo dei fascisti Mosley (e della sua bella e gelida moglie Diana Mitford, amica di Hitler) era una chiara dimostrazione che gli inglesi non erano più disposti a tollerare la British Union of Fascists. Poiché gli internati, fino ad allora, non avevano più avuto notizie, non potevano sapere che il primo ministro Winston Churchill aveva inoltre cominciato a epurare dal suo partito i politici filotedeschi sostenitori dell'*appeasement*. I rifugiati inglesi tuttavia restarono rinchiusi e furono trasferiti da un campo all'altro. Le sistemazioni descritte da Felix nel suo manoscritto erano misere, con "paglericci sulla nuda terra e nient'altro. Quando uno di loro, una volta, trovò da qualche parte un chiodo arrugginito e lo piantò nella parete per appenderci il cappotto girò voce che aveva una stanza ammobiliata".

La destinazione che Felix sopportò con ammirevole stoicismo era Warth Mills, nei pressi di Bury, Lancashire. Da altri resoconti si sa che le condizioni erano ovunque catastrofiche: la baracca piena di ratti e al posto dei servizi igienici un paio di secchi che duemila uomini dovevano dividersi.[16] A Huyton, un analogo campo di transito nel Lancashire, quattro internati si tolsero la vita e altri due tentarono il suicidio senza successo.[17]

Nei mesi seguenti Felix ebbe modo di sperimentare diversi comandanti, e non tutti furono comprensivi come quello che per un paio di minuti aveva fatto sentire il notiziario agli internati. Girava voce che un comandante meno acuto avesse detto loro dopo la sfilata: «È strano. Non avrei mai pensato che sotto i nazisti ci fossero tanti ebrei».

Felix/Bauer aveva un gran bisogno di aneddoti di questo genere per distrarsi dal pensiero tormentoso della moglie. Nella sua storia cerca di descrivere la paura senza cedere al sentimentalismo:

> Si era ... radunato un piccolo gruppo di scrittori, presto prese vita una discussione vivace, spiritosa, più adatta al Café Central di Vienna che a un campo di prigionia inglese. Ma l'allegria era solo superficiale ... [gli uomini sposati] erano molto infelici, nessuno sapeva che cosa sarebbe accaduto alla propria famiglia. Stando alle notizie che l'uno o l'altro aveva ricevuto, le donne erano ancora libere. Perger[18] chiese a Bauer se anche la moglie fosse in Inghilterra.
>
> «Purtroppo è ancora a Vienna.»
>
> «Oh, peccato» fece l'altro. «Perché?»
>
> «Sai, me ne sono dovuto andare in tutta fretta. Ed ero riuscito ad avere soltanto un permesso per me, qualcuno a Londra aveva fatto un pasticcio con la sua pratica, così sono dovuto partire da solo. Abbiamo però un affidavit per l'America valido per entrambi, ma ci vorrà un bel po' prima che ci chiamino. Così io aspetto qui e lei a Vienna. A Londra, naturalmente, ho fatto tutto il possibile per ottenere un permesso anche per lei, ma in guerra è molto difficile. Già, se lei fosse in un paese neutrale sarebbe fattibile, così almeno mi hanno lasciato intendere. Ma come fare a portarla in un paese neutrale?»

«La senti?»

«Sì, attraverso la Svezia, a volte addirittura via New York. Collegamenti rapidi, vero? Finora non è stata convocata, e grazie a Dio sta abbastanza bene.»

Al di là di questa conversazione, Felix/Bauer cercava di non opprimere gli amici con le sue preoccupazioni personali. L'unica cosa che interessava davvero a tutti quanti era la situazione bellica:

> Poiché i prigionieri continuavano a essere tagliati fuori da tutte le notizie, Perger una volta si era fatto coraggio e aveva ... chiesto a un sottotenente gentile se almeno ci fossero buone notizie dal fronte. Il sottotenente aveva replicato: «No, purtroppo no. Le notizie non sono molto buone. Ma in ogni caso, per i primi cinque anni, non ci aspettavamo buone notizie».

Finché esisteva lo humour inglese c'era ancora speranza. Felix aveva a poco a poco ritrovato la sua fiducia negli inglesi, ma non tutti condividevano le sue certezze. Molti degli internati non riuscivano a superare il fatto di essere stati rinchiusi. Persino il dottor Schmidt, che nel manoscritto di Felix era il portavoce cristiano del campo, a volte disperava:

> A offendere [il dottor Schmidt] non era il fatto di essere rinchiuso, né la sistemazione misera, e nemmeno il vitto pessimo, bensì l'idea di essere stato rinchiuso proprio dagli inglesi. «Vivo in questo paese da quindici anni, amo il paese, la gente, non vorrei stare in nessun altro posto, ho una moglie inglese e gli inglesi non hanno amici migliori di me. Che senso ha tutto questo?»
>
> «Guardi la cosa da un altro punto di vista» disse Bauer. «Immagini di essere un uomo che è stato felicemente sposato per tanti anni con una moglie assolutamente ragionevole: un giorno sua moglie, sotto pressione per una serie di avversità esterne, ha un forte attacco isterico e sostiene che lei vuole ucciderla. Lei si affretterà a chiedere la separazione o aspetterà con amore e pazienza che torni in sé?»

Il dottor Schmidt fu grato a Felix/Bauer per la risposta e divenne suo amico. Al campo tuttavia c'era anche un pastore (Felix lo chiamò "Pastor Harms"), che era un nazista convinto e diffondeva imperterrito informazioni false. Tra l'altro, sosteneva che "il governo inglese e la famiglia reale fossero fuggiti in Canada ... Gli antinazisti erano molto indignati nei confronti di Harms, ma rinunciarono a mettere al corrente gli inglesi".

Felix/Bauer fu sollevato quando un giorno sentì che li avrebbero trasferiti tutti sull'Isola di Man.[18] Il governo britannico aveva circondato col filo spinato un agglomerato di hotel, pensioni e un campo da golf vicino alla passeggiata, in totale sessanta edifici.[19] Gli alloggi rappresentarono un grosso miglioramento per gli internati:

> I giovani si fecero avanti per scegliersi le stanze migliori ... Bauer si accontentò di avere un letto singolo, perché i più dovevano dividere un letto matrimoniale con un altro ... L'arredamento della casa e della stanza, per quanto elementare, era quasi umano ... in alcune stanze c'era addirittura l'acqua corrente.[20]

Il pittore e scrittore Fred Uhlman, pure internato, era meno entusiasta: "Per risparmiare sul materiale necessario per l'oscuramento, qualcuno aveva avuto la 'brillante' idea di dipingere di blu ogni finestra e di rosso ogni lampadina, con il risultato che di giorno c'era sempre buio come in un acquario e di notte il posto assomigliava a un bordello".[21] Franz Marischka si trovava sull'Isola di Man nello stesso periodo di Uhlman e Felix/Bauer e conservò come sempre il buonumore. Uno dei suoi ricordi più belli riguarda l'ospedale locale. Per essere dichiarati malati bisognava procurarsi l'urina di un certo Jonathan Silbermann. Quest'ultimo era diabetico e aveva avuto l'idea imprenditoriale di vendere la propria urina in piccole bottigliette. A potersi permettere la "tintura Silbermann" erano in pochi, ma con un po' di fortuna il rimedio permetteva addirittura di accelerare il rilascio per diabete grave. Lo stesso Silbermann avrebbe potuto essere rilasciato molto tempo prima, ma se ne andò dal campo solo dopo essersi "pisciato" un patrimonio (con cui pare avesse poi aperto un ristorante a Londra).[22]

In quanto viennesi, è probabile che Franz Marischka e Felix fossero alloggiati nello stesso edificio. Gli internati erano stati suddivisi in gruppi omogenei, per evitare i litigi. Il gruppo più numeroso sull'Isola di Man era costituito

> dagli ebrei tedeschi e austriaci, gli ebrei dell'Est[23] venivano subito dopo, ma c'era anche una residenza per i preti cattolici, una per i pastori protestanti ... e poi c'era un edificio in cui vivevano i veri nazisti ... Si comportavano in modo molto disinvolto e si sentivano i vincitori. Lì si potevano vedere croci uncinate, e uno dei nazisti una volta arrivò a minacciare Perger dicendogli che l'avrebbe fatto mettere al muro. Chi voleva informare gli ufficiali inglesi di questi intrighi veniva bruscamente dissuaso. Del mantenimento dell'ordine tra di loro si sarebbero occupati gli stessi internati. Era significativo che il pastore Harms fosse stato tra i primi a essere liberato. Solo molto tempo dopo incominciarono a chiedere alle persone in procinto di essere rilasciate se avessero osservato manovre sospette.[24]

Anche per quanto riguarda la censura postale gli inglesi non facevano differenza tra gli internati nazisti ed ebrei.[25] Ma anche il migliore dei censori non era in grado di scoprire tutto. Bauer, l'alter ego di Felix, riuscì a parafrasare in questo modo la descrizione delle scarse razioni di cibo: "Il vitto qui è buono e abbondante, e mi ricorda spesso quel grande locale che c'è a Stein". Nessun censore inglese poteva sapere che a Stein si trovava il più grosso penitenziario austriaco. A tormentare gli internati, tuttavia, non era tanto la cattiva qualità del cibo quanto l'incertezza su che cosa sarebbe successo nel caso di un'invasione:

> Nessuno sapeva se, quando e dove i tedeschi avrebbero effettuato l'invasione. In una simile eventualità non si poteva affatto escludere un ammaraggio sull'Isola di Man. Si inviò quindi una delegazione al comandante, il quale promise che in caso di pericolo imminente i prigionieri sarebbero stati tempestivamente trasferiti. Tutti ne furono molto con-

tenti, nessuno aveva voglia di spalare carbone a Newcastle sotto la sorveglianza delle SS.

Felix/Bauer sopravvalutava le probabilità di un'invasione da parte dei nazionalsocialisti, e sottovalutava le capacità degli inglesi:

> Alla lunga la prigionia divenne sempre più opprimente. Stavamo nei pressi del filo spinato, dal lato in cui si riusciva a vedere la passeggiata a mare, e lo sguardo si perdeva pieno di nostalgia. La mattina osservavamo i soldati che venivano addestrati sulla spiaggia. Non si aveva mai, però, l'impressione che l'esercito inglese fosse al passo con i tempi e adeguatamente organizzato. Pareva tutto decisamente dilettantesco. Perger, l'amico di Bauer, faceva battute amare: "Andrà meglio. Gli inglesi hanno deciso di passare alle armi da fuoco". C'era molto nervosismo, una parola incauta poteva scatenare una brutta lite. Era difficile doversi sempre accontentare della stessa compagnia maschile. I punti lungo il filo spinato da cui si godeva una bella vista sulla passeggiata e sul mondo femminile che vi sfilava erano sempre affollatissimi.

Ci si struggeva per la mancanza di contatto fisico. Uno degli internati trovò un gattino, a cui tutti volevano bene. Rimuginarono per giorni in cerca di un nome adatto. "Internida" arrivò nella rosa finale, ma alla fine ci si accordò per "Re-Lieschen" (da *release*, liberazione).

Per non pensare costantemente all'agognata liberazione, ci si distraeva con le conferenze. Fred Uhlman raccontò quanto erano orgogliosi del fatto che al campo si trovavano trenta professori di Oxford e Cambridge, che facevano a gara l'uno con l'altro: "E se la lezione del professor William Cohn sul teatro cinese coincideva con l'introduzione di Egon Wellesz alla musica bizantina? ... E se veniva voglia di sentire Zuntz parlare dell'*Odissea* o Friedenthal del teatro shakespeariano?".[26] Il più famoso tra gli artisti internati era il dadaista Kurt Schwitters. Le sue proposte sembravano particolarmente al passo con i tempi, dal momento che tutti ormai "conducevano una vita surreale. Del resto, cosa ci poteva essere di più dada di duemila 'stranieri nemici' che pregavano per la vittoria del 'nostro caro re Giorgio VI e della nostra cara regina Elisabetta'?".[27]

Si scoprì che Felix si trovava in una situazione ancor più dadaista di tutti gli altri. Al campo aveva un omonimo. Quest'altro Felix Mayer ebbe un ruolo importante nel prosieguo della vicenda del suo internamento. I due venivano continuamente scambiati. La cosa cominciò in modo abbastanza innocuo con la posta. Quando il giovane Felix fu deportato in Canada, il vecchio Felix rimase sull'Isola di Man e non pensò più al suo omonimo. Nel frattempo Alice e i quaccheri erano finalmente riusciti a ottenere che un deputato inglese si interessasse al caso di Felix e facesse pressione sul ministero dell'Interno. Quel che successe poi, Felix lo raccontò nuovamente attraverso il suo alter ego Bauer:

> Il deputato scrisse che il rilascio di Bauer era previsto di lì a pochi giorni. Bauer aspettava fremendo d'impazienza. Poi arrivò un'altra lettera del deputato, in cui c'era scritto che la liberazione di Bauer era stata predisposta. Bauer attese impaziente una settimana, poi un'altra, un mese. Invano, non accadde nulla. E un giorno, sbalordito, venne a sapere che il suo omonimo, il giovane che era stato deportato in Canada, era stato riportato indietro e liberato. Bauer, naturalmente, si infuriò e imprecò furibondo per l'evidente scambio di nomi che si era verificato. Scrisse di nuovo al deputato, che promise di occuparsi della questione. Ci vollero tuttavia ancora parecchi mesi prima che l'errore venisse chiarito … Al campo, da allora in poi, Bauer fu semplicemente "l'uomo che in verità non ha più alcun diritto di stare qui".

Dopo quasi un anno di prigionia Felix dovette subire un ulteriore trasferimento in un altro campo sull'Isola di Man. Proprio come Bauer:

> Si accomiatarono dagli ufficiali più gentili e marciarono su per la montagna fino all'altro campo. Il cambio fu un pessimo affare. Nel nuovo campo regnava una disciplina rigidissima. Particolarmente esasperante era il fatto che il coman-

dante guardasse i prigionieri dall'alto in basso, con disprezzo, e riservasse loro un trattamento crudele. Si raccontava, per esempio, che una volta avesse usato l'espressione "Feeding time for the Jews" [È ora di dar da mangiare agli ebrei]. Punizioni severissime per il minimo errore erano all'ordine del giorno. Si diceva che il comandante ..., a suo tempo, fosse stato incaricato di guidare i Black and Tans (una formazione inglese particolarmente brutale) durante la rivolta irlandese e fosse rimasto legato a quel tempo e a quell'atmosfera. Anche la sistemazione era infima. Un internato scherzava dicendo di avere l'acqua corrente in camera. Certo, quando pioveva ... Bauer dovette trascorrere solo due settimane in quel campo, poi arrivò il "release" a lungo e ardentemente atteso. Gli riuscì difficile lasciare i tanti bravi compagni, e si sentì presto a disagio all'idea di essere stato privilegiato, ma quando a Douglas poté salire sulla nave e le guardie scomparvero all'improvviso nel silenzio più assoluto, fu contentissimo. E poi la nave finalmente salpò, era libero.

Felix fu rilasciato il 14 marzo 1941. Dopo un anno nei vari campi di internamento poté finalmente rivedere il figlio Thomas e la sorella Alice. Senza Helene, tuttavia, si sentiva una persona dimezzata. Affidò i propri sentimenti all'alter ego:

Ultimamente aveva ricevuto dalla moglie notizie tutt'altro che rassicuranti. Gli aveva scritto attraverso la Svezia, facendogli capire con abili perifrasi che la situazione era sempre più difficile ... Per molto tempo non arrivò più nulla, poi un'altra lettera attraverso la Svezia. La comunicazione era così criptica che Bauer, nonostante gli sforzi, purtroppo non la capì, in ogni caso lei era ancora viva e in libertà...

Dopo di che Felix/Bauer ricevette una lettera più esplicita:

Era una lettera d'addio. Non proprio dichiarata, ma profondamente affranta e rassegnata. Non sapeva se sarebbe riuscita ad andarsene in tempo. Nei giorni seguenti avrebbero chiamato il suo numero, così le avevano detto al consolato americano, ma se non fosse accaduto subito sarebbe stato troppo tardi, e le sarebbe toccato partire per la Polonia. Aveva già ricevuto la convocazione della Gestapo. Quindi gli diceva addio.

Per Bauer fu come se avesse ricevuto un colpo tremendo alla testa ... Sentiva la necessità di fare qualcosa, avrebbe voluto gridare, la sua impotenza lo rendeva furioso... Che fare? Che fare? Aveva un conoscente al consolato americano di Londra e si recò da lui. Sì, era vero, il consolato americano a Vienna poteva essere chiuso di lì a qualche giorno.[28] Strinse la mano a Bauer e aspettò che se ne andasse. Ma Bauer se ne stava lì esterrefatto, incapace di pensare, sembrava una statua di sale e sapeva soltanto che qualcosa faceva male, male da spingerlo a gridare, una cosa simile non poteva essere, qualcosa doveva accadere, l'umanità non poteva permettere una cosa del genere. Il funzionario del consolato gli mise una mano sulla spalla, solidale: «Finché c'è vita, c'è speranza. Io credo nei miracoli, e anche lei dovrebbe tentare di crederci». Bauer se ne andò. Un uomo perduto. A questo non sopravviverò, continuava a pensare. E a che scopo sopravvivere? Per esserci quando impiccheranno Hitler? Ormai ha vinto, per lo meno su di me.

Dal 1938 in poi Felix era stato un uomo sfortunato. Questa volta, però, il miracolo in cui non riusciva più a credere avvenne davvero. Ricevette un telegramma dalla moglie con queste parole: "Salva. Domani mi imbarco per New York. Baci".

Poco prima che Helene venisse trasferita all'Est con un trasporto e il consolato americano di Vienna venisse chiuso, aveva ottenuto il visto. A maggio del 1941 si imbarcò su una nave per l'America.[29] Alice e Felix festeggiarono abbondantemente questo miracolo. Il fratello e la moglie dovettero aspettare altri tre anni prima di potersi finalmente rivedere a New York, ma si sapevano entrambi al sicuro. Alla fine anche lo sfortunato Felix aveva avuto un po' di fortuna, tutto sommato.

Nonostante la gratitudine per come erano andate le cose, non riuscì tuttavia mai a liberarsi di un sentimento in particolare. Continuò a sentire la nostalgia di Vienna. Nel 1942 inviò ad Alice una poesia in cui dava voce ai suoi pensieri.[30] Oggi potrà sembrare sentimentale, ma all'epoca Alice la imparò subito a memoria. Descriveva esattamente ciò che provava anche lei:

Nostalgia di casa

Una volta ancora vorrei dal Khalenberg
Vedere la città, il Danubio e la piana della Moravia in lontananza.
Una volta ancora andare vorrei nella Piazza degli Eroi,
Una volta ancora alla Fontana della provvidenza.
Una volta ancora sentir risuonare la buona vecchia lingua di casa,
A cui da troppo tempo ho rinunciato,
Quando nel cortile, dalla finestra aperta di una cucina,
Una ragazza viennese canta una canzone.

Una volta ancora vorrei girovagare ai margini della città,
Dove sorgono, stanche e grigie, le case basse,
Come vecchi amici, e tutto è risaputo,
E anche quelli che non ho mai visto mi sono famigliari.
Oh inverno viennese! Strade coperte di neve,
Il sole caldo che risplende nel cielo azzurro.
Non c'è viennese, non c'è mai stato,
Che possa dimenticarti, Vienna cara!
...
Adesso siedo a un tavolo straniero,
Stranieri sono i suoni, straniero il pane spezzato.
Certo, sono molto grato a questo popolo,
Che nell'ora più dura mi ha offerto riparo.
La gente è buona, solo il paese è buio,
E io ho bisogno di calore, di sole, di luce –
Straniero resta il paese, straniero io,
Perché i vecchi alberi non si trapiantano.

Una volta ancora vorrei – ma di che cosa mi lamento?
Ciò che è morto, è morto, non c'è risurrezione.
Mio figlio è giovane e avrà ancora tempo di imparare
A sentire suo il paese straniero.
Il mondo è grande, e ovunque ci sono persone,
Non c'è paese in cui non splenda mai il sole.
Nessuno però può sostituirsi alla mia patria,
Perché vivere, respirare, posso soltanto a Vienna![31]

Spunta un americano

> Io sono la spada,
> io sono la fiamma.
> HEINRICH HEINE

Alice sognava un miracolo simile a quello toccato a Felix e a sua moglie. Non riusciva a immaginare che cosa significasse sentire la mancanza di un compagno, ma aveva nostalgia dei figli. A volte, con Paula Sieber, si figurava il momento in cui avrebbe rivisto i suoi ragazzi. E nel 1944 accadde finalmente qualcosa di inatteso. Un uomo con l'uniforme americana fece la sua comparsa nel Lake District. Esteriormente ricordava un po' l'attore David Niven. Fumava la pipa proprio come lui, aveva dei baffetti sottili e si muoveva con la disinvoltura di chi, ormai, non può più essere sorpreso da niente. Alice non lo vedeva da quasi nove anni e, nonostante la sua posa noncurante, lo avrebbe riconosciuto nel bel mezzo di qualsiasi folla. Quando si erano lasciati era un ragazzo ribelle di ventidue anni che odiava Vienna e non desiderava altro che di andarsene da quella città. Il suo istinto aveva ragione. Quello di fronte ad Alice era il suo figlio maggiore, Otto.

Il suo arrivo per lei non fu soltanto un regalo, era anche la dimostrazione che la guerra contro la Germania nazista era a una svolta. Nel 1944 Otto era arrivato in Inghilterra con altri 500.000 soldati americani, per sostenere l'invasione degli Alleati. Fu una fortuna che non appartenesse alle truppe che il 6 giugno sbarcarono in Normandia, le cui probabilità di sopravvivenza erano ritenute minime. Poiché Otto possedeva un brevetto da pilota, lavorava per la Air Force, che lo aveva assegnato allo Strategic Bombing Survey, una commissione incaricata di indagare sull'esito degli attacchi aerei contro la Germania. Una scelta ragionevole, anche perché aveva una certa pratica di bombardamenti. Da quando nel 1937 aveva vissuto l'esperienza in prima persona a Shanghai, sapeva come ci si sentiva a stare dalla parte delle vittime.

Lo Strategic Bombing Survey aveva sede a Teddington, vicino a Londra, e dunque a quasi 480 chilometri di distanza da Alice. Un viaggio in treno da Londra al Lake District dura ancora oggi sei ore. Nel 1944 il tragitto doveva essere ancora più oneroso. I treni erano stipati di soldati e, vista la scarsità di posti, la popolazione civile veniva dissuasa dall'intraprendere "frivole scampagnate". Ovunque c'erano manifesti con la domanda inquisitoria: "Il suo viaggio è davvero necessario?".

Per Otto lo era, comunque. Non gli importava che il viaggio per raggiungere Alice durasse sei o sedici ore. Doveva vederla prima che lo mandassero in Germania.

Alice avrebbe subito voluto parlare di Otto a tutte le ospiti dell'istituto. Ma sapeva fin troppo bene che alcune delle ragazzine già si sentivano trascurate. Che cosa avrebbero detto se ora fosse comparso suo figlio? Sarebbero nate ulteriori gelosie? La situazione era già fin troppo carica emotivamente. Tutte le bambine aspettavano solo una cosa: che comparisse uno dei loro famigliari, che uno, uno qualunque alla fine fosse riuscito a sfuggire al regime nazionalsocialista. Era un sogno che a ogni anno di guerra si faceva più improbabile. Alice quindi non rivelò a nessuno che suo figlio maggiore era arrivato in Inghilterra. Nessuna delle bambine, in ogni caso, ricordava in seguito di aver visto Otto a Windermere. Solo dagli appunti di Alice si evince che lui andò a trovarla e quale significato ebbero quelle visite per lei.[1]

Otto era cresciuto, ma nonostante la sua ostentata disinvoltura Alice dovette intuire che la sua inquietudine interiore era sempre la stessa. Sembrava una molla. Ciò che lo animava ora, però, non era più il desiderio di avventura. Quella guerra era diventata la sua guerra, e aveva molte ragioni per combatterla.

Dall'aprile del 1944 Otto aveva la cittadinanza statunitense. Dopo nove anni e molte traversie era finalmente riuscito a diventare americano. In cambio doveva ora dichiararsi pronto a morire per gli USA. Il patto non era poi così svantaggioso, perché a parte il passaporto americano, aveva anche una ragione ulteriore – molto importante dal punto di vista emotivo – per sottoscrivere questo accordo. L'ingresso nell'esercito gli dava finalmente la possibilità di opporsi. Molti emigranti ebrei sostennero in seguito di non aver desiderato altro che di combattere contro il regime nazista: "I miei superiori mi chiesero seriamente se avessi problemi a combattere contro il mio paese d'origine" raccontò un soldato ebreo. "Mi sono messo a ridere. Non volevo essere destinato al Pacifico ... volevo combattere in Europa".[2]

Per i soldati ebrei quella contro Hitler era una guerra molto personale. Persino gli emigranti, che altrimenti nella vita non avrebbero mai preso in mano un'arma di loro spontanea volontà, volevano a tutti i costi entrare nell'esercito. L'amante delle belle lettere Victor Brombert, che nel dopoguerra divenne un illustre romanista, scrisse: "Ero entusiasta ... Il mio entusiasmo svanì tuttavia a Omaha Beach".[3]

Brombert e Otto portavano come tutti i soldati americani la cosiddetta piastrina al collo. Su questa targhetta identificativa, accanto al numero di matricola e al gruppo sanguigno, c'era anche la religione di appartenenza. Per i soldati ebrei era stata prevista una "H" per "Hebrew". In battaglia questo poteva avere conseguenze fatali. I prigionieri con la "H" venivano fucilati subito dai tedeschi. Senza la "H" si poteva sperare di sopravvivere in un campo di prigionia (anche lì, però, c'era da temere che durante una visita medica approfondita ci si accorgesse della circoncisione).

A fronte dell'alto rischio di finire prigionieri dei tedeschi, i soldati americani ebrei erano liberi di decidere se indicare la "H" o un'altra appartenenza religiosa sulla loro piastrina.[4] Nell'esercito inglese non c'era questa opzione. Tutti i soldati ebrei venivano direttamente dichiarati anglicani, e agli emigranti tedeschi si fornivano per sicurezza anche nomi e cognomi inglesi (Franz Marischka, che nel frattempo era riuscito a lasciare l'Isola di Man, divenne per esempio Francis Marsh).[5] Un pragmatismo del genere non esisteva nell'esercito americano.

Non si sa se Otto optò a favore o contro la "H" sulla sua piastrina. Poiché cominciò presto a lavorare nell'esercito con un nome in codice, è probabile che già nel 1944 si fosse spacciato per cattolico. Sebbene non abbia mai lasciato la comunità ebraica, anche in seguito, nei certificati anagrafici tedeschi, si dichiarò sempre, quanto alla religione di appartenenza, solo "cattolico".[6] Dove e quando, di preciso, avesse avuto luogo la sua presunta conversione non lo spiegò mai. Ma allora si preparò senz'altro bene per assumere la nuova identità cristiana e imparò anche in tutta fretta un paio di preghiere a memoria. Gli sarebbero servite.

Quando rivide Alice c'erano molte cose di cui non poteva parlare. "Careless talk costs lives", le conversazioni incaute costano vite umane, ammonivano i manifesti appesi allora in moltissimi edifici pubblici. I membri dell'esercito non potevano discutere di questioni interne nemmeno con i propri famigliari. Alice sapeva quindi di non dover fare domande a Otto sul suo lavoro in America o in Inghilterra, ma era curiosa. Ed era una madre ebrea, che si aspettava di essere informata. Per esempio, aveva sentito che l'amico viennese di Karl, Hermann Bondi, era coinvolto in una ricerca con importanti risvolti bellici.[7] Il figlio faceva forse qualcosa di altrettanto eccitante? Otto dovette deluderla. Non poteva competere con Bondi, che in una località segreta stava perfezionando la tecnologia dei radar britannici e in seguito divenne Sir Hermann Bondi, professore a Cambridge.[8] Ciò che faceva Otto rimase sempre fuori dai radar.

Secondo i pochi documenti su di lui finora accessibili, entrò nell'esercito americano l'11 gennaio 1943, nel New Hampshire. A oggi non è possibile dire con certezza che cosa facesse di preciso prima di comparire in Inghilterra da Alice, nel 1944. Durante la sua carriera nell'esercito possedette due numeri di matricola: uno come soldato semplice e, in seguito, uno completamente diverso come ufficiale dei servizi segreti nel Counter Intelligence Corps (CIC). Le ricerche sono rese particolarmente difficili dal fatto che Otto aveva un omonimo, il capitano Rudolf Urbach del CIC. Rudolf compare più volte in luoghi in cui era impegnato anche Otto (in America, Germania e Giappone). Di primo acchito si potrebbe supporre che Rudolf Urbach fosse uno pseudonimo di Otto, ma è una persona realmente esistita. Era nato nel 1908 da una famiglia ebraica di Duisburg e aveva dunque cinque anni più di Otto.[9] I due Urbach non erano imparentati, ma pare che abbiano sfruttato l'omonimia per lavorare a progetti comuni.

Questa collaborazione dev'essere iniziata già a maggio del 1943, in Colorado. Rüdiger von Wechmar, prigioniero di guerra a Camp Trinidad, in Colorado, e poi diplomatico della Repubblica federale, era certo di aver incontrato Otto durante un interrogatorio. Nella sua autobiografia racconta del suo arrivo in Colorado nel 1943 e di come lo avesse conosciuto: "[Lavoravamo] con gli ufficiali del comandante americano, tra i quali c'era anche il tenente Urbach, che nel dopoguerra ho poi rivisto in Germania, dove faceva il rappresentante della ditta americana 3M".[10]

Otto lavorò in seguito per la 3M e conosceva bene Wechmar, ma l'uomo di cui Wechmar si ricordava in relazione al Colorado era veramente lui? Finora sono state ritrovate solo fotografie che ritraggono Rudolf Urbach in quel luogo.[11] Forse Wechmar si sbagliava, dunque, o Rudolf e Otto lavoravano insieme già allora. In ogni caso il paesaggio intorno a Camp Trinidad, vicino alle Montagne Rocciose, Otto lo conosceva bene. Prima della guerra aveva considerato l'ipotesi di costruirci un albergo per sciatori. A dispetto della posizione spettacolare, però, il campo di prigionia di Trinidad, come si può immaginare, non era affatto un luogo di villeggiatura. Era costituito da lunghe file di baracche che dovettero essere costruite in fretta per accogliere la prima ondata di prigionieri di guerra tedeschi. Fino ad allora gli inglesi erano stati i soli ad accollarsi questo peso, ma da quel momento ebbero il sostegno degli americani. L'esercito statunitense non aveva esperienza nel trattamento dei prigionieri di guerra e all'inizio fu sopraffatto dall'incarico. Poi però ci si ricordò di un'arma molto particolare a propria disposizione: in nessun altro paese c'erano tanti immigrati in grado di capire la lingua e la cultura del nemico. Gli immigrati tedeschi e austriaci potevano comprendere e analizzare meglio di qualunque psicologo quel che pensavano i loro ex connazionali. Erano dei perfetti ufficiali per gli interrogatori.

Il cabarettista austriaco Georg Kreisler spiegò in seguito il suo lavoro per l'esercito americano con una frase: "Tutti quelli che sapevano il tedesco, l'italiano e il giapponese furono spediti nei servizi di ricognizione".[12] La maggior parte degli immigrati fu addestrata a Camp Ritchie, in Maryland. Hans Habe, il più noto dei "Ritchie Boys", scrisse al riguardo:

> Camp Ritchie ... ai piedi delle Blue Ridge Mountains era il campo dell'esercito più strano del mondo. Tutto quanto era avvolto nel mistero, la metà degli allievi girava travestita. Intere compagnie marciavano indossando le uniformi tedesche della Wehrmacht o dei cecchini giapponesi – erano americani-giapponesi –, si appostavano tra i rami degli alberi; in una parte del campo facevano esercitazioni delle finte SS. Si studiava giorno e notte: spionaggio dietro le linee nemiche, tecniche di interrogatorio dei prigionieri, lettura di riprese aeree, controspionaggio, etnologia, guerriglia psicologica, analisi delle informazioni ... I notiziari quotidiani, diffusi durante i pasti in mensa attraverso degli altoparlanti, risuonavano in quindici lingue.[13]

Quello che si ritrovò lì era un gruppo di creativi. Uomini di teatro viennesi come Marcel Prawy e Ernst Haeusserman, o future celebrità come Henry Kissinger e J.D. Salinger furono addestrati come agenti dei servizi segreti a Camp Ritchie o in altre strutture simili. Molto prima di essere impiegati in Germania poterono mettere alla prova le proprie tecniche di interrogatorio con i soldati tedeschi detenuti nei campi americani destinati ai Prisoners of War. Tra questi c'era anche Camp Trinidad, in Colorado. Lì, nel 1943, immigrati come Rudolf (e probabilmente anche Otto) si imbatterono innanzitutto nei soldati di Erwin Rommel catturati in Africa. Fu un incontro a ruoli invertiti. Gli ufficiali nazisti esautorati sedevano di fronte alle loro ex vittime. Gli specialisti ebrei degli interrogatori, tuttavia, non dicevano una parola sulle proprie origini tedesche. Rudolf Urbach, per esempio, parlava ostentatamente tedesco con un accento americano.[14] Questo camuffamento era importante per carpire le informazioni giuste. La Convenzione di Ginevra prescriveva che i prigionieri di guerra dovessero dichiarare solo i propri dati personali. Ma gli americani, naturalmente, cercavano di estorcergli molto di più. Allo scopo serviva creatività, e chi poteva metterne in campo di più dei fantasiosi frequentatori dei caffè letterari?

A Fort Hunt, un campo di prigionia in cui nel corso del tempo furono relegati i più violenti soldati della Wehrmacht, si inventò per esempio il "trattamento russo", un metodo efficace per costringere i detenuti a parlare. Si diceva loro che data la mancata collaborazione li si sarebbe dovuti passare all'ufficiale sovietico di collegamento. Un immigrato che parlava russo dava poi un'interpretazione eccellente di questo ruolo. A Fort Hunt le conversazioni nelle celle dei prigionieri venivano intercettate, quindi oggi sappiamo che cosa raccontò un caporale addetto alle comunicazioni radio di nome Heinrich Speyer ai suoi compagni, a proposito dell'interrogatorio del "brutale ufficiale di collegamento sovietico": "E il tizio che si definiva commissario, uscendo, mi ha messo una mano sulla spalla e ha detto: 'Ivan Ipanovic ti [consiglia] di firmare. Ivan Ipanovic avrai modo di conoscerlo'. ... E poi ha aggiunto: 'Allora sì che conoscerete bene la Russia. Vi bruceremo gli occhi con i riflettori'".[15] Il caporale Speyer probabilmente firmò.

A Camp Trinidad non c'erano tanti fanatici come a Fort Hunt, ma anche lì i nazisti convinti terrorizzavano i prigionieri che disapprovavano apertamente Hitler. Tra questi ultimi figurava anche il conoscente di Otto, Rüdiger von Wechmar. Il suo atteggiamento non era privo di rischi perché c'erano continui attentati ai danni di "traditori" come lui, e la direzione del campo si vide costretta a proteggere i prigionieri nazisti critici nei confronti del regime. Ancora a maggio del 1945 gli ufficiali nazisti di Camp Trinidad progettavano di uccidere i connazionali infedeli.[16] Se Wechmar aveva ragione e Otto lavorava davvero in Colorado, avrebbe potuto acquisire già nel 1943 l'abilità che in seguito avrebbe perfezionato nella Germania occupata: come riconoscere i fanatici e isolarli dalla massa dei simpatizzanti.

Quando finalmente la rivide, Otto non poteva dunque parlare con Alice del suo lavoro, e lei non poté far altro che accettarlo. Volle però assolutamente che Otto rispondesse a una domanda. Dal 1942 non aveva più notizie delle sue tre sorelle rimaste a Vienna, Sidonie, Karoline e Helene. Sapeva che la moglie di Felix, nel 1941, era riuscita all'ultimo minuto a sottrarsi alla deportazione in Polonia fuggendo in America. Giravano molte voci sui campi dell'Est. Si poteva sopravvivere a quei campi? Otto ne sapeva di più? Erano le domande più difficili che potesse porgli. Che cosa le rispose?

Anni dopo la guerra chiesero ad Anna Freud perché le sue anziane zie fossero state uccise. La sua risposta fu: "I nazisti volevano i loro appartamenti".[17] Dopo aver avuto gli appartamenti, la mossa successiva più logica era sbarazzarsi dei testimoni del furto. Dal 1938 appartenevano alla categoria delle vecchie signore senzatetto anche le sorellastre di Alice, Karoline e Sidonie. All'inizio abitarono presso gli amici, poi in alloggi collettivi. Il loro ultimo indirizzo comune, nel 1942, fu la sinagoga di Vienna, in Müllnergasse.[18] Forse sarebbero comunque riuscite a sopravvivere alla guerra, se nel 1940 Baldur von Schirach non fosse diventato Gauleiter.

La madre americana di Schirach, Emma Middleton von Schirach, scrisse entusiasta dopo la nomina del figlio a Gauleiter di Vienna: "Già, sono davvero orgogliosa del mio ragazzo, e lui ha la testa e le mani occupate ... ha così tanto da fare. Vorrebbe rendere Vienna un centro culturale e musicale di prestigio ecc. ecc. e ha cominciato bene".[19] La più importante iniziativa culturale di Schirach fu di autorizzare la deportazione degli ebrei austriaci, comprese le sorelle di Sigmund Freud e di Alice, condannandoli a una morte certa. Dalla Müllnergasse, Sidonie e Karoline furono deportate a Theresienstadt il 14 luglio 1942. In quel trasporto c'erano 1009 persone: 950 furono uccise, e 59 sopravvissero alla guerra. I nomi di Sidonie e Karoline compaiono un'altra volta nelle liste dei trasporti. Due mesi dopo, il 21 settembre 1942, giorno del suo compleanno, Sidonie viene trasferita con la sorella e altre persone più anziane a Treblinka. Con quel trasporto Theresienstadt-Treblinka furono deportate 2002 persone, tra cui ci fu un solo sopravvissuto.[20]

Otto non conosceva ancora questi particolari, ma intuiva che le possibilità di sopravvivenza delle sue zie nei campi dell'Est erano minime. Anche per la sorella più giovane di Alice, Helene, e il marito c'erano poche speranze.[21] Il loro ultimo indirizzo noto è quello del ghetto di Łódź.

Nel XIX secolo Łódź era considerata una prospera cittadina industriale ed era un centro d'attrazione per la popolazione rurale ebraica. Si andava a Łódź in cerca di svago o di una buona rendita. Nelle storielle ebraiche la città era una sorta di "terra promessa". Il librettista ebreo Fritz Löhner-Beda alludeva a queste sue caratteristiche quando nel 1915 scrisse la canzone *Rosa, wir fahr'n nach Łódź* (Rosa, andiamo a Łódź), con le musiche di Artur Marcell Werau. La produttività di Löhner-Beda era leggendaria: a lui si devono innumerevoli operette e canzoni di successo come *Ich habe mein Herz in Heidelberg verloren* (Ho perduto il mio cuore a Heidelberg) o *Dein ist mein ganzes Herz* (Il mio cuore appartiene a te). Alla sua canzone di Łódź, tuttavia, toccò uno strano destino.

A gennaio del 2019 il comico Wolfgang Trepper partecipò a una trasmissione satirica della rete NDR.[22] Interpretava la parte di un tipo burbero della Ruhr, che ripensava nostalgico alla sua infanzia negli anni Settanta. A un certo punto del suo numero imprecava contro i tremendi tormentoni tedeschi dell'epoca. Nel suo programma *Hitparade*, Dieter Thomas Heck, nel 1974, era addirittura riuscito a vendere un pezzo come *Theo, wir fahr'n nach Łódź* di Vicky Leandros. In effetti il nuovo testo della canzone era ancora più banale della versione di Löhner-Beda:

> Theo, andiamo a Łódź
> Alzati, pigrone che non sei altro
> Prima che perda la pazienza
> Theo, andiamo a Łódź
> Lì parteciperemo a una grande festa
> Che ci farà scordare il mondo
> Theo, andiamo a Łódź.

Il pezzo non è propriamente una perla della storia della canzone, e Trepper inveisce dunque nella sua trasmissione, dicendo:

> Theo, andiamo a Łódź! Sai che schifo! Theo non voleva andare a Łódź. *Lei* voleva ... Se nel bel mezzo della notte vuoi andartene in Polonia, vacci tu, cretina che non sei altro! Che cosa ci sarà mai a Łódź, niente, non c'è mai stato un bel niente. Vi è mai capitato di vedere un cartello in un'agenzia di viaggi: *Shopping a Łódź*? A Łódź non succede un bel niente, è questo il problema, non ci vuole andare nessuno. A Łódź non è mai successo niente di importante, è sempre stato un mortorio.

Su questo punto Trepper si sbaglia di grosso. Durante la Seconda guerra mondiale a Łódź è accaduto qualcosa di importante. E quando *Theo, wir fahr'n nach Łódź*, nel 1974, dunque neanche trent'anni dopo la fine della guerra, divenne un successo in Germania, c'erano ancora tanti soldati della Wehrmacht e tante SS che sapevano benissimo che cos'era accaduto a Łódź durante il conflitto. Nessuno di loro aveva interesse a renderlo pubblico. Nel ghetto di Łódź (Litzmannstadt), tra il 1940 e il 1944, morirono circa 43.000 persone per la fame e il freddo. Per la maggior parte dei deportati si trattava di una tappa intermedia sulla via per Auschwitz o Majdanek.

Nel 1974, quando *Theo, wir fahr'n nach Łódź* divenne un successo, nessuno chiese quanta gente fosse stata assassinata a Łódź. Anche l'autore originario della canzone, Löhner-Beda, non ebbe più modo di commentare il nuovo testo. Il 4 dicembre 1942 era stato ammazzato di botte perché un direttore dell'industria chimica IG Farben dove lavorava lo aveva ritenuto troppo lento.[23] La morte di Löhner-Beda presentò dei vantaggi per il settore della musica leggera: la canzone poté essere riscritta e in seguito fu Vicky Leandros ad andare a Łódź.

Alice non sapeva niente delle circostanze dell'uccisione di Helene. Otto aveva deciso di risparmiarle la vicenda. Non poté però impedire che dopo la guerra Alice apprendesse che cosa era accaduto a Karoline e Sidonie. Erano state gasate insieme. Nelle sue memorie Alice accenna a questo fatto una sola volta, dicendo che le due donne si sarebbero "aggrappate l'una all'altra nella morte".[24] Naturalmente di quell'abbraccio non c'era alcuna prova, ma l'idea la aiutò un poco.

E forse era davvero andata così.

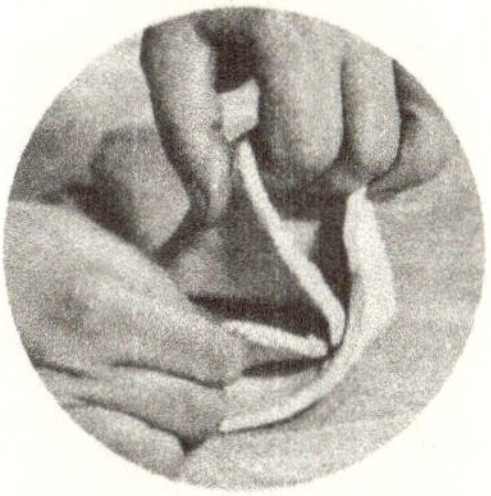

La guerra di Cordelia

Il Reed College mi ha insegnato a pensare in modo analitico e a raccogliere il maggior numero di dati possibili. È stato un utile allenamento per il mondo dei servizi segreti.

CORDELIA DODSON[1]

C'era poi un'altra storia che Otto non rivelò alla madre nel 1944. Anche Cordelia Dodson sarebbe presto arrivata in Inghilterra. Otto non poteva parlarne con Alice perché altrimenti lei avrebbe insistito per rivederla. Durante il loro primo incontro al Sacher, nel 1937, aveva profondamente sottovalutato la giovane americana. Ora Alice sapeva che, senza l'aiuto di Cordelia, Karl sarebbe morto. Le doveva molto, quindi, ma Otto nel 1944 non poté far incontrare le due donne. A parte un paio di colleghi nessuno doveva sapere del viaggio a Londra di Cordelia. Faceva parte della sua vita segreta.

Cordelia probabilmente non sarebbe mai diventata una collaboratrice dei servizi segreti bellici americani OSS se non avesse assistito all'Anschluss dell'Austria. Come disse lei stessa, quell'esperienza influenzò l'intero corso della sua vita: "Da quel momento in poi ho cominciato a odiare i nazisti".[2] Una volta rientrata in America, nell'ottobre del 1938, non poté sulle prime pronunciarsi contro il regime nazionalsocialista. Era solo una studentessa, consapevole che la maggioranza degli americani non vedeva di buon occhio un coinvolgimento militare in Europa. Anche a settembre del

1939, quando scoppiò la guerra, Cordelia dovette accettare che i suoi connazionali non volessero sostenere l'Inghilterra nella lotta contro Hitler.

Mentre sperava che l'opinione pubblica cambiasse orientamento, continuò a studiare tedesco, francese e psicologia a Reed. Quando il 7 dicembre 1941 i giapponesi bombardarono Pearl Harbor, si era appena laureata. Qualche giorno dopo Hitler dichiarò guerra all'America. L'atmosfera finalmente cambiò, e Cordelia andò subito a Washington. Il suo primo posto di lavoro fu al Pentagono, il ministero della Difesa americano. Come il fratello Daniel[3] e Otto, apparteneva ufficialmente all'Air Force e il suo compito più importante nei servizi segreti era tradurre in inglese e analizzare informazioni sulla Luftwaffe tedesca. Le analisi di Cordelia erano valide e furono sfruttate, ma dopo tre anni di lavoro d'ufficio lei voleva essere finalmente mandata in Europa per una missione operativa. Da marzo del 1944 le voci circa un'invasione imminente si erano fatte sempre più insistenti. Un numero crescente di suoi amici era stato trasferito in Inghilterra e Cordelia era convinta che anche lei, lì, avrebbe potuto fare di più che a Washington, al sicuro.

Il 6 giugno 1944 sentì anche lei, come milioni di altri americani, il discorso radiofonico del presidente Roosevelt: l'invasione della Normandia era cominciata. Cordelia aveva lavorato abbastanza a lungo al Pentagono da sapere che all'inizio le perdite sarebbero state molto alte. Non ce la faceva più a restare a Washington. C'era un'offerta di lavoro perfetta per lei: "Segretario e assistente del capo del dipartimento X2 a Londra. La posizione comporta grandi responsabilità nell'analisi e nella trasmissione dei Rapporti X2, capacità di giudizio e spirito di iniziativa. Si richiede un'eccellente conoscenza di francese e tedesco".[4]

Il capo dell'OSS William Donovan aveva fondato l'X2 nel 1943, come ufficio di collegamento con gli inglesi.[5] All'interno dell'OSS, l'X2 era considerato "l'élite dell'élite". Cordelia voleva assolutamente quel posto. Le sue referenze erano no-

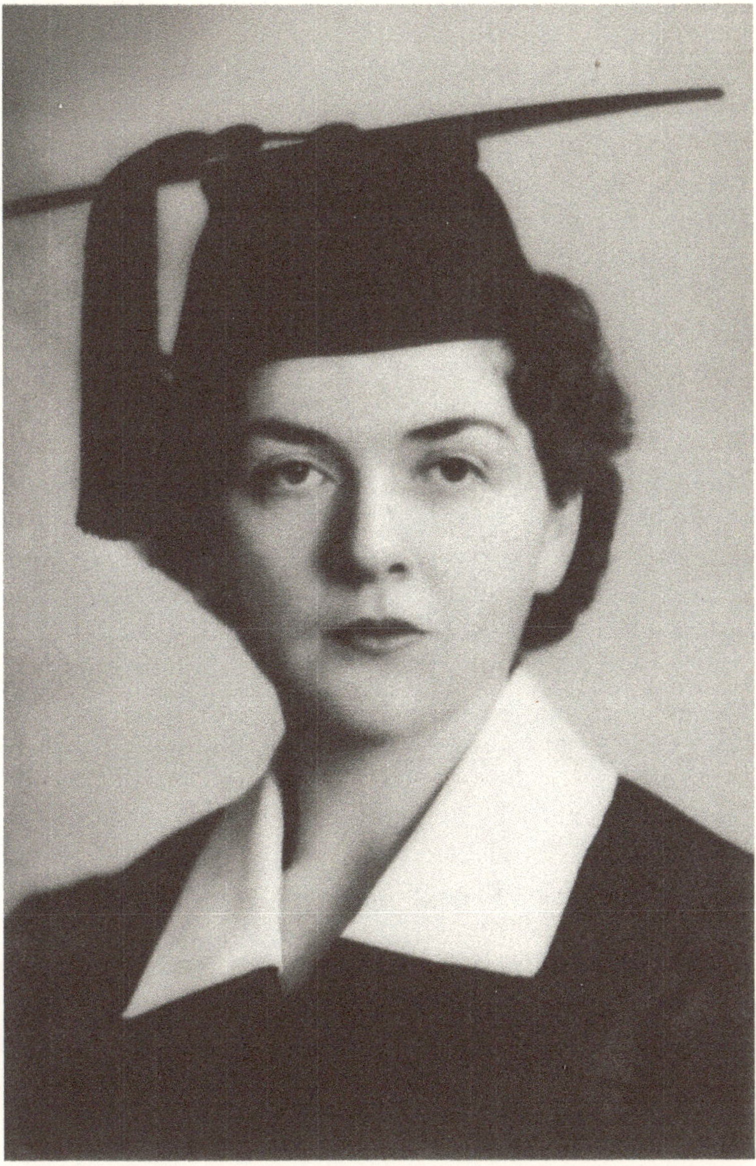

Cordelia Dodson in occasione della cerimonia di laurea
al Reed College, 1941.

tevoli, il suo capo E.R. LeRoy sostenne la sua candidatura, come pure i professori di Reed Henry F. Peters, E. Barnhart e naturalmente Dexter Keezer.[6]

Sul colloquio di Cordelia si sono conservati degli appunti, che la descrivono in questi termini: "Nubile, nessun parente all'estero, vuole andare oltreoceano per dare il suo contributo, disposta a viaggiare. Intelligente, fa un'ottima impressione, atteggiamento professionale. L'X2 intende assumerla, compenso 2600 dollari l'anno".[7]

Finalmente Cordelia poteva imbarcarsi per l'Europa. Quando arrivò a Londra nel novembre del 1944, però, stentò a riconoscere la città. Aveva sentito parlare dei bombardamenti, ma la realtà era un po' più dura del previsto. La Londra pulsante che aveva conosciuto da studentessa, negli anni Trenta, non esisteva più. La gente sembrava patita, indossava abiti logori, e dappertutto c'erano macerie e crateri scavati dalle bombe. Da gennaio a maggio del 1944 c'erano stati nuovi attacchi aerei e la popolazione era ormai stanca della guerra. Nell'America sicura e benestante Cordelia poteva comprare generi alimentari in qualsiasi momento. Era anche abituata a contare sul fatto che riscaldamento ed elettricità funzionassero regolarmente. A Londra succedeva di rado, e doveva stare in ufficio con guanti e cappotto, pensando a dove scovare qualcosa di commestibile per il fine settimana.

A dicembre del 1944, però, prima che potesse abituarsi al contesto inglese, ricevette l'incarico di andare in Svizzera. Nessuno le spiegò per che cosa era richiesta la sua collaborazione, ma il compenso cambiò. Fino ad allora era stata pagata regolarmente come tutti gli altri collaboratori, dal 1° dicembre 1944, invece, il suo stipendio fu finanziato con fondi neri. Questi "fondi segreti" dovevano celare il suo datore di lavoro in Svizzera,[8] un uomo che in guerra giocò un ruolo relativamente glorioso e che in seguito ne avrebbe svolto uno alquanto inglorioso come capo della CIA: Allen Dulles.[9]

L'avvocato newyorkese Dulles non andava troppo per il sottile. La psicologia e le differenze culturali gli interessavano solo marginalmente. Ma era abbastanza intelligente da circondarsi di persone che fossero in grado di spiegargli che cosa passava per la testa dei suoi nemici (e alleati). I suoi migliori agenti dell'OSS si distinguevano per aver vissuto a lungo all'estero e per la capacità di comprendere le società degli altri paesi. Cordelia rispecchiava queste caratteristiche.[10]

Nel tragitto per raggiungere Dulles, Cordelia dovette inoltre rendersi brevemente utile come "capocomitiva". La sua "comitiva" era tutt'altro che ordinaria. Ne facevano parte dei prigionieri di guerra tedeschi che erano stati ingaggiati e che si desiderava reintrodurre clandestinamente in Germania come agenti. L'uomo che aveva predisposto queste operazioni era Peter Viertel, l'amico di Otto e Cordelia.[11] Dopo la guerra Viertel scrisse una spietata sceneggiatura su una di queste "missioni turistiche". Il film, *I dannati*,[12] del 1951, fu un successo mondiale. In seguito Cordelia ricordò tutte le cose che erano andate storte durante la sua "operazione turistica".[13] L'aereo era sgangherato, e se il pilota non fosse stato molto esperto, viste le pessime condizioni atmosferiche, non ce l'avrebbero mai fatta ad atterrare a Lione. La città era considerata sicura, era stata liberata a settembre del 1944, ma tutti i partecipanti avevano i nervi a fior di pelle. Cordelia recuperò la sua disinvoltura solo dopo aver accompagnato a destinazione l'ultimo dei suoi prigionieri tedeschi ed essere riuscita a passare il confine svizzero. Lì non c'era alcun obbligo di oscuramento e poté di nuovo guidare nella notte con i fari accesi. Natale era ormai alle porte e le case illuminate a giorno irradiavano tutto il benessere svizzero. Lei si godette al massimo quella normalità: "La sera cenammo in un ristorante raffinato, in cui i martini ci furono serviti dentro bicchieri veri e propri, non in quelli di carta, e i tovaglioli erano di lino, non semplici fazzoletti".[14]

Ancor più eccitante dei martini, però, era il suo nuovo incarico. Due giorni prima del Natale del 1944 prese servizio a Berna, in Herrengasse 23. A quel numero civico corrispondeva un edificio imponente che dai tempi della sua costruzione, nel 1690, era stato ampliato più volte. Sulla targhetta accanto al campanello c'era scritto: Allen Dulles, Consulente speciale dell'ambasciatore americano. Dulles non aveva affittato l'edificio per il suo interesse storico, ma perché disponeva di un ingresso separato, mediante il quale i suoi visitatori potevano entrare e uscire con discrezione. Si era anche adoperato affinché i lampioni di fronte alla casa la notte non si accendessero. Aveva le sue buone ragioni. Sia gli svizzeri sia tutti i servizi segreti nemici erano interessati all'identità dei suoi visitatori.

All'inizio Cordelia lavorò con Paul C. Blum, uno dei consulenti più importanti di Dulles: "Vivevamo nella Casa Silberhof. Paul aveva la stanza d'angolo e io quella accanto" raccontava cinquant'anni dopo Cordelia. "Avevamo una macchina da scrivere svizzera, e Paul dovette rassegnarsi al fatto che la dattilografia non era il mio forte ... Il nostro problema maggiore era buttare la spazzatura con discrezione."[15]

Ufficialmente la Svizzera era neutrale, ma Cordelia imparò molto presto che la neutralità variava da regione a regione: "A Zurigo erano filotedeschi, ma a Ginevra ... erano antinazisti. I tedeschi erano riusciti a costituire un partito nazista illegale in Svizzera, e la polizia svizzera tentava di indagare sui suoi membri. Consideravano queste persone traditori e raccoglievano materiale su di loro. Volevano sapere che cosa stava succedendo, che era poi la stessa cosa che volevamo anche noi". A tratti era una situazione schizofrenica. Gli avversari cenavano tutti nel più elegante albergo di Berna, il Bellevue Palace: in una metà della sala sedevano gli agenti dell'OSS, nell'altra quelli del Sicherheitsdienst, il servizio di sicurezza di Heinrich Himmler.[16] La vicinanza aveva i suoi vantaggi.

Cordelia aiutò Paul Blum a reclutare un'agente del Sicherheitsdienst,[17] ma era anche impegnata in uno dei suoi progetti più importanti: scoprire i canali attraverso i quali i funzionari nazisti, prima della fine della guerra, cercavano in tutta fretta di inviare di nascosto oro in Liechtenstein,

Spagna e Sudamerica.[18] Blum aveva diversi informatori nel mondo delle banche e degli affari e non si fidava di nessuno a parte la propria squadra: "Eravamo un piccolo gruppo che lavorava a stretto contatto," disse Cordelia in seguito, "e bevevamo più di quanto avremmo dovuto".[19] Ciò nonostante riuscirono nel loro intento. A settembre del 1946 Blum, Cordelia e il suo collega dell'OSS William Hood furono promossi per aver rintracciato l'oro dei nazisti.[20]

Cordelia, tuttavia, non lavorava solo ai progetti di Blum, ma anche direttamente per Allen Dulles. Lui era interessato alle sue esperienze universitarie, specie al viaggio in Italia del 1937.

L'amicizia tra Karl e Cordelia era cominciata il 9 aprile 1937, in una stazione ferroviaria viennese. Karl all'epoca aveva tenuto a mente con precisione il treno con cui Cordelia era arrivata: Venezia-Trieste-Klagenfurt-Semmering-Vienna. Non si era fermato a domandarsi che cosa avesse fatto in Italia, forse supponendo che gli americani, in Italia, facessero sempre le stesse cose: visitare rovine, chiese e musei. E Cordelia aveva fatto proprio questo, ma a margine dell'itinerario turistico era anche andata a trovare i genitori del suo compagno di studi di Reed, Emilio Pucci di Barsento. La ragione della visita era stata pura e semplice curiosità.

A Reed, Pucci e Otto avevano suscitato in Cordelia l'interesse per lo sci e la politica europea. Il velocissimo stile di discesa dei due era quasi identico, ma quanto alla politica avevano opinioni molto diverse: Otto metteva in guardia dal fascismo, Pucci lo difendeva. Cordelia voleva conoscere meglio entrambe le posizioni.

I Pucci figuravano tra le famiglie italiane di più antica nobiltà e vivevano fin dal 1480 a Palazzo Pucci, a Firenze. Quando Cordelia, nel 1937, incontrò i genitori di Emilio, venne a sapere che l'amico, da piccolo, aveva avuto una governante inglese e che da ragazzo si era appassionato tanto del modello sociale americano, quanto del fascismo italiano. Era una contraddizione che non riuscì mai a superare del tutto. Per poter partecipare alle competizioni sportive, a quindi-

Emilio Pucci di Barsento nel 1953 circa.

ci anni aderì alle organizzazioni giovanili fasciste: l'Opera Nazionale Balilla (ONB) e in seguito, a Milano, la Gioventù Universitaria Fascista (GUF).[21]

Dopo il suo viaggio in Italia Cordelia era giunta alla conclusione che Otto avesse ragione a criticare il fascismo. Pur avendo la peggio nella competizione politica, Pucci fu però sempre in vantaggio su Otto sul piano erotico. Per tutta la vita Cordelia ritenne l'italiano assai attraente: "era snello, molto elegante e un buon atleta. Sciava meravigliosamente, tirava di scherma ed era un ballerino fantastico".[22] Ne era entusiasta e non era certo l'unica. Ben poche studentesse di Reed, in seguito, avrebbero dimenticato Pucci, anche se o proprio perché non lo si poteva definire monogamo: "Alcune donne erano semplicemente entusiaste di vederlo, e altre facevano di tutto per stargli a tre metri di distanza" ricordava un compagno di studi.[23]

La carriera professionale di Pucci si rivelò poi ancora più interessante di quella amorosa. Dopo aver consegnato la sua tesi di laurea dal titolo *Fascismo: spiegazione e giustificazione* a Reed, nel 1937,[24] aveva viaggiato a lungo in Asia ed era rientrato in Italia solo mesi dopo. Stando alle sue dichiarazioni successive all'OSS, vide allora per la prima volta i lati oscuri del regime: "mi resi conto che durante il mio soggiorno all'estero avevo idealizzato il fascismo. Messo di fronte all'evidente corruzione e all'incompetenza in tutti gli organi di governo, sperimentai una tremenda disillusione".[25]

Pucci rimase tuttavia un patriota italiano e completò l'addestramento da pilota militare. Durante una gita sugli sci, nel 1938, conobbe i figli di Mussolini e ne divenne amico. In particolare, ebbe un'intensa relazione sentimentale con la figlia maggiore, Edda Ciano, già sposata. Edda aveva soltanto quattro anni più di lui, era sportiva e avvenente. Sulla scena pubblica italiana era considerata una fascista "moderna", che sosteneva il padre al cento per cento. Persino al suo matrimonio con il conte Ciano, nel 1930, aveva eseguito il saluto fascista davanti ai fotografi. Grazie al tramite di

Edda, nell'estate del 1943, Pucci ottenne un'udienza privata da Mussolini.[26] La sua speranza di informare il duce sulla corruzione imperante al ministero dell'Aeronautica, però, rimase delusa. Pucci tornò quindi al fronte. Nel 1943 i suoi nervi erano già così logorati che riusciva ancora a volare solo assumendo il Pervitin, una metanfetamina.[27]

Già a Londra, nel 1944, Cordelia aveva notato il nome di Pucci in un dispaccio cifrato. Aveva spiegato al suo superiore di aver conosciuto Pucci a Reed, da studentessa, e anche di essere stata a casa dei suoi genitori nel 1937, in Italia. Le venne dunque assegnato l'incarico di contattarlo.[28] Per gli americani Pucci era importante, perché lui e Edda Ciano possedevano qualcosa di cui avevano urgente bisogno: i diari del marito di Edda, il conte Ciano, ex ministro degli Esteri di Mussolini. Uno dei compiti dell'OSS era di raccogliere la maggior quantità possibile di materiale per i futuri processi ai criminali di guerra. I diari costituivano delle potenziali prove dal momento che, stando alle voci, Ciano vi aveva preso nota di tutti i colloqui con il ministro degli Esteri tedesco Joachim Ribbentrop e molti altri pezzi grossi nazisti. Ora si voleva accedere a quelle informazioni. Nel 1943 Ciano era caduto in disgrazia presso Mussolini ed era stato arrestato. Anche la moglie Edda aveva rotto i rapporti con il padre. Teneva nascosti i diari del marito e tentava di usarli come arma di ricatto per ottenere la sua liberazione. Pucci la aiutava come meglio poteva, e Cordelia, nei dispacci, aveva colto questa informazione, peraltro in sintonia con il Pucci che lei aveva conosciuto a Reed.

Probabilmente gli amanti disposti a rischiare la propria vita per salvare il marito dell'amata non sono tanti. Ma Pucci non era un uomo ordinario e Edda Ciano, a sua volta, era tutto meno che una moglie ordinaria. All'inizio del 1944, per poco non riuscirono a convincere gli agenti del Sicherheitsdienst di Himmler ad autorizzare la liberazione di Ciano in cambio dei diari. Quando però Hitler venne a sapere dell'accordo, lo bloccò. L'11 gennaio 1944 Ciano venne fucilato a Verona per ordine del suocero Mussolini e Edda comunicò la notizia ai figli con l'insolita frase: "Il nonno ha fatto fucilare papà".[29]

L'unica persona che le rimase accanto in quella situazione senza via d'uscita fu Pucci. Dopo il fallimento dell'accordo aveva portato Edda e i suoi figli, con parte dei diari, al confine svizzero, ma poco dopo era finito nelle mani del Sicherheitsdienst. Nel suo rapporto segreto per l'OSS descrisse in seguito l'"interrogatorio" da parte del SD in questi termini:

> Non vorrei fare nessun riferimento preciso alle torture subite. La tortura è un'esperienza così umiliante che parlarne è un'ulteriore umiliazione. Posso solo dire che è durata otto ore: ne ho ricavato una frattura cranica, una tromba d'Eustachio distrutta, e mi hanno tenuto sott'acqua così a lungo che ho perso conoscenza.[30]

Poco dopo la tattica del SD cambiò. Mandarono Pucci in Svizzera, dove avrebbe dovuto convincere Edda a consegnare i diari. La fede di Pucci nel fascismo era ormai definitivamente distrutta e quando arrivò in Svizzera tentò immediatamente di prendere contatto con gli Alleati. Gli inglesi non erano minimamente interessati, e lui dopo questo ennesimo colpo ebbe un crollo decisivo e dovette essere portato in un ospedale svizzero, dove rilevarono le sue brutte ferite. Solo allora Allen Dulles affidò a Cordelia la "gestione" di Pucci (come agente di collegamento). Dopo tutto quel che aveva passato, Pucci fu comprensibilmente entusiasta di ricevere la visita dell'amica in un sanatorio svizzero. Vederla accelerò la sua guarigione, e anche Cordelia fu felice di rivederlo: "Il mio coinvolgimento andò al di là del normale. Vincemmo addirittura una gara di ballo a Zermatt. Sciammo insieme e parlammo dei nostri anni universitari e del sistema fascista che in Italia si andava logorando, davanti al fuoco crepitante di un camino".[31]

Si sviluppò un bel rapporto. Anche l'azione per il recupero dei diari proseguì. Pucci si disse pronto a recarsi in Italia a prendere quelli mancanti, ma nel frattempo alcune parti erano finite nelle mani del SD. Grazie all'aiuto di Pucci, Edda possedeva comunque ancora cinque volumi. Anche lei si trovava in un sanatorio, sorvegliata dai servizi segreti svizzeri.

Edda doveva ora essere indotta a consegnare i diari a Allen Dulles. Pucci fece del suo meglio per convincerla, e alla fine la figlia del duce ricevette Dulles in sanatorio. Dopo lunghe trattative i due si accordarono affinché 1200 pagine scritte fitte venissero segretamente fotografate e in seguito inserite in un libro destinato alla pubblicazione. L'esito di questo accordo fu un colpaccio pubblicitario per gli Alleati. La stampa internazionale pubblicò degli estratti dai diari, e ai processi di Norimberga li si poté usare come prove contro Ribbentrop.

I diari di Ciano rappresentavano solo una parte dei materiali incriminanti che l'OSS e il CIC misero a disposizione degli accusatori di Norimberga. In alcuni casi, per procurarseli, si era scesi a compromessi fatali. Ciò nonostante, alla fine permisero almeno di condannare alcuni dei peggiori criminali nazisti.[32]

Cordelia poteva essere soddisfatta del ruolo svolto nell'operazione. L'intermezzo danzante di Zermatt aveva decisamente dato i suoi frutti.

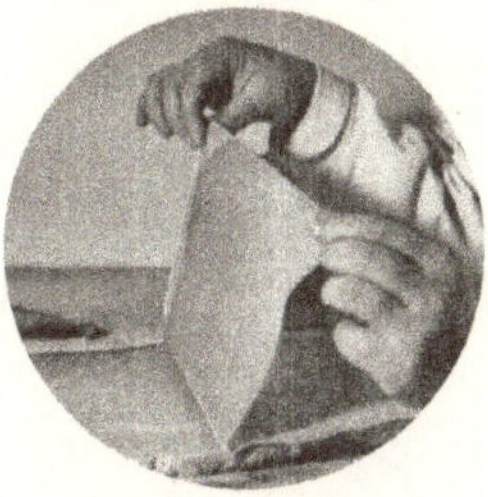

Sopravvissuti!

La giornata è nostra.
Quel cane sanguinario è morto.

WILLIAM SHAKESPEARE, *Riccardo III*,
citato il 1° maggio 1945 alla BBC

Il 5 maggio 1945, mentre andava in bicicletta dall'istituto alla sartoria dove lavorava, Lisl Scherzer incontrò a metà strada il fattorino addetto alla consegna dei telegrammi. Non le venne neanche in mente che potesse avere posta per lei e proseguì decisa. Poco dopo, mentre era occupata con l'orlo di una cliente, Ruth fece irruzione nella sartoria ed esclamò: «Devi tornare immediatamente a casa, c'è un telegramma per te!». La notizia gettò Lisl nel panico. Il padre serviva nell'esercito britannico, e l'idea che potesse essergli successo qualcosa – proprio negli ultimi giorni di guerra – la indusse a precipitarsi all'istituto: "Le assistenti mi stavano già aspettando con una tazza di tè e un tranquillante".

Alice e Paula accompagnarono Lisl in una stanza attigua e le porsero il telegramma. Veniva dalla Svezia ed era indirizzato al padre. L'uomo aveva lasciato l'indirizzo dell'istituto come recapito. Lisl fu sollevata nel leggere il suo nome, perché questo significava che a lui personalmente non era accaduto nulla. Aprì la busta e lesse:

"Stockholm, 4th May 45 Scherzer.

Your wife saved; Arrived here Red Cross transport from Germany".

[Stoccolma, 4 maggio '45 Scherzer
Sua moglie salva; arrivata qui con trasporto Croce Rossa dalla Germania]

Anche a decenni di distanza, Lisl, ormai diventata un'anziana signora, parlando del momento in cui comprese che i genitori erano sopravvissuti, non poteva fare a meno di piangere di gioia:

> Ero l'unica ragazza dell'istituto con un padre, e adesso avevo di nuovo anche mia madre! Diciannove ragazzine erano dietro la porta ad aspettarmi. Le sentivo sussurrare: «Perché Lisl non esce e non ci dice che cosa c'è scritto sul telegramma?». Chiesi alle assistenti: «Come posso spiegare alle altre quello che c'è scritto? Tutte quante loro non hanno più nessuno, e io sono stata così fortunata». Alla fine uscii comunque e glielo raccontai. E tutte quante furono felici per me e dissero: «Presto forse anche noi avremo notizie». Ma non ebbero mai più buone nuove.[1]

Nelle settimane a venire Alice e Paula dovettero spesso tirar fuori i tranquillanti dall'armadietto. A parte quell'unico telegramma, dopo la fine della guerra, l'8 maggio, all'istituto arrivarono solo brutte notizie. Alice era così preoccupata per l'umore generale che censurava i giornali e spegneva la radio non appena cominciava il notiziario. Pregava le ragazzine più grandi di andare al cinema solo per vedere il film principale, perché prima di ogni proiezione c'erano allora le *Pathé News*, un cinegiornale britannico che parlava degli eventi politici. Durante tutto il periodo della guerra le bambine avevano avuto il permesso di vederlo, ma adesso si parlava anche dei campi di concentramento. Quando Alice venne a sapere che sarebbe stato proiettato un intero film sulla liberazione dei campi, proibì espressamente a tutte di andare al cinema. Peter Sieber descrisse ciò che accadde allora: "Una delle ragazze più grandi si intrufolò comunque al cinema. Svenne subito dopo l'inizio del film. Il personale fece del suo meglio per aiutarla. Poi la polizia locale la riaccompagnò in auto all'istituto".[2]

Quel che Alice e Paula intuivano da anni adesso era palese: non dirigevano un istituto per l'infanzia ma un orfanotrofio. Con la collaborazione delle organizzazioni umanitarie ebraiche dovevano ora tentare di reperire lontani parenti delle ragazze. La maggior parte delle ospiti, però, non voleva lasciare l'istituto, e Alice e Paula rimasero ancora per molto tempo le sole sostitute dei loro genitori. Un esempio di come andarono le cose è dato da una pratica che fu portata avanti dal Jewish Refugee Committee anche dopo la fine della guerra. Riguardava Margot H., che nel 1945 aveva già ventun anni, ma ciò nonostante voleva restare all'istituto. Gli appunti presi nel dopoguerra sono un misto di tragedia e banalità:

- 14.7.45: Il nome Bela H. è stato trovato in una lista di Bergen-Belsen. Cerchiamo di scoprire se corrisponde a Bella H., la madre di Margot.
- 16.7.45: Abbiamo riferito questa informazione a Margot, dicendole che le faremo sapere non appena ci saranno altre notizie.
- 1.11.45: La signora Urbach ci ha informati che Margot si è fidanzata e vuole sposarsi. Abbiamo comunicato alla signora Urbach che il rabbino Neuman si farà vivo presto per concordare i dettagli tecnici.
- 26.2.46: Margot ha lasciato il lavoro e vuole dare una mano all'ostello. Vorrebbe farsi togliere le tonsille. L'ospedale ebraico [di Londra] le ha fissato un appuntamento per l'operazione. Ha sciolto il suo fidanzamento.
- 13.4.46: La signora Urbach è stata informata del buon esito dell'operazione e ha chiesto quando Margot potrà tornare a casa. Paula Sieber ha ringraziato il Comitato ebraico per essersi occupato di Margot [a Londra].
- 3.6.46: Comunicazione della Croce Rossa. Le due persone su cui Margot ha chiesto informazioni sono state deportate a Riga, probabilmente il 22.11.41.[3]
- 6.6.46: Comunicazione per la signora Urbach. Deve dare la notizia a Margot.
- 9.8.46: Margot ha trovato un buon lavoro come parrucchiera a Stamford Hill.

- 16.4.47: Margot si è fidanzata con un certo Nathan D., che in questo momento serve nell'esercito. È un rifugiato ebreo ed è stato membro di un kibbuz. Margot non vuole dunque emigrare in America.
- 29.5.47: Margot riceve [dal Comitato ebraico] una dote per il matrimonio.[4]

L'istituto non fu quindi subito smantellato nel 1945. Anzi. Secondo Peter Sieber lo si trasformò in una sorta di stazione di transito per bambine provenienti da altre strutture. Entro l'ottobre del 1946 Alice e Paula accudirono nel complesso quaranta ragazze.[5]

Pare che anche Anna Freud si ricordasse di Windermere e del lavoro di Alice. Collaborava con organizzazioni umanitarie che dopo la liberazione dei campi di concentramento portarono un gruppo di bambini prigionieri dalla Polonia all'Inghilterra. La studiosa sapeva da Alice quanto il paesaggio del Lake District potesse risultare rasserenante per i bambini. Anche i piccoli provenienti dai campi di concentramento vennero così alloggiati nei pressi di Windermere, nella speranza che in quel bel paesaggio potessero quanto meno riprendersi un po' dal punto di vista fisico. Il gruppo viveva lontano dal lago, nell'insediamento di Calgarth.[6] Paula e Alice probabilmente non ebbero contatti con quei bambini: il loro istituto le assorbiva completamente ed erano ormai sull'orlo del collasso fisico. Avevano stabilito che non avrebbero mai lasciato le loro protette in difficoltà, ma quando nel 1946 il Comitato ebraico ebbe racimolato il denaro sufficiente per mandare le ragazzine più giovani da alcuni lontani parenti, Paula e Alice poterono di nuovo pensare al proprio futuro. Paula voleva restare in Inghilterra, ma Alice sognava un nuovo inizio.

Ad Auschwitz circolava un modo di dire per indicare il luogo in cui c'era abbondanza di tutto: lo chiamavano "Canada". Se qualcuno chiedeva come si potesse scovare uno strumento musicale per l'orchestra femminile, la risposta era: Canada. La definizione ufficiale di "Canada" era "deposito degli effetti personali". Nei depositi venivano raccolti tutti i beni sottratti ai prigionieri: i loro cappotti pesanti e gli oggetti di valore che vi erano nascosti dentro. Canada divenne sinonimo di benessere, una sorta di luogo del desiderio per tutti i prigionieri.[7]

Il destino di Alice non è certo paragonabile a quello delle sorelle morte nei campi di concentramento, ma anche lei aveva un luogo del desiderio. Era vicino al Canada e si chiamava Stati Uniti d'America. Ad attrarla non era solo il benessere, bensì il fatto che fosse diventato la nuova patria dei suoi figli e del fratello Felix. Alice ora voleva finalmente stare con loro. Emigrare in America divenne il suo grande sogno. In quanto neocittadino americano, Otto poteva garantire per lei a tutti gli effetti, ma anche i Dodson la aiutarono ad accelerare il suo ingresso nel paese. Poiché il facoltoso William Dodson lavorava a Washington in un organismo "vicino al governo", il suo intervento alla fine si rivelò decisivo. Descrisse ai funzionari dell'Ufficio immigrazione con dovizia di particolari come i figli di Alice si fossero integrati in America in modo esemplare:

> Quando si verificò l'Anschluss e i nazisti fecero scempio del sangue ebraico, i miei figli mi pregarono di aiutarli a far uscire Karl Urbach dall'Austria e a portarlo in America. Io garantii per lui … e gli procurammo un posto all'università … Dopo aver frequentato il Reed College, studiò Chimica alla Northwestern University di Chicago … È molto intelligente e parsimonioso … Il fratello Otto Urbach ha servito nell'Air Force e lavora al momento per diversi enti americani in Europa. È molto patriottico, pieno di energia e capace di farsi valere.[8] … Personalmente, non ho ancora mai incontrato la madre dei due ragazzi, ma i miei tre figli l'hanno conosciuta a Vienna. È un'esperta di alimentazione e ha lavorato a Vienna e a Londra … Stando a quanto ho appreso dai miei figli e da altra fonte, è una signora in gamba e distinta … Vista l'età avanzata, i due figli si augurano che possa emigrare in America in modo da poterla sostenere quando non fosse più in grado di lavorare.[9]

La relazione di Dodson colpì i funzionari e Alice poté prenotare una traversata per New York. Il 16 ottobre 1946 si imbarcò a Southampton sulla *Queen Elizabeth*. La nave era stata chiamata così in onore della moglie di re Giorgio VI, che l'aveva inaugurata ancor prima della guerra. I previsti viaggi di lusso sull'Atlantico, però, erano saltati. Il transatlantico era stato convertito al trasporto truppe e solo nel 1946 – con Alice a bordo – fece il suo viaggio inaugurale come nave passeggeri commerciale. Alice si godette ogni minuto della traversata. Trovò particolarmente entusiasmante che il capitano della nave fosse un certo Sir James Bisset. Nel 1912, da giovane ufficiale, Bisset aveva aiutato a recuperare i superstiti del *Titanic*.[10] Negli ultimi anni Alice aveva imparato a riconoscere molto bene chi in caso di bisogno si comportava lealmente e chi si sottraeva ai suoi obblighi. Viaggiare con Bisset fu per lei un'esperienza rassicurante. Arrivò a New York sana e salva.

Per i giovani l'America è ancora oggi una terra di immigrazione. Finché si è in salute e si possono mettere in conto lunghi orari di lavoro, ci si può assicurare un buon tenore di vita. Chi è malato o anziano, invece, non può contare su un gran sostegno. Poiché il tessuto sociale è logorato, tutti gli americani vivono nella costante preoccupazione di perdere il lavoro e dunque anche l'assicurazione sanitaria. Già a Ellis Island le persone più fragili venivano scartate e rispedite indietro, indipendentemente dalla sorte che le aspettava nei loro paesi d'origine. Chi invece sembrava in forze e idoneo al lavoro, non aveva nulla da temere. Quando nel 1946 Alice arrivò in America con la nave, non corrispondeva esattamente all'immagine ideale dell'immigrata piena di vitalità. Le foto del dopoguerra ritraggono una donna esausta che si sforza di sorridere. Ha i capelli completamente bianchi ed è vestita in modo semplice. Forse non fece una buona impressione ai funzionari dell'immigrazione, e se non avesse presentato le referenze di persone influenti come i Dodson non sarebbe magari stata accolta tanto velocemente.

Lo sapeva fin troppo bene anche lei. Si vergognava soprattutto del cappotto: "Quando arrivai a New York, mi venne a prendere mia cognata [Helene Mayer, la moglie di Felix], e la prima cosa che mi disse fu: 'Il cappotto sembra che te l'abbia dato l'Esercito della salvezza'".[11]

Era un'osservazione brutale ma perfettamente azzeccata. Mentre in America i capi di abbigliamento si trovavano in abbondanza, in Inghilterra continuavano a essere razionati. Alice indossava un informe cappotto di stoffa ruvida. Ormai non possedeva più neanche un singolo indumento di cui potesse andar fiera. Dopo tutti gli anni di ristrettezze aveva quasi dimenticato quanto peso la sua famiglia attribuisse a un abbigliamento consono. Poiché i Mayer avevano costruito la loro fortuna sugli articoli tessili, per tutti i componenti della famiglia vigeva una legge non scritta: gli uomini dovevano indossare completi impeccabili, le donne tailleur eleganti e cappelli adeguati. Ogni passeggiata per Vienna era un défilé, non si usciva solo come persone comuni, ma come rappresentanti della ditta. Quei tempi erano passati da un pezzo, ma a New York Alice si ripromise di avere di nuovo cura del proprio aspetto esteriore. In America era possibile anche con pochi soldi. I grandi magazzini straripavano di articoli, e Alice non poteva credere di tornare a vedere cose così belle. La cognata Helene non guadagnava molto, e anche Felix doveva barcamenarsi con lavori d'ufficio malpagati, ma entrambi riuscivano a non far trasparire la propria povertà.

In seguito Alice andò ad abitare molto vicino a loro, a New York, ma nel 1946 desiderava soltanto una cosa: riuscire finalmente a ritrovare Karl. Lui studiava a Chicago, alla Northwestern University, e lei lo raggiunse. Rivedersi dovette essere strano. Alice ricordava un ventenne timido, ma Karl nel frattempo aveva compiuto ventotto anni e aveva affrontato non poche prove. Era stato a Dachau, aveva sbarcato il lunario in America con lavoretti occasionali e in parallelo, a tempo di record, aveva fatto il dottorato in una materia come chimica, considerata strategica a fini bellici. Le esperienze lo avevano reso più sicuro di sé, e ora poteva finalmente studiare ciò che desiderava: medicina. Per poter ritrovare un po' di confidenza dopo tutti quegli anni di separazione, decisero semplicemente di andare a vivere insieme. Karl procurò ad Alice un posto come dietista in un grande hotel di Chicago, e lei si impratichì di ingredienti e unità di misura di un paese straniero, ripartendo da zero.[12]

Mentre Alice, in America, era sopraffatta dall'abbondanza di vestiario e generi alimentari, Otto, in Germania, si trovò di fronte la situazione opposta. Vide la fame della popolazione, le città bombardate e i cumuli di cadaveri nei campi di concentramento liberati. Il suo collega dei servizi segreti, il giornalista Hans Habe, descrisse così il primo approccio con i tedeschi nel 1945:

> Incontrai ogni genere di ... personaggi... opportunisti vigliacchi, che il giorno prima avevano predicato fino all'ultimo minuto di tener duro e ora cercavano freneticamente di rispolverare le loro conoscenze di inglese; valorosi combattenti della resistenza che non facevano nulla per guadagnarsi i nostri favori; nazisti irriducibili, che cercavano di procrastinare l'inevitabile con piccoli atti di sabotaggio; nazionalisti ai quali l'annientamento del proprio paese dissanguato era indifferente; patrioti che agognavano la pace.[13]

Era un confuso miscuglio di abissi umani, e non sorprende che la maggior parte dei camerati di Otto volesse tornare al più presto alle proprie occupazioni civili. Lui non pensò mai, neanche per un istante, a un ritorno. Dopo quello che aveva visto nei campi di concentramento, non poteva riprendere la vita di tutti i giorni.

I figli di Alice presero nuovamente strade diverse. Karl tentò di dimenticare tutto conducendo una vita normale. Non permise ai nazisti di determinare il suo futuro. Otto invece abbandonò definitivamente il progetto dell'hotel per sciatori che aveva sognato nel 1938. Tutto ciò a cui si sarebbe dedicato per i trent'anni successivi aveva a che fare con la guerra.

Come moltissimi altri uomini della sua generazione Otto non parlava mai dei suoi sentimenti. Solo i suoi rapporti per i servizi segreti, oggi conservati presso i National Archives di Washington, redatti in uno stile impersonale, danno un'idea di ciò che vide in Germania nel dopoguerra. Tra quei resoconti è compreso un documento che divenne curiosamente noto in tutto il mondo: il Rapporto Odessa. Ciò che Otto riferì nel 1946 sull'Organisation Der Ehemaligen SS-Angehörigen (Organizzazione degli ex membri delle SS), in breve "Odessa", innescò indagini durate anni e in seguito romanzate da Frederick Forsyth nel suo *Dossier Odessa*.

Dall'inizio del 1946 Otto lavorava a Stoccarda, la Region 1 del Counter Intelligence Corps.[14] Il CIC non era elitario come l'OSS di Cordelia, ma svolgeva compiti analoghi. In origine il CIC era stato fondato come corpo di controspionaggio, ma nella Germania distrutta del dopoguerra dovette assolvere a una serie di funzioni di polizia: dai controlli del mercato nero fino alla ricerca dei criminali di guerra. Alcuni di costoro erano spariti nei campi per Displaced Persons (DP), in cui regnava il caos. In qualsiasi momento poteva capitare che ex internati dei campi di concentramento vi incontrassero membri delle SS che si spacciavano per rifugiati. Avevano documenti falsi o non ne avevano affatto e raccontavano storie che nessuno era in grado di verificare. Traffici e crimini di ogni genere erano all'ordine del giorno: i campi per DP erano considerati focolai di violenza. Otto e i suoi colleghi del CIC avevano l'ingrato compito di scoprire chi diceva la verità sulla propria identità e chi mentiva. Per questa ragione il CIC introduceva spesso clandestinamente i propri membri (soprattutto gli emigranti tedeschi) nei campi per DP per ottenere informazioni. Lo stesso metodo si usava anche nei campi di prigionia in cui erano detenuti uomini delle SS. Nel 1946 Otto scrisse il celebre Rapporto Odessa su uno di quei campi:

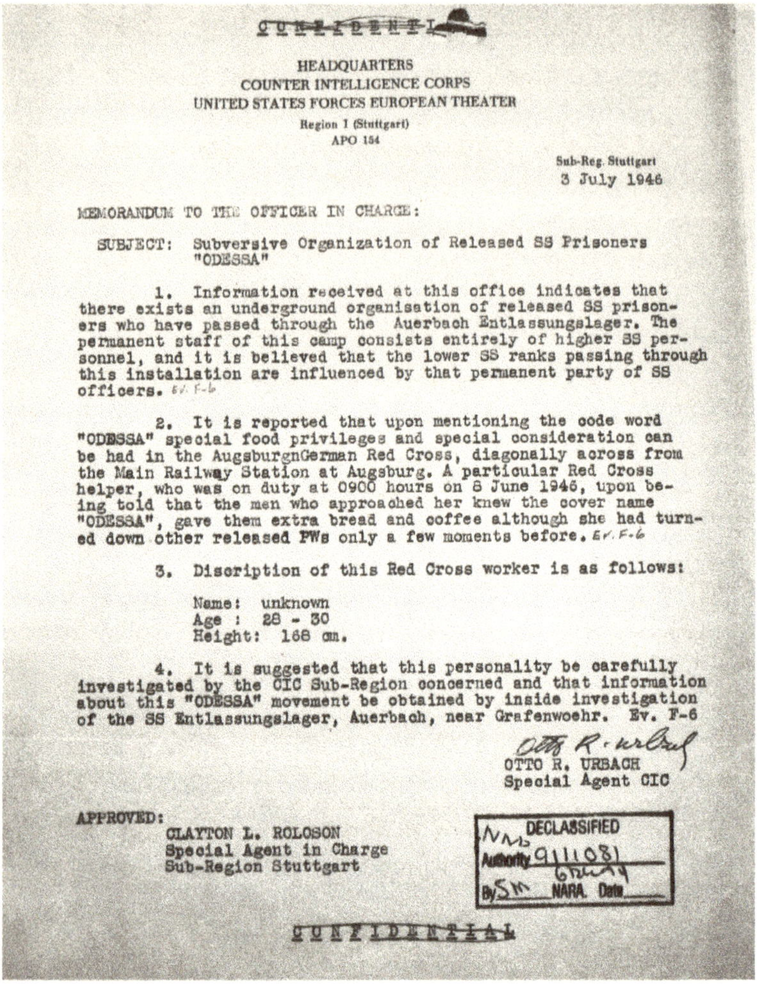

~~CONFIDENTI~~

HEADQUARTERS
COUNTER INTELLIGENCE CORPS
UNITED STATES FORCES EUROPEAN THEATER
Region I (Stuttgart)
APO 154

Sub-Reg. Stuttgart
3 July 1946

MEMORANDUM TO THE OFFICER IN CHARGE:

SUBJECT: Subversive Organization of Released SS Prisoners "ODESSA"

1. Information received at this office indicates that there exists an underground organisation of released SS prisoners who have passed through the Auerbach Entlassungslager. The permanent staff of this camp consists entirely of higher SS personnel, and it is believed that the lower SS ranks passing through this installation are influenced by that permanent party of SS officers. Ev. F-6

2. It is reported that upon mentioning the code word "ODESSA" special food privileges and special consideration can be had in the AugsburgnGerman Red Cross, diagonally across from the Main Railway Station at Augsburg. A particular Red Cross helper, who was on duty at 0900 hours on 8 June 1946, upon being told that the men who approached her knew the cover name "ODESSA", gave them extra bread and coffee although she had turned down other released PWs only a few moments before. Ev. F-6

3. Discription of this Red Cross worker is as follows:

Name: unknown
Age : 28 - 30
Height: 168 cm.

4. It is suggested that this personality be carefully investigated by the CIC Sub-Region concerned and that information about this "ODESSA" movement be obtained by inside investigation of the SS Entlassungslager, Auerbach, near Grafenwoehr. Ev. F-6

OTTO R. URBACH
Special Agent CIC

APPROVED:
CLAYTON L. ROLOSON
Special Agent in Charge
Sub-Region Stuttgart

DECLASSIFIED
Authority NND 911081
By SM NARA Date

~~CONFIDENTIAL~~

Il rapporto di Otto sull'organizzazione degli ex membri delle SS (Odessa) offrì a Frederick Forsyth materiale per il suo bestseller mondiale *Dossier Odessa*.

3.7.1946

Oggetto: Organizzazione sovversiva di SS liberate dalla prigionia "Odessa"

1. Ci sono giunte informazioni che contengono indizi sull'esistenza di una organizzazione clandestina di SS liberate che hanno transitato per il campo di rimpatrio di Auerbach. A risiedere in pianta stabile in questo campo sono soltanto membri delle alte gerarchie delle SS, e si suppone che i ranghi più bassi, che sono lì solo temporaneamente, vengano influenzati dai più alti in grado.
2. Si dice che presso la Croce Rossa di Augusta, di fronte alla stazione, pronunciando la parola d'ordine "Odessa", vengano concessi privilegi per quanto riguarda il cibo e altri trattamenti di favore. Un'infermiera della Croce Rossa in servizio l'8 giugno 1946 alle 9 di mattina, sentita la parola in codice "Odessa", ha dato agli uomini pane e caffè. Poco prima aveva respinto altri prigionieri di guerra liberati

...

4. Si suggerisce di sottoporre questa persona a indagini approfondite da parte della subregione del CIC e che, per ottenere informazioni su Odessa, venga intrapresa un'indagine da parte di un insider nel campo di rimpatrio delle SS di Auerbach, nei pressi di Grafenwöhr.

Otto R. Urbach, Agente speciale[15]

Questo rapporto era semplice routine, uno delle centinaia che gli agenti del CIC scrivevano quotidianamente. Otto definiva ancora "Odessa" una parola d'ordine di un'organizzazione clandestina. Nelle settimane successive, però, giunsero nuove informazioni. Ad Amburgo, occupata dagli inglesi, comparve un'organizzazione Odessa e in Baviera il CIC introdusse clandestinamente un informatore nel campo di prigionia di Dachau. Lì, dopo la liberazione degli internati del campo di concentramento, erano stati rinchiusi solo membri delle SS. All'informatore di Dachau giunse voce che un'organizzazione di fuggiaschi chiamata Odessa stava preparando i documenti per l'emigrazione in Argentina.[16]

Già il nome "Odessa" poneva degli interrogativi. Otto credeva stesse per "Organisation der ehemaligen SS-Angehörigen", ma poiché le ss erano note per l'umorismo macabro, Odessa per loro avrebbe potuto avere anche un ulteriore significato: nella città di Odessa, nell'autunno del 1941, le truppe rumene guidate dai tedeschi avevano ucciso circa 25.000 ebrei, un atto di cui, nei circoli delle SS, si andava decisamente fieri. Quali che fossero le ragioni di quella denominazione, lo scopo sembrava molto pratico: assistere coloro che la pensavano allo stesso modo e predisporre delle vie di fuga. Già alla fine del 1946 il CIC scoprì che le ex SS reagivano con estrema flessibilità, e nel frattempo erano nate altre reti con nomi completamente diversi.[17] Nel corso degli anni si perfezionarono anche i metodi. Una delle ultime organizzazioni conosciute di mutuo aiuto per i membri delle SS è la "Stille Hilfe", aiuto silenzioso. Fu finanziata dalla figlia di Heinrich Himmler, Gudrun, fino al 2018, anno della sua morte. La "Stille Hilfe" procurava ai criminali delle SS assistenza legale e posti confortevoli in una casa di riposo per anziani.[18]

Il rapporto di Otto del 1946 per il CIC rimase secretato fino al 2000. Ma il nome Odessa divenne noto già negli anni Sessanta, grazie ai libri del cacciatore di nazisti Simon Wiesenthal, *Ich jagte Eichmann* (Ho dato la caccia a Eichmann) e *Doch die Mörder leben* (Eppure gli assassini sono ancora in vita). Dopo la prigionia nel campo di concentramento di Mauthausen, Wiesenthal aveva giurato a se stesso di rintracciare i criminali di guerra nazisti e le loro reti di contatti. Uno di quei criminali era Adolf Eichmann, che era dapprima scomparso ad Altaussee, in Austria, a maggio del 1945, restando poi nascosto in Germania per cinque anni, e nei primi anni Cinquanta era infine riuscito a scappare in Argentina. Una simile esistenza clandestina era possibile naturalmente soltanto se ci si poteva appoggiare a un'ampia cerchia di sostenitori e finanziatori. Wiesenthal andava alla ricerca di questo tipo di reti e in quel contesto sentì parlare anche di Odessa. Riferì le informazioni in suo possesso al giornalista della Reuters

Otto, al centro, accanto a un maggiore dell'esercito americano (a destra), 1946-47 circa.

Frederick Forsyth, che le camuffò e le pubblicò nel 1972 sotto forma di romanzo con il titolo *Dossier Odessa*.[19]

Naturalmente a Wiesenthal fu chiesto a più riprese come avesse saputo di Odessa. Lui non rivelò mai la sua fonte; disse soltanto che si trattava di un affermato industriale tedesco.[20] In realtà diversi collaboratori del CIC avevano buone ragioni per parlare di Odessa a Wiesenthal. Otto, che dal 1949 lavorava in Austria, avrebbe potuto essere uno di loro. Proprio come Wiesenthal desiderava impedire che la ricerca dei criminali di guerra fosse interrotta. Ma i suoi superiori del CIC sembravano invece aver preso da tempo una decisione proprio in quel senso. Victor Brombert raccontò come già alla fine del 1945 gli era toccato constatare che i notabili nazisti locali che aveva stanato e messo in prigione, dopo breve tempo venivano rilasciati. I suoi superiori erano dell'idea che ci fosse bisogno di gente come loro "per far andare avanti le cose".[21] Quella era *una* ragione. Un'altra, meno pragmatica, era che i servizi segreti americani non furono mai un gruppo omogeneo e avevano anche membri che non si facevano grossi scrupoli a collaborare con i nazionalsocialisti. Non tutti avevano gli stessi valori morali di Cordelia Dodson.

Brombert riteneva addirittura che molti dei suoi superiori fossero chiaramente degli antisemiti. E c'era anche una terza ragione: la caccia ai criminali di guerra nazionalsocialisti perse di importanza perché nel frattempo era comparso un nuovo avversario. Era cominciata la guerra fredda, il nuovo nemico era l'Unione Sovietica, e questo richiedeva dei compromessi.[22] Brombert trasse dunque le dovute conclusioni e tornò alla vita civile. In seguito divenne professore di letteratura francese a Princeton. Otto invece rimase nel CIC. Una scelta che presentava molti svantaggi. Per poter continuare a lavorare in Germania era tenuto a camuffarsi costantemente. Gli emigranti erano considerati traditori e all'inizio erano ancor più disprezzati degli americani e degli inglesi "autentici". Il primo capo della Gestapo, Rudolf Diels, nel 1954, definì gli emigranti i "delatori" dei processi di Norimberga. Quelli come loro, all'estero, avevano fatto propaganda contro la patria e indotto i "prigionieri di guerra tedeschi a tradire i segreti militari".[23] Le argomentazioni di Diels risultano oggi particolarmente false, perché lui stesso aveva offerto i propri servigi al CIC. Il suo pamphlet tuttavia esprimeva ciò che alcuni pensavano. Nella Germania del dopoguerra c'erano moltissimi personaggi come Rudolf Diels e fu per questo, forse, che a Stoccarda Otto scelse come suo primo nome in codice Mr E.W. Stone.[24] Il nome *Stone*, pietra, era consono al suo stato d'animo di allora: dopo aver conosciuto i colpevoli, voleva soltanto impietrirsi, letteralmente. Niente avrebbe più potuto scuoterlo.

Non era così semplice, però. Se riuscì a non impietrirsi del tutto, fu grazie a una donna di nome Wera. Bellezza a parte, diverse ragioni lo portarono a innamorarsi dell'attrice ventenne Wera Friedberg. Per Wera invece fu un caso fortuito. Ecco la sua versione dei fatti:

> Nel 1946 ottenni il mio primo ingaggio allo Staatstheater di Stoccarda. Avevo fame, in realtà tutti quanti avevamo sempre fame. C'era un mercato nero a Stoccarda,[25] e io ci andavo con un po' di argenteria di famiglia. Al mio secondo tentativo di scambio fui sottoposta a un controllo e mi portarono alla sede del CIC. Lì, l'ufficiale americano, un certo Mr. Stone, mi tenne un lungo predicozzo sui pericoli del mercato nero. Mi disse che non avevo idea di tutto quel che accadeva dietro le quinte e che avrei dovuto smettere di andarci. Giurai eterno pentimento e riuscii a presentarmi in teatro in tempo per la rappresentazione serale. Due giorni dopo arrivarono i primi pacchi. Furono consegnati presso la mia padrona di casa ed erano dei grandi, meravigliosi pacchi di generi alimentari. Non potevamo crederci e cominciammo subito a mangiare, in preda all'entusiasmo. Non c'era alcun biglietto, però. Nessun mittente, niente. Io sapevo che i pacchi potevano essere solo di Mr. Stone, ovvio, e quando finalmente riuscii a ringraziarlo, lui disse soltanto: «Non è niente di speciale. Lo faccio per chiunque abbia fame». Non sembrava molto interessato a me, e io mi limitai a regalargli un biglietto per lo spettacolo.[26]

L'attrice Wera Friedberg, poi Frydtberg, 1947-1948 circa.

Wera aveva tredici anni meno di Otto, era fidanzata e viveva per il suo lavoro. Prima di farsi coinvolgere in quella storia senza prospettive, Otto verificò per sicurezza che i membri della sua famiglia non fossero stati iscritti al partito nazista. Aveva molte buone ragioni per farlo. Ogni giorno – nelle vesti di Mr. Stone – interrogava dei nazionalsocialisti. Gli era capitato di sentire innumerevoli variazioni sul tema "casi di amnesia", e nella vita privata non voleva avere a che fare con nessuno di loro. Innamorarsi di una ragazza proveniente da una famiglia nazista avrebbe moltiplicato i suoi incubi notturni (e turbato moltissimo Alice, senza dubbio).

Il cognome di Wera, "Friedberg", era tuttavia saltato all'occhio di Otto fin dal primo incontro. Suonava molto promettente. Friedberg non era soltanto il nome di alcune piccole località, era anche un cognome ebraico piuttosto comune. Otto in realtà aveva solo un ricordo vago delle lezioni di storia, ma sapeva che sotto il cancellierato di Bismarck c'era stato un ministro ebreo: il ministro della giustizia Heinrich von Friedberg. Era un caso talmente insolito che gli era rimasto impresso. Quel Friedberg era riuscito a farsi strada fino ai vertici, entrando nella cerchia ristretta del governo prussiano. Per la gioia di Otto, Wera era imparentata proprio con quel Friedberg. Il padre di Heinrich von Friedberg era un commerciante di nome Israel Friedberg, i cui figli erano riusciti a fare brillanti carriere nonostante le origini ebraiche.[27] Heinrich divenne un ministro della Giustizia prussiano e il fratello Eduard un imprenditore berlinese di successo. Wera apparteneva al ramo famigliare di Eduard. I suoi discendenti lo chiamavano "Ede l'avvitatore", perché pare avesse inventato delle viti particolari. Che cosa avessero le viti di tanto speciale i Friedberg se l'erano scordato presto, e dopo la morte di Ede nessun altro membro della famiglia mostrò più alcuna attitudine per il lavoro artigianale. I Friedberg fecero del loro meglio per diventare una famiglia protestante della buona borghesia, cosa che non fu loro di grande aiuto, però, quando vennero promulgate le leggi di Norimberga e il padre di Wera non poté più esercitare la professione medica in quanto "meticcio di secondo grado".[28]

Erano le esperienze del padre quelle cui Wera adesso poteva dare voce sulla scena. All'amabile Mr. Stone non aveva regalato un biglietto qualunque. In qualità di più giovane dipendente del Württembergisches Staatstheater di Stoccarda doveva partecipare a più produzioni, ma c'era un ruolo a cui teneva in modo particolare: interpretava la figlia Ruth nella pièce antinazista *Professor Mamlock*. Il testo racconta la storia di un medico ebreo che nel 1933 viene cacciato dalla sua clinica a opera dei nazisti. A poco a poco i suoi vecchi amici lo abbandonano, la figlia Ruth a scuola subisce le umiliazioni dei compagni, e anche il professor Mamlock finisce nelle mani degli uomini delle SS. Gli stracciano i vestiti, gli appendono al collo un cartello con su scritto "ebreo" e alla fine lo inducono al suicidio. Negli anni Trenta la pièce di Friedrich Wolf aveva avuto molto successo in Unione Sovietica e in America. Dopo la guerra fu rappresentata in molti teatri anche in Germania. Wera teneva al ruolo di Ruth per ragioni molto personali. A luglio del 1946, sulla "Stuttgarter Zeitung", comparve una recensione in cui la si definiva "simpatica e schietta nella parte della figlia di Mamlock", sebbene il critico ritenesse l'opera già "datata":

> Eppure male non può fare, se ancora una volta ci viene presentato allo specchio uno di quei tristi episodi dell'era dei bruti. Non manca tuttavia di una sua tragica comicità il fatto che durante la prima di Stoccarda, in più punti, ci siano stati calorosi applausi a scena aperta, come a una manifestazione politica popolare, e che ad applaudire fossero persone che all'epoca, quando un atteggiamento combattivo era associato al pericolo, erano state estremamente quiete.[29]

Su questo aspetto il critico aveva ragione, non c'è dubbio. Si dà il caso, però, che tra coloro che applaudivano calorosamente ci fosse anche un certo Mr. Stone. Otto si innamorò di Wera perché era difficile non amarla. E forse anche perché era Ruth Mamlock.

Wera, nella parte di Ruth, e Herbert Herbe, nella parte del professor Mamlock, nell'omonima pièce teatrale, Stoccarda, Staatstheater, 1946.

Ritorno a Vienna

Su questa città devo dare un giudizio stroncante:
Vienna resta sempre Vienna.

ALFRED POLGAR dopo una visita a Vienna,
fine anni Quaranta[1]

Con i suoi nuovi abiti americani, Alice si distingueva rispetto al resto della popolazione viennese. Nel 1949, però, non erano solo i suoi vestiti a dare nell'occhio.[2] C'era qualcosa in lei che le persone del posto notavano immediatamente. Parlava ancora il suo viennese pieno di fascino, ma la vecchia aria di casa era perduta, ora sapeva di emigrante. L'austriaco Ernst Lothar, un altro emigrante, nel suo romanzo *Die Rückkehr* (Il ritorno) ha descritto in modo esplicito l'impressione che gli fecero Vienna e i viennesi dopo la guerra: "Montagne di macerie, tra poche case risparmiate ... Le finestre ricoperte di cartone, le vetrine di legno. Quasi nessuno per strada, e quei pochi con le guance incavate, indicibilmente miseri".[3]

I palazzi della Ringstraße, un tempo sfarzosi, erano ormai ridotti a gusci infranti. Nel romanzo di Lothar gli emigranti di ritorno dall'America si fermano sconvolti a guardare la Staatsoper distrutta e devono sorbirsi il commento di un passante: «Guardi un po' che cosa hanno fatto gli americani!». Senza neanche un'ombra di autocritica, i viennesi apparivano a pezzi quanto le loro case. E odiavano gli esuli ben nutriti che ricomparivano in città all'improvviso: «Perché è venuto dall'Inghilterra, se qui da noi non le piace?» si rinfacciava a coloro che tornavano.[4]

L'avversione per gli emigranti era superata solo dall'odio per i russi. L'Austria, come la Germania, era divisa in quattro zone, e Vienna si trovava nella zona sovietica. Le vie di accesso e le stazioni erano controllate dalle forze di occupazione sovietiche, sebbene Vienna, di per sé, fosse un'isola, a sua volta suddivisa in cinque settori: inglese, francese, americano, sovietico e internazionale, il centro cittadino. Nell'amministrazione del centro le potenze vincitrici si alternavano mensilmente. Questo schema, però, portava spesso a scontri verbali e fisici.[5]

Nel 1949 la guerra fredda teneva Vienna stretta in pugno e non fu dunque un caso se Alice fece visita al figlio Otto proprio lì. Vienna si trovava al centro di una guerra tra servizi segreti in cui Otto e Cordelia avevano assunto nuovi ruoli.[6] I due formavano una bella squadra, anche se nella vita privata erano legati ad altre persone. A novembre del 1947 Otto aveva sposato Wera, e Cordelia era fidanzata con il suo collega dell'OSS William Hood. Come tutti gli americani, vivevano nel settore americano di Vienna, che comprendeva i distretti 7-9 e 17-19. Non può essere stato un caso che Otto, tra tutti quei distretti, avesse scelto proprio il diciannovesimo, Döbling, e avesse affittato una villa gialla al numero 30 di Hasenhauerstraße.[7] Il numero 30 assomigliava a un edificio della sua infanzia. A soli 450 metri di distanza, in Linnéplatz 5, Otto faceva visita in passato ai ricchissimi nonni e ammirava la grande biblioteca di Sigmund Mayer.

Quando arrivò a Vienna, Alice notò subito il valore simbolico dell'indirizzo. Nell'estate del 1949, rientrò in patria per la prima volta dopo più di undici anni per far visita a Otto e Wera. Ma quella non era l'unica ragione del suo viaggio.

Alice era alla ricerca di qualcosa, ma non avrebbe saputo dire con precisione di che cosa. Da quasi tre anni ormai lavorava a Chicago, e provava una forte gratitudine nei confronti dell'Inghilterra e dell'America. Lì, lei e i suoi figli erano stati accolti. Eppure, nonostante la gratitudine, quei paesi le erano rimasti estranei. Quella mescolanza di estraneità e gratitudine la sperimentavano molti emigranti. Quando chiesero alla scrittrice Annette Kolb come si trovasse in America, dov'era emigrata, la sua risposta fu: "Grata e infelice".[8] Alice sapeva perfettamente che cosa intendesse.

Le riusciva difficile separarsi definitivamente dalle sue origini viennesi. Camminava per la città, contemplando i luoghi del suo passato. Erano passeggiate solitarie; la nuora Wera stava provando nuovi spettacoli al Josefstädter Theater, e Otto si esibiva nella sua peculiare e rischiosa forma di teatro.[9] Alice era sola con i suoi ricordi. Cercava una sinagoga, ma era rimasto in piedi solo il tempio di Seitenstettengasse. Nel 1938, nella notte del pogrom, non lo avevano dato alle fiamme perché altrimenti, nella stretta viuzza, anche gli edifici adiacenti avrebbero preso fuoco. «Quando mi sono ritrovata lì davanti,» disse Alice «non ho potuto far altro che piangere, ripensando a tutti i matrimoni a cui avevo partecipato, e a tutti quelli che sono andati in malora per colpa di Hitler».[10]

Proseguì, passando di fronte al suo Café Landtmann e al vecchio appartamento di Paula, in Schreyvogelgasse 3. L'edificio le sembrò più tetro di prima. A pochi metri di lì, al numero 8, avevano appena terminato le riprese del film *Il terzo uomo*. Alice non poteva sapere che l'autore della sceneggiatura, Graham Greene, aveva avuto della città una percezione molto simile alla sua, vedendola come un Moloch fatiscente pieno di opportunisti.

Durante i suoi giri per Vienna Alice passò anche di fronte a una libreria. Le vetrine austriache, nel 1949, erano ancora semivuote, e un titolo catturò subito la sua attenzione. Entrò nel negozio e aprì il volume. Ma non era proprio il suo libro di cucina, con i testi scritti da lei, le sue foto? In copertina, però, c'era un altro nome: Rudolf Rösch. In quel momento, nella sua testa, dovettero rincorrersi molte scene a gran velocità: il 1935, quando aveva avuto tra le mani per la prima volta il corposo volume e aveva festeggiato la pubblicazione con tutti i suoi amici; i due anni successivi, in cui l'opera era diventata un bestseller e le lettrici la fermavano addirittura per strada per congratularsi con lei; e poi il 1938, quando da un giorno all'altro il libro non aveva più potuto essere suo. Durante l'emigrazione ne aveva sempre avuta una copia con sé e le ragazzine di Windermere lo avevano usato per imparare a cucinare.

Dopo aver visto il nome di Rösch in copertina, Alice non riuscì più a pensare ad altro. Quel libro doveva esserle restituito. Nell'Olocausto aveva perso le sue tre sorelle, in confronto la perdita di un libro di cucina era una sciocchezza. Eppure, all'improvviso, per lei divenne il simbolo di tutte le ingiustizie e le umiliazioni degli ultimi anni. Riprendersi quel libro significava riprendere il controllo della sua vita.

Ma che cosa era successo di preciso a *Wie kocht man in Wien!*. Perché lì in Austria era stato pubblicato a nome di Rösch? Alice sapeva che il suo vecchio editore, Ernst Reinhardt, era morto nel 1937, ma ignorava che cosa ne fosse stato della casa editrice sotto il nazismo.

In effetti, le informazioni al riguardo sono ancora oggi contraddittorie: la casa editrice Ernst Reinhardt sostiene di essere stata penalizzata durante il regime nazista. In occasione dei festeggiamenti per il centenario dell'azienda, nel 1999, fu allestita una mostra al Literaturhaus di Monaco, in cui vennero esposti "numerosi carteggi degli anni Trenta e Quaranta ancora disponibili [per offrire] un esempio dell'attività editoriale sotto le rappresaglie del regime nazista". Si insisteva molto sul fatto che "nel 1944 [era stato impartito] un ordine di chiusura definitivo e la casa editrice era temporaneamente emigrata a Basilea".[11]

Questa esposizione dei fatti contiene diversi elementi fuorvianti. Molti libri furono in effetti sequestrati. A quanto pare, però, Hermann Jungck seppe rapidamente adeguarsi alle nuove consuetudini. In ogni caso, il 28 giugno 1938, la Camera dell'industria e del commercio stabilì che: "L'unico proprietario Hermann Jungck, editore a Monaco, risulta secondo le nostre indagini cittadino svizzero, di sangue affine. In base alle dichiarazioni che ci sono state rilasciate, nella ditta Ernst Reinhardt di Monaco non è coinvolto capitale ebraico".[12]

L'affermazione che la casa editrice Reinhardt era "emigrata" non è corretta. "Emigrazione" è una parola impiegata per i perseguitati a causa di motivi politici e "razziali". La casa editrice, al contrario, durante il regime nazista fece affari redditizi. Una ragione sostanziale per cui Jungck nel 1944 *si trasferì* nella sicura Svizzera, potrebbe essere stato il desiderio dell'editore di sfuggire agli attacchi aerei su Monaco. A differenza del resto della popolazione, per lui non fu affatto problematico. Il passaporto svizzero e il patrimonio in valuta estera gli consentivano di andare in Svizzera in qualsiasi momento, un lusso che durante la guerra era riservato soprattutto agli alti funzionari nazisti.

Una ragione ulteriore per il trasferimento a Basilea fu l'"ordine di chiusura" del 1944. L'espressione suona altamente drammatica, ma anche in questo caso va spiegato il contesto. Nel 1944 tutte le case editrici ricevettero ordini di chiusura. A causa della guerra totale di Goebbels, le riserve di carta scarseggiavano e non dovevano più essere "sprecate" per la stampa di libri. Il germanista Christian Adam ha dimostrato che dopo la guerra molte case editrici usarono questo ordine di chiusura per presentarsi come vittime del nazionalsocialismo.[13] Dichiararono che nel periodo nazista le loro attività erano state "ostacolate". La formula lasciava presupporre una forma di resistenza, inibendo ogni ulteriore domanda in merito.

Certo non deve sorprendere che sotto il nazismo le case editrici si siano comportate in modo simile ad altre imprese. Volevano sopravvivere economicamente e si adeguarono al regime. Quando nel periodo 1937-1938 Hermann Jungck ricorse a dei prestanome per Paul Wessel e Alice Urbach, avrebbe quindi per certi versi anche potuto ragionevolmente sostenere di non avere altra scelta. Pubblicare libri attribuiti ad autori ebrei non era possibile, e ritirarli del tutto dal mercato avrebbe danneggiato economicamente l'editore. Quindi – avrebbe potuto giustificarsi Jungck nel dopoguerra – l'editore si vide costretto a impiegare il sistema dei prestanome. Jungck però non si avvalse di questa argomentazione, limitandosi a perpetuare il sistema.

Per questa ragione la vera colpa di Hermann Jungck risale a dopo il 1945. Jungck è un caso esemplare di quella che lo scrittore Ralph Giordano ha definito la "seconda colpa" del dopoguerra.

Nel 1945 Jungck deve aver pensato che Alice e Wessel fossero morti. Entrambi non disponevano di grossi patrimoni. Come avrebbero potuto resistere a sei anni di povertà, malattie e bombardamenti?

Poi però Paul Wessel ricomparve all'improvviso. Quanto Jungck ne fosse infastidito lo si avverte in ogni riga del suo volume celebrativo del 1974. Di Wessel si dice: "Di punto in bianco ricevetti dall'Inghilterra una lettera del dottor Wessel: cinquanta pagine manoscritte in cui mi raccontava ciò che gli era accaduto, si dichiarava unico titolare dei diritti di pubblicazione della collana dei compendi e contestava la validità del contratto a tre, sottoscritto solo perché lo imponevano le circostanze".[14]

L'arrivo della lettera fu per Jungck particolarmente inopportuno, per diverse ragioni. Aveva appena rifondato la casa editrice Ernst Reinhardt a Basilea. A lungo termine programmava di portare avanti l'attività in due sedi: Basilea e Monaco. Uno dei successi commerciali che glielo avrebbero consentito dal punto di vista finanziario era la ristampa del manuale di fisica di Wessel. Gli studenti, come scrive lo stesso Jungck, "smaniavano per averlo".

Ora Paul Wessel voleva riappropriarsi di tutti i diritti, compresi quelli sull'intera collana di saggi che aveva ideato. Dichiarava – e ne aveva pienamente diritto – che i volumi erano stati una sua invenzione: "Fondamenti, breve compendio e domande e risposte per l'esame" e che la signora Riederer von Paar, invece, era stata coinvolta solo come prestanome.

Jungck tuttavia non intendeva accettare questa argomentazione. In una verbosa replica si adoperò per far passare Wessel per un incompetente. Una strategia che in seguito avrebbe usato anche con Alice. Sosteneva che Wessel si fosse limitato a "mutuare" da altre fonti le idee decisive per il suo libro: a quanto pare alcune parti erano state riprese da predecessori non meglio identificati. Senza contare che la collana era stata completamente aggiornata dal co-curatore, e che fin dagli anni Trenta Wessel aveva lavorato in modo molto sciatto, costringendo la casa editrice a sostenere costi elevati per le correzioni. Jungck si dichiarò anche moralmente indignato per la lettera di Wessel[15] che avrebbe danneggiato la reputazione della signora Riederer von Paar: "sebbene lei, durante il nazismo, avesse garantito per lui. Trovai questo atteggiamento così indecente che rifiutai in seguito qualsiasi ulteriore collaborazione".

Ma non era tutto. Il resoconto di Jungck si fa da questo punto in poi alquanto confuso; a detta sua, lui avrebbe restituito a Wessel i diritti d'autore per la collana dei compendi, che in seguito uscì per la casa editrice Reinhardt in una forma diversa.[16]

In quell'occasione Jungck non fece alcun cenno all'esistenza di una traduzione in spagnolo del manuale di fisica, in cui avrebbe dovuto coinvolgere l'autore. Nel dopoguerra, la sua rabbia per l'"indecenza" di Wessel pare essere stata tale da indurlo a sconsigliare ad altri editori di pubblicare opere dell'autore impoverito:

> Un giorno ricevetti la telefonata di un collega di Lucerna, al quale il dottor Wessel aveva proposto il suo manuale di fisica. A detta dell'autore il libro aveva ottenuto un buon riscontro di vendite e il collega si chiedeva perché, allora, io avessi rinunciato ai diritti di pubblicazione. Risposi adducendo qualche pretesto. «Si trattava forse di una persona non molto gradevole?» Questo non potei negarlo. Dopo di che l'editore in questione evidentemente rinunciò ad aggiudicarsi il volume.

Non è chiaro quando avrebbe avuto luogo questa conversazione, dal momento che Wessel, poco dopo il litigio con il suo spietato editore, ebbe un attacco di cuore. Junck non parve particolarmente toccato dalla circostanza. Nel 1974 commentò lapidariamente: "Il dottor Wessel è poi mancato poco dopo in Svizzera ... Sorpreso da una tempesta di neve, è riuscito faticosamente a raggiungere una locanda, dove si è spento per un'insufficienza cardiaca subentrata in seguito all'accaduto".[17]

Nel 1974 Jungck parla diffusamente anche del libro di Alice. Scrive: "Poiché dopo la guerra non potevo più vendere il libro di cucina in Austria e le prospettive di guadagno in Germania erano troppo modeste, avevo concesso una licenza a un editore austriaco, e quell'edizione era finita tra le mani della signora Urbach durante una sua visita a Vienna".[18] Nonostante le "minime prospettive di guadagno" Jungck continuò a pubblicare il libro presso la sede di Monaco della casa editrice Reinhardt e concesse inoltre la licenza per la pubblicazione a un editore austriaco. Nel 1954, in Germania, *So kocht man in Wien!*, in una "magnifica confezione regalo", costava 22 marchi.

Anche quel che Jungck scrisse del suo incontro con Alice non può corrispondere al vero:

> Nel 1948, uno dei momenti economicamente più difficili per la casa editrice ... la signora Urbach si presentò all'improvviso nella sede di Basilea e chiese di parlarmi. Dichiarò di aver subito delle perdite per il fatto che, come era venuta a sapere, il suo libro continuava a essere pubblicato a nome di un altro e pretese un risarcimento.

Questo incontro non può essere avvenuto, perché ad aprile del 1953 Alice scrisse a Jungck: "Approfitterei volentieri dell'opportunità di vederla in Svizzera e avere finalmente il piacere di conoscerla personalmente. Abbia la cortesia di farmi sapere dove e come possiamo organizzare".[19]

Alla fine non se ne fece nulla. Eppure, nei ricordi di Jungck, c'era stato un "incontro" alla fine degli anni Quaranta. In quell'occasione aveva detto alla signora Urbach che non deteneva più alcun diritto sul suo libro, poiché in passato "le era stato concesso, e versato, un compenso forfettario; anche la tesi del danno economico quindi non sussisteva; come se non bastasse, lei stessa aveva ammesso che il titolo era stato un'idea di mio zio".[20]

Come si è già illustrato nel capitolo *Ladri di libri*, Alice aveva in effetti ricevuto un compenso e sottoscritto, nel 1938, una dichiarazione in cui rinunciava complessivamente a tre manoscritti da lei redatti per la casa editrice Reinhardt.[21]

Agli occhi di Jungck questo "accordo" – come nel caso di Wessel – era ancora vincolante, e sorprende che ciò nonostante adducesse un'ulteriore giustificazione: Alice aveva ammesso che il titolo del suo libro era stato ideato dallo zio di Jungck. Che lo abbia fatto o meno, non è più possibile accertarlo, ma nelle case editrici accade di frequente che gli autori abbiano soltanto il diritto di proporre un titolo per il proprio libro e la decisione definitiva spetti all'editore. Jungck sembra tuttavia voler insinuare che il successo del libro di Alice fosse principalmente dovuto alla scelta di un titolo originale. E poteva benissimo essere così. Non è sempre facile giudicare perché un libro abbia successo e un altro no. Dipende dal titolo, dal contenuto o dall'autore? A differenza di quanto avviene nella pittura non si può scrivere in base alle tendenze di mercato, e nessuno può davvero pianificare un bestseller a tavolino. Lo spirito del tempo, il passaparola, e molti altri fattori possono entrare in gioco e pare che sia andata così anche con il libro di Alice.

Nella sua versione della vicenda, Jungck evita inoltre di menzionare che il libro di cucina di Alice era stato un grande successo già nel 1935 e che nel 1938 ne era appena uscita una terza edizione in 25.000 esemplari. Presenta come un successo solo la versione di Rösch e solo di quella riporta le tirature: dicembre 1938, 1ª edizione, 10.000 copie [ma c'è un errore, perché il libro di Rösch uscì solo nel 1939[22]]; giugno 1939, 2ª edizione, 16.500 copie; giugno 1940: 3ª edizione, 11.300 copie; marzo 1941: 4ª edizione, 12.000 copie.

Nel suo volume celebrativo del 1974, Jungck dedica alla questione uno spazio sorprendentemente ampio. Alla fine della sua "demolizione" di Alice, racconta come si svolsero le trattative durante il loro presunto incontro:

> Allora si appellò al danno di immagine: il suo nome non era citato, nonostante si dovesse a lei la maggior parte delle ricette. Dissi che a questo c'era rimedio; e sarei stato più che disposto a far sì che le edizioni successive uscissero a nome Urbach/Rösch. Ma lei (ed è comprensibile) non ne volle sapere, e alla fine si ritirò profondamente indignata.[23]

Jungck le aveva realmente fatto questa proposta? Nel 2020, quando la vicenda di Alice fu resa nota, la casa editrice Reinhardt trovò nel proprio archivio diciotto lettere indirizzate a Jungck da Alice tra il 1950 e il 1954, che delineano un quadro completamente diverso. Alice prende contatto per la prima volta a luglio del 1950:

> Caro ed egregio signor Jungck,
> è un'eternità che non ci sentiamo, vero? Mi piacerebbe molto sapere come vanno le cose, professionalmente e nella vita privata! Parecchio tempo fa è stato così gentile da mandarmi i due manoscritti dei libri sulla cucina vegetariana e sui dolci viennesi. Non ho mai visto stampate queste mie due creature intellettuali.[24]

In risposta, Jungck le inviò dapprima un catalogo della casa editrice. Alice replicò:

> Ho trovato le nuove uscite e le ristampe molto interessanti, mentre *So kocht man in Wien*! mi ha fatto una strana impressione. Ormai non sarebbe tempo di riattribuirlo a me?[25]

Le risposte di Jungck non sono state conservate, ma sembra che abbia eluso la domanda, perché due anni dopo Alice gli chiede nuovamente: "Non ha proprio potuto far niente per ripristinare il mio nome? Si tratta pur sempre della mia opera!".[26]

A quel punto Jungck deve aver ribattuto che le leggi naziste, all'epoca, non gli avrebbero lasciato altra scelta. Alice si mostrò comprensiva e gli scrisse:

> Grazie per la sua cortese risposta. Conoscevo già il motivo per cui in passato non era più stato possibile pubblicare la versione originale del mio libro, ma penso che ora citare il mio nome sarebbe solo corretto, oltre che poco dispendioso ... La nuova versione [Rösch] non è affatto così diversa come pensa lei ... Se avesse la gentilezza di mandarmene una copia, mi interesserebbe molto verificare se la nuova edizione contiene più cambiamenti. Tra l'altro non ho ancora avuto il piacere di vedere.[27]

Sembra che Jungck, a quel punto, contasse sul tempo, visto che Alice aveva già sessantasei anni. Quando, dopo un lungo tira e molla, lei riuscì finalmente ad avere tra le mani il libro sulla cucina vegetariana, constatò che Rösch compariva come autore anche in quel caso. Scrisse dunque immediatamente a Jungck: "Quanto mi piacerebbe, però, vedere il mio nome indicato almeno come fonte!".[28]

Ora Alice incappava continuamente in Rösch. Nel 1953, dopo essere di nuovo stata a Vienna, scrisse a Jungck un lungo resoconto:

> L'edizione arianizzata del libro è in vetrina in tutte le librerie. Può ben immaginare come mi si spezzi il cuore, soprattutto nel sentire i commessi dire: è il libro di cucina che va per la maggiore, tutti non fanno che chiedere e acquistare questo. Sono stata anche in Singerstraße e lì il direttore, in modo stranamente ironico, mi ha detto: «Ma allora esiste davvero una Frau Dr. Urbach!». Credeva che fossi solo un nome o un fantasma.[29]

In Singerstraße c'era la sede della Zentralgesellschaft für buchgewerbliche und graphische Betriebe (Società centrale delle imprese grafiche e legate al libro, ZG). Fino all'Anschluss del 1938, la ZG aveva distribuito il libro di Alice per conto di Jungck. Il nuovo direttore era probabilmente al corrente dell'arianizzazione dell'opera, ma non riteneva di doversi occupare della questione. Anche Jungck fu irremovibile. La dichiarazione secondo cui avrebbe proposto ad

Alice di pubblicare il libro a nome Rösch/Urbach era tanto inaffidabile quanto l'invenzione di un loro incontro negli anni Quaranta. Nell'ultima lettera reperibile che Alice inviò a Jungck, lei accenna a un'offerta molto più modesta: "Riguardo alla menzione del mio nome nell'introduzione di una nuova edizione, non posso nel modo più assoluto decidere preventivamente".[30]

A quel punto Alice aveva finalmente compreso che Jungck non l'avrebbe mai più indicata come autrice. La corrispondenza con lui si interrompe nel 1954. Nel lascito di Alice si trova tuttavia una lettera del 1980, che attesta ancora una volta la sua lotta per il libro di cucina. Alice era venuta a sapere che la casa editrice Gerlach und Wiedling, negli anni Cinquanta, aveva ottenuto una licenza di Hermann Jungck per pubblicare *So kocht man in Wien!* di Rudolf Rösch. Alice pregò allora la nuora Wera di trovare l'editore e far pervenire a chi di dovere la lettera seguente:

Mrs. Alice Urbach
40 Camino Alto
Mill Valley, CA 94941

4 aprile 1980

Alla casa editrice Gerlach + Wiedling, Monaco

Sono l'autrice del libro di cucina *So kocht man in Wien!*, pubblicato dall'editore Reinhardt di Monaco, Isabellastr. 11, nel 1934.[31]

Nel 1938 il libro è stato arianizzato e attribuito a Rudolf Rösch. Il signor Jungck, nipote e successore di Ernst Reinhardt, aveva promesso di farlo nuovamente uscire a mio nome, ma non ha mantenuto la sua promessa.

La domanda che vi rivolgo è: possedete per caso ancora uno o due esemplari [originali] del libro? Avrei tanto piacere di acquistarli!

Mia nuora, la signora Wera Urbach-Frydtberg, si metterà in contatto con voi, sempre che esistiate ancora!

Distinti saluti
Alice Urbach

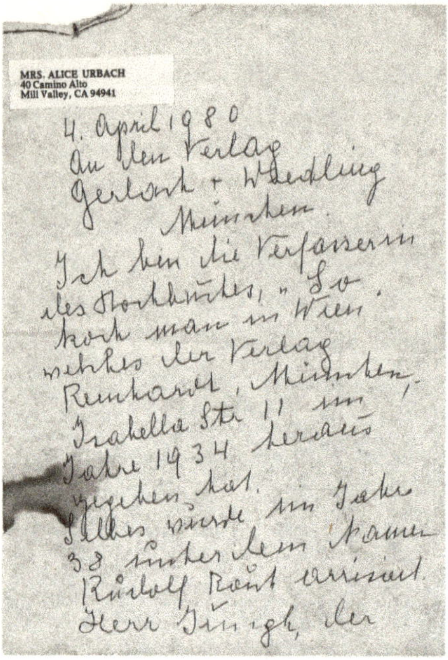
MRS. ALICE URBACH
40 Camino Alto
Mill Valley, CA 94941

4. April 1980
An den Verlag
Gerlach + Wiedling
München.
Ich bin die Verfasserin des Kochbuches, „So kocht man in Wien", welches der Verlag Reinhardt, München, Isabella Str 11 im Jahre 1934 herausgegeben hat. Selbes wurde im Jahre 38 unter dem Namen Rudolf Rösch arisiert. Herr Jungh, der

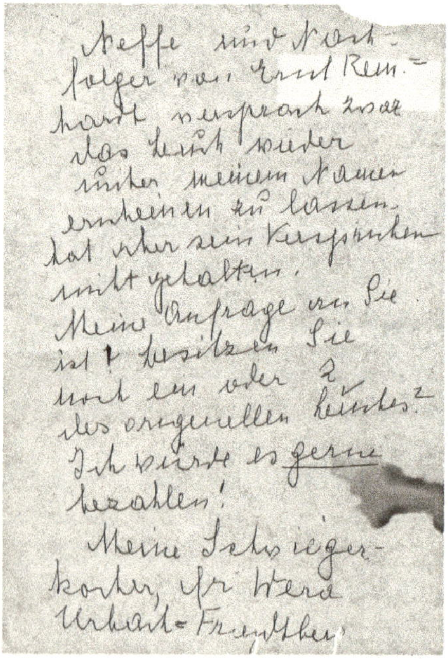
Neffe und Nachfolger von Ernst Reinhardt versprach zwar das Buch wieder unter meinem Namen erscheinen zu lassen, hat aber sein Versprechen nicht gehalten.
Meine Anfrage an Sie ist! besitzen Sie noch ein oder 2 des originellen Buches? Ich würde es gerne bezahlen!
Meine Schwiegertochter, Dr Vera Urbach-Freytber

Nel 1980 Alice informa la casa editrice Gerlach und Wiedling che la vera autrice del bestseller *So kocht man in Wien!* è lei.

Quando Alice scrisse questa lettera, nel 1980, la casa editrice Gerlach und Wiedling in effetti non esisteva più. Era stata liquidata nel 1976.[32] La sua richiesta giungeva dunque con quattro anni di ritardo.

Jungck deve aver intuito che questo tema sarebbe riaffiorato. Negli anni Settanta, a poco a poco, in Germania mutò la consapevolezza riguardo ai crimini nazisti. Certo, ci sarebbero voluti ancora due decenni prima che gli storici si occupassero delle arianizzazioni e ci si chiedesse per la prima volta come si erano comportate le case editrici nel Terzo Reich.[33] Con il suo volume celebrativo del 1974, Jungck tentò di "controllare la narrazione", riuscendoci in effetti fino alla sua morte. Nel 1999, quando i suoi eredi ne pubblicarono una nuova versione, operarono semplicemente dei tagli e non spesero neanche una parola sulla vicenda di Alice. Senza fornire ulteriori spiegazioni, riportarono nell'elenco delle pubblicazioni di questo secondo volume celebrativo la voce: "Urbach, Alice, *So kocht man in Wien!*, per le edizioni successive cfr. Rösch, Rudolf".[34] Sotto il nome di Rösch si trovano poi le ristampe a partire dal 1939.

Il volume del 1999, però, conteneva un'informazione interessante. Nel 1974 Jungck aveva sostenuto che, nel momento in cui Alice aveva avanzato le sue pretese, la casa editrice si trovava nel suo periodo "economicamente più difficile". Secondo il nuovo volume celebrativo, dopo la riforma monetaria, l'azienda invece era nuovamente titolare di una licenza per aprire una casa editrice in Germania e disponeva di una buona copertura finanziaria.[35] Jungck si sarebbe dunque senz'altro potuto permettere di indicare nuovamente Alice come autrice del libro. Ma pur essendo stato costretto ad affrontare i fantasmi del suo passato – come l'Ebenezer Scrooge del *Canto di Natale* di Charles Dickens – si era opposto alla redenzione. Nel 1966 concesse un'ultima licenza in Austria, all'editore Forum. La copertina – un arrosto succoso e rilucente accanto a una coloratissima macedonia – rispecchiava il benessere del dopoguerra. Il risvolto recitava:

> "Rösch" [croccante], come il Wiener Schnitzel, fragrante e bruno-dorato: tutte le brave casalinghe lo sanno. Rösch – anche questo sanno tutte le brave casalinghe –, come un'opera fondamentale, che con le sue 2000 ricette è davvero ineguagliabile. Più di 90.000 copie vendute sono ben più eloquenti di qualunque elogio. Rudolf Rösch è stato per molti anni capocuoco a Vienna, le sue ricette attestano grandi competenze e una ricchissima esperienza.[36]

L'anglista Christian Enzensberger scrive a proposito della più celebre Alice della letteratura mondiale: "Nei paesi che Alice si trova ad attraversare, si muore la morte del disagio e dell'ammutolimento; non si viene uccisi ma ridotti al silenzio; e non è la gola che viene tagliata, quanto piuttosto il diritto di replica".[37]

Anche Alice Urbach, come Alice nel paese delle meraviglie, sperimentò molti viaggi nell'assurdo. Jungck vi ebbe un ruolo importante. Nel 1938 l'aveva ridotta al silenzio e negli anni Cinquanta la privò nuovamente del diritto di replica. Che possibilità poteva mai avere di imporsi contro di lui?

Aveva forse accarezzato l'idea di assumere un avvocato,[38] ma la procedura sarebbe stata lunga e complicata, oltre che una tortura emotiva. Nel suo volume celebrativo Jungck descrive Alice come un'autrice e una cuoca incapace, il cui libro aveva dovuto essere aggiornato. In tribunale avrebbe sostenuto la stessa tesi.

Diffamazioni di questo genere erano all'ordine del giorno, all'epoca. Particolarmente perfido fu, all'inizio degli anni Cinquanta, in un caso analogo, il comportamento di Herbert Cram, allora a capo della casa editrice de Gruyter. Cram si oppose alle richieste di restituzione di Georg Stilke, ex proprietario della casa editrice Stilkes Rechtsbibliothek. Stilke, mezzo ebreo, non aveva potuto esibire il certificato di arianità e nel 1938 era stato escluso dalla Camera della cultura del Reich. Aveva dunque dovuto vendere la sua casa editrice e Cram l'aveva acquisita nel giro di una settimana a un prezzo molto vantaggioso. Nel 1949 Stilke intentò un'azione legale per ottenere la restituzione della sua impresa,

Eine vorzügliche Ergänzung zur „Fleischlosen Kost" bildet:

RUDOLF RÖSCH

Wiener Mehlspeisen

Über 700 Rezepte, mit 64 Abbildungen auf 32 Kunstdrucktafeln
Kartoniert DM 6.50, Leinen DM 8.50

Unter „Mehlspeisen" versteht der Wiener ebenso warme Mehlspeisen (Palatschinken, Rohrnudeln, Aufläufe, Puddings), also eigentliche Nachtischgerichte, wie auch Kaffeegebäck, Torten, Kuchen und Konfekt. Schließlich gehören auch alle Sorten Cremes, Süßspeisen, Eisbomben usw. dazu. Mit Recht gelten die „Mehlspeisen" als das Vorzüglichste, was die Wiener Küche zu bieten vermag. Der Wohlgeschmack und die Bekömmlichkeit dieser Gerichte haben sie zu einer Berühmtheit gemacht, und sie werden von der Kochkunst keines anderen Landes übertroffen.
Das Buch bringt die Rezepte in klarer und leicht verständlicher Darstellung. Es stellt eine vorzügliche Ergänzung zur „Fleischlosen Kost" dar, denn ein fleischloses Gericht findet in der Nachspeise erst seine Vollendung und Rundung. Die Rezepte sind von hübschen Abbildungen begleitet. Ein Buch mithin, das der Hausfrau vielseitige Anregung gibt und sich auch besonders gut zu Geschenkzwecken eignet.

Die vollständige Wiener Küche in prächtigem Geschenkband

RUDOLF RÖSCH

So kocht man in Wien!

Ein Koch- und Haushaltungsbuch der bürgerlichen Küche

2165 Rezepte auf 560 Seiten mit 212 zum Teil farbigen Abbildungen
In Leinen DM 22.–

Die Wiener Küche genießt Weltruf. Sie ist ungemein abwechslungsreich, denn sie hat aus dem bunten Völkergemisch der ehemaligen Donaumonarchie wie aus einem reichen Reservoir schöpfen können und hat auch sonst im weiteren Umkreise Entlehnungen gemacht. Dem Verfasser ist es gelungen, unter Wahrung der alten ruhmreichen Tradition die Rezepte den heutigen Verhältnissen anzupassen, ohne daß sie dadurch an Wohlgeschmack etwas eingebüßt hätten.
Man darf wohl sagen, daß das vorliegende Buch einzig in seiner Art ist. Es ist erfüllt von der alten Wiener Lebensfreude, die sich im Wiener Walzer und im Lied äußert. Es trägt das Gute der alten Zeit hinüber in die neue, die sparen muß, aber nicht verzichten will auf eine Kunst, die eifrig bemüht ist, aus dem, was die Natur so reichlich spendet, mit Hilfe von Phantasie und Geschmack das Beste und Schönste herauszuholen. Das Buch wird den alten Ruf der Wiener Küche im In- und Ausland neu befestigen.

Ernst Reinhardt Verlag München/Basel

Opuscolo della casa editrice Ernst Reinhardt che pubblicizza i libri di Rudolf Rösch, capocuoco "di lunga esperienza".

suscitando le ire di Cram. Le arianizzazioni all'epoca erano ordinarie operazioni commerciali, e lui aveva comunque pagato a Stilke un buon prezzo.[39] Dubitava inoltre che il querelante fosse stato seriamente in difficoltà. Gli avvocati di Cram non misero soltanto in discussione la persecuzione di Stilke in quanto mezzo ebreo, ma arrivarono addirittura a formulare delle controrichieste.[40] Nel 1953, dopo quattro anni – per Stilke molto dolorosi a livello personale – fu raggiunto un accordo.[41]

È improbabile che Alice fosse a conoscenza di questo caso, ma la fiducia nella certezza del diritto le era irrimediabilmente venuta meno nel 1938. Intuiva anche che in Germania e in Austria la maggior parte dei giudici e dei pubblici ministeri erano gli stessi del periodo nazista. Perché persone come quelle avrebbero dovuto aiutare un'insignificante autrice ebrea a ottenere giustizia?[42]

Soprattutto in Austria, sembrava inutile sperare in un processo equo. Elsa Pollak, figlia dell'editore Moritz Perles, era una vecchia conoscente viennese di Alice. Nel 1925 Alice aveva pubblicato con Perles il suo primo libro di cucina. Nel 1938 la casa editrice era stata arianizzata e molti membri della famiglia Perles erano morti nei campi di concentramento. Elsa Pollak era sopravvissuta in America e dopo la guerra sperava in una restituzione. Ma accadde esattamente il contrario: "Durante il processo gli eredi furono condannati a pagare una multa alla direzione regionale delle finanze".[43]

Anche se il tempo dei nazisti era finito, Alice sapeva che quello in cui viveva era ancora un mondo alla rovescia.

Nuovi inizi

I like to be in America
O.K. by me in America
Everything free in America
For a small fee in America!

West Side Story

"The Riviera" è un palazzo di New York alto tredici piani. Fu costruito nel 1911 in stile Beaux-Arts e comprende 199 appartamenti. L'indirizzo completo è: 790 Riverside Drive, New York, NY, 10032.

Il nome "Riviera" è fuorviante, perché l'edificio si trova nel bel mezzo di un deserto di cemento, molto lontano da amene palme e spiagge sabbiose. A New York il clima non è mite per tutto l'anno, gli inverni sono brutalmente freddi. Solo i prezzi degli appartamenti ricordano la costa mediterranea francese. Nel 2020, per esempio, l'appartamento numero 5b è stato messo in vendita per 1.325.000 dollari.[1] Quando negli anni Cinquanta Alice abitava nell'appartamento accanto, il 5c, l'affitto ammontava ancora a circa sessanta dollari al mese. L'aumento dei prezzi dipende dalla carenza di spazi abitativi, ma forse anche un po' dal romanticismo newyorkese di Woody Allen, o dal film *Shame*, in cui Brandon Sullivan, interpretato da Michael Fassbender, dà libero sfogo alle sue fantasie sessuali proprio al Riviera.

Alice sarebbe rimasta sorpresa tanto dalle fantasie di Brandon Sullivan quanto dai prezzi al metro quadro. Quando lei si trasferì al 5c, il Riviera non era considerato chic, ma neanche misero. Gli appartamenti erano di dimensioni diverse, e i più richiesti si affacciavano sull'Hudson.[2] Molti degli inquilini del palazzo erano ebrei. Il Riviera si trova a Washington Heights, uno dei quartieri di New York popolato da emigranti. Tra loro si trovavano talmente tanti francofortesi che per un certo periodo la zona venne ribattezzata "Frankfurt-on-the-Hudson" o – a dispetto dei nazisti – il "Quarto Reich".

Per Alice abituarsi a posti nuovi era diventata una routine: in fin dei conti, aveva alle spalle sessant'anni di traslochi, volontari e involontari, e non sempre legati a un avanzamento sociale. Il trasferimento da Leopoldstadt a Döbling, a Vienna, negli anni Novanta dell'Ottocento, era stato un grande successo per la sua famiglia, ma per Alice subito dopo era seguito l'Ottakring, quartiere piuttosto povero degli anni del matrimonio. La scuola di cucina nell'elegante Goldeggasse aveva simboleggiato la sua – brevissima – ripresa, ma le sistemazioni successive erano state ancor più misere dell'Ottakring: la soffitta di Grantham Castle, quando faceva la domestica a Londra, e una stanza gelida e spartana a Newcastle. Un primo miglioramento era stata poi la casa incantata nel Lake District. A Chicago Alice aveva in seguito abitato in appartamenti senz'anima, e fu felice di potersi trasferire nella più vivace New York. In una zona come Washington Heights c'erano persone più interessanti che nel Midwest, e molte di loro avevano vissuto le sue stesse esperienze. Le vite del suo medico, del libraio e del droghiere si assomigliavano. In Inghilterra Alice aveva spesso dovuto sillabare il suo nome, a Washington Heights non ce n'era bisogno: "Qui in America, quando le emigranti sentono il mio nome, può sempre capitare che mi dicano: 'Oh, signora Urbach, non l'avevo mai incontrata prima, ma quando sono scappata in America, ho portato il suo libro di cucina con me, e tengo moltissimo alle sue ricette'".[3]

Grazie a questa comunità di ammiratrici, Alice divenne

una sorta di celebrità del quartiere. A Washington Heights c'erano entrambe le categorie di emigranti: quelli benedetti dal successo e quelli molto meno fortunati. Ci si incontrava al ristorante scambiandosi sguardi complici. Tutti, per esempio, sapevano che il vecchio signor Rosenfeld prima della guerra era stato un noto avvocato di Vienna.[4] Adesso doveva lavorare come ausiliario, ma una legge non scritta imponeva di continuare a trattarlo con la stessa cortesia che gli si riservava prima del 1938.

I professori universitari più anziani erano raramente riusciti a dar seguito ai propri successi professionali in America, ma facevano di tutto per far studiare i figli. Lo status di intellettuale aveva ancora molto peso. Alice raccontò a tutti, a Washington Heights, che il figlio Karl aveva un dottorato in Chimica e uno in Medicina, mentre Otto, il primogenito, si era distinto in guerra come *First Lieutenant* e anche al momento aveva "un'ottima posizione".[5]

Fin dal suo arrivo in America, Alice aveva sperato di far tradurre in inglese il suo libro di cucina. Trovò allo scopo uno dei migliori agenti letterari in circolazione, Franz Horch, che rappresentava molti scrittori emigrati negli Stati Uniti, tra cui Franz Werfel, Erich Maria Remarque e Thomas Mann. Horch, come Alice, era di Vienna e si intendeva di cibo.[6] Era anche interessato a rappresentare un'autrice di libri di cucina, ma c'erano due grossi impedimenti: Hermann Jungck non voleva concedere ad Alice i diritti di traduzione,[7] ed esisteva al tempo stesso un progetto concorrente. Era infatti prevista la traduzione del libro *Wiener Küche* (Cucina viennese), dell'austriaca Olga Hess. Quest'ultima aveva pubblicato il volume con il marito Adolf nel 1913, e fino alla sua morte, nel 1965, godette in Austria del massimo riconoscimento.[8] Anche in America si aggiudicò il primato. Horch morì improvvisamente nel 1951, senza aver potuto realizzare i progetti sul libro di Alice. Un anno dopo uscì il volume *Viennese Cooking* di Olga Hess. Che ad affermarsi in America fosse proprio Olga Hess, l'"ariana", e non Alice, l'emigrante, fu un'ironia della sorte. Pur senza darlo a ve-

Alice e Otto, 1948-49.

dere, Alice soffrì per quella pubblicazione. In quei momenti dovette chiedersi: perché sono sempre io a rimetterci? La mia patria, le mie sorelle, il mio libro e di conseguenza anche la mia carriera?

Molti emigranti si ponevano domande simili, alle quali ciascuno rispondeva a modo suo. Alcuni si disperavano, altri si rassegnavano, altri ancora cercavano di rimuovere o giuravano eterna vendetta. Nella maggior parte di loro, negli anni, si alternarono tutte queste reazioni. La ricetta standard di Alice era la rimozione. Lo dimostra, non da ultimo, la registrazione di un'intervista concessa negli anni Settanta, in cui cerca di eludere tutti gli argomenti sgradevoli come l'Olocausto o l'emigrazione. Il modo in cui si sforza di sviare il discorso da ciò che ha davvero vissuto, attraverso aneddoti, indovinelli e poesie, è quasi maniacale. Solo a tratti, di sfuggita, allude agli eventi del periodo nazista, per poi passare velocemente ad altro e citare una poesia di Löhner Beda. È loquace e divertente come la Tante Jolesch di Torberg, e si potrebbe pensare che desideri proteggere dagli incubi le sue interlocutrici. Anche se niente avrebbe potuto sconvolgere le due donne con cui Alice conversa. Sono anche loro emigranti ebree, di una decina d'anni più giovani, non di più, e conoscono quegli incubi dai racconti famigliari e dalla propria esperienza. Eppure Alice non parla delle cose decisive. Forse perché presupponeva che le sue ascoltatrici ne fossero al corrente, forse anche per una forma di autoprotezione. Non pensarci e non parlarne significava tenere lontano il dolore il più possibile. E Alice ci riuscì molto a lungo.

Uno dei suoi metodi era circondarsi continuamente di persone. A New York divideva l'appartamento con una conoscente viennese, Margarete (Grete) Klemperer, e cominciò a dare delle feste.[9] Le migliori erano quelle organizzate in occasione del suo compleanno, il 5 febbraio. Trasformava il suo soggiorno in una copia della celebre pasticceria Demel, un paese della cuccagna pieno di colori e profumi. Su tutti i tavoli e le credenze erano esposte enormi quantità di dessert colorati, torte di compleanno a più piani e saporite specialità viennesi. Il piccolo appartamento era stracolmo di ospiti che non se ne volevano mai andare, e il successo di quei ricevimenti ricordava un po' ad Alice le grandi dimostrazioni culinarie che era solita organizzare a Vienna. Per quelle feste spendeva molti soldi che di fatto non aveva. Da quando aveva compiuto settant'anni non lavorava più. A novembre del 1956 sintetizzò la sua situazione finanziaria per l'Österreichischer Hilfsfonds in questi termini:

> Sono vedova, ho settant'anni e non sono più abile al lavoro. Percepisco la Social Security [l'assistenza sociale americana] per un totale di 61 dollari al mese, una piccola pensione vedovile da Vienna, di circa 8 dollari al mese, una piccola pensione di anzianità dall'Inghilterra (14 dollari al mese). ... I miei due figli mi aiutano secondo le loro possibilità. Non credo di appartenere alla categoria dei "bisognosi", bensì a quella degli inabili al lavoro per raggiunti limiti di età.[10]

Ottantatré dollari di allora corrispondono a circa 754 di oggi. Alice poteva organizzare le sue feste solo grazie al sostegno economico di Otto e Karl. Ma lei voleva essere indipendente e si chiese quindi se non fosse il caso di tornare alla sua professione. A darle l'idea fu l'ascesa di un'autrice americana di libri di cucina. Negli anni Sessanta comparve in televisione una donna che faceva tutto ciò che Alice credeva di saper fare molto meglio. Il nome della rivale era Julia Child, e si trattava di una cuoca vagamente eccentrica di mezza età che spiegava agli americani qualcosa di completamente nuovo: l'arte della cucina francese. Con il suo show televisivo intratteneva milioni di persone, raccontando di come andasse in giro per il quartiere trasportando pentole, o della scuola di cucina frequentata a Parigi. Ancora oggi, per gli americani, Julia Child è un idolo culinario. Alice non condivideva quell'entusiasmo. Si studiò con molta attenzione la sua trasmissione, *The French chef*,[11] e non riusciva a capire perché i telespettatori ammirassero qualcuno che banalizzava la cucina francese. Che cosa c'era di lodevole? Agli occhi di Alice Julia Child era molto sopravvalutata e bisognava fare qualcosa per opporsi.[12] A differenza di Child, però, lei non aveva amici altolocati che potessero appoggiare la sua carriera come cuoca, quindi doveva farsi venire in mente qualcos'altro. Le ci volle un po' per mettere a punto un'idea.

Karl aveva nel frattempo sposato l'emigrante berlinese Lilly Mendelsohn (1927-2021) e dirigeva un ospedale a San Francisco. Nel 1969 Alice lo seguì e a ottantatré anni si trasferì in una pittoresca casa di riposo che trovava mortalmente noiosa. Una volta la settimana cucinava in una struttura per disabili psichici e questa esperienza la ispirò.[13] Voleva tornare a insegnare. La sua carriera era cominciata in una scuola di cucina, e lì doveva finire. La scuola più famosa di San Francisco era lo Judith Ets-Hokin Culinary Institute. Alice si recò dalla proprietaria e si presentò dicendo: «Le sembrerò vecchia, ma sono divertente. Qui ci sono molte scuole di cucina, ma nessuna austriaca ... Io non insegno solo a cucinare, ma illustro anche la storia dei cibi. Le può interessare?».[14]

Fu subito assunta e si gettò a capofitto nel lavoro.[15] Lo scambio con gli allievi l'aveva sempre divertita e poteva resistere per ore in una cucina incandescente senza stancarsi. Da quel momento in poi si sentì investita di una missione. Al "San Francisco Examiner" la spiegò con una frase: "Avete dello *strano* cibo, qui in America". Secondo lei, le cose dovevano cambiare. In quel periodo scrisse a una delle sue bambine di Windermere, Ilse Camis: "In un buon piatto, c'è della poesia. Se dovessi incappare in una ricetta del genere, pensa a me, la sostenitrice del buon cibo".[16]

La missione di Alice era decisamente contagiosa. A San Francisco riuscì a instillare l'entusiasmo per il suo modo di cucinare in una nuova generazione di allievi. Tra loro c'erano anche molte giovani donne che, al di là delle ricette, volevano ascoltare la storia di Alice. Grazie alla scuola di cucina, le capitava sempre più spesso di essere intervistata da giornalisti che trovavano interessante il fatto che un'emigrante ultranovantenne continuasse a insegnare. In ogni intervista Alice accennava al suo "terzo figlio", il libro di cucina che Rudolf Rösch le aveva portato via. Eppure, nonostante tutte queste conversazioni venissero pubblicate e la nuora Wera, nel 1980, avesse nuovamente contattato la casa editrice Reinhardt, non c'erano sviluppi. L'editore taceva. E nulla cambiò anche quando Alice approdò alla televisione americana. Una delle sue giovani amiche era dell'idea che Alice dovesse assolutamente cucinare in tv. Scrisse una lunga lettera su quella "donna meravigliosamente divertente, che a novantacinque anni continuava a dare lezioni di cucina" e la inviò al Public Broadcasting Service (PBS).[17]

Alla fine degli anni Settanta, l'emittente televisiva PBS aveva ideato il programma di *infotainment Over Easy*, in cui Alice si inseriva perfettamente. Alla trasmissione partecipavano star come Eartha Kitt, Gloria Swanson e Omar Sharif, che parlavano della loro carriera e di che cosa significava invecchiare. Alice fu invitata a *Over Easy* ed ebbe il suo momento di gloria come più anziana insegnante di cucina d'America. La trasmissione veniva registrata a San Francisco, e Alice ebbe dunque la possibilità di partecipare agevolmente a più puntate. Con le sue apparizioni non poté diventare una Julia Child, ma ottenne ancora un po' di riconoscimento per il suo lavoro. Fu molto importante per lei, perché le permise proprio sul finire della sua vita, a novantasette anni, di recuperare i ricordi. Per quasi quarant'anni era riuscita a rimuovere la sorte toccata alle sorelle, e all'improvviso ricominciò a pensare a loro di continuo. In quei momenti, sempre più prolungati, nemmeno le sue migliori allieve riuscivano a distrarla.

Quando il medico, il 26 luglio 1983, compilò il certificato di morte di Alice, indicò come causa del decesso una "aterosclerosi diffusa", e alla voce "altri elementi non identificabili come cause di morte" scrisse "depressione".[18]

Food

Wed., Nov. 1, 1978 S.F. EXAMINER

A Viennese Dumpling

'You might think I look old, but I'm a lot of fun,' Alice Uhrbach says

Two years ago, when she was just 90, she decided she'd teach cooking, as she had as a young woman in Vienna

By Harvey Steiman
Food Editor

ALICE Uhrbach was a famous name in Vienna in the 1920s. Thousands of households used her cookbook, "So We Cook in Vienna" ("So Kocht Man in Wien"), until Hitler overran Austria and banned the book because its author was Jewish. Unknown to Hitler, the book was republished essentially intact, crediting a man named Rudolf Rosch as the author.

"Even the pictures were the same," Alice Uhrbach recalls. "Hitler didn't know those were all my Jewish hands in those pictures."

Alice escaped the Nazis and fled to England, where she found work as a matron in a Jewish children's refugee camp. She stayed for eight years before she moved to the United States. Today, she lives in a retirement home in Mill Valley, where she doesn't have a kitchen of her own.

Purportedly to keep busy, but probably just to get herself into a kitchen, Alice Uhrbach teaches Viennese cooking one day a week at a cooking school in San Francisco. At the age of 92 (she prefers to say, "I'm going to be 93"), she still rolls dough and fries schneeballen (pastries) with verve. Her mind is sharp — in preparing recipes for her classes she seldom has to refer to her recipe files. The recipes are all firmly planted in her mind. Glancing over a typewritten recipe prepared for one of her classes, she easily spots an error — "Not five eggs, only four," she tells the typist.

Alice Uhrbach became a cooking teacher in the 1920s in Vienna to make a living after her husband of seven years died and left her with two children. "With the inflation, I had to do something," she says. "I never had jewelry, and I never had a fur coat, but I was a famous woman."

When she came to the United States she worked as a dietitian. She retired at the age of [illegible]. "I thought enough was enough," she said. "You have strange food here in America."

Her partially joking reference is to the institutional food she had to deal with as a dietitian. She is mystified by American institutions' dependence upon gelatin desserts, for example. "When it was served on a lettuce leaf it was a salad," she said. "But if we put whipped cream on it, it was a dessert. We never had that in Vienna. A Viennese would look at the Jell-O and say, 'Why do you tremble so?' I think he would rather have a sturdy strudel."

The Viennese recipes she teaches in her classes are old-fashioned and time-consuming, but they have the double saving graces of being delicious and relatively cheap.

"Meat was always expensive in Vienna," she says. "Flour was cheap. So we ate bread, soup and dessert. With that, you don't need anything else.

"All these Viennese recipes are inexpensive, but they are lots of work," she tells the class. "You must remember that in the old days housewives didn't work outside the home so they had a lot of time, and cooks were hired just to cook. They never kept house, too."

She resumed teaching only two years ago, at the age of 90, when her son pointed out Judith Ets-Hokin's cooking school on Bush Street as they drove past. "He said, 'Wouldn't you like to teach again?' I thought it was a good idea, so I took my cookbook and went to see her."

"This tiny old woman, impeccably dressed, came in and asked for 'Madame Ets-Hokin.' I introduced myself, and she said, 'I think I can do you a lot of good. Would you like to have a Viennese cooking class?' I said I would love it. She leaned over to me and said, 'You might think I look old, but I'm a lot of fun.'"

In class, she definitely is fun. She is hard of hearing so the assistants and students have to raise the decibel level of their voices a few notches to communicate, but what she hears she reacts to quickly. For example, when she shows the class how to test whether the oil for frying is hot enough, she drops a piece of dough in the pot and stands on tiptoe to see if it turns brown right away. It's part of getting the feel of cooking.

Schneeballen are fried Viennese pastries to be served with raspberry syrup

"It's important to know how to do this without using a thermometer," she said. "If you can cook only after a printed recipe it doesn't mean you cook — it only means you can read."

She is not averse to changing one of her own recipes if it doesn't feel right to her. As an assistant handed her a bowl of raisins, exactly the 200 grams she called for in her recipe, she immediately set aside half of them. Why? "These raisins are dry so they don't weigh as much as the ones I used when I wrote the recipe," she said. "We use only half, but we must use something to plump them up a little. Any ideas? Ah, Cognac." And she sprinkles [illegible]

— See Page 30, Col. [illegible]

Semmelknödel viennesi a San Francisco: Alice, novantaduenne, con le sue allieve.

Eppure, nonostante la depressione, Alice volle rendersi utile fino all'ultimo, lasciando il suo corpo alla facoltà di Medicina.

C'è un fenomeno neurologico che si manifesta soprattutto nei bambini. I medici lo chiamano "sindrome di Alice nel paese delle meraviglie". I pazienti vedono il loro ambiente di colpo rimpicciolito o ingrandito, soffrono di allucinazioni, hanno una diversa percezione del tempo e una ipersensibilità alla luce e ai rumori. Alcuni di questi sintomi sono assimilabili a quelli avvertiti negli attacchi di emicrania e si suppone che anche Lewis Carroll, l'autore di *Alice nel paese delle meraviglie,* ne soffrisse (naturalmente può anche darsi che fosse sotto l'effetto di droghe, dal momento che nel suo libro descrive funghi in grado di alterare la coscienza).

Come accadrebbe a un paziente affetto dalla sindrome di Alice nel paese delle meraviglie, le esperienze di Alice possono apparirci minuscole o enormi. Per lei, l'arianizzazione del suo libro fu qualcosa di enorme. Quell'avvenimento divenne il simbolo di tutto ciò che aveva perso, e il fatto che Jungck non le restituisse il libro neanche dopo la guerra, la privò dell'opportunità di avere nuovamente successo in patria come autrice di libri di cucina. La storia di Alice è però al tempo stesso anche una piccola storia, perché fu solo una dei milioni di donne che a causa della guerra e delle persecuzioni persero le basi della loro esistenza. Ciò che le fu rubato era "solo" l'autorialità, e sebbene "le arianizzazioni dei libri" finora non siano ancora state studiate, si potrebbe controbattere che il furto di un libro non è sensazionale quanto il furto di una grande azienda ebraica. Ma per grandi o piccoli che fossero i furti, resta terrificante che tra i ladri non ci fossero solo pezzi grossi del partito, ma persone normalissime che da un giorno all'altro divennero dei profittatori. L'editore Jungck fece quel che fecero in tanti, nazisti e non. I dossier sulle arianizzazioni, in cui compaiono i nomi di innumerevoli profittatori come Jungck, sono stati desecretati dalle autorità finanziarie solo all'inizio del 2000.

Ora sono noti anche i nomi di chi si occupò delle pratiche. In alcuni casi gli stessi impiegati che avevano effettuato gli espropri dopo la guerra hanno anche provveduto alle restituzioni (spesso tirandola per le lunghe).

In un'intervista del 1980 Alice disse: «il mio libro ha avuto un destino a sé»,[19] e sarebbe forse rimasta sorpresa nel sapere che decenni dopo la sua morte quel destino avrebbe avuto un'ulteriore svolta. Dopo l'uscita di *Das Buch Alice*, nell'autunno del 2020, la giornalista dello "Spiegel" Eva-Maria Schnurr parlò della storia della sua autrice.[20] Di lì a poco intervenne la direzione della casa editrice Ernst Reinhardt, che si scusò pubblicamente: "Dopo la guerra Alice Urbach ha subito il torto di non veder pubblicata la versione originale del suo libro a suo nome. Giudichiamo il comportamento allora tenuto dalla casa editrice moralmente indifendibile".[21]

Le nipoti di Alice non pretesero alcun risarcimento economico dall'editore, ma ottennero qualcosa di molto più importante. Nell'arco di poche settimane furono loro ceduti i diritti di *So kocht man in Wien!* e la casa editrice Ernst Reinhardt ristampò nuovamente l'edizione del 1935. Copie gratuite del libro furono spedite a biblioteche e studiosi.

Quasi quarant'anni dopo la sua morte, Alice è dunque tornata a essere l'autrice di *So kocht man in Wien!*.

Epilogo

Karl Urbach sposò la pittrice Lilly Mendelsohn ed ebbe con lei due figli, Katrina e Daniel. Il nome del figlio era un omaggio a Daniel Dodson. Katrina, per la gioia di Alice, è diventata pediatra. Karl è morto a San Francisco nel 2003.

Cordelia Dodson sposò nel 1950 il collega dell'OSS William Hood. Entrambi lavorarono – con e senza Otto – a Vienna, Berlino e in Svizzera. A causa della restrittiva politica archivistica della CIA non sapremo mai di preciso che cosa abbia fatto Cordelia dopo la guerra. È morta nel 2011, nel Maine.

Anche i documenti su **Otto Urbach** sono ancora secretati, e soltanto i ricordi dei colleghi offrono qualche indicazione sulla sua attività per i servizi segreti dopo il 1948.

Poiché il suo nome preferito, **Katrina**, era già stato assegnato, Otto chiamò la figlia *Karina*, generando grande confusione in tutta la famiglia.

Otto morì nel 1976 a Bruxelles. La moglie, Wera Frydtberg, ebbe una lunga carriera come attrice di cinema e teatro. Tra i film che interpretò, Alice era particolarmente affezionata a *Finalmente l'alba*, in cui la nuora interpreta un'emigrante di nome **Vera**. Nel 1960 *Finalmente l'alba* ricevette un Golden Globe come miglior film straniero.

Nel 1955 **Felix Mayer** andò con la moglie a Vienna, la città che durante la guerra aveva descritto come l'unica in cui potesse respirare. Dopo due settimane di permanenza cambiò idea. Morì nel 1960 a New York, ed Helene lo seguì poco dopo. Il figlio Thomas Mayer (1927-2015) fu un importante studioso di economia americano.

Lisl, una delle bambine di Windermere di Alice, è ancora in vita. In un documentario di ARTE racconta di aver imparato da Alice tre cose importanti: l'indipendenza, il rispetto per gli altri e un'ottima ricetta per i dolci lievitati.

Paula Sieber ottenne la cittadinanza inglese dopo la guerra, ma tornava spesso in Austria con Alice in villeggiatura. Le due donne riuscirono a rimuovere il fatto che nella località in cui trascorrevano le vacanze in passato ci fossero cartelli con la scritta "Ebrei indesiderati".

Fino alla sua morte, nel 1978, Paula Sieber visse a Londra nelle vicinanze del figlio Peter Sieber e della sua famiglia.

L'editore **Hermann Jungck** morì nel 1988, a otto anni di distanza dall'ultimo tentativo di Wera di contattare la casa editrice riguardo al libro di Alice.

Delle sorelle assassinate di Alice, **Sidonie** e **Karoline**, non esiste più alcuna fotografia. A settembre del 2020 è stata loro dedicata, insieme a **Helene** e al marito Georg Eissler, una "pietra d'inciampo" posta di fronte al vecchio appartamento di Helene in Ebendorferstraße 10/12, nel primo distretto.

Ringraziamenti

Da bambina ho avuto la fortuna di poter conoscere alcuni degli emigranti che compaiono in questo libro. Erano persone molto diverse tra loro, come il serissimo intendente Ernst Haeusserman, e il regista Franz Marischka, tutto meno che serio. Solo da adulta ho capito che anche altri amici dei miei genitori, come Gisela Fischer-Braun, Eva Haas, Curt Riess, Friedrich Torberg e Peter Viertel, erano emigranti. Tutti loro sono tornati in Europa negli anni Cinquanta, perché non potevano vivere senza i caffè.

Soltanto ad alcuni ho potuto porre le domande decisive, ma in America ho avuto una seconda opportunità: ho conosciuto il novantasettenne Victor Brombert, professore di letteratura francese a Princeton ed ex "Ritchie Boy". Abita a un paio di isolati di distanza da me. Lo stesso è accaduto con la pronipote di Alice, la psicologa Dorit Whiteman, che vive a New York. Già negli anni Novanta aveva intervistato dei bambini ebrei rifugiati in Inghilterra, raccontando le loro storie nel libro *The Uprooted. A Hitler Legacy* (2001). Dorit, nel frattempo novantenne, era rimasta altrettanto lucida delle emigrate sue coetanee Lilly Mendelsohn-Urbach e Renata Rainer.

Cruciali per il libro sono stati soprattutto i documenti custoditi da mia cugina Katrina Urbach. Nel 2014 mi ha consegnato le lettere di mio padre Otto degli anni Trenta e le registrazioni su nastro di Alice degli anni Settanta. Senza Katrina non avrei mai iniziato questo progetto, e senza la mia redattrice di riferimento Kristin Rotter, resistente al Coronavirus, non l'avrei mai portato a termine. Ringrazio anche Hanna Schuler: la sua revisione e le domande intelligenti che mi ha posto riguardo al testo lo hanno enormemente arricchito. Alla mia agente Andrea Wildgruber, di Agence Hoffman (fondata da un emigrante) va il mio ringraziamento per il suo impegno e le idee con cui ha contribuito al libro. Sono molto riconoscente anche alla mia traduttrice italiana, Silvia Albesano.

Nessuno è in grado di capire Sigmund Mayer e la famiglia Mayer meglio di Michael Livni, che ha appena riveduto le memorie di Sigmund in vista di una nuova edizione inglese. Scoprire un parente come lui è stato un grande arricchimento.

Sarah Fisher mi ha messo gentilmente a disposizione lettere e fotografie di sua zia Cordelia Dodson, e Clara Fontana mi ha raccontato gustosissimi aneddoti su di lei.

Un ringraziamento particolare va anche a tre delle "bambine di Windermere" di Alice: Lisl Scherzer (oggi Alisa Tennenbaum) mi ha scritto molte e-mail, e la giornalista di "Haaretz" Dina Kraft ha registrato la sua storia per me. Sue Camis ha fatto da tramite per la conversazione con sua madre Ilse Camis (mancata nell'estate del 2020), in Florida e la nipote di Paula Sieber, Vivien Sieber, ha intervistato Elfi Reinert a Birmingham. Il lascito privato del padre di Vivien, Peter Sieber, e il suo resoconto sull'istituto per l'infanzia custodito presso la Wiener Holocaust Library, mi sono stati di grande aiuto. Se ho potuto vedere i documenti desecretati solo nel 2018 dei bambini che parteciparono al *Kindertransport*, i cui nomi nel libro sono stati anonimizzati, è stato grazie all'impegno dell'archivista onoraria Deborah Cantor dei World Jewish Relief's Archives.

Inoltre ho potuto contare sull'aiuto di molti amici, storici e archivisti. Al primo posto c'è ancora una volta Paul Hoser, con la sua sovrumana generosità: l'uomo che ha una risposta per tutte le domande. Eva Klesse, amica saggia e psicologa infantile, mi ha spiegato Anna Freud; Christian Bommarius, brioso come sempre, mi ha segnalato il caso del giurista Max Friedlaender e Harald Stolzenberg mi ha mostrato la sua Vienna. Hiroaki Kuromiya ha studiato le foto cinesi di Otto e mi ha spiegato perché le immagini del paesaggio sono più eloquenti dei cumuli di cadaveri. L'intrepida Eva Holpfer, della Comunità religiosa israelitica di Vienna, nel 2018 ha tentato insieme a me di travalicare gli alti muri della casa editrice Ernst Reinhardt. Thomas Boghardt, Hayden Peake e Heather Steele mi hanno dato una mano con muri di altro genere: il materiale del CIC nei National Archives di Washington. Per la storia di Odessa ho avuto indicazioni importanti dagli scrittori Frederick Forsyth e René Bienert del Wiener Wiesenthal Institut für Holocaust Studien. In Austria mi hanno aiutato molti colleghi: Wolfgang Weber, dell'Università di Innsbruck, mi ha passato svariati contatti (compresi quelli di Brigitte Rigele, direttrice del Wiener Stadt- und Landesarchiv, e Hubert Steiner, dell'Österreichisches Staatsarchiv). Susanne Belovari, ammiratrice di Alice, mi ha illustrato al Café Landtmann la storia della cucina ebraico-autriaca. Regina Zodl, del dipartimento di Ricerca della provenienza della facoltà di Economia e amministrazione aziendale dell'Università di Vienna, è riuscita a trovare un libro della biblioteca arianizzata di Sigmund e Felix Meyer; Roswitha Hammer e Dalila Hindler, a settembre del 2020, hanno reso possibile la posa di una "pietra d'inciampo" in memoria delle sorelle di Alice uccise dai nazisti. Doris Macht, dell'Österreichischer Nationalfonds ha risposto con pazienza alle mie tante domande.

Anche in Germania ho potuto contare sulla massima collaborazione: al Bundesarchiv di Lichterfelde, Robert Luther mi ha aiutato a orientarmi tra i vari Rudolf Rösch, e Cornelia Matz (Archivgeschichten) si è fatta molto coinvolgere nelle ricerche sui Friedberg in Baden-Württemberg. Il fantastico avvocato Marcellus Puhlemann mi ha messo in guardia dai trabocchetti legali e la brillante Andrea Oster (Oster-Film) mi ha assistito nella ricerca di materiali cinematografici.

Il libro è nato all'Institute for Advanced Study di Princeton, dove ho trovato generosi fondi di ricerca e colleghi ancor più generosi. Ringrazio in particolare Angelos Chaniotis, Uta Nitschke-Joseph, Sabine Schmidtke, Marcia Tucker e Freeman Dyson, grande *contrarian*, mancato a febbraio del 2020.

Scrivere la storia di Alice è stata un'esperienza appassionante, solo un paio dei capitoli più bui mi hanno creato delle difficoltà. Se ciò nonostante la notte non ho avuto incubi, lo devo a Jonathan e a nostro figlio Timothy, miei compagni in tutti i viaggi nel tempo.

Note

Prefazione. Il libro di una sconosciuta

[1] Otto a Karl Urbach, 5 giugno 1938. Lascito Otto Urbach.

Opera di Vienna, 1938

[1] Cordelia Dodson a Karl Urbach, 2 ottobre 2003. Lascito Cordelia Dodson.

[2] Cfr. il necrologio di Cordelia Dodson del Reed College, 2011. Cfr.: www.reed.edu/reed-magazine/in-memoriam/obituaries/december2011/cordelia-dodson-hood-1936.html.

[3] William D.B. Dodson (1871-1950) fu per trentasei anni il presidente della Camera di commercio di Portland. Cfr. il suo necrologio in: "The Oregonian", 29.6.1950.

[4] Cfr. Elizabeth P. McIntosh, *Sisterhood of Spies. The Women of the OSS*, Maryland 1998, p. 176.

Un padre cieco e un pessimo giocatore di carte

[1] La fonte di questi versi è lo scrittore Hermann Broch, che viveva a Princeton, come Einstein. Cfr. in proposito Friedrich Torberg, *Die Tante Jolesch oder der Untergang des Abendlandes in Anekdoten*, Wien 1986 [1975], parte 1 e 2, p. 288. All'Institute for Advanced Study (IAS) di Princeton, in cui Einstein lavorava, però, non se ne conservano tracce scritte. Ringrazio l'appassionata archivista dell'IAS, Marcia Tucker, anche per l'aiuto nella ricerca di molte altre fonti di questo libro.

[2] Felix Mayer, *The Mayer Family, from Pressburg to Vienna*, New York 1960, dattiloscritto di dieci pagine, Lascito Famiglia Mayer.

[3] Oppure lei lo vide bianco su uno dei tanti dipinti in cui in genere viene raffigurato così.

[4] Felix Mayer, *The Mayer Family*, cit. Cfr. anche Georg Gaugusch, *Wer einmal war. Das jüdische Großbürgertum Wiens 1800-1938* (Jahrbuch der Heraldisch-Genealogischen Gesellschaft Adler, vol. 17), vol. 2, *L-R*, Wien 2016, pp. 2254 sgg.

[5] Alice avrebbe in seguito ancora conosciuto sua nonna Tony e la definì "un tipo davvero originale". Cfr. Alice Urbach, *Some Members of the Mayer Fa-*

mily, 1789-1957, Memorie familiari dattiloscritte, raccontate a voce da Alice Urbach nel 1957 e trascritte da Charles Landstone, London 1957, Lascito Famiglia Mayer.

[6] Cfr. anche Adelheid Mayer, Elmar Samsinger, *Fast wie Geschichten aus 1001 Nacht. Die jüdischen Textilkaufleute Mayer zwischen Europa und dem Orient*, Wien 2015, p. 13.

[7] Sigmund Mayer, *Die Wiener Juden. Kommerz, Kultur, Politik 1700-1900*, Wien 1917, p. 5. Per ulteriori dettagli si vedano le sue memorie: Sigmund Mayer, *Ein jüdischer Kaufmann 1831-1911*, Berlin-Wien 1926. Sigmund andava fiero di aver ricevuto, per la descrizione del ghetto, i complimenti di autori come Karl Lamprecht, Werner Sombart e Lujo Brentano. Cfr. in proposito la lettera di Sigmund Mayer a Arthur Schnitzler, senza data, ca. 1914. Nachlass Arthur Schnitzler, Literaturarchiv Marbach.

[8] Sigmund Mayer, *Wiener Juden*, cit., p. 4.

[9] Ivi, p. 10.

[10] Sigmund scrive al riguardo: "La legge non consentiva a un ebreo di possedere immobili. Se acquistava una casa, doveva far figurare come acquirente un cristiano e tutelare i propri diritti attraverso un contratto di usufrutto irrevocabile e la relativa garanzia ipotecaria in caso di pignoramento o mediante altri stratagemmi. Ma pur con questi accorgimenti, fino ad allora nessun ebreo del ghetto avrebbe potuto anche solo immaginare di acquistare una casa al di fuori del ghetto, in città, dove in ogni caso non avrebbe avuto il permesso di vivere!". Ivi, p. 6.

[11] Ivi, p. 4.

[12] La drammatica descrizione del ghetto da parte di Sigmund fu aspramente criticata, soprattutto dagli ebrei ortodossi: "[Sigmund Mayer] era il tipico ebreo assimilato, e la sua descrizione del ghetto di Bratislava, peraltro affascinante, colpisce per la freddezza nei riguardi della vita ebraica che vi regnava". Citato in: "Jüdische Presse. Organ für die Interessen des orthodoxen Judentums", n. 17/33, novembre 1920, p. 5.

[13] Sigmund Mayer, *Wiener Juden*, cit., p. 3.

[14] Alice Urbach, *Old World – New World. The Personal Life Story of Mrs. Alice Urbach*, dattiloscritto di 25 pagine, 1977, p. 2, Lascito Alice Urbach.

[15] Eric Hobsbawm credeva che sua madre Nelly fosse imparentata con i Mayer perché chiamava "zio" Albert, il fratello di Sigmund. Cfr. Eric Hobsbawm, *Gefährliche Zeiten. Ein Leben im 20. Jahrhundert*, München 2006 (prima edizione inglese 2002), p. 19 [*Anni interessanti. Autobiografia di uno storico*, trad. it. di Daniele Didero e Sergio Mancini, Milano 2002]. Albert tuttavia non doveva essere un vero zio (informazione di Michael Livni).

[16] Rudolf Agstner, *A Tale of Three Viennese Department Stores in Egypt. The Oriental Adventures of Mayer, Stein and Tiring*, in "Aufbau", n. 9, 30 aprile 1999, p. 12.

[17] La ditta Mayer si trovava al n. 828. Il suo cofondatore Sigmund, tuttavia, ne era uscito l'anno prima. Ai primi posti della lista c'erano "la casa imperiale, esponenti dell'alta nobiltà, titolari di rendite, banchieri"; cfr. in proposito: Roman Sandgruber, *Traumzeit für Millionäre. Die 929 reichsten Wienerinnen und Wiener im Jahr 1910*, p. 11; per i Mayer, cfr. p. 400.

[18] Cfr. Mayer, Samsinger, *1001 Nacht*, cit., pp. 99 sg.

[19] Scrisse per quarant'anni sulla "Neue Freie Presse" inimicandosi, tra gli altri, Karl Kraus. Nel 1903 la "Neue Freie Presse" pubblicò il testo della conferenza "Der Reichtum der Juden in Wien" [La ricchezza degli ebrei a Vienna],

in cui Sigmund cercava di confutare l'opinione che gli ebrei possedessero una più alta percentuale del patrimonio nazionale rispetto ai cristiani. Il giornalista ebreo Karl Kraus replicò pungente, insistendo su quanto era ridicolo che a professare tesi del genere fosse proprio il ricco Sigmund Mayer. Cfr. Karl Kraus, "Die Fackel", n. 131, febbraio 1903, p. 22.

[20] Cfr. in proposito: Alice Urbach, *Old World*, cit., p. 5.

[21] 28.8.1897, "Die Zeit", XII. ("Die Zeit" era una rivista austriaca, che uscì tutti i sabati dal 1894 al 1904.)

[22] Herzl morì nel 1904 e nel 1949 fu trasferito da Döbling in Israele. Sigmund invece rimase nel cimitero di Döbling.

[23] I fratellastri di Alice erano Arnold Mayer (1862-1926), Sidonie Rosenberg (n. 1865) e Karoline Löwit, poi Fleischner (n. 1867), Siegfried Mayer (1869-1923) e Gabriele Mayer (1872-1876).

[24] Nacque il 12 agosto 1850 e morì il 17 aprile 1921.

[25] Alice Urbach, *Old World*, cit., p. 4.

[26] Alice Urbach, intervista registrata degli anni Settanta, Lascito Alice Urbach.

[27] Alice Urbach, *Old World*, cit., p. 4.

[28] Ivi, p. 16.

[29] Ivi, p. 14.

[30] Una casa "ben gestita", secondo Friedrich Torberg, contribuiva a migliorare le possibilità di carriera di un uomo sposato. Torberg, *Tante Jolesch*, p. 64.

[31] Ivi, p. 25.

[32] Alice Urbach, *Old World*, cit., p. 17.

[33] Stefan Zweig, *Il mondo di ieri. Ricordi di un europeo*, trad. di Lorena Paladino, Garzanti, Milano 2014 [1942], p. 98.

[34] "19/3 Un diario viene trovato, proprio l'ultimo (in cui si parla di Emilie). Grandi scenate con mio padre". Annotazione di Arthur Schnitzler, sedicenne, sul suo diario (cfr. A. Schnitzler, *Diari e lettere*, trad. di Giuseppe Farese, Feltrinelli, Milano 2006, p. 37).

[35] Alice Urbach, *Old World*, cit., p. 3.

[36] Torberg, *Tante Jolesch*, cit., pp. 17 sg.

[37] Ludwig Hirschfeld, *Wien. Was nicht im Baedeker steht*, München 1927, p. 241.

[38] Sidonie si sposò a diciannove anni con Julius Rosenberg, nato a Timiąoara il 13 novembre 1849 e morto nell'agosto del 1938. Nel 1910 vivevano in Servitengasse 13, nel IX distretto. Cfr. in proposito il registro anagrafico della Comunità religiosa israelitica e (con qualche errore di datazione) https://www.geni.com/people/Sidonie-Rosenberg/6000000024633195072.

[39] Löwit aveva fondato personalmente la libreria, la libreria antiquaria e la casa editrice, nel 1883, ma l'attività cominciò a prosperare grazie al sostegno finanziario di Sigmund.

[40] Karoline sposò Richard Löwit nel 1887. Il figlio Fritz Löwit, nato nel 1890, si staccò presto dagli ambienti borghesi e divenne un fervente comunista. Le ultime notizie che la famiglia ebbe di lui risalgono al 1942, quando lavorava per un giornale comunista di Bucarest. Il marito di Karoline, Richard Löwit, morì già nel 1908. In seguito Karoline vendette la casa editrice, che continuò a chiamarsi R. Löwit anche sotto il nuovo proprietario ebreo, Mayer Präger. A settembre del 1938 la ditta fu rilevata dal "benemerito nazionalsocialista" Erich Landgrebe. Mayer Präger finì in prigione poco dopo l'Anschluss. Cfr. in proposito Murray G. Hall, Christina Köstner, "*... allerlei für die Nationalbibliothek zu ergattern...*". *Eine österreichische Institution in der NS-Zeit*,

Wien 2006, p. 111. Nel 1942 Mayer Präger fu deportato nel campo di concentramento di Auschwitz, dove lo assassinarono il 3 novembre. Cfr. anche Iris Pawlitschko, *Jüdische Buchhandlungen in Wien. Arisierung und Liquidierung in den Jahren 1938-1945*, tesi di laurea, Università di Vienna, pp. 97 sg. Nel 1913 Karoline sposò in seconde nozze Max Fleischner, produttore di articoli da ferramenta, socio della ditta Pick e Fleischner. Cfr. in proposito: Felix Mayer, *The Mayer Family*, cit.

[41] Un particolare interessante in questa sintesi è anche il fatto che a casa di Sigmund si festeggiasse il Natale. Alice Urbach, *Old World*, cit., pp. 17 sg.

[42] "Prager Tageblatt", 3.7.1908, p. 4.

[43] Memorie private di Alice Urbach, Lascito Alice Urbach, in possesso di Katrina Urbach.

[44] Cfr. Roman Sandgruber, *Traumzeit für Millionäre*, cit., p. 16.

[45] La versione ufficiale è intitolata *Old world -302New world*, quella non ufficiale è di sole dieci pagine.

[46] Alice Urbach, *Old World*, cit., p. 5.

[47] Memorie private di Alice Urbach.

[48] Negli anni successivi Sigmund Mayer traslocò tre volte con la sua famiglia, sempre a Döbling. Abitò in: Carl-Ludwig-Straße 77, Lannerstraße 12 e Linnéplatz 5.

[49] Salten a Karl: "Caro Karli Urbach, ti invio queste poche righe con la posta celere riguardo al vostro leprotto. Dovete dargli foglie di insalata, cavoletti di Bruxelles e rape gialle, piccole o grandi, freschi ... ogni alimento dev'essere fresco, intatto, non lavato, proprio come cresce nella terra. Attenzione: dovete dargli tutti i giorni cibo fresco di questo genere, possibilmente vario. Oltre a fare in modo che beva, la cosa più importante è: lasciare il leprotto tranquillo; prenderlo in braccio, coccolarlo o portarlo in giro il meno possibile. E fare in modo che sia libero di muoversi. Se vi riuscirà di tenere in vita il piccolo, avrò fatto un buon lavoro. Tanti cari saluti ... da Felix Salten". Lascito Karl Urbach.

[50] Alice Urbach, *Old World*, cit., pp. 6 sg.

[51] Memorie private di Alice Urbach.

[52] *Ibidem.*

[53] Citato in: Friedrich Torberg, *Die Tante Jolesch*, cit., p. 92.

[54] Nel 1909 Max fu giudicato "non idoneo"; nel 1917, invece, "abile". Nei documenti viene definito pediatra. Landsturmevidenzblatt Max Urbach, AT-OeStA/KA Pers GB Evidenzen LSt Mil-Kdo Wien Sanität 9, ÖStA.

[55] Memorie private di Alice Urbach.

[56] A proposito di tali sforzi cfr., tra altri, Karina Urbach, *Hitlers heimliche Helfer. Der Adel im Dienst der Macht*, Darmstadt 2016, pp. 153 sgg.

[57] Lillian M. Bader, *Ein Leben ist nicht genug. Memoiren einer Wiener Jüdin*, Wien 2011, p. 189.

[58] Torberg, *Tante Jolesch*, cit., p. 29.

[59] La Guardia Rossa impose l'uscita di un'edizione speciale e poi la ritirò. Franz Endler è tra coloro che non credono all'aneddoto: Franz Endler, *Wien zwischen den Kriegen*, Wien 1983, pp. 20 sg.

[60] Alice Urbach, *Old World*, cit., pp. 1, 5.

[61] Leon Askin, *Quietude and Quest. Protagonists and Antagonists in the Theatre, on and off Stage as Seen Through the Eyes of Leon Askin*, Riverside 1989, p. 41.

[62] *Ibidem.*

[63] Alice Urbach, *Old World*, cit., p. 15.

[64] Memorie private di Alice Urbach. Nelle memorie ufficiali Alice edulcora le ragioni della sua morte per i figli: "Mio marito aveva una salute cagionevole. Curava giorno e notte persone povere, malnutrite, e la fatica e le preoccupazioni causarono la sua prematura scomparsa". Alice Urbach, *Old World*, cit., p. 1.

Tempi di fame

[1] *Finalmente l'alba*, del 1958, era un film antinazista diretto da Kurt Hoffmann. La nuora di Alice, Wera Frydtberg, vi recitò la parte dell'emigrante Vera.

[2] Protokoll, Inventur 22. August 1920. Verlassenschaftsakte Dr Maximilian Urbach, Wiener Stadt- und Landesarchiv. Nelle sue memorie ufficiali continuava a minimizzare la situazione finanziaria del 1920, dicendo che era peggiorata solo in seguito. Alice Urbach, *Old World*, p. 1.

[3] Memorie private di Alice Urbach.

[4] Franz Marischka, *Immer nur lächeln. Geschichten und Anekdoten von Theater und Film*, München 2001, p. 34.

[5] Cimitero di Döbling, Ingresso II, Gruppo 2, Tomba 17.

[6] 30.10.1920, "Neue Freie Presse".

[7] Cfr. anche Mayer, Samsinger, *1001 Nacht*, cit., pp. 111 sg. Qui si ipotizza che la biblioteca con le prime edizioni fosse già stata venduta, ma sembra che Felix Mayer l'abbia in gran parte conservata. WstLA, BG Döbling A 4/1 Verlassenschaften 827/1920 Sigmund Mayer e Verlassenschaften 259/1921 Pauline Mayer.

[8] Testamento di Sigmund Mayer, p. 2. Al punto IIIA erano indicati titoli per 5000 corone, destinati in prima battuta a Pauline.

[9] Nelle memorie famigliari *Some Members of the Mayer Family* la vita di Arnold non viene raccontata in modo molto corretto. Arnold, infatti, non fu battezzato alla nascita ma – come tutti gli altri figli di Sigmund Mayer – compare nei registri della Comunità religiosa israelitica. Si convertì in seguito e dedicò tutta la sua vita al lavoro. Pubblicò un libro sulla Mondsee-Wiener Liederhandschrift, un manoscritto contenente testi poetici per musica del XV secolo, con lo storico Heinrich Rietsch (un allievo di Guido Adler): F. Arnold Mayer, Heinrich Rietsch, *Die Mondsee-Wiener Liederhandschrift und der Mönch von Salzburg. Eine Untersuchung von Literatur- und Musikgeschichte nebst den zugehörigen Texten aus der Handschrift mit Anmerkungen*, 2 voll., Berlin 1894-1896. Anche la data di morte di Arnold indicata nelle memorie famigliari, il 1910, è sbagliata. Arnold morì a Kassel nel 1926.

[10] Testamento di Sigmund Mayer, p. 4.

[11] Cfr. Mayer, Samsinger, *1001 Nacht*, cit., p. 112.

[12] Alice Urbach, *Old World*, cit., p. 1.

[13] Ivi, p. 7.

[14] Ogni anno andavano tutti insieme a Baden bei Wien, alle terme. Nell'"Elenco degli ospiti dello stabilimento termale" compare il "commerciante" Ignaz Urbach con otto famigliari "e il personale di servizio". Cfr. per es. la *Badener Curliste* del 29 maggio 1901, ANNO, Österreichische Nationalbibliothek.

[15] La banca si trovava in Schauflergasse 2. All'epoca le piccole banche private come quella di Ignaz venivano chiamate in modo assai meno pretenzioso "uffici di cambio". Tuttavia non si occupavano solo di cambio ma erano specializzate in operazioni di borsa di tutti i tipi. Cfr. in proposito: Eran Laor, *Vergangen und ausgelöscht. Erinnerungen an das slowakisch-ungarische Judentum*, Stuttgart 1972, p. 72.

[16] "Der Tod des Bankiers Urbach", in "Der Tag", 6.7.1924, p. 5.

[17] "Vom Interventionskomitee im Stich gelassen", in "Illustrierte Kronenzeitung", 5.7.1924, pp. 1 sg.

[18] *Ibidem.*

[19] "Der Tod des Bankiers Urbach", p. 5.

[20] La "Kronenzeitung" prospettò nella sua edizione uno scenario diverso: "La commissione incaricata di appurare le circostanze, non accertò soltanto l'anomala posizione del cadavere addossato alla porta del dottor Zeisl, parallelamente alla ringhiera, ma constatò anche un raro tipo di ferita, ovvero una frattura dell'occipite, che a detta del medico non può essere ricondotta a un suicidio. Il dottor Rien, Consigliere di corte, è più propenso a credere che Urbach, diabetico, avesse l'intenzione di gettarsi dal terzo piano, ma che in quell'attimo, colpito da un malore improvviso, abbia abbandonato il suo proposito e sia sceso al secondo piano per cercare aiuto nell'ufficio del dottor Zeisl. Davanti alla porta, preso da un attacco di vertigini, sarebbe caduto a terra e si sarebbe fratturato l'occipite sulla pavimentazione di pietra. Accanto al morto sono stati trovati anche tre sigari collocati l'uno accanto all'altro, tanto da dare l'impressione che li avesse in mano poco prima di morire". Che Ignaz avesse intenzione di uccidersi è certo. E neanche il fatto che sia finito proprio davanti alle porte dei due uomini che non volevano soccorrere la sua banca, sembra un caso.

[21] "Vom Interventionskomitee im Stich gelassen", p. 2. Riguardo alla banca Bloch, cfr. anche Peter Eigner, Helmut Falschlehner, Andreas Resch (a cura di), *Geschichte der österreichischen Privatbanken. Von Rothschild bis Spängler*, Wien 2017.

[22] Verlassenschaftsakte Dr Max Urbach: il 24.1.1925 Alice comunica che il co-tutore Ignaz Urbach era morto e che ne era stato individuato uno nuovo: Leonhard Buchwahr, imprenditore, VI distretto, Mariahilferstr. 95, Co-tutela.

[23] Alice Urbach, *Old World*, cit., p. 2.

[24] Hirschfeld, *Wien*, cit., p. 3.

[25] Ivi, p. 65.

[26] Ivi, p. 243.

[27] Alice Urbach, *Old World*, cit., p. 21.

[28] A rivoluzionare le cucine fu soprattutto l'architetto austriaco Margarete Schütte-Lihotzky. Cfr. Mona Horncastle, *Margarete Schütte-Lihotzky. Architektin, Widerstandkämpferin, Aktivistin*, Wien 2019.

[29] La cugina di Alice, Lily Bader, scrisse in proposito: "A metà degli anni Venti la valuta sembrò stabilizzarsi e seguì un periodo di relativo benessere … Il piano per l'edilizia abitativa della città di Vienna era incoraggiante. Furono costruiti alloggi pubblici in quantità inaudite … C'era il riscaldamento centralizzato, l'acqua calda, lavanderie con lavatrici e asciugatrici, splendidi cortili interni, piscinette e asili per bambini". Bader, *Ein Leben*, cit., pp. 190 sg.

[30] Hirschfeld riteneva che a Vienna, nel 1927, ci fossero circa settanta sale da bridge. "Si trovano sempre in un cosiddetto bel locale del centro … In genere due o tre signore si uniscono per fondarle, in parte per darsi il cambio tra il turno diurno e quello serale, in parte per aumentare il capitale d'impresa grazie a conoscenti". Hirschfeld, *Wien*, cit., p. 248.

[31] "Die Presse", rubrica di *Lifestyle* dell'edizione cartacea del 17.2.2019. La ricetta di Alice è stata attribuita a Rudolf Rösch. Si è poi provveduto a rettificare l'errore nella versione online.

[32] Alice Urbach, *Old World*, cit., pp. 8 sgg.

[33] Per quanto riguarda gli allievi, cfr. Alice Urbach, *Old World*, cit., p. 19. Alice non menziona il nome di battesimo del principe. Si tratta probabilmente di Francesco Giuseppe II, futuro principe del Liechtenstein (1906-1989). Nel 1925 fece la maturità a Vienna e studiò poi alla Wiener Hochschule für Bodenkultur, l'Istituto di Scienze agrarie. Gli altri allievi citati sono la scrittrice americana Amélie Louise Rives, che sposò in seconde nozze il principe russo Pierre Troubetzkoy. La ballerina Grete (Margarethe) Wiesenthal fu scoperta nel 1902 alla Hofoper da Gustav Mahler. Oltre ad avere una brillante carriera da solista, lavorò anche come coreografa con Max Reinhardt, a Berlino. Nel 1919 fondò una scuola di danza a Döbling e nel 1934 ebbe una docenza alla Wiener Akademie für Musik und darstellende Kunst. La "bella figlia dell'ambasciatore" era Dorothy Vera Selby (1912-1982), figlia di Sir Walford Selby.

[34] Felix Mayer, *The Mayer Family*, cit.

[35] Cfr. in proposito: Alice Urbach, *Some Members of the Mayer Family.*

[36] Nel 1926 Sidonie pubblicò con la sua co-autrice Emma Schreiber, per lo stesso editore, *Das Kochbuch des Junggesellen* [Il libro di cucina dello scapolo], e nel 1928 *Das Weekend-Kochbuch* [Il libro di cucina del weekend], con ricette pratiche "per la casetta del fine settimana".

[37] Alice proponeva più volte l'anno nuovi programmi: "Le sessioni pomeridiane dei Corsi di cucina moderna della signora Alice Urbach, IV distretto, Goldeggasse 7 (nuovi locali moderni) per antipasti, pasticceria e squisiti secondi di carne si svolgono quest'anno con la collaborazione di uno chef eccellente. Programma completamente rinnovato (perfetto anche per ex allievi). Corsi mattutini, pomeridiani e serali". "Neue Freie Presse", 1.10.1933, p. 15.

[38] Alice Urbach, *Old World*, cit., p. 10. "Der Wiener Tag" scrisse per esempio: "Dobbiamo questa incantevole esposizione di raffinatissime prelibatezze culinarie – ennesima dimostrazione che 'Il viennese non muore mai!' – alla signora Alice Urbach, celebre e benemerita direttrice dei Corsi di cucina moderna ... L'esposizione è stata purtroppo chiusa prima del previsto poiché – più che comprensibilmente – i biglietti sono andati esauriti in pochissimo tempo". "Der Wiener Tag", 11.11.1931. Ogni esposizione aveva un motto diverso: quello del 1° dicembre 1930 era: "A tavola, prego!".

[39] "Neues Wiener Journal", 22.11.1928, S. 12.

[40] La "Neue Freie Presse" citò Alice: "Io salvo l'onore delle ragazze ai fornelli ... l'esperienza insegna: le ragazze – anche se si tratta già di giovani donne – desiderano imparare e lo fanno con interesse, persino quelle che lavorano o non hanno ancora terminato gli studi vengono per imparare a cucinare". "Neue Freie Presse", 27.11.1929, p. 7.

[41] "Molto democraticamente, ad ascoltare le conferenze pratiche di cucina ci sono signore della buona società, comprese alcune che in seguito a un cambio di professione o per via di un matrimonio tardivo hanno appena cominciato a interessarsi di cucina, insieme ad alcune graziose domestiche. A unirle lo stesso obiettivo, rispetto al quale le differenze sociali passano in secondo piano." "Neues Wiener Journal", 30.11.1930.

[42] A gennaio del 1932 Alice annunciò sulla "Neue Freien Presse": "Il primo 'Menù a domicilio' viennese di Alice Urbach. Fatevi mandare ogni giorno il menù completo a casa o in ufficio per soli 2 S [2 scellini]. Caldo e pronto da mangiare! Abbondante e gustoso!". Alice dovette richiedere allo scopo una licenza apposita. Il 30.1.1932, nel Registro delle imprese, fu inserito: "Urbach, Alice, vendita al pubblico di cibi pronti a domicilio con esclusione di qualunque attività vincolata a una concessione, IV. Goldeggasse 1". WStLA,

Steuerkataster, K2/1 – Zentralgewerberegister, URBACH Alice; Kochschule in 4. Goldeggasse 7.

[43] Riz Remorf, *Neuzeitliche Küche für die moderne Frau*, in "Neues Wiener Journal", 31.1.1932, p. 23.

[44] Nel 1929 la licenza di Alice fu estesa a Otto, che poteva ora offrire corsi di cucina casalinga. Ringrazio Sebastian Dallinger per il reperimento della licenza. Steuerkataster, K2/1 – Zentralge-werberegister, URBACH Alice; Kochschule in 4. Goldeggasse 7, WStLA.

[45] Il Palästina-Amt di Vienna confermò il 16 novembre 1934 "che il 3 agosto 1934 il suddetto [Otto Urbach] ha presentato presso di noi una domanda di immigrazione per la Palestina con il n. 1910". Lascito Otto Urbach.

[46] Alice Urbach, *My Son*, manoscritto di quattro pagine, Lascito Alice Urbach.

Il successo, finalmente!

[1] Il periodo di studi di Steve Jobs a Reed viene rappresentato anche nel film *Jobs*, del 2013 (in cui Ashton Kutcher interpreta la parte del protagonista).

[2] La vicinanza a Morgenthau conferisce a Keezer un'altra interessante sfaccettatura. Già negli anni Trenta il rettore di Reed faceva molto verosimilmente parte della rete informativa che Morgenthau aveva allestito nel suo ministero delle Finanze. Si trattava di veri e propri servizi segreti specializzati nei casi di corruzione, in concorrenza con l'FBI di Hoover. La "rete informativa" di Morgenthau, tuttavia, non agiva solo negli Stati Uniti, ma raccoglieva dati anche in Europa e in Asia. Di conseguenza, per Roosevelt, Morgenthau non era "soltanto" un ministro delle Finanze, ma un importante consulente nelle questioni di politica estera.

[3] "Non si vive di solo intelletto." Cfr. il necrologio di Dexter Keezer, in "Reed Magazine", https://www.reed.edu/reed_magazine/june2012/articles/features/comrades/comrades4.html.

[4] Richard Scholz, *Twice Refugee, Austrian Ski Expert Returns to US*, in "The Oregonian", 17.9.1937.

[5] Otto a Alice, 18.11.1935, Lascito Otto Urbach.

[6] Otto a Alice, 23.9.1935, Lascito Otto Urbach. In un'altra lettera Otto allegò un articolo su Mr Keezer tratto da "Time Magazine". "'Time' è il settimanale culturale più diffuso ed essere citati su questa rivista è una pubblicità fantastica per Reed. Lui [Mr Keezer], però, fantastico lo è per davvero. Sono molto preoccupato per le questioni materiali e so che devi fare sforzi immani. Posso mandarti un po' di soldi, se ne hai urgente bisogno ... Saluti e baci affettuosi dal tuo Otto." Lascito Otto Urbach.

[7] Otto a Karl, 3.12.1935, Lascito Otto Urbach.

[8] Otto a Alice, 25.11.1935, Lascito Otto Urbach.

[9] Rapporto del 28.1.1938 per il rettore del College sull'istituzione di una squadra di sci: "1934-35 nessuna squadra ... 1935-36: Classe organizzata da Otto Urbach. 70 ragazze, 30 ragazzi e 12 esterni. Molta pubblicità per lo sci di discesa. Una squadra con 5 componenti ha partecipato alla gara sponsorizzata dalla Winter Sports Association. La squadra ha partecipato anche al raduno interuniversitario a Yosemite, aggiudicandosi il quarto posto". Ringrazio per il ritrovamento Caroline Reul delle Special Collections and Archives, Reed College, Portland, Oregon. Per le foto di Otto sugli sci, cfr.: Reed Digital Collections, "Reed College Bulletin" 1936, vol. 15 (1), e per Cordelia Dodson: "Reed College Bulletin" 1937, vol. 16 (1).

[10] Titoli degli articoli: *Ski school planned by Reed instructor: During the vacation, Otto Robert Urbach, student-instructor of skiing at Reed College, will conduct a ski school on the slopes of Mount Hood; Reed ski mentor plans exhibition: Urbach to stage special flying mile event; Why Wait for Winter? Say Reed Ski Fans. Under direction of Otto Urbach, Viennese ski expert studying at Reed, this wooden slide was put up last week.* [Scuola di sci organizzata da un istruttore di Reed. Durante le vacanze di Natale, Otto Robert Urbach, studente e istruttore di sci al Reed College, terrà una scuola di sci sulle pendici del monte Hood; Maestro di sci di Reed ha in programma un'esibizione: Urbach organizza un evento speciale di chilometro lanciato; Perché aspettare l'inverno? dicono gli appassionati di sci. Sotto la direzione di Otto Urbach, studente viennese di Reed esperto di sci, la settimana scorsa è stata montata una rampa di legno.] Nel 1987 la rivista di Reed, "Reed College Quest", scrisse dell'istituzione della scuola di sci da parte di Otto e dei tanti incidenti che lui e i suoi allievi ebbero durante la prima gara a Yosemite. Otto si infortunò, tra l'altro, pure alle anche. Cfr. J.J. Haapala, *Origin of the Reed College Ski Team*, in "Reed College Quest", 23.2.1987, p. 7. L'autore parla di Otto come di un tedesco.

[11] Conversazione dell'autrice con Clara Fontana sulla sua prozia Cordelia Dodson, London 2019.

[12] Cfr. McIntosh, *Sisterhood*, p. 176. McIntosh era stata a sua volta una collaboratrice dell'OSS.

[13] Lettera senza data a Karli dalla Cina, 1936 o 1937, Lascito Otto Urbach.

[14] Sul periodo trascorso da Pucci a Reed, cfr. https://www.reed.edu/reed_magazine/march2014/articles/features/pucci/pucci1.html.

[15] Conferenza di Pucci al Reed College: https://soundcloud.com/reedcollege/pucci-emilio-talk-on-design-at-reed-college-1962.

[16] Reed raccolse in seguito testimonianze su Pucci. Kathleen Cahill Dougall lo ricordava come un ragazzo "molto bello e noto per il suo tango". Elizabeth McCracken danzava con lui, dopo che ebbe insegnato a lei e a un gruppo di studentesse a ballare il valzer viennese. Cfr. in proposito: https://www.reed.edu/reed_magazine/march2014/articles/features/pucci/pucci1.html.

[17] Nel 1935-36 studiava ancora Agraria all'Università della Georgia. Cfr. in proposito il suo curriculum per l'OSS. Dopo la guerra Pucci scrisse due rapporti. Il primo è del 24.5.1945. Lo batté a macchina Cordelia Dodson, ed è pieno di errori (un difetto che Cordelia non riuscì a superare: anche in una lettera a Karl del 2003 si scusava degli errori di battitura); il secondo è datato 20.6.1945. La citazione riportata qui è tratta dal secondo rapporto, più dettagliato: RG 226, Entry 190C, Box 11, National Archives, Washington (in seguito citato come Rapporto Pucci).

[18] File President Dexter Keezer, 28.1.1938, Reed Special Collections and Archives, Reed College, Portland, Oregon.

[19] Il padre di Ed fu professore di Letteratura comparata al Reed College dal 1921 al 1943 e diresse il gruppo di teatro. L'anfiteatro di Reed porta attualmente il suo nome.

[20] Otto a Alice, 1935, senza data, Lascito Otto Urbach.

[21] Secondo i documenti dell'anagrafe di Vienna dal 3.5.1920 al 6.8.1935 Alice figura come residente nel XVI distretto, in Kirchstetterngasse 22/16 (insieme ai figli Otto, nato il 28.9.1913, e Karl, nato il 9.11.1917). Nell'agosto 1935 si trasferì invece in Goldeggasse 7/4 (insieme al figlio Karl, nato il 9.11.1917).

[22] Cfr. l'elenco degli editori stranieri rappresentati da Perles in Daniela Punkl, *Verlag Moritz Perles*, tesi di laurea magistrale, Università di Vienna, 2002, p. 161.

[23] Hermann Jungck, *75 Jahre Ernst Reinhardt Verlag München Basel. Verlagsgeschichte*, München 1974, p. 53.

[24] Otto a Alice dalla Cina, senza data, 1936, Lascito Otto Urbach: "Come va con il secondo libro di cucina?". Nel 2020 Reinhardt Verlag ha comunicato che Alice scrisse in effetti altri due libri per la casa editrice. Poco prima della fuga cedette tutti i diritti per *Die fleischlose Kost* e *Wiener Mehlspeisen*. (Cfr. la dichiarazione del 5.9.1938, in Archiv des Ernst Reinhardt Verlags, München.)

[25] Alice Urbach, *Old World*, p. 19. Nelle sue memorie Alice non menziona il libro di cucina che aveva già pubblicato con Sidonie. Dopo l'assassinio di sua sorella Alice tentò di rimuovere tutto ciò che la riguardava.

[26] *Ibidem*. Otto non raccontò a nessun altro, a parte Alice, di che sceneggiatura si trattasse. Potrebbe forse avere qualcosa a che vedere con il film *Eroe per un giorno* (titolo originale: *The Incident*), sul campo per i prigionieri di guerra di Trinidad, in Colorado, ma è una mera supposizione.

[27] La ZG rappresentava in Austria diverse case editrici, tra cui anche C.H. Beck e Kiepenheuer und Witsch. In seguito si fuse nella Mohr-ZG, oggi Mohr Morawa.

[28] Jungck, *75 Jahre*, cit., pp. 54 sg.

[29] "Die Bühne", dicembre 1935, n. 414, p. 53. Persino Otto ricevette la rivista in America, sebbene un po' in ritardo: "Ho visto un articolo su 'Die Bühne' ... si è espresso in termini molto elogiativi riguardo al libro". Otto a Alice, 17.3.1936, Lascito Otto Urbach.

[30] "Die Reichspost", 1 dicembre 1935.

[31] Toni Tipton-Martin, *The Jemima Code. Two Centuries of African American Cookbooks*, Austin 2015.

Shanghai o il figlio americano

[1] Torberg, *Die Tante Jolesch*, cit., p. 111.

[2] Otto ad Alice, settembre 1937, Lascito Otto Urbach.

[3] Il Cathay Hotel oggi si chiama Peace Hotel. Dopo il 1945 sono state ribattezzate anche molte strade. Nanking Road è diventata Nanjing Road East. Il Bund ora è Zhongshan n. 1 Road. Un'altra via importante del 1937, Avenue Edward VII, si chiama Yanan Road. E la Bubbling Well Road, primo recapito di Otto, oggi è la Nanjing West Road.

[4] Otto ad Alice, lettera non datata, estate 1936, Lascito Otto Urbach.

[5] Otto ad Alice, 11.8.1936, Lascito Otto Urbach.

[6] Otto ad Alice, 18-20.6.1936, Lascito Otto Urbach.

[7] Otto ad Alice, 20-28.8.1936, Lascito Otto Urbach.

[8] Otto ad Alice, Lascito Otto Urbach.

[9] Otto ad Alice, 31.8.1936, Lascito Otto Urbach. Le lettere di raccomandazione erano indirizzate a un parente di Morgenthau che viveva in Cina.

[10] Otto ad Alice, 31.8.1936, Lascito Otto Urbach.

[11] Otto a Karl, 21.8.1936, Lascito Otto Urbach.

[12] Otto ad Alice, senza data, Lascito Otto Urbach.

[13] Joe Lederer, *Blatt im Wind*, München 1951 (prima edizione, Wien 1936; *Foglia al vento*, trad. it. di Cesira Oberdorfer, Milano 1936), p. 25.

[14] Otto ad Alice, 11.10.1936, Lascito Otto Urbach.

[15] Nel 1934 era stato varato un piano di sei anni per ridurre la dipendenza dall'oppio. La gioventù patriottica sosteneva il Movimento Nuova Vita. Vedevano il consumo di oppio come un atto "non patriottico" e sospettavano – a ragione – che i giapponesi favorissero il commercio di eroina e mor-

fina, per "demoralizzare e rincretinire i cinesi". Federic Wakeman, *Policing Shanghai 1927-1937*, Berkeley 1995, p. 268.

[16] Otto a Karl, 4.3.1937, Lascito Otto Urbach.

[17] Lederer, *Blatt im Wind*, cit., pp. 24 sgg.

[18] John R. Watt, *Saving Lives in Wartime China. How Medical Reformers Built Modern Healthcare Systems Amid War and Epidemics. 1928-1945* (China Studies, vol. 26), Leiden 2014, p. 220.

[19] Otto a Karl, 31.3.-20.4.1937, Lascito Otto Urbach.

[20] Otto ad Alice, 21.10.1936, Lascito Otto Urbach.

[21] Otto a Karl, 8.3.1937, Lascito Otto Urbach.

[22] Otto a Karl, 30.1.1937, Lascito Otto Urbach.

[23] Otto a Karl, 4.3.1937, Lascito Otto Urbach.

[24] Otto a Karl, 30.1.1937, Lascito Otto Urbach.

[25] Ringrazio Hiroaki Kuromiya per il generoso aiuto fornitomi ai fini dell'analisi delle foto e delle lettere cinesi di Otto. Cfr. anche Hiroaki Kuromiya, *Stalin's Great Terror and the Asian Nexus*, in "Europe-Asia Studies", 2014, vol. 66 (5), pp. 775-793.

[26] A dicembre del 1936 il Reich Tedesco e il Giappone strinsero un Patto Anticomintern contro l'Unione Sovietica. Il Giappone voleva inserire una componente anticinese, ma la politica estera nazionalsocialista aveva altre priorità. Fino al 1938, sul piano militare, fu mantenuta una stretta alleanza con la Cina.

[27] Ringrazio Nina Price per la cessione dell'affidavit che Otto, nel 1939, rilasciò per Renata Urbach e i genitori Robert e Lola Urbach. Lascito Robert Urbach.

[28] Otto a Karl, 30.1.1937, Lascito Otto Urbach.

[29] Otto a Karl, 29.12.1936, e Otto ad Alice, 18.1.1937, Lascito Otto Urbach. Otto annuncia che a marzo andrà a Yokohama per la Ford. Non è più possibile ricostruire che cosa accadde.

[30] Otto ad Alice, 20.9.1936, Lascito Otto Urbach.

[31] Cfr. il contratto editoriale del 25.1.1935, Verlagsarchiv Ernst Reinhardt, München.

[32] Cfr. per esempio Otto ad Alice, 11.8.1936, Lascito Otto Urbach: "Cara mamma, ho appena ricevuto la tua bella lettera. Spero che nel frattempo tu abbia avuto più clienti e che riesca almeno a cavartela più agevolmente. Non angustiarti troppo".

[33] Cfr. in proposito Jonathan Haslam, *The Spectre of War. International Communism and the Origins of World War II*, Princeton 2021.

[34] Cfr. Elisabeth Young-Bruehl, *Anna Freud. Die Wiener Jahre*, parte 1, Wien 1995, p. 295.

[35] Otto ad Alice, 20.12.1936. Il 18.1.1937 scrisse: "Sono convinto che sei molto felice di potertene andare presto da Vienna". Lascito Otto Urbach.

[36] Certificato di residenza di Alice Urbach presso il Comune di Vienna; disiscrizione del 10.2.1937 per trasferimento a Hove, England.

[37] Otto a Karl, 8.3.1937. Ispirato dalla lettura di *Foglia al vento*, gli venne addirittura l'idea di scrivere una novella sulle sue esperienze in Cina: "Ho cominciato a lavorare a una novella, ma procedo molto lentamente". Otto a Karl, 21.4.1937, Lascito Otto Urbach.

[38] Otto a Karl, 21.4.1937, Lascito Otto Urbach.

[39] Otto a Karl, 14.5.1937, Lascito Otto Urbach.

[40] Otto ad Alice, 25.7.1937, Lascito Otto Urbach.

[41] C'è chi sostiene che i giapponesi, nell'agosto del 1937, si siano lasciati provocare, facendo il gioco di Chiang Kai-shek. Chiang Kai-shek aveva in-

teresse a espandere il conflitto dal Nord della Cina a Shanghai, nel centro finanziario internazionale. Ringrazio Hiroaki Kuromiya per le nostre conversazioni su questo capitolo.

[42] Otto ad Alice e Karl, 14-26.9.1937, Lascito Otto Urbach.

[43] Andrew Meier, *The Lost Spy. An American in Stalin's Secret Service*, New York 2008, p. 217.

[44] "Poi arrivarono gli attacchi aerei sul Settlement. Giapponesi e cinesi ebbero ... tremendi scontri aerei, durante i quali piovevano bombe, aerei abbattuti ecc. Risultato: circa 3000 morti in due ore. Nelle battaglie aeree i cinesi se la sono cavata molto bene, riuscendo a opporre una sorprendente resistenza." Otto ad Alice e Karl, 14.-26.9.1937, Lascito Otto Urbach.

[45] Otto a Karl, 23.8.-1.9.1937, Lascito Otto Urbach.

[46] Paul French, *Bloody Saturday. Shanghai's Darkest Day*, London 2017, p. 17.

[47] Ivi, p. 51.

[48] Album fotografico di Otto Urbach, Lascito Otto Urbach.

[49] Otto ad Alice e Karl, 14-26.9.1937, Lascito Otto Urbach.

[50] *South Station Bombing at Shanghai described*, articolo conservato nell'album fotografico di Otto Urbach. Non si è potuto stabilire in quale giornale sia uscito. Lascito Otto Urbach.

[51] Cordelia a Karl, 9.9.1937, Lascito Cordelia Dodson.

[52] Scholz, *Twice Refugee*, cit.

[53] Otto ad Alice, 14-26. settembre 1937. Otto deve aver cominciato la lettera sulla nave e averla conclusa solo dopo il suo arrivo in America. La nave su cui viaggiava, la *President McKinley*, raggiunse Seattle già il 15 settembre 1937. Lascito Otto Urbach.

[54] Cordelia a Karl, 1.10.1937, Lascito Cordelia Dodson.

[55] Cordelia a Karl, 11.10.1937, Lascito Cordelia Dodson. Karl e Alice erano molto grati ai Dodson, e Karl abbozzò una risposta in inglese: "From Otto we have received a letter about his operation too. In the first moment it looked very hard to me ... He also wrote that your mother was so kind to him ... and this is so nice of her and because I don't know anybody of your family yet I have to thank you very much for all that kindness. I hope the boy will be all right again soon".

[Anche noi abbiamo ricevuto una lettera da Otto riguardo alla sua operazione. All'inizio è stata dura per me ... Ha anche scritto che tua madre è stata molto buona con lui ... ed è una cosa così gentile da parte sua perché io non conosco nessuno della vostra famiglia eppure devo ringraziarvi moltissimo per tutta questa gentilezza. Spero che il ragazzo si rimetta presto in forze.]

[56] "Otto Robert Urbach, ex maestro di sci al Reed College, è arrivato a Seattle il 14 settembre con delle foto che ... documentano le sofferenze in Cina. La storia delle sofferenze personali di Urbach è cominciata due anni fa ... Per un anno ha potuto studiare con tranquillità a Reed e sciare sul monte Hood. Poi però sono cominciate le sue difficoltà. Il suo visto era valido solo per un anno. Ha tentato di prolungarlo due volte, al confine messicano e a quello canadese, senza riuscirci. Mentre studiava a Reed, in patria sono successe molte cose, Dollfuß è stato ucciso in una rivolta sanguinosa ... Urbach era considerato persona non gradita e sarebbe stato arruolato nell'esercito." Scholz, *Twice Refugee*, cit. In questo punto si capisce che il giornalista aveva conoscenze limitate sulla politica austriaca. Dollfuß era stato assassinato nel 1934, quindi un anno prima della partenza di Otto. Quest'ultimo non sembra aver avuto il minimo interesse a correggere l'errore. In verità aveva molte altre ragioni per non tornare a Vienna.

[57] Richard Scholz, *Shanghai Battle declared screen. Ex-Reed Instructor asserts Japan Fooling World*, in "The Oregonian", 20.9.1937.

[58] Le cifre restano tuttora ipotetiche. Secondo alcuni storici erano "solo" 50.000, altri ipotizzano che il totale si aggirasse sui 300.000.

[59] Otto a Karl, senza data, fine 1937, Lascito Otto Urbach. Victor Pollitzer (n. 1892) era fratello del dottor Robert Pollitzer e cugino di secondo grado di Otto.

[60] Un articolo di giornale presente nel lascito di Otto Urbach parla erroneamente di una medaglia cinese. A giudicare dal nastro bianco-rosso era una medaglia assegnata dal reparto ebraico dello SVC.

1937: Visita della giovane signora

[1] Il loro indirizzo era "Karl Urbach e Willy Schultes, Wiedner Gürtel 48/12, IV distretto". Cfr. anche le cartoline e le lettere indirizzate a loro nel lascito di Cordelia Dodson.

[2] Il Palastkino si trovava in Josefstädterstraße 43-45. Ufficialmente, il proprietario era il padre di Paula, Alfred Ticho, ma il cinema era gestito dalle figlie Bertha Ticho, Selma Haas e Paula Sieber.

[3] A Vienna, nel 1914, c'erano già centocinquanta cinema, e anche se durante la Prima guerra mondiale le pellicole straniere furono proibite, le produzioni austriache colmarono presto le lacune.

[4] Il figlio di primo letto di Paula era Erich, poi Eric, Stoessler, che nel 1938 fuggì in Inghilterra e si fece poi raggiungere da Paula.

[5] Otto a Karl, 29.12.1936 e 18.1.1937, Lascito Otto Urbach.

[6] Cordelia a Karl, 4.4.1937, Lascito Cordelia Dodson.

[7] Memorie di Karl Urbach, redatte in inglese come esercizio nel 1937, Lascito Karl Urbach.

[8] Cordelia a Karl, ottobre 2003, Lascito Cordelia Dodson.

[9] Memorie di Karl Urbach.

[10] Cordelia a Karl, 2003, Lascito Cordelia Dodson. Cordelia era amica della sorella di Ed, Barbara Cerf.

[11] Fu costruito nel 1932 e ospitava molti artisti noti. La sala da ballo al sedicesimo piano non c'è più, al suo posto oggi ci sono degli attici.

[12] Memorie di Karl Urbach.

[13] *Ibidem.*

[14] Poldi Schück era il figlio della sorella di Max Urbach, Rosa. Quest'ultima aveva sposato un certo Emil Schück, proprietario di una distilleria a Janovice. Poldi Schück era nato nel 1897; lui e la moglie Olga avevano tre figli: Hanka, Milena e Jenda Schück.

[15] Memorie di Karl, Lascito Karl Urbach. Il 14.5.1937 Otto scrisse a Karl: "Ti sono molto grato per esserti occupato tanto di Cordelia. A quanto pare Vienna le è piaciuta molto e sono certo che con te si è divertita un sacco". Lascito Otto Urbach.

[16] Oggi l'edificio fa parte della Clinica ortopedica di Speising. Attualmente non è dato di sapere se dopo l'Anschluss sia stato arianizzato. Cfr: https://www.oss.at/ueber-uns/.

[17] "Neue Freie Presse", 26.9.1937, p. 38.

[18] Tamara Ehs, *Hochschullager im Austrofaschismus 1935-1937*, https://geschichte.univie.ac.at/de/artikel/hochschullager-im-austrofaschismus.

[19] Karl non specifica il nome del campo, poteva essere Ossiach (perché c'era un monastero e l'Ossiacher See) o il campo di Kreuzberg, nei pressi del Wißensee.

[20] L'addestramento non era poi così leggero, come si evince da un programma giornaliero:

06.00: Sveglia

06.15-06.45: Esercizi mattutini, eventuale nuotata nel lago

07.00: Colazione

07.10-07.40: Riordino della stanza

07.45-08.00: Alzabandiera, annuncio del programma giornaliero, segnalazione dei malati, rapporto

08.05-10.00: Esercitazioni, lezione, eventuale seconda colazione intorno alle 10

10.30-12.30: Esercitazioni di tiro, ginnastica

13.00-13.30: Pranzo

13.30-14.30: Riposo pomeridiano

14.30-15.00: Conferenza del responsabile della formazione

15.00-16.00: Ginnastica in riva al lago, eventuale spuntino intorno alle 16

16.30-18.30: Esercitazioni o conferenza del responsabile della formazione, comunicazione ordini, appello

19.00-19.20: Pasto serale

20.00-21.15: Tempo libero

22.00: Ritirata

ab 22.30: Silenzio, massima quiete nell'edificio.

Cfr. Ehs, *Hochschullager im Austrofaschismus*, cit.

[21] L'"uniforme", uguale per tutti, consisteva in un paio di pantaloni e una giacca a vento grigioverde. *Ibidem.*

[22] Cordelia a Karl, 8.6.1937, Lascito Cordelia Dodson.

[23] Cordelia a Karl, 9.9.1937, Lascito Cordelia Dodson.

[24] Otto a Karl, senza data, autunno 1937. Allo stesso tempo cresceva in lui la speranza di ottenere la cittadinanza americana: "Pochi giorni fa ho ricevuto i 'First papers', sto quindi per diventare cittadino americano. Gran bella sensazione. In Austria avete l'impressione che debba scoppiare una guerra europea? Qui i giornali pullulano di voci di guerra". Otto a Karl, 24.10.1937, Lascito Otto Urbach.

[25] Cordelia a Karl, 2003, Lascito Cordelia Dodson.

La caccia è aperta

[1] La richiesta di Alice Urbach all'Hilfsfonds è conservata presso l'Österreichisches Staatsarchiv: VA. 13 480, AHF. 5529 NHF. 5003 und NHF 16 759. La casa in Ebendorferstraße divenne in seguito una *Sammelwohnung*, un appartamento collettivo, destinato agli ebrei. Vi furono ospitate ventitré persone. Ringrazio Daliah Hindler per questa indicazione. Cfr.: Datenbank des Dokumentationsarchivs des Österreichischen Widerstandes e https://www.memento.wien/address/74/.

[2] Secondo i documenti dell'anagrafe viennese, Alice visse in Speisingergasse 111 fino al 22.2.1938. Poi il proprietario del sanatorio, ebreo, dev'essere fuggito. Dal 22.2.1938 al 10.4.1938 Alice abitò di nuovo presso Paula Sieber, in Schreyvogelgasse 3. Dall'11.4 al 29.4.1938 nella Pension Cosmopolite in Alser Straße, nell'VIII distretto. Per i sei mesi successivi di nuovo da Paula Sieber, in Schreyvogelgasse, e gli ultimi giorni prima della partenza, dal 24 al 28.10, dalla sorella Helene in Ebendorferstraße 10-12. Alice non si iscrisse mai più all'anagrafe viennese.

[3] Memorie private di Alice Urbach, Lascito Alice Urbach.

[4] Otto a Karl, 10.2.1938, Lascito Otto Urbach.

[5] Cfr. in proposito le memorie di Karl Urbach.

[6] Otto a Karl, senza data, fine anno 1937-38, Lascito Otto Urbach.

[7] Per il testo integrale, cfr. https://www.diepresse.com/1348149/kurt-schuschnigg-warnt-die-osterreichischen-nationalsozialisten.

[8] Cordelia a Karl, 2003, Lascito Cordelia Dodson.

[9] Registrazione accessibile all'indirizzo: https://www.mediathek.at/atom/015C6FC2-2C9-0036F-00000D00-015B7F64.

[10] Cordelia a Karl, 22.6.1938, Lascito Cordelia Dodson.

[11] Lettera privata di una viennese, del 13 marzo 1938; cfr. https://www.derstandard.at/2000075776312/Ein-Brief-ueber-den-Anschluss-1938-Und-dann-kam-ER.

[12] Nella vita reale Moser era sposato con un'ebrea, che non abbandonò nemmeno nel 1938.

[13] Ernst Haeusserman, *Mein Freund Henry*, Wien 1983, p. 46.

[14] Gli autori erano Helmut Qualtinger e Carl Merz. Qualtinger interpretava il signor Karl.

[15] Cfr. https://www.youtube.com/watch?v=2G4uj7Mcyr0.

[16] Otto a Karl, 13.3.1938, Lascito Otto Urbach.

[17] Otto ad Alice, 28.3.1938, Lascito Otto Urbach.

[18] "Le lettere vengono lette! Siate discreti nelle risposte." Otto a Karl, 10.4.1938, Lascito Otto Urbach.

[19] Torberg, *Tante Jolesch*, cit., p. 524.

[20] Ivi, pp. 524 sg.

[21] Cfr. al riguardo il capitolo 11. Nel suo abbozzo di romanzo *The Mission* Felix descrive un emigrante incapace di decifrare un messaggio della moglie, che è ancora bloccata a Vienna. La storia si basava sulle esperienze personali di Felix. Felix Mayer, *The Mission*, Leo Baeck Institute Archives, Manuscript Collection MS 102c, New York/Berlin.

[22] Cordelia a Karl, 2003, Lascito Cordelia Dodson.

[23] *Ibidem*.

[24] Cordelia a Karl, aprile 1938, Lascito Cordelia Dodson.

[25] Cordelia a Karl, 6.5.1938, Lascito Cordelia Dodson.

[26] Georg Kreisler, intervistato nella trasmissione *Forum*, del Bayerischer Rundfunk, https://www.br.de/fernsehen/ard-alpha/sendungen/alpha-forum/georg-kreisler-gespraech100.html.

[27] Postfazione di Dorit Whiteman, in: Bader, *Ein Leben*, cit., pp. 228 sgg.

[28] Ivi, p. 229. La madre di Dorit riuscì con "testardaggine, discrezione e qualche bustarella, a procurarsi i documenti necessari".

[29] Cfr. la voce Julius Rosenberg nel registro anagrafico della Comunità religiosa israelitica viennese.

[30] Otto ad Alice, 24.4.1938, Lascito Otto Urbach.

[31] Cfr. Karina Urbach, *England is pro-Hitler. German opinion during the Czechoslovakian Crisis 1938*, in: Julie Gottlieb, Daniel Hucker, Richard Toye (a cura di), *The Munich Crisis, Politics and the People*, Manchester 2021.

[32] Otto a Karl, 8.5.1937 (per l'agitazione Otto aveva erroneamente datato la lettera al 1937, ma il contenuto chiarisce che fu scritta nel 1938), Lascito Otto Urbach.

[33] Otto a Karl, 5.6.1938, Lascito Otto Urbach.

[34] Affidavit di Otto Urbach del 16.6.1938, Lascito Otto Urbach. Nel corso delle settimane successive il tono delle lettere tra i due fratelli si fece tuttavia

sempre più teso. Karl cominciò a commettere degli errori per il nervosismo. Aveva scoperto solo allora che per la sua domanda gli occorreva un Modulo 575 da Washington, e Otto gli scrisse a fine giugno: "Questo comporta un discreto rallentamento e non riesco proprio a capire perché non me l'hai scritto prima. Nel frattempo avrai già sentito i Dodson, e Mr Dodson mi ha scritto che ti darà un affidavit. È dunque abbastanza probabile che otterrai un visto". Otto a Karl, 25.6.1938, Lascito Otto Urbach.

35 Besse Ellen Krumm Dodson (1875-1940) era una donna singolare, che aprì uno dei primi studi fotografici d'America. Ebbe tre figli con William Dodson: Cordelia Besse Dodson (1913-2011, coniugata Hood), Elizabeth Leila Dodson (1916-2013, coniugata Fisher) e Daniel Dodson (1918-1991), che si sposò più volte.

36 Cordelia a Karl, 22.6.1938, Lascito Cordelia Dodson.

37 Cfr. Anja Salewsky, *"Der olle Hitler soll sterben!" Erinnerungen an den jüdischen Kindertransport nach England*, München 2001, p. 16.

38 Heinz Boberach (a cura di), *Meldungen aus dem Reich. Die geheimen Lageberichte des Sicherheitsdienstes der SS 1938-1945*, vol. 2, Herrsching 1984, p. 23.

39 "Immagino che sia tremendo stare a Vienna, ma bisogna avere un po' di pazienza. Mamma qui non può trovare lavoro. Tutti i domestici sono iscritti a un sindacato e la cosa è fuori questione. Dal punto di vista economico, per me è impossibile occuparmi di entrambi. Mentre posso mantenere mamma in Europa anche se tu sei qui. Posso limitare le spese, così non spendiamo più ... Adesso concentrati sul tuo viaggio e quando sarai qui vedremo ... Che cos'è successo? Perché anche mamma all'improvviso vuol venire qui?" Otto a Karl, 23.7.1938, Lascito Otto Urbach.

40 Karl a Otto, 3.8.1938, Lascito Otto Urbach. Arthur Horowitz rilasciò in seguito un affidavit per Otto e il cugino di Karl, Robert Urbach. Ciò nonostante, nessuno in famiglia ricorda incontri con Horowitz. C'era un Arthur Horowitz nato nel 1914 in Polonia e morto nel Queens, a New York, nel 1990. Ma non è certo che fosse lui l'amico di Karl.

41 Cordelia a Karl, 8.8.1939, Lascito Cordelia Dodson.

42 Otto a Karl, 8-16.8.1938, Lascito Otto Urbach.

43 Otto a Karl, senza data, ca. settembre 1938, Lascito Otto Urbach.

44 Il primo a emigrare fu il nipote di Alice, Thomas Mayer, undicenne. Rose trovò per lui una scuola inglese nel 1938.

45 Charles Landstone, *I Gate-Crashed*, London 1976, p. 157. Cfr. anche: Laor, *Vergangen*, cit., pp. 60 sg.

46 Charles Landstone, nato a Vienna nel 1891, cresciuto in Inghilterra, decorato con un Order of the British Empire, era un produttore teatrale e scrisse diversi libri e testi teatrali.

47 Otto a Karl, 17.9.1938, Lascito Otto Urbach.

48 Otto a Karl, 26.9.1938, Lascito Otto Urbach.

49 Lisbeth Dodson era entusiasta quanto Karl e Willy: "È fantastico quel che sono riusciti a fare Chamberlain, Mussolini e Daladier. Si può davvero andare fieri di essere un loro contemporaneo". Lisbeth voleva anche essere d'aiuto per l'affidavit: "Ho ricevuto la tua lettera stamattina, e puoi ben immaginare quanto a me e Cordelia dispiaccia. Non ho idea di che cosa sia successo con l'affidavit che ti ha spedito papà, ma gli scriviamo immediatamente e cerchiamo di appurarlo, e non appena saremo a casa faremo tutto il possibile per aiutarti. Nel frattempo, sii forte, Karli". Lisbeth a Karl, 30.9.1938, Lascito Cordelia Dodson.

[50] Poldi aveva tre figli, sulla morte dei quali non si sa niente. Sua moglie Olga morì più tardi, sola o con loro, in un campo.

[51] Cordelia e Lisbeth a Karl, senza data, ottobre 1938, Lascito Cordelia Dodson. Otto scrisse nello stesso giorno anche a Karl: "Se con l'affidavit e il visto americano a Vienna non funziona, devi comunque andartene. Aspettavo tue notizie riguardo a [una domanda] per la Nuova Zelanda. Io posso procurarti fino a 500 dollari. Credo che dovresti presentare una certa somma come cauzione ... Voglio in ogni caso che te ne vada dall'Europa il più presto possibile, prima del prossimo disastro ... Come sei messo con i soldi? Come sta mamma? Spero di avere presto sue notizie dall'Inghilterra". Lascito Otto Urbach.

[52] Otto a Karl, 16.11.1938, Lascito Otto Urbach.

Ladri di libri

[1] Egon Erwin Kisch, *Magdalenenheim*, in *Marktplatz der Sensationen*, Berlin 2019 (1947), p. 331. Cfr. anche Siehe Karina Urbach, *Geraubte Bücher*, in "Die Zeit", n. 52, 10.12.2020, p. 21.

[2] Cfr. al riguardo Thomas Jahn, *Suche nach "arisierten"* Büchern in den Beständen der Bayerischen Staatsbibliothek. Forschungsstand - Methoden - Ergebnisse, http://archiv.ub.uni-heidelberg.de/artdok/volltexte/2007/398.

[3] Cfr. Volker Dahm, *Das jüdische Buch im Dritten Reich*, München 1993, p. 17. "Nell'estate del 1935, dopo che da aprile a luglio compreso un ulteriore 10% degli autori 'non ariani' era stato escluso, la 'degiudeizzazione' dell'Unione degli scrittori tedeschi del Reich poteva dirsi pressoché conclusa, con un tasso di esclusione pari al 96%." Dahm, p. 50.

[4] Angelika Königseder, *Walter de Gruyter. Ein Wissenschaftsverlag im Nationalsozialismus*, Tübingen 2016, p. 71.

[5] Tra queste si contavano: 1. il ministero del Reich per l'istruzione pubblica e la propaganda di Goebbels; 2. la Camera degli scrittori del Reich; 3. il ministero del Reich della Scienza, dell'Istruzione e della Cultura; 4. il ministero degli Affari esteri; 5. la sezione letteraria dell'Amt Rosenberg; 6. la Commissione per la protezione della letteratura nazionalsocialista; 7. lo staff del sostituto del Führer, senza contare la Gestapo, i servizi segreti delle SS e persino la Wehrmacht. Cfr. in proposito: Königseder, *Walter de Gruyter*, cit., p. 18.

[6] Secondo Jungck neanche questo era un grosso ostacolo. "Di fatto si poteva continuare a presentare proposte e a mettere in cantiere ciò che si desiderava, se non fosse che a volte non si otteneva più la carta per il libro in questione. La maggior parte delle case editrici, però, comprava la carta in forniture particolari, ordinandone per esempio due tonnellate o più in un determinato formato ... Fino all'ultimo periodo della guerra non veniva in pratica respinta nessuna richiesta, se l'editore poteva disporre di una propria dotazione di carta." Jungck, *75 Jahre*, cit., p. 68.

[7] Cfr. in proposito: Reinhard Wittmann, *Ein konservativer Verlag im Dritten Reich. Das Beispiel Oldenbourg*, in Klaus G. Saur (a cura di), *Verlage im Dritten Reich*, Frankfurt am Main 2013, p. 39.

[8] Dahm, cit., p. 29.

[9] Ivi, p. 43.

[10] "Circa cento case editrici erano già state messe al bando, chiuse o arianizzate nel 1933." Cfr. Saur, *Verlage im Dritten Reich*, cit., p. 7.

[11] Ivi, p. 9.

[12] Christian Adam, *Lesen unter Hitler. Autoren, Bestseller, Leser im Dritten Reich*, Berlin 2010, p. 109.

[13] Klaus-Peter Horn, *Pädagogische Zeitschriften im Nationalsozialismus. Selbstbehauptung, Anpassung, Funktionalisierung*, s. l. 1995, vol. 3. p. 16, n. 19. Ancora nel 1999 le case editrici C.H. Beck, come pure Carl Heymann (Colonia) e W. Kohlhammer (Stoccarda), dichiararono che i loro archivi erano stati distrutti nel corso della Seconda guerra mondiale. Nel frattempo, tuttavia, Beck ha ritrovato i suoi documenti. Cfr. in proposito: Lothar Becker, *Schritte auf einer abschüssigen Bahn. Das Archiv des öffentlichen Rechts (AöR) im Dritten Reich*, Tübingen 1999, pp. 7 sg.

[14] E-mail della casa editrice Ernst Reinhardt all'autrice, del 26.7.2018. Un'ulteriore e-mail, ugualmente scoraggiante e dal testo pressoché identico, è stata inviata qualche settimana dopo anche a Eva Holpfer, del dipartimento deputato alle restituzioni della Comunità religiosa israelitica di Vienna.

[15] "In questo contesto, la direzione assecondò di buon grado l'offerta di recedere dal proprio contratto da parte di autori ebrei e politicamente sgraditi." Cfr. Königseder, *Walter de Gruyter*, cit., p. 177.

[16] Ivi, pp. 59, 300. Ringrazio Angelika Königseder per i suggerimenti e le risposte esaustive alle mie domande. Si vedano anche le sue considerazioni in un contributo per l'emittente radiofonica Deutschlandfunks Kultur: https://www.deutschlandfunkkultur.de/der-milde-blick-wie-deutsche-verlage-mit-ihrer-ns.976.de.html?dram:article_id=386423.

[17] Könidgseder, *Walter de Gruyter*, cit., p. 71.

[18] Kern sopravvisse alla guerra e poté in seguito tornare a pubblicare con Reinhardt. Altri autori furono meno fortunati.

[19] Dahm, cit., p. 44, n. 52.

[20] Per esempio in Jungck, *75 Jahre*, cit., p. 48.

[21] Ivi, p. 49.

[22] David Mamet, *Missbraucht sie, beutet sie aus*, in "Die Zeit", 29.6.2019.

[23] Cfr. Max Friedlaender, *Die Lebenserinnerungen des Rechtsanwalts Max Friedlaender*, https://brak.de/w/files/01_ueber_die_brak/friedlaender.pdf, p. 152.

[24] A subirne le conseguenze furono ca. 1753 avvocati, cfr. Michael Löffelsender, *Kölner Rechtsanwälte im Nationalsozialismus*, Tübingen 2015, p. 43.

[25] Friedlaender, *Lebenserinnerungen*, cit., p. 152 sg.

[26] Ivi, p. 152.

[27] Stefan Rebenich, *C.H. Beck 1763-2013. Der kulturwissenschaftliche Verlag und seine Geschichte*, München 2013; Uwe Wesel et al., *250 Jahre rechtswissenschaftlicher Verlag C.H. Beck. 1763-2013*, München 2013.

[28] Cfr. al riguardo, tra altri: *Janwillem van de Loo, Auf den Kommentaren der Muff von 1000 Jahren? Palandt, Maunz, das NS-Regime und die zweite Aufarbeitung*, in Sebastian Bretthauer, Christina Henrich et al. (a cura di), *Wandlungen im Öffentlichen Recht*, Baden Baden 2020.

[29] Stefan Rebenich, *C.H. Beck 1763-2013*, pp. 375 sg. Furono eliminati anche alcuni degli autori di Liebmann. Nel 1932, tra i compendi di Liebmann era uscito anche un volume sull'ordinamento catastale. Secondo le leggi razziali i curatori, Viktor Hoeniger e Friedrich Weißler, erano ebrei. Di conseguenza, a partire dal 1934, la casa editrice Beck decise di attribuirne la curatela all'avvocato ariano Hans Bergmann. Cfr. in proposito: Armin Höland, *Dr jur. Viktor Hoeniger, Reichsgerichtsrat. Aus einem deutschen Richterleben*, Halle 2020.

[30] Martin Doerry, *Kräftig arisiert*, in "Der Spiegel", n. 17, 20.4.2019, pp. 114 sg.

[31] Peter Voswinckel, *Dr Josef Löbel. Botschafter eines heiteren deutschen Medizin-Feuilletons in Wien-Berlin-Prag*, Berlin 2018. L'arianizzazione del *Gesundheitslexikon* è stata resa nota solo nel 2017. Cfr. Günther Fetzer, *Droemer Knaur. Die Verlagsgeschichte 1846-2017*, München 2017, pp. 230 sg.

[32] Peter Voswinckel, *Um das Lebenswerk betrogen: Walter Guttmann (1873-1941) und seine Medizinische Terminologie*, in "Medizinhistorisches Journal", 32 (1997), pp. 321-354.

[33] Nel suo necrologio si legge: "Dal semestre estivo del 1930 al semestre estivo del 1935 frequentò la Ludwig Maximilians-Universität di Monaco e nel 1936 conseguì il dottorato in medicina con una tesi dal titolo *Über die Rachitis in München im Jahre 1935* [Sul rachitismo a Monaco nel 1935] ... Nel 1992 si trasferì nella casa di riposo per anziani della Caritas St Nikolaus, a Eggfeldern, dove morì il 9 aprile 1996". Cfr. in proposito: Hubert Kolling, *Riederer von Paar, Viola*, in "Journal für Pflegewissenschaft und Pflegepraxis", 2004, 3, p. 237 sg.

[34] Viola Riederer von Paar, *Vererbungslehre für Studierende und zum Selbstunterricht. Grundriß, Kurzes Repetitorium, Prüfungsfragen und Antworten*, Reinhardts naturwissenschaftliche Kompendien, vol. 9, München 1937 (1945[5]).

[35] Jungck, *75 Jahre*, cit., p. 94.

[36] Ivi, p. 78.

[37] Christoph Jungck, *100 Jahre Ernst Reinhardt Verlag*, München 1999, p. 32.

[38] Ivi, p. 33.

[39] Ivi, p. 37.

[40] Jungck, *75 Jahre*, cit., p. 55.

[41] Ivi, p. 56.

[42] Alice Urbach, *Old World*, cit., p. 19.

[43] La dichiarazione del 5 settembre fu registrata dall'Ufficio tributario per le persone giuridiche di Monaco il 15 settembre 1938, con un timbro. Il documento è stato reperito nel 2020 presso l'archivio della casa editrice Ernst Reinhardt, dopo la pubblicazione della storia di Alice.

[44] Paul Perles citato in: Murray G. Hall, *Epitaph auf den Verlag Moritz Perles in Wien, 1869-1938*, http://personal.murrayhall.com/epitaph-moritz-perles/.

[45] Jungck, *75 Jahre*, cit., p. 56. In calce alla prefazione dell'edizione Rösch del 1939 si legge "Autunno 1938". Nel volume celebrativo del 1974 Jungck ricorda che negli anni Trenta Rudolf Rösch assunse la curatela del fortunatissimo Calendario di ricette illustrato. Di fatto, nell'opuscolo pubblicitario del 1938 Rösch non compare ancora come autore.

[46] Ringrazio Walter Schübler per i suoi preziosi suggerimenti. Cfr. anche Walter Schübler, *Eine Jaffa-Torte passte nicht ins deutsche Kochbuch*, in "Frankfurter Allgemeine Zeitung", 24.10.2020.

[47] Alice Urbach, *So kocht man in Wien!*, München 1935, p. 6.

[48] Rudolf Rösch, *So kocht man in Wien!*, München 1939, p. 6.

[49] Alice Urbach, *So kocht man in Wien!*, p. 458.

[50] Ivi, p. 450 sg.

[51] Informazione del Bundesarchiv Berlin-Lichterfelde: "Nei documenti personali da lei elencati riferiti a persone di nome Rudolf Rösch non è stato possibile rinvenire alcun accenno alla città di Vienna o ad attività letterarie". Ringrazio in particolare Robert Luther, del Bundesarchiv Lichterfelde per il suo aiuto nella ricerca di Rudolf Rösch.

[52] Informazione del direttore Peter Kramml, Stadtarchiv Salzburg, 2019: "Suppongo si tratti di un caso di omonimia. Il Rudolf Rösch laureato in Eco-

nomia da lei indicato è nato e vissuto sempre a Salisburgo ... ed è deceduto a Salisburgo il 21.10.1977. Viene sempre definito commercialista e dal 1939 al 1945 ha servito nella Wehrmacht".

[53] Conversazione telefonica dell'autrice con la responsabile della casa editrice Ernst Reinhardt dopo la prima edizione del *Libro di Alice*, 13.10.2020.

[54] Cfr. al riguardo: BR, Historisches Archiv, PER.BR.96. Ringrazio Sabine Rittner, dell'archivio del Bayerischer Rundfunk, per le informazioni sulle trasmissioni di Rudolf Rösch a Monaco.

Arrivo al castello

[1] L'indirizzo era allora: The German Jewish Aid Committee, Woburn House, Upper Woburn Place, London, W. C.1. A Woburn House era ospitato anche il Board of Deputies of British Jews. A marzo del 1939 le organizzazioni umanitarie si trasferirono a Bloomsbury House.

[2] Un filmato del 1939 è accessibile all'indirizzo: https://www.youtube.com/watch?v=gYJXdW7PHFM.

[3] *While you are in England. Helpful Information and guidances for every refugee*, a cura del German Jewish Aid Committee, Jewish Board of Deputies, London ca. 1938. La versione tedesca qui citata si trova alla Wiener Holocaust Library: *Für die Zeit ihres Aufenthalts in England. Hilfreiche Informationen und Anleitungen für jeden Flüchtling*, Refugee Pamphlets, S3b 081, Wiener Holocaust Library. Ringrazio l'archivista Howard Falksohn per il suo aiuto.

[4] Alice Urbach, *Old World*, cit., p. 21.

[5] Torberg, *Tante Jolesch*, cit., p. 71.

[6] Charles Neilson Gattey, *The Incredible Mrs. Van der Elst*, London 1972.

[7] Ivi, p. 159. Ringrazio l'archivista Linda Dawes dell'archivio di Harlaxton Manor per le sue informazioni sulla casa e il personale impiegato negli anni Trenta.

[8] Mrs Van der Elst, la sua proprietà e il segretario si possono vedere anche in un filmato del 1939 (British Pathé), accessibile all'indirizzo: https://www.youtube.com/watch?v=8sqtef_StsE.

[9] Torberg, *Tante Jolesch*, cit., p. 264.

[10] Gattey, *The Incredible*, cit., p. 99.

[11] Tony Kushner, *Politics and Race, Gender and Class. Refugees, Fascists and Domestic Service in Britain, 1933-40*, in Tony Kushner, Kenneth Lunn, *The Politics of Marginality. Race, the Radical Right and Minorities in 20th century Britain*, Oxford 1990, p. 49 sgg.

[12] L'autista era un certo Mr Winston, un gioielliere di Londra. Era ebreo. Riguardo a lui e a Ray, cfr.: Ricordi di Mr Crane, annotati il 5.6.2003, "Visit to Harlaxton College by Mr and Mrs Crane and their son Stephen Crane", Harlaxton Archiv.

[13] *The Nazis sent me to a Concentration Camp*, in "The Sunday Oregonian", 21 maggio 1939, articolo di Frances Murphy, basato su un'intervista anonimizzata a Karl Urbach.

[14] Doveva essere la scuola di Kenyongasse 2 o quella di Karajangasse 14.

[15] Cfr. i documenti dell'Hilfsfonds relativi a Felix Mayer, 17.7.1956, Archivbestände der Vermögensverkehrsstelle und Hilfsfonds für politisch Verfolgte, VA 39 035 e VA 39 036, Österreichisches Staatsarchiv. Alice seppe in seguito soltanto che la grande biblioteca del padre Sigmund e tutti i libri di indovinelli scritti da Felix erano stati rubati. Non è chiaro se fosse accaduto già

durante l'incarcerazione, a novembre del 1938, o quando l'appartamento di Felix fu arianizzato.

16 Kreisky ebbe fortuna e fu rilasciato a condizione che emigrasse; andò in Svezia.

17 Franziska Tausig, *Shanghai Passage. Emigration ins Ghetto*, Wien 2007, p. 57.

18 Documenti dell'Hilfsfonds relativi a Felix Mayer.

19 Non è più possibile appurare se Willy avesse informato anche i Dodson in America. Nel 2003 Cordelia scrisse a Karl: "A novembre sei stato arrestato ... Come l'abbiamo saputo? Ce l'ha scritto Willy, o è stato Otto, come credo?". Lascito Cordelia Dodson.

20 Marie Urbach era la vedova del banchiere Ignaz Urbach, che si era ucciso nel 1924. Era "ariana" e i suoi figli, di conseguenza, mezzi ebrei. Il figlio Robert Urbach emigrò con la famiglia in America, la figlia Anni rimase a Vienna. Robert era sposato con Lola Finkelstein, che divenne una delle migliori amiche di Alice.

21 Otto a sua zia Marie, 27.11.1938, Lascito Otto Urbach. Il 28.11.1938 Otto scrisse una lettera analoga al figlio di Marie, Robert: "In secondo luogo ho fatto sapere indirettamente all'amico di Karli che c'è del denaro a disposizione per mio fratello. In ogni caso, vorrei inviare il denaro a qualcuno della nostra famiglia. Willy, l'amico di Karli, non lo conosco personalmente e non so nemmeno come si chiami di cognome. Spero che si sia messo in contatto con te". Lascito Otto Urbach.

22 Cfr. al riguardo: *Wien wehrt sich mit Witz! Flüsterwitze aus den Jahren 1938-1945*, Gmunden 1946, p. 11.

23 Il 1° aprile furono mandate nel campo di concentramento di Dachau le prime 151 persone: politici di alto rango, impiegati e funzionari.

24 Parte della sua campagna fu la pubblicazione di un libro contro la pena di morte: Violet Van der Elst, *On the Gallows*, London 1937.

25 Trasporto del 15.11.1938, assegnazione del numero di matricola 28194, rilasciato il 18.1.1939, categoria: ebreo, prigioniero in custodia protettiva. Cfr. KZ-Gedenkstätte Dachau, Stiftung Bayerische Gedenkstätten, Karl Urbach, NARA Zugangsbuch Nr. 105/28186.

26 Cfr. Eva Holpfer, *Der Fall Novak. Eichmanns Transportoffizier – der letzte Schuldspruch*, Intervento del 1.12.2005 al Tribunale penale di Vienna: http://www.kreuzstadl.net/downloads/novak_referat_dezember05_holpfer.pdf.

27 Marischka, *Immer nur lächeln*, cit., p. 134.

28 Lettera del 5.6.1938, citata in Friedrich Torberg, *Eine tolle, tolle Zeit. Briefe und Dokumente aus den Jahren der Flucht 1938 bis 1941*, München 1989, p. 24 sg.

29 I litigi tra i due uomini erano dovuti, tra l'altro, anche al fatto che la donna contesa, ovvero la moglie di Otto, Wera, negli anni Cinquanta prestò ripetutamente del denaro a Torberg, dipendente dal gioco (senza mai farselo restituire).

30 Grünbaum morì a Dachau nel 1941, la moglie fu deportata. La sua collezione di Schiele fu ritenuta dispersa per molto tempo, ma in seguito la si poté parzialmente restituire agli eredi.

31 Karl ad Alice, senza data, gennaio 1939, Lascito Alice Urbach.

32 Charles Linza McNary (1874-1944), repubblicano, è stato senatore dell'Oregon.

33 Otto a Karl, senza data, gennaio o febbraio 1939, Lascito Otto Urbach.

34 Cordelia a Otto, 23.1.1939, Lascito Karl Urbach. La lettera di Cordelia si è conservata perché Otto la inoltrò a Karl. A differenza di Karl, Otto non

custodì alcuna lettera. Tutta la corrispondenza scritta da Otto si è conservata solo grazie a Karl (e grazie a Katrina, che in seguito non l'ha gettata via).

[35] Informazione esposta nella mostra *Kindertransport - Rescuing Children on the Brink of War* (novembre 2018 - maggio 2019) dell'archivista Albert Knoll, del Memoriale del campo di concentramento di Dachau: "Non ci è noto in che modo suo zio sia stato liberato dal campo. Questo genere di documenti era nelle carte dei prigionieri, che sono state distrutte. In ogni caso, bisognava documentare il possesso di un certificato o un permesso di emigrazione".

[36] Data del rilascio: 18.1.1939.

[37] Alice scrisse nelle sue memorie: "Fu gettato nell'inferno di Dachau solo perché non aveva sangue ariano. Ne uscì vivo grazie agli sforzi disperati di mio figlio maggiore". Alice Urbach, *Old World*, p. 20.

[38] Otto a Karl, senza data, inizio di febbraio del 1939, Lascito Otto Urbach.

[39] Nota del funzionario Emil Engel, Contributo per biglietto Stati Uniti: 250 MK. Comunità religiosa israelitica di Vienna.

[40] *The Nazis sent me to a Concentration Camp*, articolo di Frances Murphy.

[41] Karl ad Alice, 25.2.1939, Lascito Karl Urbach.

[42] Karl ad Alice, 6.3.1939, Lascito Karl Urbach.

[43] Fino al 1954 l'isola nell'Hudson River rimase la sede del Servizio immigrazione americano.

[44] Askin, *Quietude and Quest*, cit., p. 212. Ciò che Askin all'epoca non poteva sapere è che decenni dopo sarebbe diventato famoso interpretando un nazista nella serie *Gli eroi di Hogan*. La parte gli diede la tanto desiderata sicurezza economica.

[45] In seguito scrisse alla nipote Erin: "My friends in Oregon had offered me their family's hospitality and I went there by bus – across all of the USA. A great adventure ... I could speak some and understand English but could not read or write it too well. Psychologically I was not in a very good shape after Dachau [I miei amici in Oregon mi avevano accolto in famiglia ed ero andato da loro con l'autobus, attraversando tutti gli Stati Uniti. Una grande avventura ... Capivo e parlavo un po' di inglese, ma non sapevo leggerlo né scriverlo molto bene. Psicologicamente non ero nelle condizioni migliori, dopo Dachau]". Karl alla nipote Erin, 2002, Lascito Karl Urbach.

[46] Cfr. in proposito Deborah E. Lipstadt, *Beyond Belief. The American Press and the Coming of the Holocaust 1933-1945*, New York 1986.

[47] *Crown Prince denies Germany is abusing Jews*, in "Chicago Tribune", 28.3.1933; *Ex-Crown Prince denies Atrocities*, in "New York Times", 28.3.1933; *Former Crown Prince calls stories "Propaganda of Lies"*, in "The Baltimore Sun", 28.3.1933; "New York Herald Tribune", 27.8.1933. Riguardo al dibattito sugli Hohenzollern, cfr. S. Malinowski, *Die Selbstversenkung*, in "Frankfurter Allgemeine Zeitung", 22.7.2019.

Le bambine di Windermere

[1] George Mikes, *How to be a Brit*, London 1984.

[2] Veronika Zwerger, Ursula Seeber, *Küche der Erinnerung. Essen und Exil*, Wien 2018, p. 163.

[3] All'epoca l'indirizzo di Alice a Londra era: Guilford Street 38, WC1. Può darsi che il suo principale lavorasse all'ospedale pediatrico Great St Ormond Street Hospital.

[4] Zwerger, Seeber, *Küche der Erinnerung*, cit., p. 152.

[5] I fratellastri più grandi, Arnold e Siegfried Mayer, erano già morti negli anni Venti.

[6] Dalla collezione del Leo Baeck Institute, New York. A proposito dei trasporti di bambini: Eva Haas, *Ein Schild mit Namen und Nummer um den Hals*, in Martin Doerry, *"Nirgendwo und überall zu Haus". Gespräche mit Überlebenden des Holocaust*, München 2006, p. 68.

[7] Cfr. Rebekka Göpfert, *Der jüdische Kindertransport von Deutschland nach England 1938-39. Geschichte und Erinnerung*, Frankfurt am Main 1999; Salewsky, *Der olle Hitler soll Sterben*; e Ela Kaczmarska, *Kindertransport. Britain's rescue plan*, https://media.nationalarchives.gov.uk/index.php/kindertransport-britains-rescue-plan/.

[8] Peter Sieber, *The Newcastle-upon-Tyne Hostel for Jewish Refugee Girls. In recognition of the Hostel Committee who initiated the Hostel and managed it, and of the Newcastle Jewish Community who supported it*, manoscritto inedito 4184, marzo 2000, Wiener Holocaust Library.

[9] *Ibidem*.

[10] http://www.kinthetop.at/forschung/kinthetop_chronik.html.

[11] Nel 2020 erano ancora in vita Lisl Scherzer (coniugata Alisa Tennenbaum), Ilse Gross (coniugata Camis) e Elfi Reinert. Il resto del gruppo non lo si è più potuto intervistare ed è per questa ragione anonimizzato. Era costituito da: Inge A. e la sorella Ruth di Breslavia, Dasha di Praga, Annie di Augusta, Lore di Königsberg, Sophie di Langenselbold, Edith G. di Düsseldorf, Margot H. di Francoforte sul Meno, Paula K., Eva L. e Marion M. di Berlino, Ruth O. di Francoforte, le sorelle Vera e Lisl R. della Cecoslovacchia, e Hilde, Freda e Lea R. di Colonia. Alisa (Lisl) è la presidentessa della Israel Kindertransport Association (https://www.alisa-tennenbaum.com/).

[12] Intervista a Lisl Scherzer.

[13] Corrispondenza dell'autrice con Lisl Scherzer, dicembre 2018. Ringrazio Dina Kraft per la trascrizione dell'intervista.

[14] Sieber, *The Newcastle-upon-Tyne Hostel*, cit.

[15] *Ibidem*.

[16] *Ibidem*.

[17] Urbach, *So kocht man in Wien!*, cit., p. 467 sg.

[18] Intervista a Lisl Scherzer.

[19] Sieber, *The Newcastle-upon-Tyne Hostel*, cit.

[20] "Alice Urbach, Female Enemy Alien – Exemption from Internment-Refugee

Normal occupation: Cookery Expert

Present occupation: Cook

Decision of Tribunal: Exempt from internment, Date: 6.11.1939

Reasons for Decision: Refugee, Anti-Nazi, two sons in the USA. Widow."

National Archives, Kew, HO 396/94. [Alice Urbach, Straniera nemica, sesso femminile – Esenzione dall'internamento rifugiati

Occupazione abituale: esperta di cucina

Occupazione attuale: cuoca

Decisione del tribunale: esenzione dall'internamento, data: 6.11.1939

Ragioni della decisione: rifugiata, antinazista, due figli negli Stati Uniti. Vedova]

[21] Intervista a Lisl Scherzer.

[22] ["Quanto costa il cavolfiore?" "Sette pence." "Così tanto? Troppo! Per sette pence dietro l'angolo mi danno un cavolfiore!"] Cfr. Zwerger, Seeber, *Küche der Erinnerung*, cit., p. 167.

[23] Intervista a Lisl Scherzer.

[24] In un altro fascicolo si esortavano nuovamente tutti gli emigranti: "Do's and Don't's for Refugees: Do be as quiet and modest as possible. If you do not make yourself noticeable other people will not bother about you" [Obblighi e divieti per i rifugiati: siate il più discreti possibile. Se non vi fate notare gli altri non si cureranno di voi]. Citato in Anna Joseph (a cura di), *From the Edge of the World. The Jewish Refugee Experience through letters and stories*, London 2003, p. 155.

[25] Ringrazio in modo particolare Deborah Cantor, del Jewish Relief, per avermi concesso la consultazione di questi materiali. Come da accordi, tutti i documenti dei bambini sono stati anonimizzati.

[26] Ruth David, *Child of Our Time*, London 2003, p. 78 sg. Ruth David non ha potuto consultare nessun documento. Gli atti sono stati desecretati dopo la pubblicazione del suo libro.

[27] Urbach, *So kocht man in Wien!*, cit., p. 474.

[28] Intervista dell'autrice a Ilse Camis, 2019.

[29] Urbach, intervista registrata, Lascito Alice Urbach.

[30] Nel 1944 pubblicò con Dorothy Burlingham lo studio *Infants Without Families. The Case For and Against Residential Nurseries* (New York 1944).

[31] Lascito Anna Freud, Library of Congress, Box 114 sulle evacuazioni, come anche Freud, Burlingham, *Infants Without Families*.

[32] A proposito del cibo cfr. David, *Child of Our Time*, cit., p. 57.

[33] Urbach, *So kocht man in Wien!*, cit., p. 460.

[34] Cfr. David, *Child of our Time*, cit., p. 58.

[35] Urbach, *So kocht man in Wien!*, cit., p. 453, 455.

[36] Young-Bruehl, *Die Londoner Jahre*, cit., p. 39.

[37] Intervista a Lisl Scherzer.

[38] David, *Child of Our Time*, cit., p. 74.

[39] Ringrazio Ilse Camis per i tanti ricordi di Alice (e gli interessanti aneddoti sugli Shand Kydd).

[40] Intervista a Lisl Scherzer.

[41] *Ibidem*.

[42] *While you are in England*, p. 23.

[43] Alice Urbach, intervista registrata, Lascito Alice Urbach

[44] Cfr. anche Alice Urbach, *Old World*, cit., p. 24.

[45] Memorie di Lore F., in possesso della sua famiglia. A proposito di questo caso cfr. anche Alice Urbach, *Old World*, cit., p. 8, e l'intervista a Lisl Scherzer.

[46] Alice Urbach, intervista registrata, Lascito Alice Urbach.

[47] Una copia dell'immagine è presente anche nella collezione fotografica di Elfi Reinert (Birmingham).

[48] Nel 1940 la grammatica inglese di Alice era ancora un po' incerta: "In the hope, you shall remember me – as I will do always and ever, yours Alice Urbach", Collezione fotografica Elfi Reinert.

[49] Collezione fotografica Elfi Reinert. E quattro anni dopo Paula regalò a Elfi una foto per il compleanno, accompagnandola con una dedica in inglese: "My ever best wishes for your future, Elfi, luck and happiness and health! Don't forget the times which we have spent together. They seem hard, later you will recognize: We have made the best of it. With love, yours Paula Sieber" [I miei più cari auguri per il tuo futuro, Elfi, tanta fortuna, felicità e salute! Non dimenticare il tempo passato insieme. Ora ti sembrerà che sia stata dura, ma un giorno capirai che abbiamo saputo trarne il meglio. Con affetto, tua Paula Sieber].

Lo sfortunato Felix

[1] Cfr. Torberg, *Tante Jolesch*, cit., p. 269.

[2] Stando ai documenti relativi all'internamento, Felix viveva al 78 di Oakwood, Blackhill. La casa non esiste più. Sul modulo di registrazione come internato Felix indica ancora il suo nome con l'aggiunta "Israel", imposta dai nazisti: Felix Israel Mayer. HO 396/113, National Archives, Kew.

[3] Il manoscritto di Felix era un misto di finzione ed esperienze vissute. Il capitolo relativo alla sua prigionia sull'Isola di Man si basa tuttavia sulle sue effettive esperienze da internato, di cui era in grado di parlare solo in terza persona.

[4] Suo figlio lo descrive come un uomo "timido e modesto", che amava le lingue e non aveva alcun talento per il commercio. *Thomas Mayer*, in Roger Backhouse (a cura di), *Exemplary Economists. North America*, vol. 1, Aldershot 2000, p. 101.

[5] Fino al 1927 Felix fu procuratore presso la A. Mayer & Co., Vienna II, e lavorò poi come agente di commercio indipendente.

[6] Alice Urbach, intervista registrata, Lascito Alice Urbach.

[7] Ringrazio Regina Zodl dell'Universitätsarchiv/Provenienzforschung della facoltà di Economia e amministrazione aziendale dell'Università di Vienna per il ritrovamento del libro.

[8] Thomas racconta che il padre trovò per lui una scuola molto valida: Bunce-Court nello Shropshire era diretta da emigranti. *Mayer*, in Backhouse, *Exemplary Economists*, p. 101.

[9] Felix non traduce i dialoghi in inglese, come per esempio: "You are under detention".

[10] Felix Mayer, *The Mission*, Leo Baeck Institute Archives, Manuscript Collection MS 102c, New York-Berlin (da cui sono tratte anche le citazioni seguenti). Anche il pittore Fred Uhlman, pure internato, racconta di aver dovuto consegnare la lametta da barba in commissariato. Per quanto riguarda i ricordi di Uhlman sull'internamento, cfr. Fred Uhlman, *Storia di un uomo*, trad. di Lucio Trevisan, Feltrinelli, Milano 1987, pp. 186-202; per la consegna della lametta, p. 188.

[11] Peter fu deportato in Canada per due anni. Nel 1942 riuscì a tornare in Inghilterra e si arruolò volontario nell'esercito inglese come sminatore, uno dei compiti più pericolosi. Ringrazio Vivien Sieber per i suoi ricordi del padre.

[12] Franz Marischka, *Immer nur lächeln*, cit., p. 101.

[13] Fred Uhlman descrive una sensazione simile: "Ma c'erano due aspetti del problema che rendevano l'internamento particolarmente insopportabile. Uno era la sensazione della sua ingiustizia e dell'enorme spreco di energie che si sarebbero potute utilizzare molto meglio. (Quale uso eccellente avrebbe saputo fare Hitler di migliaia di profughi inglesi in Germania!) L'altro era quella particolare tortura che va sotto il nome di 'rilascio' ... eravamo o non eravamo 'importanti per lo sforzo bellico'? Qualcuno a Whitehall doveva prendere una decisione in proposito, e il suo atteggiamento, come era prevedibile trattandosi di un inglese, era che gli uomini d'affari, i tecnici, ecc. erano importanti per lo sforzo bellico, ma non gli artisti, i musicisti, i professori d'università, i dirigenti antinazisti e così via". Uhlman, *Storia di un uomo*, cit., pp. 189-90.

[14] Riguardo alla campagna del "Daily Mail", "Intern the lot", cfr. Robert Mackay, *The Test of War. Inside Britain*, London 1998, p. 104.

[15] Non tutti gli inglesi si abbandonarono all'isteria di massa: "Un giorno Bauer fu molto toccato nel veder comparire parecchie dame del comitato quacchero, giunte per far visita ai loro protetti". Felix Mayer, *The Mission*, cit.

[16] "L'edificio mi è stato descritto come il peggiore in assoluto di tutti i campi di concentramento. Era sporco e in un deplorevole stato di abbandono, con quasi tutte le finestre rotte e il pavimento cosparso di rifiuti. Il comandante rubava a man bassa: denaro, macchine per scrivere, tutto quello che gli capitava tra le mani [di questo parla anche Felix]." Uhlman sentì parlare anche di internati gravemente malati, di cancro e di diabete: "I medici tedeschi non avevano aghi ipodermici e medicine. Trecentottanta internati dormivano in un unico stanzone, e i pavimenti erano ruscellati di escrementi. Per urinare bisognava usare pentole, thermos e cappelli, e le crisi di nervi, accompagnate da esplosioni di violenza, erano all'ordine del giorno". Uhlman, *Storia di un uomo*, cit., p. 191.

[17] Cfr. Connery Chappell, *Island of Barbed Wire. The Remarkable Story of World War Two Internment on the Isle of Man*, London 1984, p. 37.

[18] "Il viaggio per mare è stato una piacevole interruzione dell'eterna monotonia, è stato riposante, per una volta, vedere qualcosa di diverso dal filo spinato, scoprire che il mondo, il mare, la natura esistono ancora, calmi, sicuri, eterni. Dopo l'arrivo a Douglas, ci hanno fatti sbarcare e marciare lungo la banchina, sul mare, in una lunghissima colonna. A destra, il mare; a sinistra, la passeggiata, un albergo dopo l'altro. Presto si fermarono nuovamente di fronte a un portone col filo spinato ..." Felix Mayer, *The Mission*, cit. Ringrazio Kim Holden, l'archivista del Manx Museum sull'Isola di Man, per le sue indicazioni. Cfr. anche Chappell, *Island of Barbed Wire*, cit., p. 36.

[19] Ivi, p. 30.

[20] Felix scrisse dell'organizzazione interna e dell'ospedale: "Ogni residenza scelse nuovamente un capo, e tutti gli internati elessero un consiglio del campo. La scelta cadde su un pastore protestante molto simpatico che apparteneva al giro di Niemöller. Fu istituito anche un ospedale in cui prestavano servizio i numerosi medici internati. Era ... sempre strapieno".

[21] Uhlman, *Storia di un uomo*, cit., p. 192.

[22] Marischka, *Immer nur lächeln*, cit., p. 102.

[23] Per Felix e Fred Uhlman la fede degli ebrei dell'Est era insolita. Uhlman racconta che durante uno *shabbat* ci fu un allarme aereo e tutte le baracche furono oscurate all'istante, tranne quella degli ebrei ortodossi: "A quanto ho saputo, il comandante cercò di telefonare, ma non ottenne risposta perché nella festività del sabato un internato non può sollevare il ricevitore. Allora il comandante mandò un messaggero con l'ordine di spegnere quella fottutissima luce. Il messaggero ritornò: aveva tentato di staccare la luce ma gli era stato impedito perché, essendo anche lui un ebreo, gli altri si erano rifiutati di lasciargli commettere un peccato. Il comandante, fuori di sé dalla rabbia, cercò di trovare qualcuno che non fosse ebreo in un campo dove circa il novanta per cento degli internati erano ebrei, ma prima di riuscirci, l'allarme era già finito". Uhlman, *Storia di un uomo*, cit., p. 200.

[24] Per contrastare le voci diffuse dagli internati nazisti, fu presto ammessa la circolazione di giornali nel campo. Cfr. Chappell, *Barbed Wire*, cit., p. 61. Fred Uhlman non condivide tuttavia l'opinione di Felix che gli inglesi non avessero idea di chi nel campo fosse nazista. A suo dire: "Comunque, sono sicuro che gli ufficiali del controspionaggio sapevano tutto quello che accadeva nel nostro campo. A tenerli informati ci pensavano gli informatori e le spie del campo". Uhlman, *Storia di un uomo*, cit., p. 201.

[25] A proposito della censura, Chappell scrive che i censori di Douglas leggevano relativamente in fretta la posta in uscita, ma la posta che arrivava al campo veniva controllata a Liverpool, dove si accatastavano sacchi di corrispondenza determinando lunghi tempi di attesa. Chappell, *Barbed Wire*, cit., p. 61.

[26] Uhlman, *Storia di un uomo*, cit., p. 194.

[27] Ivi, p. 197.

[28] Il consolato americano a Vienna chiuse in effetti qualche mese dopo il tentativo di Bauer/Felix, a luglio del 1941.

[29] Alice raccontò in seguito che la famiglia patì la separazione e tentò disperatamente di riunirsi in America. A quanto pare, Helene riuscì ad arrivare fino a Eleanor Roosevelt e a leggere le lettere del figlio Thomas in un'audizione pubblica, scoppiando a piangere. I suoi sforzi, tuttavia, furono premiati. Nel 1944 Felix e Thomas riuscirono a emigrare e la famiglia si ricongiunse a New York.

[30] Felix per primo non aveva una grande opinione delle proprie poesie; del suo alter ego Georg Bauer scrive: "scriveva spesso poesie, belle, brutte, tutte più o meno dilettantesche".

[31] Composta a Londra, 1942. Felix Mayer, Gedichte, LBI MS 102a, Leo Baeck Institute Archives, New York-Berlin. Alice la recita anche nella registrazione audio degli anni Settanta.

Spunta un americano

[1] Alice Urbach, *My Sons*.

[2] Interviste a testimoni nel documentario di Steve Karras *About Face. Jewish refugees in the Allied Forces*, USA 2005.

[3] Durante la traversata Brombert era pieno di spirito combattivo, e un camerata gli disse: «You've got the bug» [Ci hai preso gusto]. Victor Brombert, *Trains of Thought. Paris to Omaha Beach, Memories of a Stateless Youth*, New York 2002, p. 265.

[4] Brombert scrisse al riguardo: "Io non ero affatto religioso. Anzi, rifiutavo qualsiasi forma di dottrina religiosa. La 'J' mi infastidiva, e non solo per via degli effetti che avrebbe avuto se fossi finito in mano al nemico". Ivi p. 254.

[5] Marischka, *Immer nur lächeln*, cit., p. 103.

[6] Anche sul suo certificato di matrimonio, a novembre del 1947, è definito "cattolico". Lascito Otto Urbach.

[7] I genitori di Hermann Bondi erano amici di Alice, e il giovane Bondi era stato internato con Felix sull'Isola di Man.

[8] Alice apprezzava molto Bondi e in un'intervista registrata raccontò: "Durante la Seconda guerra mondiale, Thomas Gold e Hermann Bondi hanno vissuto in Inghilterra in una casetta molto isolata, dove non permettevano di entrare nemmeno a una donna delle pulizie, trattandosi il loro di un lavoro molto *discreto*" (con "discreto" Alice intendeva un compito segreto per il governo). Era felice che Bondi continuasse a scriverle anche negli anni Settanta. Ringrazio Peter Goddard per i suoi ricordi di Hermann Bondi e il tempo che mi ha dedicato a Cambridge.

[9] Rudolf Moritz Theodor Urbach, nato il 16.2.1908 a Duisburg, cfr. certificato di nascita della città di Duisburg. Arrivo il 10.12.1928 a New York. A Camp Ritchie era nel corso 20. Qui c'è tuttavia una sovrapposizione temporale. Camp Trinidad fu inaugurato a maggio del 1943, e Rudolf Urbach completò la sua formazione nei servizi segreti a Camp Ritchie solo nell'agosto del 1944. Prima di quella formazione era già comandante di Camp Trinidad o era Otto ad

aver ricoperto quel ruolo? Ringrazio Daniel Gross e Heather Steele per il loro aiuto nelle ricerche su Rudolf Urbach e la sua formazione a Camp Ritchie.

[10] Rüdiger von Wechmar, *Akteur in der Loge. Weltläufige Erinnerungen*, München 2000, p. 77. La moglie di Otto, Wera Frydtberg, ricordava le conversazioni del marito con von Wechmar.

[11] Nelle sue memorie l'emigrante Kurt Landsberger cita solo Rudolf Urbach; cfr. Kurt Landsberger, *Prisoners of War at Camp Trinidad, Colorado 1943-1946. Internment, Intimidation, Incompetence and Country Club Living*, Wisconsin 2007.

[12] Georg Kreisler, il 28.2.2003, a *Forum*, una trasmissione del Bayerischer Rundfunk. Alcuni emigranti viennesi divennero in seguito altrettanto creativi: Marcel Prawy, Hans Habe, Peter Beauvais o l'intendente teatrale viennese Ernst Haeusserman. Non tutti però volevano e potevano parlare di questa fase della loro vita nell'Austria del dopoguerra. Otto aveva tutte le ragioni per tacere. In seguito, a sua moglie Wera disse soltanto che era sulla stessa nave di Peter Lert, il figlio della scrittrice Vicky Baum. Lert era a sua volta un "Ritchie Boy": Lieutenant Peter J. Lert, Class 13. Era addetto agli interrogatori dei prigionieri di guerra (IPW Team 44, VII Corps).

[13] Hans Habe, *Im Jahre Null*, München 1977, pp. 8 sg. Analogamente in Brombert, *Trains of Thought*, p. 259. A proposito di Camp Ritchie si veda l'eccellente documentazione e il libro di Christian Bauer, Rebekka Göpfert, *Die Ritchie Boys. Deutsche Emigranten beim US-Geheimdienst*, Hamburg 2005.

[14] L'emigrante Landsberger fu colpito dal "buon tedesco" di Urbach; Landsberger, *Prisoners of War*, p. 18.

[15] Cfr. Felix Römer, *Kameraden. Die Wehrmacht von innen*, München 2014, p. 47.

[16] Le lotte di potere tra gli internati avrebbero costituito la base di un film con Walther Matthau nel ruolo dell'avvocato. *Eroe per un giorno* (titolo originale: *The Incident*), del 1990, è ambientato in un campo di prigionia fittizio in Colorado, che in molti dettagli ricorda Camp Trinidad. Gli sceneggiatori erano senza dubbio stati ben informati da qualche insider.

[17] Anna Freud venne a sapere solo nel marzo del 1946 che le sue zie, sorelle di Sigmund Freud, erano state uccise già nel 1942. Cfr. in proposito: Young-Bruehl, *Die Londoner Jahre*, cit., pp. 82 sg.

[18] Cfr. al riguardo le informazioni dell'International Tracing Service, Bad Arolsen. Ringrazio Sabine van der Horst dell'ITS per le numerose informazioni sui recapiti dei parenti di Alice.

[19] La madre era l'americana Emma Middleton von Schirach (1872-1944), discendente di Arthur Middleton, cofirmatario della Dichiarazione d'indipendenza degli Stati Uniti. Lettera di Emma Schirach a Poultney Bigelow, 27.4.1941, Bigelow Papers, New York Public Library, Box 9.

[20] Sidonie e Karoline furono deportate insieme da Vienna, Müllnergasse 6/6, a Theresienstadt, il 14 luglio 1942, e due mesi dopo, il 21 settembre 1942, giorno del compleanno di Sidonie, a Treblinka.

[21] Può darsi che si fossero adoperati troppo tardi per tentare di emigrare. Forse Georg Eissler si immaginava al sicuro perché si era convertito a venticinque anni e aveva combattuto durante la Prima guerra mondiale. I suoi dati biografici: Georg Alexander Eissler, n. 22.4.1885, Wien 1, Schottenbastei 11, battezzato il 23.10.1910, cattolico romano, figlio di Hermann Eissler e Auguste Abeles. Cfr. al riguardo: Gaugusch, *Wer einmal war*, cit., p. 2256.

[22] *Wolfgang Trepper – live!*, trasmissione dell'emittente ARD, 1.2.2019.

[23] Nella biografia di Beda di Günther Schwarberg la vicenda viene ricostruita con precisione: il prigioniero criminale Josef Windeck interpretò i

commenti dei direttori della IG Farben come un incoraggiamento a uccidere Beda. Cfr. Günther Schwarberg, *Dein ist mein ganzes Herz. Die Geschichte von Fritz Löhner-Beda, der die schönsten Lieder der Welt schrieb, und warum Hitler ihn ermorden ließ*, Göttingen 2000, p. 167. La poesia di Beda più amata da Alice era *Juden, Christen und andere Antisemiten* [Ebrei, cristiani e altri antisemiti], che recita nella registrazione degli anni Settanta.

[24] Nelle sue memorie Alice scrive: "Vorrei commemorare in qualche modo queste due donne generose di cui non posso visitare le tombe e che nelle loro ultime terribili ore nella camera a gas di un campo di concentramento, si sono aggrappate l'una all'altra». Alice Urbach, *Old World*, p. 20.

La guerra di Cordelia

[1] Citato nel necrologio di Cordelia Dodson del Reed College, 2011 (https://www.reed.edu/reed-magazine/in-memoriam/obituaries/december2011/cordelia-dodson-hood-1936.html).

[2] *Ibidem.*

[3] Daniel Dodson studiava letteratura francese e durante la guerra pilotò un B-24 in Cina. Dopo la guerra divenne professore alla Columbia University. Scrisse diversi romanzi. Cfr. anche il suo necrologio sul "New York Times" del 12 gennaio 1991.

[4] Dossier dell'OSS su Cordelia Dodson, RG 226, Entry A1224, Box 191, National Archives, Washington.

[5] Chi lavorava lì aveva accesso alle preziose informazioni "ULTRA", che comprendevano tra l'altro conversazioni radio della Wehrmacht decrittate dagli inglesi, estremamente preziose dal punto di vista strategico. Oggi si suppone che abbiano permesso di accorciare la guerra di due anni.

[6] Dossier dell'OSS di Cordelia Dodson in cui è contenuto anche il suo curriculum: Reed College, 1932-36, BA nel 1936; Università di Grenoble, Francia 1936-37; Università di Vienna, Austria 1937-38; American Institute, Vienna, 1937-38; Reed College 1939-41 MA (ha studiato tedesco, francese, letteratura, psicologia). Referenze del dottor E.N. Barnhart OSS Washington, psicologo; dottor Dexter Keezer, War Labor Board, economista; dottor H.F. Peters, Reed College, Portland, Capo del dipartimento di Germanistica; E.R. LeRoy, G-2 MIS Army, Pentagon Building, Washington DC. (E.R. LeRoy lavorava per i servizi segreti militari ed era stato il capo di Cordelia fino a quel momento.)

[7] *Ibidem.*

[8] *Ibidem.*

[9] Il suo critico più severo è Stephen Kinzer, *The Brothers. John Foster Dulles, Allen Dulles and their Secret World War*, New York 2013.

[10] I suoi peggiori agenti dell'OSS erano però esattamente il contrario. Il giornalista della stampa scandalistica Drew Pearson li descrive come una "eccentrica banda di diplomatici dilettanti, bancari di Wall Street e detective amatoriali". Ivi, p. 66.

[11] Prima degli americani, questo sistema era già stato adottato dagli inglesi. Per quanto riguarda Viertel, cfr. anche il dossier dell'OSS su Peter Viertel, Theatre Service Record, Principal Civilian Experience, Scenario Writer, August 1945: "A un certo punto, quando lo spionaggio in Germania era ancora agli inizi, il tenente Viertel fece di tutto per risolvere il problema. Con grande energia e capacità di giudizio reclutò e formò agenti che furono poi assunti dal-

la sua organizzazione". Dossier dell'OSS su Peter Viertel, Box 802, National Archives, Washington.

[12] *Decision before Dawn* (titolo originale) era basato sul romanzo di George Howe *Call it treason*. Howe e Viertel lavoravano nella stessa unità. Riguardo al romanzo di Howe, Viertel scrisse: "Era il resconto romanzato di un'azione dei servizi segreti dietro le linee nemiche, a opera di un giovane soldato tedesco che avevo reclutato io. La missione fallì e si concluse con la morte del giovane in circostanze tragiche. Queste piccole operazioni tattiche erano chiamate 'missioni turistiche' e le intraprendevamo per conto della VII armata". Peter Viertel, *Dangerous Friends. At Large with Huston and Hemingway in the Fifties*, London 1992, p. 68.

[13] Negli anni Novanta Cordelia disse in proposito: "Fu un viaggio piuttosto delicato. Trasportavano parti di macchinari e persone definite 'Border Crossers', prigionieri di guerra tedeschi che si erano dichiarati disponibili a tornare e raccogliere informazioni ... Atterrammo a Lione in una tempesta di neve". Citato in Robert S. Greene, *Blum-San! Scholar, Soldier, Gentleman, Spy. The many lives of Paul Blum*, New York 1998, p. 107.

[14] McIntosh, *Sisterhood*, cit., p. 174.

[15] Greene, *Blum-San!*, cit., p. 198. Cordelia era particolarmente affascinata dai racconti di Blum su Cina e Giappone, paesi per i quali già Otto aveva acceso il suo entusiasmo. Girava voce che Cordelia e Blum, di vent'anni più vecchio, fossero stati innamorati, ma nel 1950, dopo un lungo tira e molla, Cordelia sposò il più giovane William Hood.

[16] Ivi, p. 202.

[17] Il suo nome era Diane e aveva più fiducia in Cordelia che in Blum. Ivi, p. 204.

[18] McIntosh, *Sisterhood*, cit., p. 176.

[19] Greene, *Blum-San!*, cit., p. 238.

[20] Hood sottolineò in seguito solo il ruolo di Blum nell'operazione, cfr. ivi, pp. 237 sg. Riguardo alla promozione, cfr. il dossier dell'OSS su Cordelia Dodson.

[21] Rapporto di Pucci.

[22] Cfr. McIntosh, *Sisterhood*, cit., p. 177.

[23] Cfr. al riguardo i ricordi di alcuni studenti nell'archivio di Reed: https://www.reed.edu/reed-magazine/articles/2014/emilio-pucci.html.

[24] La tesi di Emilio Pucci, *Fascism. An Explanation and Justification*, è in prestito a Reed dal 2018 e all'autrice non è ancora stato possibile consultarla (novembre 2021).

[25] Rapporto di Pucci (cfr. cap. 4, n. 17).

[26] Nel suo secondo rapporto per l'OSS (Rapporto di Pucci), Pucci non data l'udienza. Dev'essere avvenuta prima dello sbarco di inglesi e americani in Sicilia, il 9-10 luglio del 1943.

[27] Il Pervitin era considerato la "droga dei piloti" ma veniva assunta anche da altri soldati. Cfr. il rapporto di Pucci, p. 9. Sul Pervitin: Norman Ohler, *Der totale Rausch. Drogen im Dritten Reich*, Köln 2015 [*Tossici. L'arma segreta del Reich. La droga nella Germania nazista*, trad. di Chicca Galli, Rachele Salerno, Roberta Zuppet, Rizzoli, Milano 2016].

[28] McIntosh, *Sisterhood*, cit., p. 177.

[29] Il figlio Fabrizio, in seguito, usò la frase come titolo della sua autobiografia: Fabrizio Ciano, *Quando il nonno fece fucilare papà*, Mondadori, Milano 1991.

[30] Rapporto di Pucci.

[31] McIntosh, *Sisterhood*, cit., p. 177.

[32] Lorie Charlesworth, Michael Slater, *Ensuring the after-life of the Ciano diaries. Allen Dulles' provision of Nuremberg trial evidence*, in "Intelligence and National Security", vol. 21, n. 4, agosto 2006, p. 570. L'altra faccia di quei compromessi era la "ratline", o via dei topi, attraverso la quale si facevano emigrare illegalmente i criminali nazisti in Sudamerica. Poiché Pucci aveva tradito la parte fascista e non riscuoteva alcuna simpatia nemmeno tra gli oppositori italiani del regime, l'OSS lo aiutò. Cfr. in proposito il suo dossier dell'OSS: "Vuole un passaporto per il Sudamerica ... Vi saremmo grati se poteste aiutarci in questo senso". 22.11.1945, oggetto: Marchese Emilio Pucci di Barsento, conversazione su Pucci a Roma, RG 226, Entry 211, Box 38, National Archives, Washington.

Sopravvissuti!

[1] Lisl dimentica che anche il padre di Helga lavorava in Inghilterra. Intervista a Lisl Scherzer.

[2] Sieber, *The Newcastle-upon-Tyne Hostel*, cit.

[3] In seguito fu effettivamente possibile accertare che i genitori di Margot, Alfred e Bella H., erano stati assassinati nel 1941 nel ghetto di Łódź.

[4] *Historical records for the children who came on the Kindertransport*, World Jewish Relief's Archives (atti anonimizzati).

[5] Sieber, *The Newcastle-upon-Tyne Hostel*, cit.

[6] Dalla loro storia, nel 2020, è stato tratto un film dal titolo *The Windermere Children*. Oggi, a Windermere, Trevor Avery dirige il Lake District Holocaust Project.

[7] Il deposito degli effetti personali viene citato anche qui: *Poisoned Angel. The Story of Alma Rose*, trasmissione di BBC Radio 4, 2004.

[8] Nell'originale compare qui la parola "aggressive", che nel contesto postbellico aveva una valenza positiva.

[9] Affidavit di W. Dodson, senza data, Lascito Karl Urbach.

[10] All'epoca, faceva parte dell'equipaggio del *Carpathia*, il transatlantico giunto sul luogo dell'incidente.

[11] Urbach, intervista registrata, Lascito Alice Urbach.

[12] Lavorava per la catena di alberghi Albert Pick, fondata da un emigrante ebreo nel XIX secolo; cfr. https://matchpro.org/Archives/2004/alpick.pdf.

[13] Habe, *Im Jahre Null*, cit., p. 21.

[14] Tra l'incarico di Otto a Teddington nel 1944 e la sua comparsa in Germania c'è nuovamente una lacuna. Nel 1946 lavorava a Stoccarda, CIC-Region 1; il suo primo rapporto reperibile è dell'aprile 1946.

[15] Investigative Records Repository (IRR), Impersonal Files, Box 68, folder "Odessa Organization ZF 015116. NARA, RG 319, Entry A1134-A". Ringrazio Thomas Boghardt per avermi segnalato il documento. Lo cita anche Guy Walters, senza tuttavia menzionare il nome di Otto. Guy Walters, *Hunting Evil. The Nazi War Criminals Who Escaped and the Quest to Bring Them to Justice*, London 2010, p. 140.

[16] Secondo questo informatore, Odessa a Dachau era stata ribattezzata "Skorzeny". Il CIC supponeva tuttavia che il nome di Otto Skorzeny venisse usato solo per ragioni di prestigio e che non fosse stato lui ad assumerne la guida. Cfr. Operation Brandy, Skorzeny Group, RG 319, Entry A1134 A, National Archives, Washington.

[17] *Ibidem*. Cfr. anche Walters, *Hunting Evil*, p. 141.

[18] L'associazione Stille Hilfe für Kriegsgefangene und Internierte [Aiuto silenzioso per prigionieri di guerra e internati] è stata sovvenzionata per decenni dalla figlia di Himmler, Gudrun. Il padre la portava con sé al lavoro fin da piccola; nel 1941, per esempio, avevano visitato insieme il campo di concentramento di Dachau. A Gudrun era piaciuto.

[19] E-mail di Frederick Forsyth all'autrice sulla genesi del suo romanzo su Odessa, 30 agosto 2018. Da giornalista della Reuters a Berlino, Forsyth si mise in contatto nel 1963 con il transfuga John Peet che gli raccontò di Odessa. In seguito Forsyth ne parlò con Simon Wiesenthal che confermò alcune parti della vicenda.

[20] Tom Segev, *Simon Wiesenthal. Die Biographie*, München 2010, p. 135.

[21] "A noi dissero che dovevamo arrestare i Kreisleiter responsabili distrettuali e i funzionari nazisti. Io mi buttai a capofitto nel lavoro e riuscimmo a trovarne e a prenderne qualcuno. Il problema fu che nel giro di quarantott'ore, non solo vennero liberati, ma furono loro addirittura conferiti incarichi di alto livello nell'amministrazione. Il governo militare americano insisteva sul fatto che c'era bisogno degli ex nazisti per far andare avanti le cose. Era una commedia. Noi li arrestavamo, mentre i nostri superiori si facevano più problemi per le leggi e i regolamenti che per i crimini di quegli ideologi nazisti. Reinserirono quei 'tedeschi capaci' e ci ringraziarono addirittura per averli scovati nei loro nascondigli." Brombert, *Trains of Thought*, cit., p. 312 sgg.

[22] Tra questi rientrava anche la *ratline*. Cfr. James V. Milano, Patrick Brogan, *Soldiers, Spies, and the Rat Line. America's Undeclared War Against the Soviets*, Washington DC 2000.

[23] Rudolf Diels, *Der Fall Otto John. Hintergründe und Lehren*, Göttingen 1954, p. 18.

[24] Mr. Stone, il fidanzato, è citato anche nel dossier personale di Wera; cfr. Württembergisches Staatstheater Stuttgart, Personalakte Wera Friedberg, Staatsarchiv Ludwigsburg, EL221/6, Bü 467.

[25] Sul mercato nero a Stoccarda e il CIC, cfr. 14 – Hauptkatei Gruppe 0, n. 49, November 1945-Dezember 1946, Stadtarchiv Stuttgart.

[26] Wera Frydtberg, conversazione con l'autrice degli anni Novanta.

[27] Israel Friedberg (1780-1822), Eduard Friedberg (1811-1891).

[28] Quando Herbert Friedberg, nel 1934, avrebbe dovuto ottenere la sua abilitazione, non poté andare a ritirarla. Per le leggi di Norimberga gli era proibito esercitare la professione medica. Lavorò quindi in nero in un ospedale di Überlingen. Solo durante la guerra, quando i medici cominciarono a scarseggiare, gli fu affidata la direzione di un ospedale militare a Varsavia. Cfr. anche l'atto di riparazione: F 196/2 Nr. 1957, Dr. Herbert Friedberg, Staatsarchiv Freiburg. Ringrazio Cornelia Matz per il suo aiuto nelle ricerche in Baden-Württemberg.

[29] "Stuttgarter Zeitung", 17.7.1946.

Ritorno a Vienna

[1] Dopo la guerra Polgar visse a Zurigo e di tanto in tanto faceva visita a Torberg a Vienna: "Quando ripartì, lo accompagnai alla stazione e gli chiesi se Vienna gli era piaciuta. 'Su questa città devo dare un giudizio stroncante,' disse Polgar 'Vienna resta sempre Vienna'". Torberg, *Tante Jolesch*, cit., p. 265. Riguardo all'analoga atmosfera in Germania, cfr. Christian Bommarius, *1949. Das lange deutsche Jahr*, München 2018.

[2] In base ai dati dei passeggeri conservati presso gli Ellis Island Archives Alice lasciò l'Europa da Southampton il 27.8.1949, diretta a New York. Non essendoci dati riguardo all'arrivo non è più possibile ricostruire quanto tempo sia stata in Europa.

[3] Ernst Lothar, *Die Rückkehr. Roman*, Wien 2018 (1949), p. 100.

[4] Ivi, pp. 101 sg.

[5] Si trattava di un problema relativamente piccolo, in confronto ai rapimenti. Tra le persone sequestrate c'erano scienziati e ingegneri, ma anche normalissimi cittadini austriaci che erano stati denunciati dai vicini come spie alle autorità sovietiche. Una studentessa inglese fu deportata perché un innamorato respinto convinse i soldati sovietici che la ragazza era a capo di una rete di agenti segreti britannici. Tali denunce erano raramente oggetto di verifiche, si preferiva passare subito all'azione. Per Alice, però, il fatto che a Vienna le persone venissero semplicemente portate via, non era una novità. Cfr. Gordon Corera, *The Art of Betrayal. Life and Death in the British Secret Service*, London 2011.

[6] Otto probabilmente era stato trasferito a Vienna dalla Cecoslovacchia grazie alle sue buone conoscenze. Cfr. in proposito l'annotazione nel diario dell'ammiraglio Hillenkoetter: "26 febbraio 1948: Tenente Otto R. Urbach, CIC, Baltimore, Md. – Attualmente insegnante presso la scuola di formazione del CIC. È appena tornato dall'Europa dell'Est, dove serviva nel 970 CIC Detach. e ha informazioni che vorrebbe passare ai destinatari opportuni". Diary of Rear, Admiral R.H. Hillenkoetter, NARA, e online: https://www.cia.gov/readingroom/docs/1947-11-03.pdf.

[7] I funzionari dell'anagrafe viennese registrarono l'arrivo di Otto e Wera a maggio del 1949.

[8] Cfr. Torberg, *Tante Jolesch*, cit., p. 264.

[9] Otto lavorava a Vienna sotto copertura, spacciandosi per un uomo d'affari: Mr. Otto R. Urbach & Foreign Distribution Associates. Alla famiglia diede tuttavia un indirizzo postale per le emergenze che non aveva nulla a che fare con questo impiego: Mr. Otto R. Urbach, c/o American Legation Wien IX, Boltzmanngasse. Come "uomo d'affari", Otto attirò l'attenzione di altre ditte americane che non capivano cosa facesse a Vienna. Nel 1951, l'USCOA (United States Command, Austria) ricevette una richiesta della Federal Supply Co., desiderosa di sapere di cosa si occupasse l'azienda di Otto R. Urbach. Cfr. USCOA Economics Division, February 1951, Classification: Secret. Poco dopo Otto chiuse quella società. Dal 1952 fu trasferito a Berlino come collaboratore dello State Department.

[10] Urbach, intervista registrata, Lascito Alice Urbach.

[11] https://www.literaturhaus-muenchen.de/ausstellung/100-jahre-ernst-reinhardt-verlag/.

[12] Appunto conservato nell'archivio della Camera dell'industria e del commercio di Monaco e dell'Alta Baviera (BWA K1, XXI 16, 91. Akt, Fall 20), Bayerisches Wirtschaftsarchiv, München. Ringrazio Richard Winkler per aver trovato questo appunto.

[13] Christian Adam, in un contributo del Deutschlandfunk Kultur: https://www.deutschlandfunkkultur.de/der-milde-blick-wie-deutsche-verlage-mit-ihrer-ns.976.de.html?dram:article_id=386423. Cfr. anche Christian Adam, *Der Traum vom Jahre Null. Autoren, Bestseller, Leser. Die Neuordnung der Bücherwelt in Ost und West nach 1945*, Berlin 2016.

[14] Jungck aveva appreso nel frattempo quale sorte fosse toccata a Wessel e ai suoi genitori, che vivevano in "condizioni deplorevoli". Jungck, *75 Jahre*, cit., p. 79.

[15] Ivi, pp. 78 sg.

[16] A quanto pare il suo procuratore aveva nuovamente firmato un contratto con Wessel per la collana dei compendi e il manuale di fisica contro il suo volere. Ivi, p. 80.

[17] *Ibidem.*

[18] Ivi, p. 56.

[19] Lettera di Alice Urbach a Hermann Jungck del 26.4.1953, Ernst Reinhardt Verlagsarchiv, München.

[20] Jungck, *75 Jahre*, cit., p. 56.

[21] Si veda la "dichiarazione" del 1938, già citata nel capitolo *Ladri di libri*. Ernst Reinhardt Verlagsarchiv, München.

[22] Nel 1938 uscì la terza edizione del libro di cucina di Alice, con una tiratura di 25.000 copie. Nel volume celebrativo Jungck sostiene tuttavia che a dicembre del 1938 sia uscita la prima edizione di Rösch, in 10.000 copie. Cfr. Jungck, *75 Jahre*, cit., p. 56. In questo caso Jungck, probabilmente, ha solo "retrodatato" Rösch.

[23] Jungck, *75 Jahre*, cit., p. 56 sg.

[24] Alice a Hermann Jungck, 10.7.1950, Hotel Missouri, Jefferson City, MO. Ernst Reinhardt Verlagsarchiv, München.

[25] Alice a Hermann Jungck, 7.9.1950, Ernst Reinhardt Verlagsarchiv.

[26] Chicago 29.7.1952, Alice Urbach a H. Jungck, Ernst Reinhardt Verlag.

[27] Alice a Jungck, 31.8.1952.

[28] Alice a Jungck, 21.3.1954.

[29] In Austria, per molto tempo ancora dopo la fine della guerra, era consuetudine attribuire il titolo accademico del marito anche alla moglie. Lettera di Alice a Jungck, 6.8.1953.

[30] Alice a Jungck, 15.5.1954.

[31] Alice in questo caso si sbaglia. Probabilmente consegnò il manoscritto nel 1934, ma il libro uscì soltanto nel 1935. Inoltre, invece di "Rudolf Rösch" scrive per errore "Rudolf Rauh", corretto nella trascrizione.

[32] https://www.geschichtewiki.wien.gv.at/Buch-und_Künstlerverlag_Gerlach_%26_Wiedling.

Dopo che Alice, nel 1980, pregò la nuora di intervenire a proposito del libro di cucina, Wera – che viveva a Monaco, non molto distante dalla sede – contattò anche la casa editrice Reinhardt. Non è più dato di sapere che cosa le dissero. In una lettera successiva, tuttavia, Alice ringraziò Wera per averci almeno provato.

[33] Uno dei motivi era l'accessibilità della documentazione. Nel suo documentario del 2008 *Menschliches Versagen* [Errore umano], Michael Verhoeven ha illustrato molto bene i problemi che gli storici e le persone coinvolte hanno dovuto affrontare per accedere ai documenti sull'arianizzazione.

[34] Jungck, *100 Jahre*, cit., p. 126.

[35] Ivi, p. 43.

[36] Risvolto di copertina per Rudolf Rösch, *So kocht man in Wien!*, Forum Verlag, Wien 1966.

[37] Christian Enzensberger, *Der Aufruhr der Regeln*, postfazione alla sua traduzione di Lewis Carroll, *Alice im Wunderland*, Frankfurt am Main 1963.

[38] Alice a Jungck, ultima lettera, 15.5.1954.

[39] Königseder, *de Gruyter*, p. 129.

[40] Ivi, p. 130 sg.

[41] Ivi, p. 132.

[42] Le leggi riguardo alle vendite forzate avvenute durante il nazismo sono cambiate solo nel 1990. Alle vendite effettuate dopo l'entrata in vigore delle leggi di Norimberga, il 15.9.1935, oggi si applica la legge per il risarcimento delle vittime della persecuzione nazionalsocialista (cfr. il capitolo *Ladri di libri*). Nel caso delle opere d'arte valgono inoltre i Principi di Washington del 1998. Per gli affari conclusi con soci ebrei a partire dal 1935 ci si può appellare all'inversione dell'onere della prova. Va dunque anche dimostrato che queste transazioni siano avvenute legalmente.

[43] Punkl, *Verlag Moritz Perles*, cit., pp. 122 sgg.

Nuovi inizi

[1] Per Manhattan sono "prezzi medi". Il Riviera oggi, come molti edifici residenziali di New York, è un "co-op", cioè una cooperativa, per cui non si acquistano i singoli appartamenti ma azioni della cooperativa.

[2] Da quando nel 2010 ha festeggiato il suo centesimo anno di esistenza, il palazzo ha una pagina commemorativa: http://www.790rsd100.org/people.html. Vi si trovano anche notizie sugli inquilini degli anni Cinquanta e Sessanta.

[3] Alice Urbach, *Old World*, cit., p. 20.

[4] Ringrazio Dorit Whiteman per i suoi ricordi di questi incontri.

[5] Alice Urbach, *Old World*, cit., p. 20.

[6] Un ulteriore motivo per l'interesse di Horch potrebbe essere che la moglie (come la madre di Alice) era una Gutmann.

[7] Le lettere di Jungck non si sono conservate, ma è probabile che si fosse di nuovo appellato al contratto del 1938, che includeva anche il diritto di traduzione. Alice si oppose strenuamente e scrisse a Jungck: "Suo zio Reinhardt mi concesse i diritti di traduzione. In seguito, parecchio tempo dopo la sua morte, quando andai in Inghilterra, ricevetti da lei l'incarico di trovare una ditta che si occupasse di traduzioni a Londra, a cui lei, su richiesta, mandò una copia di *So kocht man in Wien!*. (Poi non se ne fece nulla per via della situazione politica). Subito dopo ebbi (e ho ancora) una sua comunicazione in cui mi diceva letteralmente: so che lo zio le ha concesso i diritti di traduzione del libro *So kocht man in Wien!*, e sono anche disposto a lasciarglielo, in questo caso, sebbene l'idea sia stata mia. Forse, caro signor Jungck, adesso la situazione le risulta un po' più chiara. Spero che stia trascorrendo una bellissima vacanza". Alice a Jungck, 22.2.1953. E un paio di settimane dopo: "Certo, è prematuro, far valere dei diritti prima che la questione della traduzione si concretizzi. La sua lettera del 7 settembre 1938 da cui si evince il mio diritto esclusivo di traduzione dell'intero libro di cucina, ce l'ho adesso tra le mani e posso mandarle una fotocopia in qualsiasi momento". Alice a Jungck, 12.3.1953. Pare che Jungck abbia sostenuto che non ci fossero prospettive di guadagno per un libro del genere. Su questo punto Alice scrisse: "Vorrei, però, ribadirlo ancora una volta: se il mio libro fosse stato esposto nelle librerie inglesi e americane, sarebbe stato venduto. Io sono molto ben inserita, mentre quel 'Rösch' è uno sconosciuto. Ci terrei molto a sapere che cosa ne pensa dell'idea di scrivere un nuovo libro di cucina inglese, molto più piccolo, e se nel caso pubblicherebbe anche un mio libro del genere, in inglese. Io mi sento perfettamente in grado di scriverlo, e il mio inglese è buono, come pure le mie conoscenze delle abitudini inglesi e americane. Se invece dev'essere tradotto il libro grande, perché allora non l'originale, la versione 'Urbach?'. Le [illeggibile] non si usano! E non crede, caro signor Jungck, che

mi spetti un risarcimento per tutte le ingiustizie di cui lei naturalmente non ha alcuna colpa? Se traduce il libro di Rösch, che si discosta così poco dal mio, viola il mio diritto di traduzione, e io so che non desidera farmi alcun torto». 12.3.1953. A maggio del 1954 Jungck sembra aver finalmente confermato di aver ricevuto le fotocopie (15.5.1954, Lettera custodita nell'archivio della casa editrice Ernst Reinhardt).

[8] Il libro di Olga Hess (1881-1965) fu tradotto in inglese da Clara Schlesinger. Prima del 1916 Hess aveva pubblicato diversi libri di ricette: Olga Hess, *Die moderne Kochkunst. Kochbuch zusammengestellt aus den vorzüglichsten Rezepten der Großen Ceres-Preiskonkurrenz ergänzt durch Rezepte des Wiener Seminars zur Ausbildung von Kochlehrerinnen*, Wien 1908; Olga Hess, Adolf Franz Hess, *Wiener Küche. Sammlung von Kochrezepten der Bildungsanstalt für Koch- und Haushaltungsschullehrerinnen*, Wien 1913; Olga e Adolf Hess, *Die Aufschreibungen der Hausfrau. Ein Beitrag zum Unterrichte in der hauswirtschaftlichen Buchführung*, Wien 1916.

[9] Margarete Klemperer (Vienna 1890 - New York 1966), sposata con Hugo Klemperer. La coppia ebbe un figlio, Hans Klemperer.

[10] Hilfsfonds und Vermögensverkehrsstelle, VA 13 480, AHF 5529, Österreichisches Staatsarchiv, Vienna. Senza l'aiuto dei suoi figli Alice non si sarebbe potuta permettere nessun viaggio in Europa. Stando alle liste dei passeggeri, partì nel 1949, 1954 e 1956 con la nave *Southampton*. In seguito, per andare in Europa, si servì dell'aereo.

[11] Forse sarebbe rimasta più colpita se avesse saputo che Julia Child, come Cordelia Dodson, aveva lavorato per l'OSS durante la guerra, contribuendo così alla lotta contro i nazionalsocialisti.

[12] Quando negli anni Settanta la figlia di Ilse Camis, Susan, chiese ad Alice che cosa pensasse della celebre cuoca televisiva Julia Child, ricevette una risposta decisa: "del tutto sopravvalutata". Susan rimase senza parole, perché in America Julia Child era considerata una grandissima cuoca. Conversazione dell'autrice con Susan Camis, 2019.

[13] Lettera di Pat Tovey alla trasmissione *Over Easy*, 30.12.1980, Lascito Alice Urbach. Ringrazio Patricia e Siska Tovey, di San Francisco, per i loro ricordi di Alice e le lettere di quel periodo.

[14] Cfr., tra altri, Harvey Steiman, *In the kitchen at 92*, in "San Francisco Examiner", 1.11.1978; Jinx Morgan, *Viennese Table*, in "American Way", aprile 1981, p. 22; Lana Severn, *Alice Urbach: teaching again at 94*, in "Marin Independent Journal", 1980; Necrologio di Alice Urbach, in "Aufbau", vol. XLIX, n. 31, agosto 1983.

[15] Secondo l'opuscolo di presentazione della scuola, cominciò a insegnare nel 1977. Nel 1981 faceva lezione il venerdì alle 10 e il lunedì alle 18.30.

[16] Ringrazio Ilse Camis per il suo carteggio con Alice. Si veda, tra le altre, anche una lettera di Karl Urbach a Ilse Camis, del 15.9.1983: "[Alice] ha lasciato il suo corpo alla facoltà di Medicina. Abbiamo acquistato una targhetta commemorativa per lei al Golden Gate Park, dove andava volentieri. Ho fatto in tempo a dirle che era diventata bisnonna".

[17] La PBS è l'emittente televisiva pubblica americana e i suoi programmi sono considerati culturalmente più ambiziosi di quelli delle televisioni commerciali concorrenti. La conduttrice della trasmissione era Mary Martin, nota al pubblico americano come ex star del musical e come madre dell'attore Larry Hagman, il J.R. di *Dallas*.

[18] Certificato di morte, Lascito Alice Urbach.

[19] Cfr. l'articolo di Lana Severn, *Alice Urbach. Teaching again at 94*, in "Marin Independent Journal", 1980.

[20] Eva-Maria Schnurr, *"Aber meine jüdischen Hände auf den Fotos blieben drin"*, in "Spiegel online", 8.10.2020, https://www.spiegel.de/geschichte/alice-urbach-wie-nazis-einer-juedin-ihren-kochbuch-bestseller-raubten-a-3c9d3c5f-443f-4a9e-97f2-0832c8d8ba8d. Cfr. anche Andreas Fanizadeh, *Der geraubte Bestseller*, in "taz", 10.10.2020. A proposito della restituzione dei diritti d'autore: Martin Doerry, *Arisierter Topfenstrudel*, in "Der Spiegel", 24.10.2020; Leonie Feuerbach, *Wie die Nazis ein Koch- buch stahlen*, in "FAZ Magazin", novembre 2020, pp. 60-61; Susanne Kippenberger, *Wiener Strudel*, in "Der Tagesspiegel", 28.10.2020; Sara Tor, *Family's fight for cookbook "aryanised" by the Nazis*, in "The Times", 11.1.2021.

[21] Dichiarazione della casa editrice Ernst Reinhardt, ottobre 2020. Cfr. anche Christiane Laudage, *Späte Gerechtigkeit für jüdische Kochbuch-Autorin Alice Urbach: 80 Jahre nach "Arisierung" wieder als Urheberin anerkannt*, "Katholische Nachrichtenagentur KNA", 21.12.2020.

Archivi e fonti

Lasciti famigliari privati

Lascito Alice Urbach (in possesso di Karina Urbach, Cambridge, e Katrina Urbach, San Francisco)
Lascito Karl Urbach (in possesso di Katrina Urbach, San Francisco)
Lascito Otto Urbach (in possesso di Karina Urbach, Cambridge)
Lascito Robert e Lola Urbach (in possesso di Nina Price, San Francisco)
Lascito Famiglia Mayer (in possesso di Michael Livni, Gerusalemme)
Lascito Cordelia Dodson (in possesso di Sarah Fisher, Maine)
Lasciti Paula e Peter Sieber (in possesso di Vivien Sieber, Oxford)

Interviste dell'autrice a testimoni dell'epoca

Lilly Mendelsohn-Urbach (moglie del Dr. Karl Urbach)
Renata Rainer (figlia di Robert Urbach), 2019-20
Clara Fontana (bisnipote di Cordelia Dodson), 2019
Dr. Dorit Whiteman, 2019-20
Ilse Camis (n. Gross) e sua figlia Sue Camis, 2019-20
Alisa Tennenbaum (n. Lisl Scherzer), 2018-19
Elfi Reinert (intervista di Vivien Sieber), 2019

Archivi in Germania e Austria

BAYERISCHES WIRTSCHAFTSARCHIV, MONACO

JHK Appunto sulla casa editrice Ernst Reinhardt
BWAK1, XXI16, 91. Akt, Fall 20
Bundesarchiv, Berlino Lichterfelde
Fondo Reichsnährstand (R 16/44 und R 16/58)
Collezione Berlin Document Center (BDC), Schedario centrale dei membri della NSDAP (tutti i membri del partito nazista di nome Rudolf Rösch)

DEUTSCHES LITERATURARCHIV MARBACH

Lascito Arthur Schnitzler, lettera di Sigmund Mayer ad Arthur Schnitzler, senza data (Numero di inventario: HS.NZ85.0001.04041)

VERLAGSARCHIV DES ERNST REINHARDT VERLAGS, MONACO

Contratto editoriale di Alice Urbach del 25.1.1935 e Dichiarazione del 5.9.1938

18 lettere di Alice Urbach a Hermann Jungck, 1950-54

INTERNATIONAL TRACING SERVICE/INTERNATIONALER SUCHDIENST, BAD AROLSEN

Informazioni su Karoline Fleischner, Sidonie Rosenberg, Dr. Helene Eissler, Dr. Georg Eissler, Leopold Schück e Karl Urbach

ISRAELITISCHE KULTUSGEMEINDE VIENNA, MATRIKELAMT

Date di nascita e di morte della famiglia Mayer.

KZ-GEDENKSTÄTTE DACHAU, STIFTUNG BAYERISCHE GEDENKSTÄTTEN

Prigioniero Karl Urbach (Registro di ingresso n. 105/28186)

MEMENTO, ONLINE-DATENBANK DES DOKUMENTATIONSARCHIVS DES ÖSTERREICHISCHEN WIDERSTANDES, VIENNA

Appartamenti collettivi Ebendorferstraße 10, Vienna (https://www.memento.wien/address/74/)

ÖSTERREICHISCHES STAATSARCHIV

Scheda anagrafica del Landsturm Dr. Maximilian Urbach (AT-OeStA/KA Pers GB Evidenzen LSt MilKdo Wien Sanität 9)

Materiali archivistici della Vermögensverkehrsstelle [Ente preposto all'arianizzazione dei beni ebraici] e dell'Hilfsfonds für politisch Verfolgte [Fondo per l'assistenza dei perseguitati politici] relativi a Alice Urbach, Felix e Helene Mayer, Robert e Lola Urbach

STAATSARCHIV FREIBURG

Dr. Herbert Friedberg, Wiedergutmachungsakte [Atti relativi alle riparazioni] 1957 (F 196/2)

STAATSARCHIV LUDWIGSBURG

Württembergerisches Staatstheater Stoccarda, fascicolo personale Wera Friedberg (StA Ludw EL221/6, Bü 467)

STADTARCHIV MÜNCHEN

Certificato di residenza EWK 78 I/J/Y225, Hermann Jungck

STADTARCHIV STUTTGART

Rapporti sull'ambiente del mercato nero a Stoccarda, novembre 1945 - dicembre 1946 (StadtA Stgt, 14 - Hauptaktei Gruppe 0, n. 49)

WIENER STADT- UND LANDESARCHIV, WSTLA

Meldeunterlagen [Moduli di iscrizione] Alice Urbach e Otto Urbach

Steuerkataster [Catasto fiscale], K2/1 – Zentralgewerberegister [Registro centrale delle imprese], Alice Urbach; scuola di cucina nel IV distretto, Goldeggasse 7

Verlassenschaftsakte [Atti di successione] Dr. Maximilian Urbach

Verlassenschaftsakte Sigmund Mayer

Verlassenschaftsakte Pauline Mayer

Archivi americani

CIA, ELECTRONIC READING ROOM

Diario del Contrammiraglio R.H. Hillenkoetter (https://www.cia.gov/library/readingroom/docs/1947-11-03.pdf)

ELLIS ISLAND FOUNDATION, NEW YORK

Dati dei passeggeri e date di arrivo di Alice Urbach, Karl Urbach, Otto Urbach, Wera Urbach.

HOLOCAUST MEMORIAL MUSEUM, LIBRARY AND ARCHIVES, WASHINGTON

Raccolta fotografica Alisa Tennenbaum

Dorit Whiteman Collection, Kindertransport

LEO BAECK INSTITUTE ARCHIVES, NEW YORK/BERLINO

Felix Mayer, *Gedichte* (LBI MS 102a)

Felix Mayer, *The Mission* (LBI MS 102c)

LEO BAECK INSTITUTE, DIGITAL COLLECTIONS

Mayer Family of Bratislava Collection (LBI AR 370)

LIBRARY OF CONGRESS, MANUSCRIPT DIVISION, WASHINGTON

Lascito Anna Freud (MSS49700), Corrispondenza relativa alle Hampstead Nurseries e alla Hampstead Child Therapy Clinic 1941, alle evacuazioni del 1941 e al saggio *Infants without families: The Case for and against residential nurseries*

NATIONAL ARCHIVES, WASHINGTON (NARA)

Records of the Office of Strategic Services 1940-1947

RG 226, Entry 211: Report of Marchese Emilio Pucci, cfr. anche Entry 190C, Box 11.

RG 243: Records of the US Strategic Bombing Survey
RG 226, Entry 224: OSS File Cordelia Dodson, Box 191, OSS File William Hood, Box 346, OSS File Peter Viertel, Box 804
RG 319, Entry A1134-A: Investigative Records Repository (IRR), Impersonal Files, Box 68, folder "Odessa Organization" ZF 015116.
Documenti del CIC, in: RG 59, RG 65, RG 92, RG 107, RG 111, RG 153, RG 159, RG 160, RG 165, RG 226, RG 238, RG 242, RG 260

NEW YORK PUBLIC LIBRARY

Bigelow Papers, Box 9 (Corrispondenza con Emma von Schirach)

REED COLLEGE, PORTLAND, OREGON, SPECIAL COLLECTIONS AND ARCHIVES

Reed College Bulletin, vol. 15 (1), gennaio 1936
Reed College Bulletin, vol. 16 (1), gennaio 1937
File President Dexter Keezer 28.1.1938
Reed College Quest 1987
Reed Digital Collections (https://rdc.reed.edu/c/reedhisttxt/s?p=1&pp=20&ft=subject&fv=Athletics)
Conferenza di Emilio Pucci, 1962 (https://soundcloud.com/reed-college/pucci-emilio-talk-on-design-at-reed-college-1962)

SEELEY G. MUDD MANUSCRIPT LIBRARY, PRINCETON UNIVERSITY LIBRARY

Raccolta Allen W. Dulles, Box 12, Folder 21.

Archivi in Gran Bretagna

COLLEGE LIBRARY, HARLAXTON COLLEGE, GRANTHAM

Mrs. Van der Elst nei ricordi dei parenti e del personale di Grantham Castle (non catalogato)

MANX MUSEUM, LIBRARY & ARCHIVES, DOUGLAS, ISOLA DI MAN

Cartolina Felix Mayer, ca. 1940.

NATIONAL ARCHIVES, KEW

Documenti dell'Home Office: HO 396/94 Alice Urbach. Female enemy alien. Exemption from Internment-Refugee; HO 396/113 Felix Israel Mayer

WIENER HOLOCAUST LIBRARY, LONDRA

Peter Sieber, *The Newcastle-upon-Tyne Hostel for Jewish Refugee girls. In recognition of the Hostel Committee who initiated the hostel and managed it, and of the New-castle Jewish Community who supported it* (manoscritto inedito, 4184)

Jewish Board of Deputies, *While you are in England. Helpful Information and guidance for every refugee. Brochure published by the German Jewish Aid Committee/Für die Zeit ihres Aufenthalts in England: Hilfreiche Informationen und Anleitungen für jeden Flüchtling*. Refugee Pamphlets, London ca. 1938. Reference: S3b 081.

Central Office for Refugees, *Do's and Don't's for Refugees*, London ca. 1940.

Collection 1368 (Lettere relative al Kindertransport)

WORLD JEWISH RELIEF'S ARCHIVES, LONDRA

Schede e documenti dettagliati dei bambini di Newcastle/Windermere (anonimizzati).

Quotidiani e riviste

"American Way"

ANNO (giornali e riviste digitalizzati, Österreichische Nationalbibliothek)

"Aufbau"

"Badener Curliste"

"Die Bühne"

"Die Fackel"

"Herald Tribune"

"Illustrierte Kronenzeitung"

"Jüdische Monatshefte, Zeitschrift für Politik, Wirtschaft und Literatur"

"Kronenzeitung"

"Neue Freie Presse"

"Neues Wiener Journal"

"New York Times"

"The Oregonian"

"Prager Tageblatt"

"Die Presse", 2019

"Die Reichspost"

"San Francisco Examiner"

"Der Spiegel"

"Der Standard"

"Stuttgarter Zeitung"

"Der Tag"

"Die Zeit" (settimanale austriaco 1894-1904)

Opere di consultazione

Lehmann's Allgemeiner Wohnungs-Anzeiger nebst Handels- und Gewerbe-Adressbuch für die k. k. Reichs-Haupt und Residenzstadt Wien, annate 1925-1940.

Filmati

Trasmissione televisiva americana *Over Easy* con Alice Urbach: puntata 5040 (1981), puntata 6065 (1982).

Lungometraggi

Il terzo uomo (*The Third Man*, Gran Bretagna 1949)
Finalmente l'alba (*Wir Wunderkinder*, Repubblica Federale Tedesca 1958)
Professor Mamlock (Repubblica Democratica Tedesca 1961)
Der Herr Karl (Austria 1961)
Dossier Odessa (*The Odessa File*, Gran Bretagna, Repubblica Democratica Tedesca, Stati Uniti 1974)
Eroe per un giorno (*The Incident*, Stati Uniti 1990)

Documentari (selezione)

The Ritchie Boys (Canada, Germania 2004)
About Face. Jewish refugees in the Allied Forces (Stati Uniti 2005)
Menschliches Versagen (Germania 2008)
Die Kinder von Windermere (*The Windermere Children*, Gran Bretagna 2020)

Trasmissioni radiofoniche (selezione)

Franz Marischka, produttore cinematografico intervistato da Kurt von Daak, alpha-Forum, Bayerischer Rundfunk, 2.1.2002
Georg Kreisler, autore, compositore e chansonnier, intervistato da Christoph Lindenmeyer, alpha-Forum, Bayerischer Rundfunk, 28.2.2003
Poisoned Angel – The Story of Alma Rose, BBC Radio 4, 2004
Philipp Gessler, *Wie deutsche Verlage mit ihrer NS-Geschichte umgehen*, Deutschlandfunk Kultur, 19.5.2017 (https://www.deutschlandfunkkultur.de/der-milde-blick-wie-deutsche-verlage-mit-ihrer-ns.976.de.html?dram:article_id=386423)

Manoscritti inediti

Michael Livni (Max Langer), *An Adolescent Subculture*, tesi di dottorato 1959 con una prefazione autobiografica del 2019, Gerusalemme 2019.
Felix Mayer, *The Mayer Family, from Pressburg to Vienna*, New York 1960, Lascito Famiglia Mayer.

Alice Urbach, *Old World – New World. The Personal Life Story of Mrs Alice Urbach*, 1977, Lascito Alice Urbach.

Alice Urbach, *Some Members of the Mayer Family, 1789-1957*, raccontato da Alice Urbach, trascritto da Charles Landstone, London 1957, Lascito Famiglia Mayer.

Studi

Christian Adam, *Lesen unter Hitler. Autoren, Bestseller, Leser im Dritten Reich*, Berlin 2010.

Id., *Der Traum vom Jahre Null. Autoren, Bestseller, Leser. Die Neuordnung der Bücherwelt in Ost und West nach 1945*, Berlin 2016.

Rudolf Agstner, *A Tale of Three Viennese Department Stores in Egypt. The Oriental Adventures of Mayer, Stein and Tiring*, in "Aufbau", n. 9, 30.4.1999.

Götz Aly, Michael Sontheimer, *Fromms. Wie der jüdische Kondomfabrikant Julius F. unter die Räuber fiel*, Frankfurt a. M. 2007.

Leon Askin, *Quietude and Quest. Protagonists and Antagonists in the Theatre, on and off Stage as Seen Through the Eyes of Leon Askin*, Riverside 1989.

David Axmann, *Friedrich Torberg. Die Biographie*, München 2008.

Lillian M. Bader, *Ein Leben ist nicht genug. Memoiren einer Wiener Jüdin*, Wien 2011

Dorit Bader-Whiteman, *The Uprooted. A Hitler Legacy. Voices of Those Who Escaped before the "Final Solution"*, New York 1993.

Jan-Pieter Barbian, *Die vollendete Ohnmacht? Schriftsteller, Verleger und Buchhändler im NS-Staat*, saggi scelti, Essen 2008.

Id., *Literaturpolitik im NS-Staat. Von der "Gleichschaltung" bis zum Ruin*, Frankfurt a. M. 2010.

Christian Bauer, Rebekka Göpfert, *Die Ritchie Boys. Deutsche Emigranten beim US-Geheimdienst*, Hamburg 2005

Susanne Belovari, *Wiener Juden und die Wiener Küche vor 1938* (https://experts.illinois.edu/ws/portalfiles/portal/345076995/Wiener_Juden_und_die_Wiener_Kueche_vor_1938.pdf).

Hugo Bettauer, *Die Stadt ohne Juden. Ein Roman von übermorgen*, Wien 1922.

Heinz Boberach (a cura di), *Meldungen aus dem Reich. Die geheimen Lageberichte des Sicherheitsdienstes der SS 1938-1945*, vol. 2, Herrsching 1984.

Traude Bollauf, *Dienstmädchen-Emigration. Die Flucht jüdischer Frauen aus Österreich und Deutschland nach England 1938-39*, Wien 2010.

Christian Bommarius, *1949. Das lange deutsche Jahr*, München 2018.

Frédéric Bonnesoeur et al. (a cura di), *Geschlossene Grenzen. Die Internationale Flüchtlingskonferenz von Évian 1938*, Katalog zur

Ausstellung des Zentrums für Antisemtismusforschung der Technischen Universität Berlin und der Gedenkstätte Deutscher Widerstand, Berlin 2018.

Thomas Borghardt, *America's Secret Vanguard: US Army Intelligence Operations in Germany, 1944-47*, in "Studies in Intelligence", 2013, vol. 57 (2).

Victor Brombert, *Trains of Thought. Paris to Omaha Beach, Memories of a Stateless Youth*, New York 2002.

Ralph W. Brown III, *Removing "Nasty Nazi Habits": The CIC and the Denazification of Heidelberg University*, 1945-1946, in "Journal of Intelligence History", 2004, vol. 4 (1), pp. 25-56.

Lewis Carroll, *Alice im Wunderland*, traduzione e postfazione di Christian Enzensberger, Frankfurt am Main 1963.

David Cesarani, Tony Kushner (a cura di), *The Internment of Aliens in Twentieth Century Britain*, London 1993.

Connery Chappell, *Island of Barbed Wire. The Remarkable Story of World War Two Internment on the Isle of Man*, London 1984.

Lorie Charlesworth, Michael Slater, *Ensuring the afterlife of the Ciano diaries: Allen Dulles' provision of Nuremberg trial evidence*, in "Intelligence and National Security", 2006, vol. 21 (4).

Fabrizio Ciano, *Quando il nonno fece fucilare papà*, Milano 1991.

Gordon Corera, *The Art of Betrayal. Life and Death in the British Secret Service*, London 2011.

Volker Dahm, *Das jüdische Buch im Dritten Reich*, München 1993

Ruth David, *Child of Our Time. A Young Girl's Flight from the Holocaust*, London 2003

Rudolf Diels, *Der Fall Otto John. Hintergründe und Lehren*, Göttingen 1954.

Daniel B. Dodson, *The man who ran away*, romanzo, London 1961.

Martin Doerry, *"Mein verwundetes Herz". Das Leben der Lilli Jahn 1900-1944*, München 2002 [*Lilly Jahn. Il mio cuore ferito. Lettere di una madre dall'Olocausto*, trad. di Roberta Zuppet, Milano 2004].

Id., *Kräftig arisiert*, in "Der Spiegel", n. 17, 20.4.2019.

Wolfgang Dreßen (a cura di), *Betrifft: "Aktion 3". Deutsche verwerten jüdische Nachbarn-Dokumente zur Arisierung*, Katalog zur gleichnamigen Ausstellung im Stadtmuseum Düsseldorf, 29.10.1998-10.1.1999, Berlin 1998.

Tamara Ehs, *Hochschullager im Austrofaschismus 1935-1937* (https://geschichte.univie.ac.at/de/artikel/hochschullager-im-austrofaschismus).

Violet Van der Elst, *On the Gallows*, London 1937.

Franz Endler, *Wien zwischen den Kriegen*, Wien 1983.

Günther Fetzer, *Droemer Knaur. Die Verlagsgeschichte 1846-2017*, München 2017.

Frederick Forsyth, *Dossier Odessa*, Milano 1973 (romanzo, prima edizione 1972).

Norbert Frei, José Brunner, Constantin Goschler (a cura di), *Die Praxis der Wiedergutmachung. Geschichte, Erfahrung und Wirkung in Deutschland und Israel*, Göttingen 2009.

Paul French, *Bloody Saturday. Shanghai's Darkest Day*, London 2018.

Anna Freud, *Die Schriften der Anna Freud*, vol. 2, *1939-1945. Kriegskinder; Berichte aus den Kriegskinderheimen "Hampstead Nurseries"*, Frankfurt am Main 1987.

Max Friedlaender, *Lebenserinnerungen des Anwalts Dr. Max Friedlaender* (https://brak.de/w/files/01_ueber_die_brak/friedlaender.pdf).

Charles Neilson Gattey, *The Incredible Mrs. Van der Elst*, London 1972.

Georg Gaugusch, *Wer einmal war. Das jüdische Großbürgertum Wiens 1800-1938* (Jahrbuch der Heraldisch-Genealogischen Gesellschaft Adler, vol. 17), vol. 2, *L-R*, Wien 2016.

Peter Gay, *Das Zeitalter des Doktor Arthur Schnitzler. Innenansichten des 19. Jahrhunderts*, Frankfurt a. M. 2012.

Michael Geyer, *The Prague Cookbook of Ruth Bratu, or: How a Historian Came to Feel the Past*, in "Central European History" 2020 (53), pp. 2-22.

Rebekka Göpfert, *Der jüdische Kindertransport von Deutschland nach England 1938-39. Geschichte und Erinnerung*, Frankfurt a. M. 1999.

Christian Göschel, *Mussolini and Hitler. The Forging of the Fascist Alliance*, Yale 2018.

Constantin Goschler, Philipp Ther (a cura di), *Raub und Restitution. "Arisierung" und Rückerstattung des jüdischen Eigentums in Europa*, Frankfurt a. M. 2003.

Graham Greene, *Il terzo uomo*, trad. di Alessandro Carrera, Milano 2012 (romanzo, prima edizione 1950).

Robert S. Greene, *Blum San! Scholar, Soldier, Gentleman, Spy. The many lives of Paul Blum*, New York 1998.

Eva Haas, "Ein Schild mit Namen und Nummer um den Hals", in Martin Doerry, *"Nirgendwo und überall zu Haus". Gespräche mit Überlebenden des Holocaust*, München 2006.

Hans Habe, *Im Jahre Null*, München 1977.

Ernst Haeusserman, *Mein Freund Henry*, Wien-Hamburg 1983.

Murray G. Hall, *Österreichische Verlagsgeschichte 1918-1938*, vol. 1, *Geschichte des österreichischen Verlagswesens*, Wien-Köln-Graz 1985.

Murray G. Hall, Christina Köstner, *"... allerlei für die Nationalbibliothek zu ergattern ...". Eine österreichische Institution in der NS-Zeit*, Wien-Köln-Weimar 2006.

Jonathan Haslam, *The Spectre of War*, Princeton 2021.

Bruce Henderson, *Sons and Soldiers. The Untold Story of the Jews who escaped the Nazis and returned with the US Army to fight Hitler*, New York 2017 [*Fratelli e soldati. La vera storia degli ebrei che sconfissero Hitler*, trad. di Giulio Lupieri, Mario Zucca, Roma 2017].

Georg Hermann, *Jettchen Geberts Geschichte/Henriette Jacoby* (romanzo in due volumi), Berlin 1919.

Raul Hilberg, *Die Vernichtung der europäischen Juden*, Frankfurt 1990 [*La distruzione degli ebrei d'Europa*, trad. di Frediano Sessi, Giuliana Guastalla, Torino 1999].

Ludwig Hirschfeld, *Wien. Was nicht im Baedeker steht*, München 1927 (2020, nuova edizione per Milena Verlag, Wien).

Eric Hobsbawm, *The Age of Empire. 1875-1914*, New York 1987 [*L'età degli imperi. 1875-1914*, trad. di Franco Salvatorelli, Roma-Bari 2000].

Id., *Interesting Times. A Twentieth Century Life*, New York 2002.

Eva Holpfer, *Der Fall Novak. Eichmanns Transportoffizier – der letzte Schuldspruch*, conferenza dell'1.12.2005, Landgericht für Strafsachen, Wien (http://www.kreuzstadl.net/downloads/novak_referat_dezember05_holpfer.pdf).

Klaus-Peter Horn, *Pädagogische Zeitschriften im Nationalsozialismus. Selbstbehauptung, Anpassung, Funktionalisierung*, s.l. 1995, vol. 3.

Arnim Höland, *Dr. jur. Viktor Horniger, Reichsgerichtsrat. Aus einem deutschen Richterleben*, Halle 2020.

Jonas Höltig, *Wer war eigentlich Otto Liebmann?*, in "Legal Tribune Online (LTO)", 18.12.2017.

William Hood, *Mole. The true story of the first Russian intelligence officer recruited by the CIA*, London 1982.

Andrea Hopp, Katja Gosdek, *Die Flüchtlingskonferenz von Évian 1938. Nach dem Roman "Die Mission" von Hans Habe*, Leipzig 2019.

Mona Horncastle, *Margarete Schütte-Lihotzky. Architektin, Widerstandkämpferin, Aktivistin*, Wien 2019.

Paul Hoser, *Thierschstraße 41. Der Untermieter Hitler, sein jüdischer Hausherr und ein Restitutionsproblem*, in "Vierteljahrshefte für Zeitgeschichte", 2017 (2).

Id., *Die politischen, wirtschaftlichen und sozialen Hintergründe der Münchner Tagespresse zwischen 1914 und 1934. Methoden der Pressebeeinflussung*, 2 voll., Frankfurt a. M. 1990.

Thomas Jahn, *Suche nach "arisierten" Büchern in den Beständen der Bayerischen Staatsbibliothek. Forschungsstand - Methoden - Ergeb-*

nisse (https://journals.ub.uni-heidelberg.de/index.php/akmb-news/article/view/198 / 183).
Anne Joseph (a cura di), *From the Edge of the World. The Jewish Refugee Experience through letters and stories*, London 2003.
Christoph Jungck et al., *100 Jahre Ernst-Reinhardt-Verlag*, München 1999.
Hermann Jungck, *75 Jahre Ernst Reinhardt Verlag München Basel. Verlagsgeschichte*, München 1974.
Ela Kaczmarska, *Kindertransport: Britain's rescue plan* (https://media.nationalarchives.gov.uk/index.php/kindertransport-britains-rescue-plan/).
Stephen Kinzer, *The Brothers. John Foster Dulles, Allen Dulles and their secret World War*, New York 2013.
Egon Erwin Kisch, *Marktplatz der Sensationen*, nuova edizione di trentatré reportage, 2019.
Victor Klemperer, *Ich will Zeugnis ablegen bis zum letzten. Tagebücher 1933-1941*, vol. 1, Berlin 1995 [*Testimoniare fino all'ultimo. Diari 1933-1945*, trad. it. di Anna Ruchat e Paola Quadrelli, Milano 2000].
Marie Kolkenbrock, *Stereotype and Destiny in Arthur Schnitzler's Prose*, London 2018.
Hubert Kolling, *Riederer von Paar, Viola*, in "Journal für Pflegewissenschaft und Pflegepraxis" 2004, vol. 3.
Angelika Königseder, *Walter de Gruyter. Ein Wissenschaftsverlag im Nationalsozialismus*, Tübingen 2016.
Karl Kraus, *Reaktion auf Sigmund Mayers Vortrag vom 5. Februar 1903 über "Die Schaffung großer Vermögen und die ökonomische Wissenschaft"*, in "Die Fackel", n. 131, febbraio 1903, pp. 15-16.
Hiroaki Kuromiya, *Stalin's Great Terror and the Asian Nexus*, in "Europe-Asia Studies", 2014, vol. 66 (5), pp. 775-793.
Tony Kushner, "Politics and Race, Gender and Class: Refugees, Fascists and Domestic Service in Britain, 1933-40", in Tony Kushner, Kenneth Lunn, *The Politics of Marginality. Race, the Radical Right and Minorities in 20th century Britain*, Oxford 1990.
Kurt Landsberger, *Prisoners of War at Camp Trinidad, Colorado 1943-1946. Internment, Intimidation, Incompetence and Country Club Living*, Wisconsin 2007.
Charles Landstone, *I Gate-Crashed*, London 1976.
Eran Laor, *Vergangen und ausgelöscht. Erinnerungen an das slowakisch-ungarische Judentum*, Stuttgart 1972.
Joe Lederer, *Blatt im Wind*, romanzo, München 1951 [prima edizione Wien 1936; *Foglia al vento*, trad. di Cesira Oberdorfer, Milano-Verona 1936].

Deborah E. Lipstadt, *Beyond Belief. The American Press and the Coming of the Holocaust 1933-1945*, New York 1986.
Michael Löffelsender, *Kölner Rechtsanwälte im Nationalsozialismus. Eine Berufsgruppe zwischen Gleichschaltung und Kriegseinsatz*, Tübingen 2015.
Ernst Lothar, *Die Rückkehr*, romanzo, Wien 2018 (prima edizione 1949).
Janwillem van de Loo, "Auf den Kommentaren der Muff von 1000 Jahren? Palandt, Maunz, das NS-Regime und die zweite Aufarbeitung", in Sebastian Bretthauer, Christina Henrich et al. (a cura di), *Wandlungen im Öffentlichen Recht*, Baden Baden 2020.
Robert Mackay, *The Test of War. Inside Britain 1939-45*, London 1999.
Kurt Salomon Maier, *Unerwünscht. Kindheits- und Jugenderinnerungen eines jüdischen Kippenheimers*, Heidelberg 2018.
Stephan Malinowski, *Vom König zum Führer. Sozialer Niedergang und politische Radikalisierung im deutschen Adel zwischen Kaiserreich und NS-Staat*, Berlin 2003.
Julian Marcuse, Bernardine Woerner, *Die fleischlose Küche*, München 1909.
Franz Marischka, *Immer nur lächeln. Geschichten und Anekdoten von Theater und Film*, München 2001.
Christof Mauch, *Schattenkrieg gegen Hitler. Das Dritte Reich im Visier der amerikanischen Geheimdienste 1941-1945*, Stuttgart 1999.
Adelheid Mayer, Elmar Samsinger, *Fast wie Geschichten aus 1001 Nacht. Die jüdischen Textilkaufleute Mayer zwischen Europa und dem Orient*, Wien 2015.
F. Arnold Mayer, Heinrich Rietsch, *Die Mondsee-Wiener Liederhandschrift und der Mönch von Salzburg. Eine Untersuchung von Literatur- und Musikgeschichte nebst den zugehörigen Texten aus der Handschrift mit Anmerkungen*, 2 voll., Berlin 1894-1896.
Sigmund Mayer, *Ein jüdischer Kaufmann 1831-1911. Lebenserinnerungen, Berlin-Wien 1926* (la traduzione inglese di Karl Urbach esce in forma riveduta e corretta nel 2021, a cura di Michael Livni.)
Id., *Die Wiener Juden 1700-1900*, Wien-Berlin 1917.
Id., *Die soziale Frage in Wien. Studie eines Arbeitgebers*, Wien 1871.
Id., *Die Aufhebung der Gewerbefreiheit*, in "Neue Freie Presse", 8-10 febbraio 1882.
Id., *Der Reichtum der Juden*, in "Die Neuzeit", 2 aprile 1886.
Id., *Die Aufhebung der Gewerbefreiheit. Streit- und Fehdeschrift gegen die Wiederherstellung der Zunft in Österreich*, Wien 1883.
Thomas Mayer, "My Background", in Roger Backhouse (a cura di), *Exemplary Economists. North America*, vol. 1, Aldershot 2000.
Elizabeth P. McIntosh, *Sisterhood of Spies. The Women of the OSS*, Maryland 1998.

Andrew Meier, *The Lost Spy. An American in Stalin's Secret Service*, New York 2008.
Ib Melchior, *Case by Case. A U.S. Army Counterintelligence Agent in World War II*, Novato 1993.
George Mikes, *How to be a Brit*, London 1984.
James V. Milano, Patrick Brogan, *Soldiers, Spies, and the Rat Line. America's Undeclared War Against the Soviets*, Washington 2000.
Norman Ohler, *Der totale Rausch. Drogen im Dritten Reich*, Köln 2015 [*Tossici. L'arma segreta del Reich. La droga nella Germania nazista*, trad. di Chicca Galli, Rachele Salerno, Roberta Zuppet, Rizzoli, Milano 2016].
Sandra Oster, *Das Autorenfoto in Buch und Buchwerbung. Autorinszenierung und Kanonisierung mit Bildern*, Berlin 2014.
Eugen Felix Pagast, Viola Riederer von Paar, *Zoologie für Studierende und zum Selbstunterricht*, München 1938.
Eugen Felix Pagast, Viola Riederer von Paar, *Botanik für Studierende und zum Selbstunterricht*, München 1938.
Iris Pawlitschko, "Jüdische Buchhandlungen in Wien. Arisierung und Liquidierung in den Jahren 1938-1945", tesi di laurea, Universität Wien 1996.
Hella Pick, *Simon Wiesenthal. A Life in Search of Justice*, London 1996.
Alfred Polgar, *Im Lauf der Zeit*, Hamburg 1954.
Daniela Punkl, "Verlag Moritz Perles", tesi di laurea, Universität Wien 2002.
Emma Quenzer, *Das süddeutsche Koch- und Haushaltsbuch*, con contributi del Prof. Rud. Hecker e del Dr. Julian Marcuse, München 1933.
Stefan Rebenich, *C.H. Beck 1763-2013. Der kulturwissenschaftliche Verlag und seine Geschichte*, München 2013.
Heidi Reuschel, *Tradition oder Plagiat? Die "Stilkunst" von Ludwig Reiners und die "Stilkunst" von Eduard Engel im Vergleich*, Bamberg 2014.
Viola Riederer von Paar, *Vererbungslehre für Studierende und zum Selbstunterricht. Grundriß, Kurzes Repertorium, Prüfungsfragen und Antworten* (= Reinhardts naturwissenschaftliche Kompendien, vol. 9), München 1937 (edito fino al 1946).
Curt Riess, *The Nazis Go Underground*, New York 1944.
Id., *Total espionage. Germany's Information and Disinformation Apparatus 1932-40*, New York 1941.
Id., *Das war ein Leben! Erinnerungen*, München 1977.
Felix Römer, *Kameraden. Die Wehrmacht von innen*, München 2014.
Rudolf Rösch, *So kocht man in Wien!* (Edizioni tedesche e austriache dal 1939-1966).

Rudolf Rösch, *Wiener Mehlspeisen*, München 1954.
Rudolf Rösch, *Fleischlose Kost. Bewährte Rezepte für die fleischlose Küche*, München 1939 e 1954.
Sidonie Rosenberg, Alice Urbach, *Das Kochbuch für Feinschmecker*, Wien-Leipzig 1925.
Sidonie Rosenberg, Emma Schreiber, *Das Kochbuch des Junggesellen*, Wien-Leipzig 1926.
Anders Rydell, *The Book Thieves. The Nazi Looting of Europe's Libraries and the Race to Return a Literary Inheritance*, London 2017 [*Ladri di libri. Il saccheggio nazista delle biblioteche d'Europa*, trad. di Francesco Peri, Milano 2016].
Anja Salewsky, *«Der olle Hitler soll sterben!» Erinnerungen an den jüdischen Kindertransport nach England*, München 2001.
Roman Sandgruber, *Traumzeit für Millionäre. Die 929 reichsten Wienerinnen und Wiener im Jahr 1910*, Wien-Graz-Klagenfurt 2013.
Klaus G. Saur (a cura di), *Verlage im "Dritten Reich"*, Frankfurt a. M. 2013.
Ian Sayer, Douglas Botting, *America's Secret Army. The Untold Story of the Counter Intelligence Corps*, New York 1989.
Frederik Steven Louis Schouten, "Ernst Toller. An Intellectual Youth Biography, 1893-1918", tesi di dottorato, Istituto Universitario Europeo, Fiesole (FI) 2007.
Günther Schwarberg, *Dein ist mein ganzes Herz. Die Geschichte von Fritz Löhner-Beda, der die schönsten Lieder der Welt schrieb, und warum Hitler ihn ermorden ließ*, Göttingen 2000.
Tom Segev, *Simon Wiesenthal. Die Biographie*, München 2010.
Peter M. F. Sichel, *The Secrets of My Life. Vintner, Prisoner, Soldier, Spy*, Bloomington 2016.
Stefan Stirnemann, *Das gestohlene Buch*, in "Schweizer Monat", 2003, n. 927.
Franziska Tausig, *Shanghai Passage. Emigration ins Ghetto*, Wien 2007.
Toni Tipton-Martin, *The Jemima Code: Two Centuries of African American Cookbooks*, Austin 2015.
Friedrich Torberg, *Die Tante Jolesch oder der Untergang des Abendlandes in Anekdoten*, parte I e II, Wien 1986 (prima edizione 1975).
Id., *Eine tolle, tolle Zeit. Briefe und Dokumente aus den Jahren der Flucht 1938 bis 1941*, München 1989.
Florian Traussnig, *Militärischer Widerstand von außen. Österreicher in US-Armee und Kriegsgeheimdienst im Zweiten Weltkrieg*, Wien 2016.
Fred Uhlman, *The Making of an Englishman. Erinnerungen eines deutschen Juden*, Zürich 1998 [*Storia di un uomo*, trad. di Lucio Trevisan, Milano 1987].
Alice Urbach, *So kocht man in Wien!* (diverse edizioni 1935-1938).

Id., Sidonie Rosenberg, *Das Kochbuch für Feinschmecker*, Wien-Leipzig 1925.
Karina Urbach, *Hitlers heimliche Helfer. Der Adel im Dienst der Macht*, Darmstadt 2016.
Id., "Nützliche Idioten. Die Hohenzollern und Hitler", in Thomas Biskup, Jürgen Luh, Truc Vu Minh (a cura di), *Preußendämmerung. Die Abdankung der Hohenzollern und das Ende Preußens*, Heidelberg 2019.
Id., "'England is pro-Hitler'. German opinion during the Czechoslovakian Crisis 1938", in Julie Gottlieb, Daniel Hucker, Richard Toye (a cura di), *The Munich Crisis, politics and the people*, Manchester 2021.
Id., *Geraubte Bücher*, in "Die Zeit", n. 52, 10 dicembre 2020, p. 21.
Peter Viertel, *Dangerous Friends. At Large with Huston and Hemingway in the Fifties*, London 1992.
Peter Voswinckel, *Um das Lebenswerk betrogen: Walter Guttmann (1873-1941) und seine Medizinische Terminologie*, in "Medizinhistorisches Journal", 32 (1997), pp. 321-354.
Id., *Dr. Josef Löbel. Botschafter eines heiteren deutschen Medizin-Feuilletons in Wien-Berlin-Prag*, Berlin 2018.
Frederic Wakeman, *Policing Shanghai 1927-1937*, Berkeley 1995.
Guy Walters, *Hunting Evil. The Nazi War Criminals Who Escaped and the Quest to Bring Them to Justice*, London 2010.
John R. Watt, *Saving Lives in Wartime China. How Medical Reformers Built Modern Healthcare Systems Amid War and Epidemics, 1928-1945* (China Studies), Leiden 2014.
Rüdiger von Wechmar, *Akteur in der Loge. Weltläufige Erinnerungen*, München 2000.
Uwe Wesel et al., *250 Jahre rechtswissenschaftlicher Verlag C. H. Beck. 1763-2013*, München 2013.
Pablo Wessel, Viola Riederer von Paar, *Curso general de Física*, Madrid 1942.
Paul Wessel, *Physik, Teil I, Mechanik, Wellenlehre, Akustik, Kalorik, Optik, Physik. Teil II, Magnetik, Elektrik, Elektronik, Atomistik. Atomistik. Teil III, Kurzes Repertorium und Formelsammlung, Prüfungsfragen und Antworten, Tabellen und Zahlenwerte*, München 1937.
Id., Viola Riederer von Paar, *Physik für das Studium an technischen Hochschulen und zum Gebrauch in der Praxis*, München 1938-1946.
Simon Wiesenthal, *Ich jagte Eichmann*, Gütersloh 1961.
Id., *Doch die Mörder leben*, München 1967.
Elisabeth Young-Bruehl, *Anna Freud*, parte I, *Die Wiener Jahre*, Wien 1995 [*Anna Freud. Una biografia*, trad. di Marco Balenci, Milano 1993].

Id., *Anna Freud*, parte II, *Die Londoner Jahre*, Wien 1995.
Stefan Zweig, *Die Welt von gestern. Erinnerungen eines Europäers*, Stockholm 1942 [*Il mondo di ieri. Ricordi di un europeo*, trad. di Lorena Paladino, Garzanti, Milano 2014].
Veronika Zwerger, Ursula Seeber, *Küche der Erinnerung. Essen und Exil*, Wien 2018.

Crediti fotografici

P. 27: Alice con la sorella Helene Eissler (Collezione privata Katrina Urbach).
P. 34: Otto da bambino (Collezione privata Karina Urbach).
P. 66: Karl maturando della Höhere Internatsschule Wien-Breitensee, 1934-1935 (Collezione privata Katrina Urbach).
P. 70: Immagini tratte dal libro di Alice Urbach *So kocht man in Wien!*.
P. 89: Messaggio di Otto a Karl con carta intestata degli Shanghai Volunteers, 23 agosto 1937 (Collezione privata Karina Urbach).
P. 112: Cordelia e Lisbeth Dodson, 1939 ca., scatto di Karl Urbach (in possesso di Katrina Urbach).
P. 162: Violet Van der Elst di fronte al suo ritratto (Getty Images).
P. 169: Lettera di Otto alla zia "ariana" Marie Urbach, 27 novembre 1938 (Collezione privata Karina Urbach).
P. 172: Violet lotta contro la violenza di stato (Getty Images).
P. 200: Le bambine rifugiate a Windermere (Raccolta fotografica Alisa Tennenbaum, Holocaust Memorial Museum, Library and Archives, Washington).
P. 206: Alice Urbach e Paula Sieber (Raccolta fotografica Alisa Tennenbaum, Holocaust Memorial Museum, Library and Archives, Washington).
P. 235: Cordelia Dodson, 1941 (Collezione privata Sarah Fisher).
P. 240: Emilio Pucci, 1953 ca. (foto © ARCHIVIO GBB / Alamy Stock Photo).
P. 254: Il dossier Odessa (National Archives Washington Investigative Records Repository (IRR), Impersonal Files, Box 68, Folder "Odessa Organization" ZF015116).
P. 257: Otto Urbach, 1946-47 (Collezione privata Karina Urbach).

P. 260: L'attrice Wera Friedberg, poi Frydtberg, 1947-48 ca. (Collezione privata Karina Urbach).

P. 263: Wera, nella parte di Ruth, e Herbert Herbe, nella parte del professor Mamlock, nell'omonima pièce teatrale di Friedrich Wolf, Stoccarda, Staatstheater, 1946 (Collezione privata Karina Urbach).

P. 276: Lettera di Alice Urbach alla casa editrice Gerlach und Wiedling, 4 aprile 1980 (Collezione privata Karina Urbach).

P. 279: Opuscolo del dopoguerra che pubblicizza i libri di Rudolf Rösch usciti per la casa editrice Ernst Reinhardt.

P. 284: Alice e Otto, 1948-49 (Collezione privata Karina Urbach).

P. 289: Estratto dal "San Francisco Examiner", 1978 (Bancroft Library, UC Berkeley).

Le foto all'inizio dei capitoli raffigurano "le mani ebree" di Alice Urbach e sono tratte dal suo libro *So kocht man in Wien!*.

Indice dei nomi

Indice

Mondadori Libri S.p.A.

Questo volume è stato stampato
presso ELCOGRAF S.p.A.
Stabilimento - Cles (TN)

Stampato in Italia - Printed in Italy